微观经济学

（第二版）

卢现祥　陈银娥　主　编

经济科学出版社

图书在版编目（CIP）数据

微观经济学／卢现祥，陈银娥主编．—2版．—北京：经济科学出版社，2008.9（2016.7重印）
ISBN 978-7-5058-7439-8

Ⅰ．微…　Ⅱ．①卢…②陈　Ⅲ．微观经济学　Ⅳ．F016

中国版本图书馆CIP数据核字（2008）第118218号

责任编辑：白留杰
责任校对：杨晓莹
版式设计：代小卫
技术编辑：李　鹏

微观经济学
（第二版）
卢现祥　陈银娥　主编
经济科学出版社出版、发行　新华书店经销
社址：北京市海淀区阜成路甲28号　邮编：100142
教材分社电话：88191354　发行部电话：88191522
网址：www.esp.com.cn
电子信箱：bailiujie518@126.com
北京密兴印刷厂印装
787×1092　16开　22.5印张　540000字
2008年9月第1版　2016年7月第7次印刷
ISBN 978-7-5058-7439-8/F·6690　　定价：38.00元
（图书出现印装问题，本社负责调换）

第二版前言

本书是中南财经政法大学经济学院组织策划的经济学新编系列教材之一。在使用过程及再版时，本书的主编及编写者曾多次召开座谈会，征询对本书第一版的修改意见。参加人员有本书的部分编写人员及中南财经政法大学经济学院担任该课程教学的部分教师，这些同志都对本书的再版提出了宝贵的意见，其中大部分意见已为本书所采纳。本书编写组向上述同志致以深深的谢意。

正如本书第一版“前言”中所指出的那样，“限于编写人员的理论水平和教学经验的欠缺，本书的缺点和不当之处在所难免”。我们希望通过本书的使用和教学实践，不断进行完善，因而本书的修订再版是必然的。

本书第二版在保持原书风貌和体例的基础上，为了突出特色，方便读者学习，力图在体例结构上有所创新。主要是：第一，在每章的正文前，增加了“学习目的和要求”以及“内容提要”，旨在激起学生的学习兴趣，便于读者宏观地把握各章的内容。第二，在每章正文后配有案例分析，一般是两个案例，其中一个使用假设的案例，另一个采用本土化现实案例，以便于读者进行比较与应用，同时，引导读者大致了解各章的基本理论在现实生活中是如何得以应用的。第三，各章都增加了推荐阅读书目，便于读者课外自学和参考。第四，全书最后附有主要专业术语以及人名的中英文对照表。

本书的修订是集体劳动的成果。由卢现祥、陈银娥担任主编，各章的编写人员不变，分别如下：第一章（卢现祥）、第二章（朱巧玲）、第三章（熊红芳）、第四章（罗良文）、第五章（罗良文）、第六章（郑道文）、第七章（郑道文）、第八章（陈银娥）、第九章（陈银娥）、第十章（丁际刚）、第十一章（丁际刚）、第十二章（丁际刚）。卢现祥、李小平、徐静、葛结根等参与了该书再版时的修订工作。李小平主要负责第一章、第二章、第三章、第四章的修订及索引工作，徐静主要负责第五章、第六章、第七章、第八章的修订及索引工作，葛结根主要负责第九章、第十章、第十一章、第十二章的修订及索引工作。卢现祥对全书及索引的修订进行了统一和修纂定稿。

本书编写组热切希望读者与教学人员继续对本书的完善提出宝贵意见。

编写组

2008 年 9 月

第一版前言

从理论演进的角度来看，我国经济学研究的“热点”有三次较大的变化：一是改革初期对马克思主义经济学的研究；二是20世纪80年代中后期对东欧经济学的研究；三是90年代初期以来对西方经济学的研究。这些研究的转变与我国经济体制改革的进程是一种相互促进的关系。改革开放以来我国经济学得到了长足的发展，并为推动经济体制改革作出了自己的贡献。

西方经济学是市场经济国家经济实践在理论上的一种总结和提炼。这种总结和提炼的过程如果从亚当·斯密的《国富论》算起，也有200多年的历史了。西方经济学为人类社会有效配置资源所作出的贡献是无法计量的。现在我国高等教育越来越重视西方经济学的教学与研究，这也是完善我国社会主义市场经济体制的重要组成部分。为了更好地适应我国高校经济学教学的需要，我们组织有丰富教学经验的教师编写了这本微观经济学教材。本书由卢现祥、陈银娥担任主编。各章撰写人员如下：第一章（卢现祥）、第二章（朱巧玲）、第三章（熊红芳）、第四章（罗良文）、第五章（罗良文）、第六章（郑道文）、第七章（郑道文）、第八章（陈银娥）、第九章（陈银娥）、第十章（丁际刚）、第十一章（丁际刚）、第十二章（丁际刚）。最后由卢现祥、陈银娥对全书修纂定稿。

西方经济学的版本很多，但其实质、方法和基本内容是一样的，只是表述方式不同而已。我们希望这本教材能使读者更有效地学习西方经济学。但限于编写人员的理论水平和教学经验，本书的缺点和不当之处在所难免。请大家批评指正，以便我们下次修改完善。

卢现祥

2003年12月于中南财经政法大学

目　　录

第一章

导　论

【学习目的和要求】

本章学习的目的在于掌握微观经济学理论的基本框架和基本概念。通过本章的学习，掌握理性、相对稀缺性的含义；了解经济学的假设与模型，熟悉机会成本和生产可能性曲线的含义；掌握实证分析与规范分析概念；了解微观经济学与宏观经济学的区别与联系；了解混合经济中个人与政府的经济决策行为；了解微观经济学理论的演变与发展；可以运用本章的一些基本概念、理论分析现实生活中的问题。

【内容提要】

1. 经济学的两个最基本的假设是：经济个体是理性的，经济资源是相对稀缺的。经济个体是理性的指人们在约束条件下追求预期效用最大化的行为，即给定效用函数在约束条件下求其最优解。资源的稀缺性指其被用于某一种用途意味着它不能被用于其他用途。

2. 在一定假设的条件下建立模型。假设、模型与检验是经济学分析问题的“三部曲”。所有模型都建立在一些假设之上，而建立的经济模型需要检验：一种是直接检验，即检验理论模型的基本假设和描述是否有合理的现实依据；另一种是间接检验，即检验理论所揭示的规律和论断是否与实际经验相符。

3. 经济学有两种基本的分析方法：实证经济学意在回答“经济体（或其一部分）究竟是如何运转的”。而规范经济学则试图回答另一类问题，即“经济体（或其一部分）应该如何运转”。

4. 微观经济学集中于研究构成整个经济制度的各个单位的行为——厂商、家庭和个人的行为；它研究单个的单元如何做出决策以及影响这些决策的因素。宏观经济学集中于研究经济作为一个整体的行为，尤其是那些经济总量的变化，如总的失业率、经济增长率等。

5. 我们现实的经济是市场组织和政府机构都实施经济控制的“混合经济”。“看不见的手”通常会使市场有效地配置资源。但是，市场并不是万能的，在某些情况下市场本身不能有效的配置资源，即产生市场失灵。市场失灵成为政府干预经济的原因。

6. 微观经济学的研究范围不断扩充，传统理论框架内的消费者理论、生产者理论、厂商理论不断发展，不断加深了对一般均衡、博弈论和信息经济学的研究；现代微观经济学更加注重数学分析工具的运用以及通过数学分析来解释经济问题。

7. 微观经济学可以为个人、企业和政府决策提供依据；对微观经济学的学习要深刻理解其本质，要透过数学的、图形的表述抓住各种经济学原理的本质，才可以更好地指导人们的决策。

经济这个词来源于希腊语，其含义为“管理一个家庭的人”。在英文中，economy 一词源于希腊文，原义指家计管理，特别是指家庭收支方面的管理。持家之本是勤俭节约，economy自然便成了“节俭”的同义词。这词后来又衍生出“政治经济学”和“经济学”，用来指研究人类社会经济活动的科学。经济一词在现代汉语中主要有两个方面的含义。一是指节省、有效率，以较少的人力、物力、时间等耗费获得较大的成果。例如，人们说“经济地利用自然资源”。另一含义是指用来统称人类社会生产、消费、分配、交换等活动，以及组织这些活动的制度、系统，如计划经济、市场经济等。

经济学家都想给经济学下个定义。斯蒂格利茨认为经济学研究的是：我们社会中的个人、厂商、政府和其他组织是如何进行选择的，这些选择又怎样决定社会资源如何被利用。稀缺是经济学一个显著的现象：因为资源稀缺所以选择是必要的。而萨缪尔逊和诺德豪斯对经济学作了如下定义：经济学研究社会如何利用稀缺资源用于生产有价值的商品以及在不同群体中进行分配。

不同的经济学家在给经济学下定义尽管有差异，但实质都是一样的，即经济学就是研究如何有效配置稀缺资源的问题。由于资源稀缺，社会资源的管理就十分重要了。稀缺性是指社会资源的有限性。正如没有稀缺就不需要“管理一个家庭的人”一样，没有稀缺就不需要经济学。

第一节　理性和相对稀缺性

为了学好经济学，我们必须清楚经济学的基本假设。经济学的两个最基本的假设是：经济个体是理性的，经济资源是相对稀缺的。整个经济学体系可以说是建立在这两个基本假设基础上的。

一、理性行为

在经济学看来，人是理性的。理性是指人们在约束条件下追求预期效用最大化的行为。即给定效用函数在约束条件下求其最优解。所以对理性概念理解的核心：一是约束条件；二是行为而不是结果。首先，人的理性表现在确立其所追求的目标的过程中。然后，一旦目标选定，理性表现在实现目标的过程中。经济学所研究的理性行为，主要是实现既定目标过程中的理性行为。它一般不研究选择、确定目标过程中的理性行为。例如，经济学并不探讨某消费者为什么喜欢商品甲甚于喜欢商品乙。在经济学中，个人的“偏好”是给定的。经济理论则是在给定“偏好”的前提下描述、预测个人的理性行为。经济学不研究个人偏好是如何形成的。从经济学的角度来看，个人的“偏好”或“欲望”有较大的任意性。个人偏好的形成和发展受许多因素的影响，除了社会经济活动这个因素以外，还可以从心理学、社会学、宗教信仰等角度去解释。

在主流经济学的视阈里，理性就是每个经济主体都能遵循趋利避害原则，通过成本—收益的边际分析，经过深思熟虑后对其所面临的所有机会和手段进行最优化选择。经济人（理性人）具有关于他所处环境的完备信息、能对其稳定偏好进行排序、具有无懈可击的逻辑推理和计算能力。理性意味着：每个人、每个企业都会在给定的约束条件下争取自身的最大利益。对于消费者而言，理性行为就是用自己有限的收入最大限度地满足个人的欲望。对于企业而言，理性行为就是在给定的生产技术条件下，选择最佳的投入产出组合以取得最大的利润或经济效益。尽管理性假设不完全真实，但与现实基本接近，至少从长远来看是如此。比如，作为一个竞争性企业，如果总是不追求利润最大化，终究它会被淘汰的。

具体来说，“理性”的经济学含义包括以下三个层面：

1. 人的自利性假设。其核心思想是，人具有和动物一样的求生本能，由于人的物质欲望大大超出稀缺资源所能满足的程度，于是发生了与达尔文进化论提出的“物竞天择”类似的社会竞争规律。每个人都从利己心（Self - love）出发，争相选择一个对自己最有利的经济行为。

2. 极大化原则。即经济主体总以约束条件下的幸福最大化为目标（或等价地追求痛苦最小化）。在理想状态下，经济人总能充分利用其无界的智力资源，经过精确的计算，使他们的选择在理性的时候停止下来：个体为增加一个边际量的“幸福”所付出的努力带来的“痛苦”感正好与该边际量的“幸福”感相等，即新古典经济学所谓的边际效用（收益）与边际成本相等。

3. 每个人的自利行为与群体内其他人的自利行为之间存在一致性。每个人的自利行为都是在与社会中其他的自利人发生相互作用的前提下完成的，因此有可能存在所谓的“社会博弈”过程和“博弈均衡”，经济学也因此与社会学面临着共同的基本问题。

经济学主要研究人类在经济活动中，即在生产、消费、交换等活动中的理性行为。在现代经济学中，理性行为实际上解释为最优行为。而经济学中的最优与否，是以经济成本或经济利益的尺度来衡量的。

二、相对稀缺性

经济个体在追求其目标时，其理性行为是受限制的。正是因为有约束，才有必要以理性行为来追求既定目标。不然，任何手段都可以达到目标。所以经济学特别强调约束条件下的最大化。经济主体在约束条件下追求最大化贯穿于西方经济学分析的始终。有人把西方经济学的中心思想概括为“利益最大化，市场结清”。

经济学之所以产生和发展，是因为人类的一切活动都受资源有限性的约束。如果任何资源都取之不尽、用之不竭，那么人们尽可以任何方式动用无限的资源去达到特定的目的，此时方式的选择就无所谓了。只有稀缺性的资源才有机会成本，相对不稀缺资源的机会成本为零。当你使用取用不尽或毫无其他用途的资源时，你并没有放弃任何活动，也没作任何牺牲，这些资源的代价是零。只有相对稀缺的、机会成本大于零的资源，才是经济学研究的对象。事实上，经济学的发展与资源的相对稀缺性有着密切的联系。

稀缺与机会成本有着内在的联系。机会成本就是某种东西的成本，是为了得到这种东西所放弃的东西。资源被用于某一种用途意味着它不能被用于其他用途。因此，当我们考虑使用某一种资源时，应当考虑它的第二种最好用途。这一用途是机会成本的正式的度量。一个大学生以为学费和食宿费就是他的全部费用。但经济学家会想到假如他不上大学可能会去从事的工作。假如按照他的第二种最好的选择，他在 4 年时间内能赚到 6 万元，那么这就是他上大学 4 年的机会成本，在计算上大学的总经济成本时必须加上他放弃的这笔收入。

在不同时期，人类社会所面对的稀缺约束是不一样的。人类早期的经济活动主要受到有限劳动力的约束，有效率地利用稀缺劳力是经济发展的关键，因此早期的各种经济理论都建筑在劳动的基础上。后来，土地、资本的相对稀缺也日渐显著，经济学便又去研究土地和资本，从而产生了新的理论。可见，随着越来越多的资源变得相对稀缺，经济学的研究对象越来越广泛，理论也越来越丰富。

人类的经济活动除受到稀缺资源的约束之外，还受到其他约束，如技术、政治、法律、文化等因素。但经济学一般不研究经济活动所处的政治、法律、技术等环境，而认为这一环境是给定的。当然，经济活动无疑会对社会、政治、技术等环境产生不可忽略的反作用，从而改变这一环境。因此，现代经济学偶尔也涉足政治学、法律学，试图用在经济学里发展起来的理论和工具来分析人类在政治和法律领域里的理性行为。

经济理论的三大柱石是天赋要素、技术和偏好。随着经济研究的深入，人们越来越认识到仅有这三大传统柱石是不够的。新制度经济学家以强有力的证据向人们表明，制度就是经济理论的第四大柱石，制度至关重要。土地、劳动和资本这些要素，有了制度才得以发挥功能。制度对经济行为影响的有关分析应该居于经济学的核心地位，但为什么制度又被长期排斥在经济理论分析之外（或被抽象了）呢？这个中的原因值得探讨。其中的一个主要原因可能是，尽管制度因素（如经济组织形式、政策法规等）对社会经济发展的影响无处不在，人们也能够意识到，但是人们却没有一套理论工具（或理论范式）去分析制度的影响及其功能。新制度经济学的产生使这一问题得到了有效的解决。

第二节　假设与模型

在一定假设的条件下建立模型是经济学分析经济问题的基本思路。假设、模型与检验是经济学分析问题的“三部曲”。理论来自于实践。例如，一个经济学家生活在价格迅速上升的国家中，会受到这种观察的刺激而提出一种通货膨胀理论。通货膨胀就是过多的货币追逐过少的商品。为了检验这种理论，经济学家可以收集并分析许多不同国家价格和货币的资料。如果货币量增长完全与价格上升的速度无关，那么，经济学家就会开始怀疑自己的通货膨胀理论的正确性。如果货币增长与通货膨胀密切相关系，那么，经济学家就会更加相信自己的理论。

但是，在经济学中试验通常是困难的。物理学家可以在他们的实验室里得到检验他们理论的数据。与此相比，研究通货膨胀的经济学家不能仅仅为了得到有用的数据而控制一国的货币供给。为了寻找实验室试验的替代品，经济学家十分关注历史所提供的自然实验。例如，当中东战争中断了原油运输时，全世界石油价格飞涨。对经济科学家来说，它提供了研究关键自然资源对世界经济影响的机会。又如，研究经济转型中制度变迁的经济学家既可以从大量的历史资料中研究制度变迁的规律，也可以从当前占世界人口 1/3 的转型国家的实践中探讨制度变迁的规律。

一、假设

一是假设可以使解释这个世界更为容易。例如，为了研究国际贸易的影响，我们可以假设，世界只由两个国家组成，而且每个国家只生产两种产品。当然，现实世界由许多国家组成，每个国家都生产成千上万的不同类型的产品。但通过假设两个国家和两种产品，我们可以集中进行思考。一旦我们理解了只有两个国家和两种产品这种假想世界中的国际贸易，我们就可以更好地理解我们生活在更复杂的世界中的国际贸易。

二是经济学家用不同的假设来回答不同的问题。假设我们想研究当政府改变流通中的货币量时经济中会出现什么情况。这种研究的一个重要内容是价格会做出什么反应。经济中的许多价格并不经常变动，例如，报摊上的杂志价格几年才变动一次。知道了这一事实后，当我们研究政策变动在不同时间长短中的影响时就做出了不同的假设。为了研究这种政策的短期效应，我们可以假设所有价格完全是固定的。但是，为了研究这种政策的长期效应，我们可以假设所有价格完全是有伸缩性的。

二、经济模型

与自然科学一样，经济学家也是用模型来了解世界，经济学模型通常包括了图形和方程式。与生物学教师的塑料模型一样，经济模型也忽略了许多细节，以便使我们能说明什么是真正重要的。经济现象是错综复杂的，它是由成千上万的变量所构成，我们不可能了解每一个变量，只能根据我们研究的需要去确定一些重要变量，并通过可观察的变量，在模型的基础上，由已知的变量来推导未知的变量。

当我们在本书中用模型来考虑各种经济问题时，所有模型都建立在一些假设之上。假设的一个重要作用是简化了现实，现实太复杂了，我们不可能分析所有变量，经济学家假设撇开与所研究的问题无关的许多经济细节，所有模型——物理学的、生物学的，或经济学的——都是为了增进我们对现实的理解而简化了现实。经济学理论必须对错综复杂的现实经济活动进行高度概括，去粗取精，去伪存真，把握经济关系的实质，构造出抽象而简化的所谓“经济模型”，并借助模型深入研究，发现、揭示经济规律。

“模型”在科学研究和日常生活中比比皆是。在物理学中，牛顿的力学三大定律是描述物质机械运动的模型，它建立在抽象的无摩擦的理想状态之中。这种抽象便于人们理解和揭示机械运动的一般规律。既然经济模型的建立是为了解释、预测经济现象，它必须受到经济实践的检验。在经济学中，一般有两种检验途径：一种是直接检验，即检验理论模型的基本假设和描述是否有合理的现实依据；另一种是间接检验，即检验理论所揭示的规律和论断是否与实际经验相符。

主张间接检验的经济学家认为，理论的本质乃是一定程度的抽象。从这个意义上说，任何理论都是建立在“不现实”的基础上的。他们认为，理论的价值在于其解释和预测现实的能力，因此，经济理论正确与否的最终考验在于理论结论是否与观察到的经济现象相接近。经济学家米尔顿·弗里德曼曾以台球游戏为比喻。他认为，经典物理学中关于速度、动量和角度的定律是台球游戏的适当的理论模型。台球高手在打球时，似乎都遵循着那些定律。但若问他们是否懂得这些物理原理，大多数会承认不懂。既然这些物理定律对台球手的操作做出了十分正确的描绘和预测，那就不能因为球手不懂这些定律而将它排斥为不合理的理论模型。同样，也不能因为厂长、经理否认或没意识到追求目标优化而抛弃目标优化的厂商模型。如果我们假定厂商在优化某一目标，而在此假设基础上所推导出的厂商行为又与观察到的行为相符合，那就不失为一个良好的产量指标；而职工管理的或集体所有的企业则最大化人均收入，这便是目标优化的厂商模型。

对这种模型的直接检验要求验证厂商的业主或经理是否有明确的目标并追求其最大值。经济学家曾对私有制市场里的经理做过多次答卷调查。在这些调查中，多数经理承认追求利润是厂商适当的目标，但也有不少人提到除利润之外的其他目标。有的声称他们是根据有限信息尽最大努力办好事，有的则干脆表示他们对目标的追求仅止于满意而非最优。总之，对利润最大化的厂商理论的直接检验尚没有确定的结论。

下面我们分析两个最基本的经济模型——循环图和生产可能性曲线。

1. 循环图。市场经济需要解决生产什么、如何生产、为谁生产的问题。那么如何解决这三大基本经济问题呢？市场机制通过价格与市场系统，协调着人们的经济行为及其活动，我们用图式可以更清晰地描述市场经济构成及其运行状况。

市场经济由经济主体与市场两部分组成。经济主体包括居民户（Households）、厂商（Firm）和政府（Governments）。居民户是产品的需求者和生产要素的供给者，厂商则是产品的供给者和生产要素的需求者，政府则是提供产品和服务并进行收入与财产再分配的组织。三者都要独立做出选择或决策。市场则有产品市场和要素市场。产品市场是产品和劳务买卖的市场，要素市场是各种生产要素买卖的市场，居民户与厂商的活动就是通过这两个市场联系起来。

如图 1.1 所示的居民户和厂商，居民户的经济行为表现为首先在生产要素市场上提供生产要素，如劳动、土地等，以获得收入；然后用所得收入在产品市场上购买所需的商品，如粮食、衣物等，以获得效用满足。而厂商首先在生产要素市场上购买生产所需的生产要素，如工人的劳动力，厂房；然后进行生产，将生产出来的产品投入产品市场进行出售。可见居民户和厂商都具有供给者和需求者的双重身份。

再看图 1.1 中的两个市场。产品市场中，厂商提供产品，而居民户则在这里购买产品，图中产品与劳务通过产品市场从厂商流向居民户；生产要素市场中，居民户提供生产要素出售，而厂商则在这里购买生产要素，图中劳动、土地、资本等生产要素通过要素市场从居民户流向厂商，同时厂商向居民户支付工资、租金、利息和利润。这就是说，居民户与厂商的供需在产品市场和要素市场相遇，在供需中，居民户要决定供给多少劳动、土地和资本，以换取作为要素收入的工资、租金、利息和利润，还要决定在产品市场上购买多少产品与劳务。厂商要决定在要素市场上购买多少劳动、土地和资本，以及向产品市场提供多少产品与劳务。居民户与厂商都具有经济人的性质，即以最小的投入追求自身经济利益最大化，在完全竞争条件下，产品市场与要素市场中的每一种产品和每一种生产要素都会通过价格和数量的不断调节实现市场的均衡状态。

至此市场运行的循环还不完全。作为市场主体之一的政府，首先是提供产品和服务并进

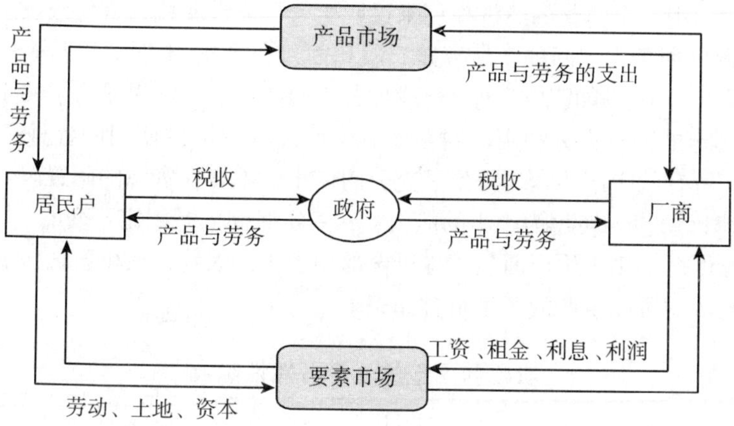

图 1.1 市场构成与运行循环

行收入与财产再分配的组织。政府提供的最重要的产品和服务是维持市场正常运行的法律制度及其实施机制，其次政府还提供用以克服市场失灵的公共产品如国防、公共保健、义务教育等。政府与居民户和厂商之间有联系，居民户与厂商向政府交纳税收，政府向居民户提供产品与劳务。政府决定向居民户与厂商提供什么产品与劳务，以及为这些产品与劳务向居民户与厂商征收多少税收。

2. 生产可能性曲线。稀缺是经济学中一个基础性的概念，由于稀缺性的存在，人们就必须做出各种选择，如用有限的货币收入去决定购买商品 A 还是商品 B；用有限的资源去生产产品 X 还是产品 Y。一个生产者运用他所有可用的资源进行生产时，假设资源的用途有两种，可用于生产产品 X（如面包）和产品 Y（如衣物）中的一种，那么如果将资源用于生产 X，便失去了生产 Y 的机会，而生产 Y 的收益就是这种选择的代价，这就是机会成本。在这个例子中，生产者的资源用于生产 X 的机会成本就是失去了用之生产 Y 所带来的收益。这就是经济学中的“稀缺－选择－机会成本”，人们还用另一个重要的经济学概念“生产可能性曲线”（又称生产可能性前沿、生产可能性边界）来分析它（见图 1.2）。

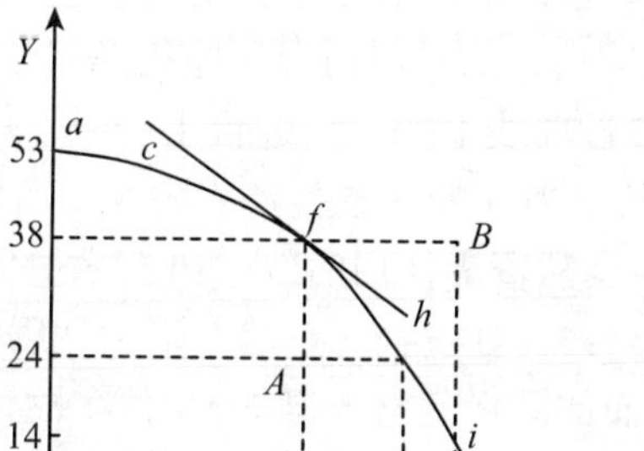

图 1.2 生产可能性曲线

生产可能性曲线（Production Possibility Frontier，PPF）指能生产出来的产品与劳务的组合与不能生产出来的产品与劳务的组合之间的曲线，或是可以达到的产量与不能达到的产量之间的曲线。我们用一个简化的经济模型来说明生产可能性曲线，首先假设某个经济中：

1. 现有资源仅用于生产两种产品，如衣服和面包，分别用 X 和 Y 表示。在现实生产中生产无数的产品与劳务，也可以通过组合或抽象为两类产品，这里是为了便于分析。

2. 资源是固定的而且充分利用。即在现有生产过程中可供使用的各种生产要素的数量是固定不变的，所有的生产要素均得到了充分的使用，不存在资源的闲置。

3. 生产技术即由投入转化为产出的能力，在一定时间内是固定不变的。

现有的资源可全部用于生产面包，也可全部用于生产衣物，或生产面包和衣物的某种组合。假定这个经济的可能生产的产量组合如表 1.1 所示：

表 1.1　　衣物和面包的生产可能性组合

组合	a	b	c	d	e	f	g	h	i	j
衣物（X）（件）	0	1	2	3	4	5	6	7	8	9
面包（Y）（个）	53	52	50	47	43	38	32	24	14	0

将表 1.1 中的点在图 1.2 中标出，并作连线，就得到一条生产可能性曲线，这条曲线表示可能生产的衣物和面包的最大数量组合的轨迹图。如图 1.2 所示，生产可能性曲线是一条凹向原点的曲线，其经济含义有：

（1）生产可能性曲线是稀缺性的具体化。任何经济不可能无限量地生产，使用一定资源所能生产出来的衣物和面包也有一个最大限量，这个最大量就是生产可能性曲线内和线上任何一点，如点 f 和点 A，衣物和面包的组合都可实现，但在线外的任何一点如点 B，就是现有条件下无法实现的。

（2）生产可能性曲线表明任何一个经济都必须做选择。由于稀缺性的存在，人们在生产这两种产品时受最大限量的限制，因此必须选择多生产衣物少生产面包，或少生产衣物多生产面包。在图 1.2 上就表现为在生产可能性曲线上选择某一点时的组合，然后根据这种选择来进行资源配置。而选择生产可能性曲线上的哪一点取决于人们的偏好，如果注重饮食，则会选 b 点或 c 点；如更注重穿着，则会选择 h 点或 i 点。

（3）生产可能性曲线还说明选择的具体内容，即选择“生产什么”、“如何生产”、“为谁生产”。当选择了在生产可能性曲线上哪一点进行生产时，就解决了生产什么及生产多少的问题。如选择图 1.2 中的 c 点，则决定了既生产衣物又生产面包，同时决定了衣物的数量为 2 件，面包的数量为 50 个。当从资源使用的效率出发来决定选择生产可能性曲线上的某点时，也就是选择了如何进行生产，如选择 c 点时，资源利用的效率高过其他点，而过多生产衣物，会由于资源的不适用而使同样的努力得不到同样增加的产量。生产可能性曲线上的某一点表示了人们的某种偏好，而对某点的选择也就解决了为谁生产的问题，如果生产更多的面包则表示偏重于为注重饮食的人生产，而生产更多的衣物则表示偏重于为注重穿着的人生产。

（4）生产可能性曲线可说明资源配置的效率。当生产的面包和衣物的组合是生产可能性曲线上的任一点时，表明资源得到了充分利用。如果生产面包和衣物的组合在生产可能性曲线以内的任何一点上（如图 1.2 中的点 A），则表明资源没有得到充分利用，或者说是无效率的。在图1.2中的A点生产衣物数量为5件，面包数量为24个，而当资源充分利用时，在图1.2上为f点或h点，即可以多生产2件衣物或多生产12个面包。当然，在既定的资源和技术条件下，生产可能性曲线之外的任何一点都不具有生产的可能性。

（5）生产可能性曲线与机会成本。选择就要付出代价，就会存在机会成本。在生产可能性曲线上选择了一种产品时所放弃的另一种产品就是被选择的这一产品的机会成本。如图1.2所示，假设把全部生产要素资源用来生产面包，如a点（$X=0$，$Y=53$），则可生产26个面包，当选择从a点移到b点（$X=1$，$Y=52$）时，增加1件衣物的生产就要放弃1个面包的生产，这样增加1个单位（件）的衣物的机会成本是1个单位（个）的面包。再如从h点（$X=7$，$Y=24$）到i点（$X=8$，$Y=14$）时，增加1个件衣物的生产就要放弃10个面包的生产，也就是增加1个单位的衣物的机会成本是10个单位的面包。随着衣物数量的不断增加，每增加1个单位衣物所必须放弃的面包数也不断增加，即每增加1个单位衣物的机会成本是递增的。如从点a依次到点j，衣物依次增加1件，而每增加1个单位衣物所放弃的面包个数依次是1、2、3、4、5、6、8、10、14，即机会成本呈递增的趋势。这种变化体现在生产可能性曲线上使之成为一条向右下方倾斜并凹向原点的曲线。

最后，对生产可能性曲线的经济含义的理解需要注意的是，当关于生产可能性曲线的假设条件发生变化，生产可能性曲线就会发生平移。如资源的数量增加、技术水平的提高等，就会使生产可能性曲线向右方平移，则代表着正的经济增长；如资源的数量减少或技术水平的降低等，就会使生产可能性曲线向左方平移，则代表着负的经济增长。

第三节 实证经济学与规范经济学

经济学家除了对经济活动进行纯粹的科学描述，提供合乎逻辑的论断和预测之外，有时也常对经济系统应该怎么运行发表意见。这就涉及“实证经济学”和“规范经济学”的问题。

一、实证经济学和规范经济学

实证经济学研究有限的资源在某一经济中是如何被配置、使用的，它试图如实地描述经济活动并揭示其客观规律。实证经济学意在回答“经济体（或其一部分）究竟是如何运转的”。而规范经济学则试图回答另一类问题，即“经济体（或其一部分）应该如何运转”。它倡导稀有资源在某一经济或经济活动中应该如何分配，因此不可避免地涉及经济学家个人的价值观念和主观判断。

实证经济学家主要用的是数理统计和计量经济学。实证分析要对所观测到的经济现象和统计资料进行分析、描述和制定政策，并对经济理论进行检验。对经济问题，不仅要作定性的理论分析，还需要有经验性的定量分析。经济统计和计量经济学在这些方面发挥着重要作用。经济统计侧重于数据的收集、描述、整理及给出统计的方法，而计量经济学则侧重于经济理论的检验、经济政策的评价、进行经济预测，及检验各个经济变量之间的因果关系。

为了有助于弄清楚经济学家所起的这两种作用，我们从考察语言的使用开始。由于科学家和决策者有不同的目标，所以，他们以不同的方式使用语言。

例如，目前我国一些地方正在考虑实施最低工资法。假设有两个人正在讨论最低工资法。这是其中的两种表述：

小王说：最低工资法引起了失业。

小李说：政府应该提高最低工资。

现在不管你是否同意这两种表述，应该注意的是，小王和小李想要做的事情是不同的。小王的说法像一个科学家：他做出了一种关于世界如何运行的表述。经济学家的研究表明，最低工资法对就业会产生不利的影响。如有了最低工资的规定，一些企业在选择机器还是劳动力从事某项生产活动时会进行成本计算，如果劳动者的工资高了，那么企业就会选择用机器取代劳动力。小李的说法像一个决策者：他做出了他想如何改变世界的表述。

下面的例子可以说明现代经济学中这两种不同的研究态度。实证经济学研究一个国家的教育经费的来源及其分配、使用，并估算教育对国民经济发展的贡献。它还可以分析，如果教育经费增加，将如何改变教师、学生的行为，并测算这一措施的社会成本和社会效益。但如果某经济学家提出教育经费应该增加或缩减，那他或她是在进行规范分析。当经济学家主张或倡导某一经济政策时，他（她）自觉或不自觉地、公开或隐蔽地在表达自己的价值观念。

二、实证经济学与规范经济学的关系

实证分析和规范分析其实是无法分割的。首先，规范分析并不能独立于实证分析。凡经济学家倡导、赞同或反对某一经济政策，其论据都来自对该政策的实证分析。尽管不同的经济学家可以强调不同的侧面因而对同一政策有不同的主张，但他们的结论一般都是运用普遍接受的实证经济理论，通过对政策的社会经济效益的分析比较而得出的。另外，经济学家在探讨经济活动的客观规律时，不可避免地受到其个人的经济地位、价值观念等的影响。毕竟，经济学研究的是人类的活动，经济学家作为社会成员之一，很难不偏不倚，超然于经济利益之外，如研究自然科学一样客观地研究经济科学。他们的价值判断会不自觉地在实证分析中产生影响。例如，经济学家总是以效率尺度来衡量经济活动的成败得失。这就隐含着，在经济学家的价值系统中，效率准则高于其他社会准则。另外，经济学家在做实证研究时，可能不适当地强调支持其规范主张的实证结论，而对与其规范主张相抵触的实证结论则轻描淡写。在涉及公共政策的经济分析时，如市场调节、税收补贴、财政货币政策、社会福利等，实证研究和规范研究是很难分开的。

实证表述与规范表述之间的主要差别是我们如何判断它们的正确性。从原则上讲，我们可以通过检验证据而确认或否定实证表述。经济学家可以通过分析某一时期内最低工资变动和失业变动的数据来评价小王的表述。与此相比，评价规范表述涉及价值观和事实。仅仅靠数据不能判断小李的表述。确定什么是好政策或什么是坏政策不仅仅是一个科学问题。它还涉及我们对伦理、政治哲学等的看法。

当然，实证表述与规范表述也会是相关的。关于世界如何运行的实证观点影响我们关于什么政策合意的规范观点。如果小王关于最低工资引起失业的说法正确的话，这就会使我们否定小李关于政府应该提高最低工资的结论。但我们的规范结论并不能仅仅根据实证分析。相反，这种结论既需要实证分析，又需要价值判断。

为什么经济学家往往给决策者提出了看来相互矛盾的建议呢？这里有两个主要原因：

1. 经济学家可能对世界如何运行的不同实证理论的正确性看法不一致。经济学是一门年轻的科学，仍然有许多问题需要探讨。经济学家有时意见不一致，是因为他们对不同理论的正确性或重要参数的大小有不同的预感。在众多变量中，经济学家注重的变量也不一样，如在失业率与通货膨胀率之间存在替代关系的菲利普斯曲线中，有的经济学家强调失业对社会经济的不利影响，因而鼓励政府把解决失业作为政策的重点。而有的经济学家强调通货膨胀对社会经济的不利影响，因而支持政府把解决通货膨胀问题作为政策的重点。

有人批评现代经济学存在着太多不同的经济理论，觉得经济学流派观点各异，不知道谁对谁错，甚至有人借此讽刺经济学家，100 个经济学家会有 101 个不同的观点和说法，从而否认现代经济学及其科学性。其实他们没有弄清楚，正是由于不同的经济、社会、政治环境，才需要发展出不同的经济理论模型和经济制度安排。经济学家之所以对于一个问题会有不同的观点，恰恰说明经济学的严谨和完善，他们的前提不一样，所处的环境也有差异，结论自然就不一样了。

2. 经济学家可能有不同的价值观，因此，对政策应该努力实现的目标有不同的规范观点。假设张三和李四从镇上的水井中取得等量的水。为了支付维修水井的费用，镇里向其居民收费。张三收入为 5 万元，收费 5 000 元，即他收入的 10%。李四收入为 1 万元，收费 2 000 元，即他收入的 20%。

这种政策公平吗？如果不公平的话，谁支付的太多了，而谁支付的又太少了？李四的低收入是由于他是残疾人，还是由于他受的教育少、从事了低收入的工作，这两个理由哪个重要？张三的高收入是由于他有大量遗产，还是由于他受的教育多、从事的职业收入高，这两个理由哪个重要？

这些是人们可能会引起争论的难题。如果镇里雇了两个专家来研究该镇为维修水井应该向居民收费的问题，如果这两个专家提出了不一致的建议，我们不会感到奇怪。

这个简单的例子说明，为什么经济学有时对公共政策的看法不同。经济学家有时提出了不一致的建议是因为他们有不同的价值观。使经济学成为完善的科学并不能告诉我们，是张三支付的太多了，还是李四支付的太多了。

最后我们再看一个经济学家是如何处理实证分析与规范分析的关系的。奴隶制可能不是一种好制度，但曾经是一种有效率的制度。1993 年诺贝尔经济学奖获得者福格尔在其《艰难岁月：美国黑奴经济学》一书中提出，撇开农奴制的不道德因素，仅从经济的角度来看，农奴制对于发展战前南方经济是一种非常有效的制度因素。因为计量结果表明：（1）仅就南方而言，购买农奴的投资所带来的收益大大高于投资于制造业的收益率；（2）南方种植园的规模经济、有效的管理以及劳动力和资本的大量投入，使得南方种植业生产效益高于北方 35%；（3）与从事种植业的白人相比，黑奴更为勤奋，生产效率更高；（4）南方城市中从事工业劳动的黑奴的勤奋和生产效率，绝不逊色于那些自由民。城市地区对黑奴需求增长超过农村的事实表明，农奴制与工业化是可以和谐并存的；（5）黑奴的物质生活条件和待遇并不像人们想象的那样坏，黑奴一生所生产的90%是归自己所有的；（6）战前南方经济并未衰退，而是增长迅速，南方的人均收入增速远远高于北方。马克·布劳格认为福格尔的《艰难岁月：美国黑奴经济学》一书“可能是美国历史上有史以来最有争议的书”。面对争论，福格尔说道，作为一个社会的一员，我是反对奴隶制的；但是作为一个经济学家我必须告诉人们奴隶制经济方面的真实情况。无论我们今天怎样评价奴隶制，但是用理性的眼光去分析奴隶制的产生、发展及灭亡的过程和根源对于人类寻找一种好制度是很有意义的。美国联邦体制的历史弊端之一是该制度授予各州建立奴隶制的权力，其后果就像林肯说的，它损害了平等这一基本原则。

第四节　微观经济学与宏观经济学

自1936年凯恩斯的《就业、利息和货币通论》发表之后，经济学开始被分为两个部分：宏观经济学和微观经济学。前者主要研究人类社会经济活动的总体表现，如国民总产值、消费总量、投资总量、通货膨胀率、失业率、财政收支、货币供应等变量的运行规律以及它们之间的相互关系；而后者则着重分析经济的基本单元——消费者、生产者、资源拥有者——的决策规律，以及他们在消费、生产、交换、分配等经济活动中的相互关系。

微观经济学集中于研究构成整个经济制度的各个单位的行为——厂商、家庭和个人的行为。它研究单个的单元如何做出决策以及影响这些决策的因素。宏观经济学集中于研究经济作为一个整体的行为，尤其是那些总体数字的变化，如总的失业率、经济增长率、贸易差额等。这些总体数字告诉我们的不是任何单个厂商或家庭的情况，而是总体的和平均情况。

微观经济学代表由下而上的视角，而宏观经济学则为由上而下的视角。经济作为一个整体的行为是以构成经济的个别单位的行为作为基础的，例如，总的失业率从某种角度说是构成经济的数以千计的厂商的雇工决策造成的结果；经济增长率是数以千计的有关投资、研究、发展和新产品的决策造成的结果。

微观经济学与宏观经济学的区别，主要体现在方法论上。宏观经济学在解释经济现象、揭示经济规律时，主要依赖于可以观测的经济变量之间的关系。例如，消费函数表示为消费总水平依赖于可支配收入总量，投资函数表示为投资总水平取决于利息率、国民收入总量等。所有这些自变量和应变量都是经济系统里可观测的变量。而微观经济学则偏重逻辑推演。微观经济学对经济个体的行为作了一些公理性的基本假设，然后通过严密的逻辑推导，揭示经济个体的行为规律。一般来说，宏观经济学的研究方法基本上是归纳法，而微观经济学的研究则以演绎为主。

微观经济学和宏观经济学是密切相关的。由于整体经济的变动产生于千百万个人的决策，所以，不考虑相关的微观经济决策要理解宏观经济的发展是不可能的。例如，宏观经济学家可以研究联邦个人所得税减少对整个物品与劳务生产的影响。为了分析这个问题，他必须考虑所得税减少如何影响家庭关于购买物品与劳务支出的决策。

尽管微观经济学与宏观经济学之间存在固有的联系，但这两个领域仍然是不同的。在经济学中，也和在生物学中一样，从最小的单位开始并向上发展看来是自然而然的。但这样做既无必要，也并不总是最好的方法。从某种意义上说，进化生物学建立在分子生物学之上，因为物种是由分子构成的。但进化生物学和分子生物学是不同的领域，各有自己的问题与方法。同样，由于微观经济学和宏观经济学探讨不同的问题，所以，它们有时采用不同的方法。

第五节 混合经济中的市场和政府

我们经济生活中有两种主要的经济组织形式：市场机制和命令经济。所谓市场机制就是指这样一种经济组织形式，即单个消费者和企业通过市场相互发生作用，来决定经济组织的三个中心问题。也就是生产什么、如何生产和为谁生产。所谓命令经济是指这样一种制度，其资源的分配由政府来决定，命令个人和企业按照国家经济计划行事。现实生活中纯粹的市场机制和纯粹的命令经济是不存在的。我们的经济是私人组织和政府机构都实施经济控制的“混合经济”。

一、基本竞争模型

基本竞争模型是经济学家们都认同的一个基本的假设系列。它由三个部分组成：有关消费者行为假设、有关厂商行为的假设以及有关消费者和厂商之间发生相互作用的市场的假设。

1. 具有理性的消费者和追求最大利润的厂商。理性选择是经济学分析问题的前提。理性选择假设人们对每种可能性都衡量其代价和利益。也就是说，人们能进行成本－收益比较。这一假设条件的依据是，个人和厂商的行为具有一致性，对他们的喜好和目标具有合理的认识程度，以及如何达到这些目标具有合理的理解。

理性假设的含义是，人们会通盘考虑所有后果，并对各种可能性的大小做出判断。个人和厂商常常要在后果不明的情况下做出选择。具有理性还包括做出收集信息的决定，个人和厂商会根据对成本和收益的衡量决定是否需要花钱和时间去收集更多的信息。

对于个人而言，做出选择和决定是为了个人的自身利益。不同的人会有不同的目标和愿望。有的人可能需要更大的房子和一辆好车而不得不工作更长的时间并且牺牲空闲时间。有的人可能更喜欢较悠闲的生活方式，他宁愿收入低一点但空闲时间多一点。

对于厂商而言，具有理性的假设条件意味着厂商经营的目标是追求最大的利润或股票的市场价值。如果一家厂商在短期和长期内都给予利润以足够的重视，那么追求最大限度的利润和追求最大限度的股票的市场价值基本相同。因此，我们仅把追求最大限度的利润作为厂商的目标。

2. 竞争市场。为了建立一个完整的模型，经济学家假设追求自身利益的个人和追求最大利润的厂商相遇的地方是市场。为了分析的简化和方便，经济学们把这一市场称为完全竞争的市场。在完全竞争的情况下，每一个厂商都是价格接受者。在这个市场上谁也不能影响市场的价格，而只能接受这个价格。在没有政府干预的情况下，能合乎完全竞争要求的实际市场的最好例子是各种农产品市场。比如种小麦的农民多到如此的程度，以至于每个农民都认为他可以随意种多少和卖多少而不会对小麦的价格发生影响。完全竞争的市场是新古典经济学的一种理想市场，只有在完全竞争的市场中资源才能得到最佳配置。完全竞争的市场在我们经济生活中尽管很少存在，但是，它是我们分析市场效率的一个理想参照系。

由消费者、厂商和市场所构成的这一模型就是基本竞争模型。受完全竞争驱动的经济导致投入和产出达到一种有效率的配置。一种有效率的经济处于其生产可能性边界上。但是，一旦出现不完全竞争，社会就可能向其生产可能性边界的内部移动。

二、产权与动机

在市场经济中，个人与厂商之所以有动机，是因为他们拥有财产和保留其工作和生产的一部分利益的动机。产权的界定、转让、保护及其相关的制度对市场经济的运行会产生重要影响。产权不是指人与物之间的关系，而是指由物的存在及关系它们的使用所引起的人们之间相互认可的行为关系。产权安排确定了每个人相应于物时的行为规范，每个人都必须遵守他与其他人之间的关系，或承担不遵守这种关系的成本。因此，对共同体中通行的产权制度可以描述为它是一系列用来确定每个人相对于稀缺资源使用时的地位的经济社会关系。产权明晰是市场经济有效运作的前提。

在鲁宾逊的世界里，产权是不起作用的。产权是一种社会工具，其重要性就在于事实上它们能帮助一个人形成他与其他人进行交易时的合理预期。这些预期通过社会的法律、习俗和道德得到表达。产权的所有者拥有他的同事同意他以特定方式行事的权利。也就是说，产权包括一个人或其他人受益或受损的权利。通过生产更优质的产品而使竞争者受损是被允许的，但是如果诋毁他就不行了。一个人可能被允许去诋毁他的入侵者而受益，但是他在一个价格下限下销售产品则会被禁止。那么很显然，产权是界定人们如何受益及如何受损，因而谁必须向谁提供补偿以使他修正人们所采取的行动。这一认识能很容易地导致产权和外部性之间的密切关系。

产权的一个主要功能是引导人们实现将外部性较大地内在化的激励。外部性是指一个经济主体对另一个经济主体的影响不能通过市场来解决。这种影响分为正外部性和负外部性。与社会相互依赖性相联系的每一成本和收益，就是一种潜在的外部性，使成本和收益外部化的一个必要条件是，双方进行权利交易（内在化）的成本必须超过内在化的所得。一般的由于交易中的“自然”困难，交易的成本要相对大于所得，或由于法律的原因它们也可能较大。在一个法制的社会，对自愿谈判的禁止会使得交易的成本无穷大。当外部性存在时，资源的使用者对有些成本和收益没有加以考虑，但允许交易中内在化程度的增加。有效的产权安排能使外部性内在化（如把公共地转变成私人地）是产权存在的重要价值。将一种受益效应或受损效应转化成一种外部性，是指这一效应对相互作用的人们的一个或多个决策的影响所带来的成本太高，以至于不值得。将这些效应“内在化”是指一个过程，它常常要发生产权的变迁从而使得这些效应（在更大程度上）对所有相互作用的人产生影响。

产权的另一个功能是能够解决激励问题。经济学意义上的“产权’只是当界定权利的费用与权利带来的好处在边界上达到相等时（也就是均衡时）才有定义。或者说，只有当产权界定的收益大于产权界定的成本时，人们才有动力（或激励机制）去制定规则和界定产权。制定规则的目的是强制人们遵守某些公共准则，节约交易费用，从而改善资源配置和福利分配，从而促进经济的增长。与增加工资、发奖金、分红、地位提升等方式相比，产权激励人具有预期性、持久性、稳定性的特点。产权界定不清是产生“外部性”和“搭便车”的主要根源。中国古代思想家孟子说过，有恒产者才有恒心。现在发达国家给企业高级经理实行股权、期权制度等事例都是强调产权的激励作用。

三、市场机制

市场经济通过一系列的价格和市场，无意识地协调着人们的经济活动。它也是一个传达信息的机器，把成千上万人的知识和行动汇合在一起。市场机制是如何发生作用的呢？下面我们从不同角度分析一下市场。

首先，经济中的主要价格和分配决策都是在市场上做出的。从最简单的意义上讲，市场就是指买卖物品的地方。法国历史年鉴学派的代表人物布罗代尔把市场分为上层和下层。在他看来，市场经济绝非只包含了买与卖这两类行为，市场经济是包含了许多层次的。在市场经济的底层才是纯粹的、面对面的即时买卖交易，一手交钱，一手交货，这种交易随处可见，属于市场经济的基本内容。但布罗代尔发现，商品经济市场交易还有上面的层次。上层的首要特点在于交易双方互相并不见面，中间成为一个专业的、独立的部门，商人分化出来了。布罗代尔认为，市场的下层交易随处可见（印度、非洲、中国等）。但市场的上层交易却不是在任何国家都会出现的，是市场的上层构造促使西欧国家完成了向现代资本主义的重大转变。没有市场的上层构造就不可能建立起现代意义上的市场经济。从某种意义上讲，市场上层组织的建立是一个国家从自然经济向商品经济（或市场经济）转变的标志。无论是市场的下层组织，还是市场的上层组织，市场都是一种物品的买主和卖主相互作用，以决定其价格和数量的过程。

其次，市场还分为产品市场和要素市场。产品市场的成熟程度，包括农产品、工业品和服务产品的市场化；要素市场的发育程度，包括资本、土地、劳动力的市场化；市场主体——企业行为的市场化程度，包括国有企业、民营企业的市场化程度；政府对市场的适应程度，包括政府从微观经济领域的退出程度、宏观调控方式的间接化程度等；经济的对外开放程度，包括外贸依存度、资本依存度以及投资结构水平等。

表 1.2　　1997～2002 年我国产品市场化指数和要素市场化指数

年　份	1997	1998	1999	2000	2001	2002
产品市场化指数	7.05	7.56	7.23	7.59	7.99	7.99
要素市场化指数	3.84	4.08	3.43	3.26	3.51	3.76

资料来源：樊纲、王小鲁，《中国市场化指数——各地区市场化相对进程报告》（2000 年、2001 年、2004 年）（市场化指数最高为 10），经济科学出版社 2004 年版。

这些年来，我国在产品市场上的市场化程度有了较大提高，但在要素市场上却相对滞后。为什么？这里面一个重要制约因素就是产权问题。产品市场的形成对产权的要求低得多，而要素市场的形成对产权的要求高得多。产品市场只是简单的买卖关系，而要素市场则涉及产权转让、合约的交易等。由于产权的改革不到位，我国要素市场的交易和运行不是以正常的交易成本体现出来，而是以租耗的形式体现出来。我国在产品市场上的市场化改革进展较快，但在要素市场上进展较慢，这有几个方面的原因，除了产权这个重要因素以外，要素市场对契约、法律制度的要求更高。从这个意义上讲，中国市场化改革的实质是一次深刻的制度创新和制度变迁过程。我国市场机制的不健全是制约我国经济发展的不利因素。

为了更好地理解市场机制，我们有必要分析一下亚当·斯密的“看不见的手”的原理。所谓“看不见的手”是指：当每个人在追求他自私自利的目标时，他好像被一只看不见的手引导着去实现公共的最好的福利。亚当·斯密的“看不见的手”的根本目的在于解释为什么市场机制的后果是如此的有秩序。换言之，家庭与企业在市场上相互交易，它们仿佛被一只“看不见的手”所指引，引起的合意的市场结果。价格就是“看不见的手”用来指引经济活动的有效工具。在经济学家看来，价格既反映了一种物品的社会价值，也反映了生产该物品的社会成本。由于家庭和企业在决定购买什么时关注价格，所以，他们就不知不觉地考虑到了其行动的社会收益与成本。结果，价格指引这些个别决策者在大多数情况下实现了整个社会福利最大化的结果。

四、政府的作用

“看不见的手”通常会使市场有效地配置资源。但是，市场并不是万能的。经济学家用市场失灵这个词来描述市场本身不能有效配置资源的情况。市场失灵成为政府干预经济的原因。政府干预经济的目的有两类：促进效率和促进平等。

先看政府在促进效率方面的作用。一是解决不完全竞争带来的问题。所谓完全竞争是指企业的数目以及竞争的程度足够大，以至于没有一个企业能够影响物品的价格。一个不完全竞争者是指其行为能够影响物品价格的人。完全竞争是一种理想模式，是我们分析市场的一种参照系，经济生活中更多的是不完全竞争。一切经济生活都是竞争成分和垄断成分的混合物。现在的问题是，当垄断权力（或市场势力）在经济上达到重大程度时，我们便看到价格会高出有效率水平、需求和生产结构受到扭曲以及超过正常水平的利润。那些垄断者还可将这些利润转而用于不真实的广告宣传，从而强化自己的垄断地位。因此，政府有必要从法律上（如美国的反托拉斯法）、制度上来限制垄断行为，尽管在美国反托拉斯法的执行及效果上存在种种争议，但有一点是可以肯定的，那就是政府有必要维持一个竞争的市场。二是解决外部性带来的问题。污染是一个典型的例子。如果一家化工厂并不承担它排放烟尘的全部成本，它就会大量排放。在这种情况下，政府就可以通过环境保护来增加经济福利。三是政府提供公共物品。所谓公共物品就是那些具有非竞争性、非排他性，并且私人一般不愿提供的物品。公共物品包括国防及法治和秩序、修建公路、支持纯科学和公众健康等。为什么私人不愿意提供公共物品？这是因为公共物品的非竞争性和非排他性导致经营者收费的困难以及使用者的“搭便车”问题。由于公共物品的私人提供量普遍不足，政府必须提供公共物品。

再看政府在促进平等方面的作用。市场经济只能带来效率，只能解决初次分配问题，而不能解决公平，不能解决再分配问题。美国经济学家阿瑟·奥肯认为，在生产领域里，应以效率为先，只有这样才能促进社会生产率的提高，增加社会财富；而社会财富总量的增多，则又是达到较为平等的分配的前提。而在生产领域之外，也就是在再分配领域里，则应把平等原则贯彻进去，通过政府的功能消除不均。市场经济最重要的均等是机会均等而不是结果均等。机会均等带来的是效率的提高，而结果均等带来的则是平均主义。实质上平均主义是最大的不均等。由于受传统文化和价值观的影响，在我国一部分人心目中还存在“不患寡而患不均”的思想，而这种思想是不利于与社会主义市场经济相适应的激励机制的建立的。

“看不见的手”可以引导我们达到生产可能性边界的外围极限，但是，它并不一定是以可接受的方式来分配那些产品的。当一个社会不喜欢市场的初次分配时，可以通过政府的再分配政策采取措施来改变其结果。市场所进行的初次分配注重的是效率，而政府所进行的再分配强调的是公平。首先，它可以采用累进税制，税款对富人收入的征收比例要大于对穷人收入的征收比例。如累进的个人所得税就带有再分配性质，它一方面增加了税收；另一方面又具有缩小社会分配差距、促进平等的作用。其次，政府还可以建立一套收入支付制度，帮助那些老弱病残和丧失劳动能力的人，并且为失去工作的人建立了失业保险制度。最后，政府对低收入阶层的消费者给予补贴，向他们提供食品券、低价住房等。

第六节　微观经济学的演变与发展

从20世纪50年代至今，微观经济学在理论和方法上有了进一步的发展。在内容上，微观经济学的研究范围不断扩展，不仅对传统理论框架内的许多理论，如消费者理论、生产者理论、厂商理论等进行了发展，不断加深了对一般均衡、博弈论和信息经济学的研究，而且提出了一些新的研究领域，如显示偏好、跨时期选择、产权、交易成本等；在方法上，现代微观经济学更加注重数学分析工具的运用以及通过数学分析来解释经济问题。

一、消费者行为研究的新进展

1. 显示偏好理论。这一理论最早是由萨缪尔森提出的，霍萨克、克利特等人对其进行了补充。传统的需求理论要求消费者的效用函数或偏好序列已知，并且具有若干良好的性质，但在实际生活中，效用函数或偏好不能直接被观察，只有消费者的选择行为可以被观察到。显示偏好理论通过重新证明需求定律、推导无差异曲线、证明竞争性均衡的存在和稳定性，说明消费者的选择可以显示偏好，解决了偏好的观察和测试问题，从而使显示偏好理论成为消费者理论的基础。

2. 时间偏好与跨时期选择。拉姆齐在1928年发表的论文《储蓄的时间理论》，第一次从动态最优化角度，探讨了“时际福利”最大化的问题。此后，阿莱、萨缪尔森、戴蒙德等人提出了与拉姆齐的“无限期界模型”不同的“交叠时代模型”。这一理论主要讨论了现实生活中消费者面对跨时期选择的问题，即消费者对即期消费和未来消费的不同评价及选择问题。现在，跨时期选择理论已经成为现代微观经济学的重要研究内容与基础。

3. 风险偏好理论。风险偏好理论最早是由奈特在《风险、不确定性和利润》一书中提出的，此后，冯·诺依曼、摩根斯坦等人对这个问题都有所研究。根据风险偏好理论，可以将消费者或投资者划分为风险偏好型、风险中性以及风险厌恶型三种。这个理论主要说明了在不确定的情况下进行决策应当有效地规避风险。现在，这一理论已经成为微观经济分析的重要组成部分，对保险市场、证券市场、期货市场等问题的研究发挥着重要作用。

二、厂商理论的新进展

传统的厂商理论主要描述的是在给定资源和技术水平一定的条件下投入和产出的关系，它没有涉及企业的生产边界问题以及企业内部的组织效率问题。现代微观经济学中的厂商理论更加强调契约在企业生产过程中的重要作用和产权的重要性。

1. 交易成本理论。传统的微观经济学在解释市场的作用、分析消费者与企业追求最大效用的过程中，假设这些行为的交易费用为零。而在现实生活中存在着大量的经济运行费用，影响着企业的决策与市场资源配置的效果。科斯提出企业的存在就是为了节省交易成本。他认为，企业和市场是社会分工与合作的两种制度安排，而交易费用是经济制度运行的费用。企业的最优规模应当被决定在企业内的组织费用和市场的交易费用相等的点上。此后，威廉姆森对交易成本理论进行了研究，不断发展了科斯的理论。交易成本理论说明了企业可以通过合理的确定生产规模，减少费用，获得更大的效用。

2. 委托—代理理论。委托—代理理论强调分析企业内部组织结构以及成员之间的代理关系。在委托代理关系中，委托人一般不能直接观察到代理人的行为，而且代理人的行为不能由其行为的结果推断得出。在委托代理关系中，逆向选择和道德风险问题最为典型。逆向选择是研究事前的非对称信息，可以通过向外界大量透露信息的办法减少逆向选择的发生。道德风险研究事后的非对称信息，可以通过采取设计最优契约的办法来有效地显示信息，从而降低道德风险的发生。委托—代理理论所要解决的主要问题就是委托者如何设计一套合理的激励机制和行为约束，促使代理人能采取适当的行动，增进委托人的利益。这一理论对于企业制定有效的激励制度具有重要的指导作用，例如，如何有效利用信息，如何激发员工的积极性，如何设计奖金发放制度等。

三、不完全竞争市场理论

新古典经济学派的微观经济学是以完全竞争为假设条件的。美国经济学家张伯伦的《垄断竞争理论》和英国琼·罗宾逊的《不完全竞争经济学》，从理论上指出了新古典经济学忽视垄断力量的存在和对垄断缺乏分析的缺点，创立了不完全竞争理论，从根本上改变了新古典学派以完全竞争为前提的微观经济分析。在不完全竞争理论中，根据竞争条件的不同，可以将市场划分为垄断竞争市场、寡头市场和完全垄断市场三种类型。不完全竞争的分析使得价格与现实更加接近，从而可以在不同类型的竞争条件下分析研究厂商如何达到最适度的生产规模以获取最大利润。

四、博弈论的发展

博弈论也称做对策论，主要研究决策主体的行为发生直接的相互作用时的决策以及这种决策的均衡问题。在现实生活中，人们的选择是相互影响的，因此，个人在约束条件下进行最优选择时，必须考虑其他人的对策。1944 年，冯·诺依曼和摩根斯坦首次系统地把博弈论引入经济学的研究，在《博弈论与经济行为》一书中提出“大多数经济行为应当按博弈论来分析”，从而奠定了现代博弈论的理论基础。此后，纳什定义了“非合作博弈”及其均衡解的概念，证明了均衡解的存在性，即“纳什均衡”，它的提出和存在性的证明，奠定了“非合作博弈”的理论基础。1965 年，泽尔滕将纳什均衡的概念引入了动态分析，在动态博弈的背景下，提出了“子博弈纳什均衡”的概念，并发展了求解动态博弈的重要方法——倒推归纳法，推进了经济博弈论的发展。1967 年，海萨尼将“信息不完全性”引入博弈论，定义了“不完全信息博弈”的概念，即“贝叶斯—纳什均衡”。20 世纪 80 年代，克瑞普斯、威尔逊等人发展了动态不完全信息博弈的模型。博弈论已经成为了现代微观经济学的基础和主要内容，在经济学的研究与发展中发挥着重要作用。

五、一般均衡理论与福利经济学

在现代微观经济学中，一般均衡分析是将所有相互联系的各个市场看成一个整体来加以研究，当所有的消费者、厂商达到均衡状态时，整个经济体系就达到了一般均衡。1874 年，法国经济学家瓦尔拉斯首创了一般均衡理论。他以边际效用分析为基础，进一步考察了全部商品的交换及商品供求同时达到均衡状态时的价格决定问题。此后，意大利的经济学家帕累托继续发展了这一思想，并且在序数效用的基础上发展了瓦尔拉斯的理论。1937 年，冯·诺依曼发表的《一般经济均衡模型》一文，首次提出了动态经济竞争均衡存在性问题。1939 年，希克斯的《价值与资本》一书发展了帕累托的一般均衡分析，论述了经济体系的静态一般均衡的稳定条件。20 世纪 50 年代，阿罗和德布鲁用较为宽松的条件证明了一般均衡的存在性、唯一性和稳定性，以及这种竞争均衡与帕累托最优的一致性问题，即完全竞争条件下个人的福利最大化可以使社会的福利达到最大化，从而达到帕累托最优状态。

六、市场失灵

传统的微观经济学认为，如果存在一个没有外部性的“完全竞争市场”，价格机制就能使资源达到有效的配置。但是，市场机制并不是万能的，它不可能调节人们经济生活的所有领域。价格机制在某些领域内不能发挥作用或不能有效地发挥作用的情况被称为“市场失灵”。导致市场失灵的原因主要包括外部性、公共产品、不完全信息等。

1. 外部性。外部性是指一个经济体的行为对另一个经济主体的福利产生了影响，但这种影响并没有通过货币或市场交易反映出来。外部性可分为正外部性和负外部性。马歇尔首创了“外部经济”和“内部经济”的概念，1928 年，英国经济学家庇古出版的《福利经济学》一书对这两个概念进行了补充，阿温·扬格在《收益递增与经济进步》一文中系统地阐述了动态的外部经济思想。针对现实生活中的外部性问题，许多经济学家都提出了内部化的途径，其中，科斯的"明晰产权"的思路最为著名，即通过界定产权可以使市场与所有经济主体的效益达到均衡。

2. 公共物品。公共物品是指不具备消费竞争性的商品。在市场经济中，私人物品的供给与需求数量是以价格为信号传递到消费者与生产者手中的。但是公共物品具有非排他性的特点，每个社会成员都可以分享它的外部效应而不必支付费用，这样就会出现"搭便车"的现象。每个社会成员为了更多地占有公共物品的使用权，不会真实地反映自己的需求。这样，就必须合理地设计一种机制，使得人们都能够"讲真话"，显示自己的效用达到最大时候的真实偏好，从而使公共物品的提供者（多数情况下为政府）可以做出正确的决策，避免"搭便车"的现象。20 世纪 70 年代以来，公共物品理论的发展主要集中在这种机制的设计上。

3. 不完全信息。经济学的一个主要假设是完全信息，即所有参与经济活动的个人和企业都完全了解各种商品的价格、质量，并且完全了解自己的各种经济状况。在现实生活中，每个人所掌握的信息是不同的，而且由于信息的不对称会造成经济活动中的道德风险、逆向选择等问题，使得市场不能够充分发挥作用。现实中的许多经济问题都与不完全信息有关。针对普遍存在的不完全信息问题，应当尽量降低获取信息的成本，努力搜寻尽可能多的信息，减少经济决策的盲目性。

第七节　如何学习微观经济学

一、学习微观经济学的意义

微观经济学主要研究个人、家庭和厂商的决策与行为以及他们在某个市场上的相互交易。著名的经济学家萨缪尔森认为"为什么要学习经济学？重要的理由是，在你的一生中，你都会碰到无情的经济学真理，学经济学并非要你变成天才，但若不学经济学，命运就会与你格格不入"。任何个人和企业在社会生产与生活中都必须面临各种各样的选择，因此，学习微观经济学具有重要的意义。

首先，微观经济学可以指导个人做出更加合理的行为决策。微观经济学的边际效用价值论、无差异曲线、风险偏好等理论都可以指导消费者的选择。一个家庭要面对各种不同的消费品的选择，要面对不同投资方式（储蓄、债券、股票等）的选择，要面对职业和教育投资的选择，掌握微观经济学的基本原理就可以理性地分析这些现象，使人们的消费和投资更加明智。同样，对于一个学生来说，他面临着如何将有限的时间合理分配到学习上和休闲上，以达到最大效用。经济学是与我们的生活密切相关的，对于现代社会的每一个成员来说，了解微观经济学的知识都是有益的。

其次，微观经济学可以指导企业优化资源配置，降低成本，提高经济效益。企业在经营活动中面临着各种问题，例如，在资金有限的情况下，企业应该生产什么？生产多少？用什么样的原料生产？怎样可以使利润最大化？微观经济学关于企业生产和成本的理论，例如现代厂商理论、生产成本理论、交易成本和产权理论等，都可以用于指导企业的投资决策、生产决策和管理决策，使企业的决策者能够深入地思考各种经营决策问题，对企业降低成本、提高经济效益、加强对经济活动的分析等都起着十分重要的作用。

最后，微观经济学可以指导政府的决策。政府的很多经济政策和管理行为都是存在于微观领域的，例如，国家对市场垄断行为的管制，对农民的补贴，对企业污水排放的治理等，这些政府行为都涉及各个经济主体的利益。政府的决策者只有掌握了微观经济学的知识，并将其科学地运用于决策行为，才能充分考虑各个社会成员、企业、团体的利益，有效地配置社会资源，提高社会福利水平。

二、怎样学好微观经济学

微观经济学为我们理解、分析现实生活中错综复杂的经济现象提供了一套工具和方法，它可以指导人们的行为。对微观经济学的学习要深刻理解其本质，只有透过数学的、图形的表面抓住各种经济学原理的本质，才可以在现实生活中用理论分析、解释各种经济现象，更好地指导人们的决策。

学习经济学知识并不能靠死记硬背，而要以理解为主。例如，微观经济学也叫价格理论，为什么微观经济学也叫价格理论？这是因为价格的形成（第二章就是分析均衡价格是如何形成的）与价格决定资源的配置（消费理论、生产理论、市场理论等都与此相关）是微观经济学的主线。我们要注意抓住这个主线去学习微观经济学。同时，要有意识地对社会经济活动进行观察，以丰富多彩的社会实践来增强对经济学原理的感性认识，努力从各种经济学原理中寻找规律。

随着现代微观经济学的研究内容与范围不断扩大，社会生活中的许多问题，如外部性、信息不对称等情况下个人的决策问题等都被纳入了经济学的研究范围，经济学与生活的联系越来越密切。所以，学习微观经济学时应当保持对各种经济现象的敏感性，了解经济学发展的最新动态。同时，现代微观经济学的研究需要运用多种分析方法，尤其注重对数学分析工具的应用，所以，要想掌握微观经济学知识就得熟悉各种经济学研究方法，如实证分析法、规范分析法、均衡分析法等，并且要熟练地运用数学分析工具学习微观经济学知识。

数学在经济学中只是作为一种工具被用来考虑或研究经济行为和经济现象。经济学家只是用数学来更严格地阐述、更精炼地表达他们的观点和理论，用数学模型来分析各个经济变量之间的相互依存关系。由于经济学的度量化并将各种前提假设条件精确化，它已成为了一门体系严谨的社会科学。如果经济学没有采用数学的方法，经济学就不可能成为现代经济学。许多经济学概念需要用数学来定义，经济行为和经济现象也主要是通过运用数学语言来分析和研究的。用数学语言来表达关于经济环境和个人行为方式的假设，用数学表达式来表示每个经济变量和经济规则间的逻辑关系，通过建立数学模型来研究经济问题，并且按照数学的语言逻辑推导结论。

总之，微观经济学的理论体系是十分丰富的，在学习过程中要坚持勤思、多想、多观察，用经济学的思想分析问题，指导实践。

案例1 社会的两难选择：是要大炮还是要黄油

希特勒在第二次世界大战期间曾提出一个口号“宁要大炮，不要黄油。”这是通过将德国的国民经济军事化来实现的。同样在第二次世界大战中，美国作为“民主的兵工厂”，向反法西斯国家提供武器，把相当多的资源用于生产军事装备。军用品增加，民用品就不得不减少。在此情景下，美国战时对许多物品都实行了管制。而在第二次世界大战后，为与美国争霸，苏联把该国的资源大量用于军事装备的生产等，从而不得不减少民用工业品的生产，造成人民生活水平停滞不前，长期处于物品“短缺”之中。无论出于什么目的（法西斯的侵略、反法西斯或者争夺霸权），要更多地生产军用品，就必须采取集中化的经济决策，如希特勒采取的法西斯独裁，苏联采用的计划经济，美国在战时实施大量的经济管制，代价都是民用品生产的减少，人民生活水平的下降。

分析：

是要大炮还是要黄油，实际上是军用品和民用品的生产决策问题。

任何一个国家，当然希望军用品和民用品都越多越好，这就是欲望的无限性。但任何一国用于生产军用品和民用品的资源都是有限的，这就是所有社会都必须面对的稀缺性问题。因此，对任何一个社会而言，多生产军用品就只能少生产民用品，相反，多生产民用品就只能少生产军用品，这是任何一个社会都必须做出的选择，而选择是有代价的。由于任何一个特定时期，资源都是既定的，那么多生产一单位军用品，就要少生产若干单位的民用品。为多生产一单位军用品所放弃的民用品数量就是生产军用品的机会成本。这样，“大炮与黄油”的问题显然概括了经济学最基本的问题，所以，很多经济学家都爱谈论它。

每个社会都有自己解决“大炮与黄油”问题的办法。在市场正常状态经济条件下，一般是由政府与市场共同决定军用品与民用品的生产，以使社会福利最大化。但是，在特定时期，这个问题则主要由政府决定。

资料来源：碧空，西方经济学笔记经典收录。http：//www.seelearn.com/A/lzw100/archives/2006/20061271228.html.

案例2 “买路钱”的联想

台北市议会通过一项交通法则，明确规定在一些重要道路上行人必须走行人穿越道，如果直接跨越安全岛过桥街，就要缴360元（新台币，下同）的罚款，或立即接受两个小时的“交通安全讲习”。那么，如果一个行人因为赶时间或其他任何理由，直接跨越安全岛，而且心甘情愿地缴这360元的罚款。那么，他（她）在行为上是否还有什么可议之处呢？

分析：

这是一个制度对人的行为产生影响的例子。法规里表明有两种过马路的方式：一种是走行人穿越道，这种过马路方式的价格为“零”；一种是跨越安全岛，这种方式的价格为360元罚款。就像在路边摊和在百货公司买东西有差别一样，每个人可以根据自己的品味和好恶，然后决定要怎么过马路，付多少钱。不过，这两种过马路的方式都是合法的——因为法条里明确地规定穿越安全岛要缴360元罚款。

从另外一个角度来看，规定穿越安全岛要缴罚款的用意，不就是希望大家“不要”这么做吗？如果大家都认为只要缴得起罚款，就可以大模大样地穿越安全岛，难道不会造成对交通安全的困扰，对驾驶人和对自己都带来不必要的危险吗？

确实如此！但这事实上也就是“过路缴钱”的精神所在。仔细想想在这个法规还没有实施之前的情景：在那个时候，穿越安全岛不会被罚钱。那等于是过马路只有一种价格——不论走行人穿越道或安全岛，价格是一样的，都是“零”。就是因为在大都市里人多车多之后基于对行车安全的考虑，所以，值得（或应该）让“走行人穿越道”和“跨越安全岛”这两种行为有不一样的“价值”。和以前的情形相比，现在的“差别定价”不是更能让那些想穿越安全岛的人先想一想，愿意多花一两分钟走行人穿越道，还是愿意平白缴360元罚款？

更进一步的考虑是，为了提高行车安全和改善交通秩序，如果没有买路钱的设计，势必要借助于其他方式：或者在重要的街道安排交通警察，或者沿线加装栅栏，或者广设行人陆桥，或者以道德性呼吁诉请市民不要跨越安全岛。这些做法显然也隐含着资源（物质上或心理上）的付出；而且，相比之下，还不一定比买路钱“以价制量”的设计来得有效！

这么看来，“买路钱”的做法所反映的其实是一种对于资源运用很深刻的体会：“价格”不但有调节资源的功能，也具有影响行为的性质，而且还是很“中性的”一种媒介！

据说企业家王永庆在往返台北和桃园国际机场之间时，为了争取时间，车队一路都高速飞驰，而且专走高速公路的路肩。这么做虽然要缴“超速”和“行驶路肩”的罚款，但是，对他而言，罚款和所省下来的时间相比，还是合算。这种做法当然引人争议，不过，这种现象背后所隐含的意义也许更值得思索：怎么样规划法令规章和制度设施，使得“每一个人”都可以尽可能地发挥潜能，利己利人？

“买路钱”的意义，显然不仅限于过站缴费而已！

资料来源：熊秉元：《大家都站着》，社会科学文献出版社2002年版，第86～89页。

[关键概念]

理性　相对稀缺性　经济模型　循环图　生产可能性曲线　实证分析　规范分析　基本竞争模型　市场机制

[复习题]

1. 为什么经济学家要作出假设？
2. 经济模型应该准确地描述现实吗？
3. 机会成本和资源的稀缺性有什么关系？
4. 在市场经济中为什么需要政府管制？

5. 简述实证分析与规范分析之间的关系。

[补充阅读材料]

1. 高鸿业主编:《西方经济学》(微观部分),中国人民大学出版社 2000 年版。
2. 范家骧、刘文忻:《微观经济学》,东北财经大学出版社 2002 年版。
3. 瓦尔特·尼科尔森:《微观经济理论》(第六版),中国经济出版社 1998 年版。
4. 张培刚:“简论现代微观经济学的新进展”,载《当代财经》1998 年第 1 期。
5. 高鸿业:“20 世纪西方微观和宏观经济学的发展”,载《中国人民大学学报》2000 年第 1 期。
6. 田国强:“现代经济学的基本分析框架与研究方法”,载《经济研究》2005 年第 2 期。

第二章

供给和需求的基本原理

【学习目的和要求】

本章学习的目的是理解市场怎样通过需求和供给的力量来达到均衡以及是什么因素影响需求和供给，即需求定律、供给定律、供求定理；如何从个别需求、个别供给推导市场需求和市场供给；需求弹性和供给弹性的含义及计算方法。

【内容提要】

1. 个人对商品的需求受价格、偏好、收入、相关物品的价格、对未来的预期等影响。商品的供给受价格、生产成本、供给的替代品的盈利性、对未来的预期等影响；需求（供给）表是表示一种物品的价格与需求（供给）量之间关系的表格，用几何图形将这两者的关系表现出来就是需求（供给）曲线。

2. 供求定律是指任何一种物品价格的调整都会使该物品的供给和需求达到平衡；供给和需求的变动都会影响到均衡。

3. 弹性是衡量买者和卖者对市场条件变动反应大小的指标。需求（供给）对价格变化的敏感性称为需求（供给）的价格弹性；替代品的数量和密切程度、物品的档次、人们在某种商品上的支出比例、市场定义的广狭程度、时期的长短等都是影响需求价格弹性的因素；当弹性值大于1、小于1和等于1时，需求是富有弹性的、缺乏弹性的、单位弹性；需求的收入弹性是衡量消费者收入变动时需求量如何变动；需求的交叉价格弹性用来衡量一种产品的需求对另一种产品（不是替代品就是互补品）的价格变化的敏感性。影响供给弹性的因素主要有生产时间的长短、生产的难易程度、生产技术类型、生产要素的供给弹性、生产成本等。

4. 政府的价格管制可能阻碍市场向均衡价格变动，导致短缺或过剩；最低限价导致超额供给；最高限价导致超额需求；对于需求弹性较小的商品，政府征税后，税额将较大程度地转嫁到消费者身上。反之，对于需求弹性较大的产品来说，生产者将承担较大部分的税收。

供给与需求是微观经济学中最基本的内容，也是最有效的工具。在任何一种商品的市场上，需求和供给这两种社会力量的相互作用决定着该商品一定时期的成交价格，而价格则为消费者和生产者提供据以作为行动决策的信号，从而又影响供给与需求。了解供给和需求这两个概念将会加深你对经济学分析的艺术和科学的理解。你可能已观察到当中东爆发战争时汽油价格就上升；当SARS席卷而来时，餐饮、娱乐及旅游业就迅即萧条；当你的收入增加时，你会增加你的消费等。如果你想得到正确的答案，你首先应该考虑它们对供给和需求产生的影响。本章将介绍供给与需求的基本理论，学习需求和供给的一些工具，利用它们可以解释市场是如何形成的，探讨什么决定需求和供给；需求、供给与价格之间的关系；价格如何起到激励作用。我们还要建立需求和供给弹性概念来考察供给对需求变化的敏感性，并分析政府干预政策对供给和需求产生的影响以及市场均衡等问题；运用需求和供给分析现实的经济问题。

第一节 需 求

一、个人需求的决定

我们从完全竞争市场的买者行为——个人需求开始讨论。在我们的日常生活中，你会发现许多有趣的经济现象。例如，一条新闻报道，美国已开始对伊拉克进行军事打击。随后你就发现世界石油市场的原油价格猛涨，各加油站的油价也迅速飙升。你对此有何反应呢(假定你是有车族)？你或许减少开车外出的次数，甚至以步代车。假如此时政府给你补贴或增加你的收入，境况又将如何呢？下面我们来一一分析个人需求的决定因素。

1. 价格。**需求量**指消费者在既定的时期（比如一周，或一月，或一年）、既定的价格下愿意且能够购买的数量（不是指人们想要消费的数量）。在其他条件相同时，**当一种商品的价格上升时，需求的数量将下降**。价格和需求之间的这种关系，被称为**需求法则**或**需求定律**(Law of Demand)。由于需求量随着价格上升而减少，随着价格下降而增加，我们说，需求量与价格负相关。

价格和需求量的这种关系是因为价格的变动会产生两种效应——**收入效应**和**替代效应**。所谓**收入效应**是指一种产品价格的下降（上升）会提高（减少）消费者的实际收入，从而会影响到这种产品的支出在其收入中所占的比例。**替代效应**是指产品的价格下降意味着这种物品相对于其他物品变得便宜了，这种物品将会替代一些其他物品。替代的程度依赖于物品之间的可替代性和相似性。

2. 偏好。偏好是人们对于物品的合意性或有用性的感觉。偏好受很多因素的影响，比如广告、习俗、时尚、受别的消费者影响、保健方面的考虑以及偶尔消费这种物品的感觉等心理因素和历史因素。显然，如果你十分喜欢某种物品，你会买得多一些。反之，你会买得少些，甚至不买。经济学家通常不研究偏好本身，而只是把它作为影响需求的非经济因素之一来研究。像这样的非经济因素还有人口结构。如对新住房和新公寓的需求与新家庭的数量密切相关，而新家庭的数量又依赖于结婚年龄的人口数量。

3. 收入。随着人们收入的增加（减少），他们对大多数物品的需求将增加（减少）。这类商品我们称为**正常品**（Normal Goods）。但是，收入和需求的这种关系也有例外。随着人们收入的增加，他们对一些物品的需求会减少；当人们的收入减少时，他们对一些物品的需求反而增加。这些物品我们将其称为**低档品**（Inferior Goods）。例如，普通大米。随着人们收入的增加，人们对普通大米的需求不增反减，转向购买质量更好的大米或其他物品。

4. 收入分配。如果国民收入分配向富人倾斜（从穷人再分配给富人），那么对奢侈品的需求会增加。同时，随着穷人越穷，他们不得不转向购买低档品，因而低档品的需求会增加。

5. 相关物品的数量和价格。当一种物品价格下降减少了另一种物品的需求时，这两种物品被称为**替代品**（Substitutes）。某种商品的替代品的价格越高，则消费者更多地以这种商品去代替其替代品的消费，导致对这种商品的需求越高。例如，对咖啡的需求取决于茶的价格。如果茶的价格上升，对咖啡的需求将增加。

互补品（Complements）是指当一种物品价格下降（上升）增加（减少）了另一种物品的需求时，这两种物品称为互补品。互补品的价格越高，它们被购买的数量就越少，因而对这种物品的需求越少。例如，汽油的需求取决于汽车的价格。如果汽车价格上升，人们就会减少对汽车的购买，因此对汽油的需求将下降。

6. 对未来的预期。对未来的预期包括价格预期和收入预期。如果人们预期某种物品的未来价格会趋于上升，他们很可能在价格上升之前增加现在的购买。例如，你预计汽油价格会上升，你现在很可能会用一些储蓄收入购买更多的汽油储备起来。如果人们预期未来的收入会减少，他们很可能在收入减少之前减少现在的购买。

综上所述，对于一种物品的需求取决于它本身的价格（P）、替代品的价格（P_S、P_C）、消费者的收入（Y）和消费者的偏好（T）。用公式表示：需求 $=f$（P，P_S，P_C，Y，T），其中“f”表示“是……的函数”。

二、需求表与需求曲线

1. 个人需求表与需求曲线。**需求表**（Demand Schedule）是表示一种物品价格与需求量之间关系的表格。通过需求表我们可以清楚地了解一种物品的需求量和价格之间存在着一一对应的关系。

表 2.1 表示在苹果的不同价格时，小王每月购买的苹果数量。如果苹果是免费的，小王每月至少吃 30 个（约 4 千克）。在每公斤苹果 3 元时，小王购买 3 千克。随着苹果价格的上升，他的需求越来越少。当价格达到每公斤 10 元时，小王根本不买苹果。

表 2.1　　**小王对苹果的需求**

价格 - 数量组合	价格（元）	需求量（千克）
A	0	4
B	3	3
C	5	2
D	7	1
E	9	0

我们还可通过需求曲线（一种几何图形）来勾勒一种物品价格与需求量之间的关系。**需求曲线**是假定其他条件不变的情况下，把物品的价格与需求量联系在一起的向右下方倾斜的曲线。根据习惯，我们用纵轴 Y 表示价格（P），横轴 X 表示需求量（Q）。如果把表 2.1 的价格和需求量的各种组合画在坐标图上，我们可得到对应的 A、B、C、D、E 各点，将它

们连成一线，便可得到一条向右下方倾斜的曲线——小王对苹果的需求曲线（见图 2.1）。

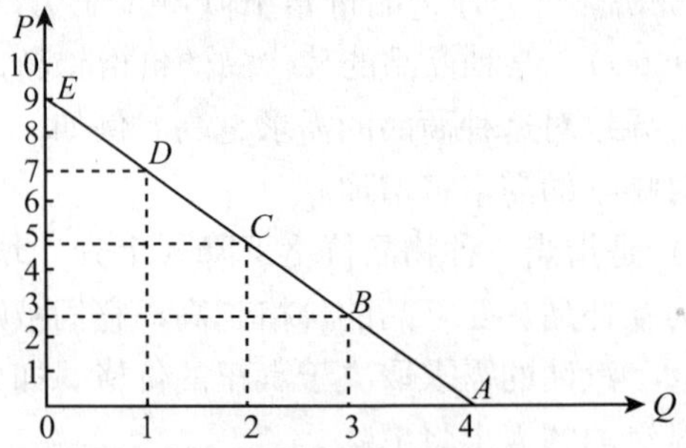

图 2.1　小王对苹果的需求曲线

从表 2.1 我们可发现随着苹果价格的上升，小王对苹果的需求减少。在图 2.1 中则表现为一条斜率为负值的、向右下方倾斜的曲线。向右下方倾斜的**需求曲线**表示物品的价格和需求量之间呈**反方向**变动的关系。需要提醒的是，需求曲线可以是直线也可以是曲线。当需求函数为线性函数时，则是直线；需求函数为非线性函数时，则是曲线。

2. 市场需求与个人需求。**市场需求**是所有个人对某种物品或劳务需求的总和。市场需求是从个人需求推导出来的，所以，影响个人需求量的所有因素都会影响市场需求量。同时，它还取决于**买者的人数**。我们假设一个简单经济由小王和小张两人组成。

表 2.2 假定的数据，表明在各种价格下他们每月购买的苹果及市场总需求。表中的第（3）列和第（4）列表明的是小王和小张两人的需求表。第（5）列表明的是总的**市场需求表**，根据假定，这是所有消费者的总需求。为了得到苹果的市场需求表，我们只需加总**所有**消费者在每一价格下的苹果需求量即可。也就是说，小王、小张以及任何其他需求苹果的人的需求量都加总在一起。因此，我们说市场需求量是所有买者的需求量之和。

表 2.2　　　　苹果的个人和市场需求

价格－数量组合 （1）	价格（每千克元） （2）	小王的需求（千克） （3）	小张的需求（千克） （4）	市场总需求（千克） （5）
A	0	6	6	12
B	3	3	5	8
C	5	2	4	6
D	7	1	3	4
E	9	0	2	2

根据表 2.2 的数据，我们可以得到与此对应的市场需求曲线（见图 2.2）。在图 2.2 中，**市场需求曲线**是通过在每一价格下，将每个人消费的数量相加而得到的，是个人需求曲线的水平相加。价格仍在纵轴上，而横轴度量的是该经济中每个人的需求量之和。市场需求曲线也是从左到右向下倾斜的。

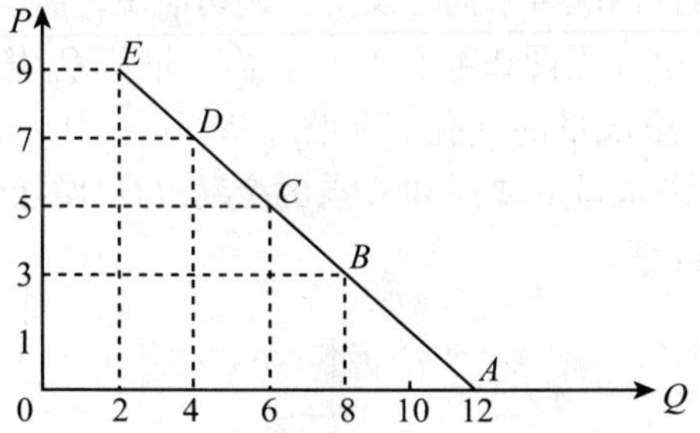

图 2.2 苹果的市场需求曲线

三、沿需求曲线的移动与需求曲线的移位

需求曲线是在假定“其他情况不变”的前提下构建的。在这一前提下，价格变化对需求的影响只表现为价格—数量组合点沿需求曲线移动。例如，当苹果的价格从每千克 3 元上涨到 5 元时，市场对苹果的需求从图 2.2 中的 B 点移动到 C 点。

然而，在现实世界中，其他因素并不是不变的。那么，当其他决定需求的因素当中有一个发生变化将出现什么状况呢？结论是除了价格之外，任何一种决定需求的因素变动时，需求曲线会发生向右或向左**移位**。即我们必须构建一条全新的需求曲线。比如说收入的增加，将引起每一价格水平下对某种物品的需求量的增加，那么，整个需求曲线将向右移位。图 2.3 中，在价格 P_0 上，数量 Q_0 是最初的需求量，而收入增加后，需求量是 Q_1（注意 D_1 不一定与 D_0 平行）。除收入增加外，替代品价格的上升或互补品价格的下降都可能导致需求曲线向右移位。

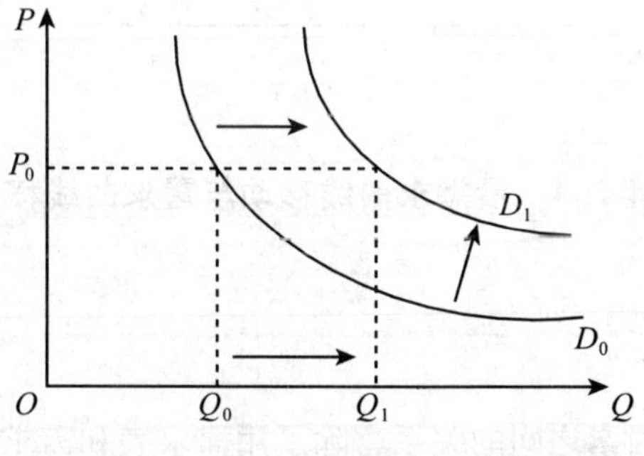

图 2.3 需求曲线向右位移

如果价格之外的其他因素发生变化引起需求下降，那么，整个需求曲线将向左移位。

区分沿需求曲线的移动和需求曲线的移位对于理解需求量的变化至关重要。沿着一条给定的需求曲线的移动只是说明其他因素不变时，价格变动对需求数量的影响，或者说价格变动时的需求数量的变化。图 2.4（a）中给出了沿着需求曲线从 A 点到 B 点的移动；图 2.4（b）中则说明，在给定的价格下，其他因素变化后需求曲线向右移动。A、B 中的需求量同样发生了变化，从 Q_0 增加到 Q_1，但引起需求量变化的原因不同。

在现实世界里，以上两种情况常常同时发生。换句话说，需求量的变化既包括由需求曲线的移位所导致的需求量的变化（见图 2.4（c）中，需求量从 Q_0 增加到 Q_1 的部分），也包括沿着需求曲线的移动所导致的需求量的变化（见图 2.5（c）中，需求量从 Q_1 增加到 Q_2 的部分）。即在图 2.4（c）中，需求量从 A 点到 C 点的变动（Q_0 增加到 Q_2），是由两部分组成。

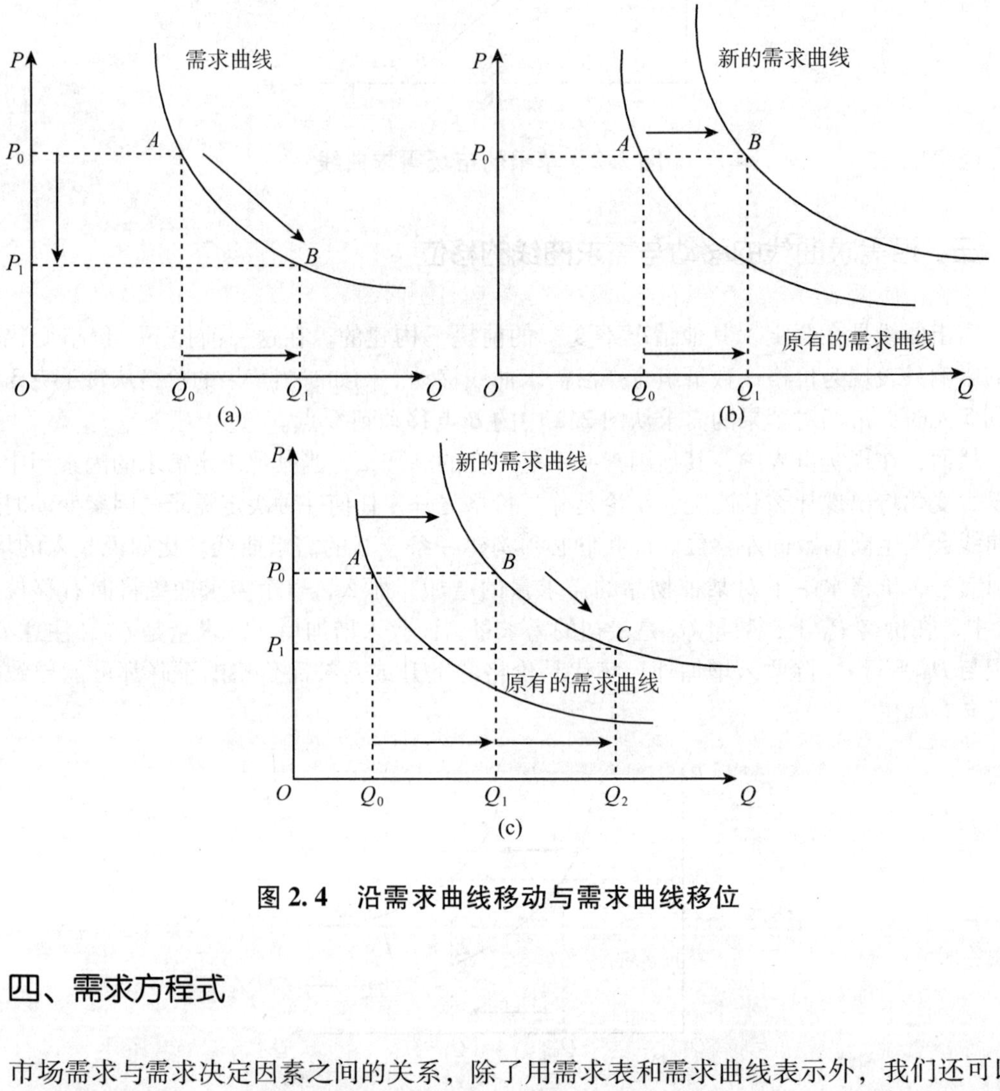

图 2.4　沿需求曲线移动与需求曲线移位

四、需求方程式

市场需求与需求决定因素之间的关系，除了用需求表和需求曲线表示外，我们还可以用方程式的形式来说明。即用**需求函数**来表示。需求函数既可以用一般方式表达，也可以赋予决定因素以具体的值来表达。

1. 线性需求函数。简单需求函数（需求方程式）通常用来表达需求量与某一决定因素之间的关系。所以，把需求量与价格联系在一起的一个方程式可以写成下列形式：

$$Q_d = a - bP \tag{2.1}$$

在方程式（2.1）中，a 表示需求曲线在横轴上的截距，即当 $P=0$ 时，$Q_d = a$。$-b$ 表示需求曲线相对于价格的斜率，即 $-b = \Delta Q_d / \Delta P$。该方程式是基于其他情况不变的假设建立的。如果其中有一个其他决定因素变化了，该方程式本身会改变。该曲线会发生移位，即需求量发生变化。如果仅是 a 项改变了，该曲线就会平行移位，如果 b 项改变了，该曲线的斜率会变化，即它的倾斜度会变。

我们可以列举许多简单方程式来说明需求与其他决定因素之间的关系。例如，把需求量与收入联系在一起的方程式是以下形式：

$$Q_d = a + bY \tag{2.2}$$

此外，我们可以得到把竞争性替代品价格和互补品价格与需求之间联系在一起的简单方程式：

$$Q_d = a + bP_s \tag{2.3}$$

$$Q_d = a - bP_c \tag{2.4}$$

2. 非线性需求函数。我们利用同样的方法，可以把需求量与两个或多个决定因素联系在一起。例如，我们的需求函数可能是以下形式：

$$Q_d = a - bP + cY + dP_s - eP_c \tag{2.5}$$

这个方程式表明，需求量（Q_d）将随着这种商品的价格（P）上升而下降，随着消费者的收入（Y）增加而增加，随着竞争性替代品的价格（P_s）上升而增加，随着互补品的价格（P_c）上升而下降，它们增减的程度系数分别是 b，c，d 和 e，它们增减的数量分别是 bP，cY，dP_s，eP_c。

第二节　供　　给

一、供给的决定因素

现在我们来考察市场的另一方——卖者的行为。经济学用**供给**（Supply）的概念来说明在某一价格下，个人或厂商愿意出售的商品和服务的数量。任何一种物品或劳务的**供给量**（Quantity Supplied）是卖者愿意而且能够出售的数量。那么，决定个人供给量的因素是什么呢？

1. 价格。价格是供给量的一个决定因素。供给和价格之间的一般关系是：当某种商品的价格上升时，供给量会增加；当某种商品的价格下降时，其供给量会较少。我们把这种关系称为正相关关系。其原因有三个：

（1）随着生产者供给越来越多，它们很可能发现超过某一特定产量水平时，成本增加得越来越快。

（2）商品的价格越高，生产这种商品的盈利性越大。生产者就会从生产盈利性低的商品转向生产更多的这种商品。

（3）在时间既定的情况下，如果一种商品的价格很高，新的生产者就会加入这种商品的生产。

前两个原因影响短期供给，第三个原因影响长期供给。价格与供给量之间的这种关系也被称为**供给定律**（Law of Supply）：在其他条件不变的情况下，一种物品的价格上升，该物品的供给量就增加。

2. 生产成本。一种物品的供给量与生产这种物品的成本负相关。生产成本越高，任何价格下获得的利润越少。随着成本的上升，生产者会削减生产，减少供给。很可能转向那些成本没有上升那么多的其他产品。引起生产成本变化的原因是：

（1）投入价格的变化：如果工资、原材料价格、租金、利率或任何其他投入品的价格上升，生产成本将增加。

（2）技术的变化：技术进步可以大大改变生产成本。

（3）组织变化：很多生产者通过重组生产而节约了各种成本。

（4）政府政策：政府的补贴政策降低了成本，而政府的征税政策提高了成本。

3. 供给的替代品的盈利性。如果一种属于供给替代品的产品，其供给盈利性比以前更大，那么，生产者很可能从第一种产品转向生产这种产品。第一种产品的供给将下降。其他产品的盈利性更大的原因是：

（1）它们的价格上升了。

（2）它们的生产成本下降了。

例如，如果番茄的价格上升，或生产番茄的成本下降，农场主可能决定生产更多的番茄。因此，胡萝卜的供给可能会减少。

4. 联合供给产品的盈利性。所谓**联合供给产品**是指当一个产品在生产时，另一个产品也同时被生产。例如，提炼原油生产汽油时，柴油和石蜡也同时被生产出来。如果由于汽油的需求及其价格上升（盈利性增强）导致汽油的生产越多，那么这些其他燃料的供给也会增加。

5. 自然、“随即冲击”和其他不可预测事件。在这类因素中，我们可以说包括气候和病虫害对农作物产量的影响、战争对进口原材料供给的影响、机器故障、行业纠纷、地震、洪水、火灾、大规模流行病，等等。

6. 生产者的目标。追求利润最大化目标的生产者供给的数量与追求其他不同目标（如销售最大化、增长最大化等）的生产者供给的数量是不同的。在这里，我们假定大多数生产者是追求利润最大化的。

7. 对未来的预期。如果价格预期会提高，生产者会暂时减少它们的销售数量，很可能增加它们的库存。在价格上升时再投放到市场上。同时，生产者可能会购置新的设备，或雇用更多的劳动，以便在价格上升之后，能增加供给。

如果生产者预期未来两年内，将会采用新的生产技术，那么他们会减少现期投资，从而使供给减少。此外，生产者对未来的其他预期（如成本预期、利润预期等）也会影响供给。

8. 供给者的数量。如果新的生产者进入该市场，供给很可能会增加；如果原有的生产者退出该市场，供给很可能会减少。

二、供给表与供给曲线

1. 个人供给表和供给曲线。**供给表**（Supply Schedule）是在其他条件不变的情况下，用来表示一种物品的价格与供给量之间关系的表格。通过供给表我们可以清楚地了解一种物品的供给量如何随着价格的变动而变动。表 2.3 表示小李在苹果不同的价格下的苹果供给量。在价格低于每千克 1 元时，小李的苹果供给为零。随着价格上升，他供给的苹果数量越来越多。

表 2.3　　小李的苹果供给

价格 - 数量组合	价格（元）	供给 量（千克）
A	0.50	0
B	1.00	1
C	3.00	3
D	5.00	5
E	7.00	7
F	9.00	9

我们还可通过供给曲线（一种几何图形）来勾勒一种物品价格与供给量之间的关系。**供给曲线**是假定其他条件不变的情况下，把物品的价格与供给量联系在一起的向右下方倾斜的曲线。根据习惯，我们用纵轴 Y 表示价格（P），横轴 X 表示供给量（Q）。如果把表 2.4 的价格和供给量的各种组合画在坐标图上，我们可得到对应的 A、B、C、D、E 各点，将它们连成一线，便可得到一条向右上方倾斜的供给曲线——小李的苹果供给曲线（见图 2.5）。

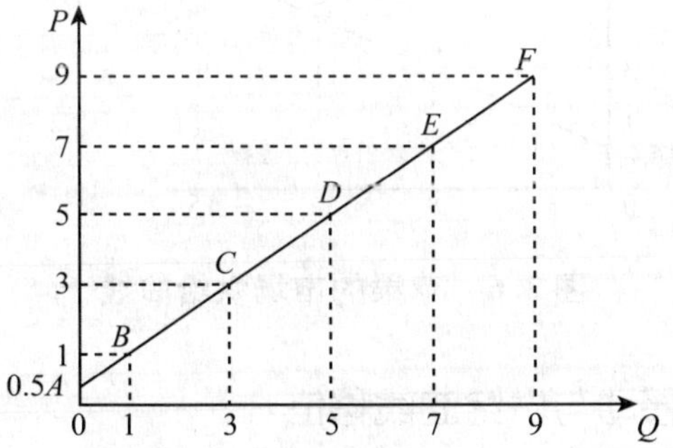

图 2.5　小李的苹果供给曲线

供给曲线向右上方倾斜，表明在其他条件不变的情况下，价格越高意味着供给量越多。

2. 市场供给与个人供给。**市场供给**是在给定的价格下，该经济下各厂商愿意且能够提供的商品和劳务的总数量。换句话说，市场供给量是所有卖者供给量之和。市场供给也是从个人供给推导出来的，所以，影响个人供给量的所有因素都会影响市场供给量。我们假设苹果生产者由小李和小刘两人组成。表 2.4 假定的数据，表明在各种价格下他们每月供应的苹果及市场总供给。

表 2.4 中的第（3）列和第（4）列表明的是小李和小刘两人的供给表。第（5）列表明的是总的**市场供给表**，根据假定，这是所有卖者的总供给。为了得到苹果的市场供给表，我们只需加总**所有**卖者在每一价格下的苹果供给量即可。也就是说，小李、小刘以及任何其他供给苹果的供给量都加总在一起。因此，我们说市场供给量是所有卖者的供给量之和。

根据表 2.4 的数据，我们可以得到与此对应的供给曲线（见图 2.6）。在图 2.6 中，**市场供给曲线**是通过在每一价格下，将每个生产者的供给数量相加而得到的，是个人供给曲线的水平相加。价格仍在纵轴上，而横轴度量的是该经济中每个人的供给量之和。市场供给曲线也是一条向右上方倾斜的曲线。

表 2.4　　苹果的个人和市场供给

价格 - 数量组合 （1）	价格（每千克元） （2）	小李的供给（千克） （3）	小刘的供给（千克） （4）	市场总供给（千克） （5）
A	0.50	0	0	0
B	1.00	1	2	3
C	3.00	3	5	8
D	5.00	5	6	11
E	7.00	7	8	15
F	9.00	9	10	19

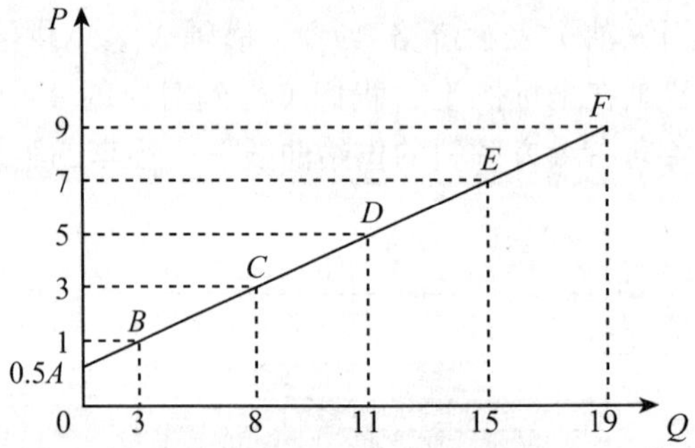

图 2.6　苹果的市场供给曲线

三、沿供给曲线的移动与供给曲线移位

这里的原则和需求曲线的情况相同。如果其他条件不变，价格的变化效应表现在供给量沿供给曲线移动。例如图 2.7（A）中的 Q_0 到 Q_1 的移动，表示价格由 P_0 上升到 P_1 时，供给量所发生的变化。

如果价格不变，其他任何决定供给的因素发生变化，都会使整个供给曲线发生移位。向右移位说明供给增加，向左移位说明供给减少。所以，在图 2.7（B）中，或许由于生产成本下降了，使产品更为便宜，供给曲线向右发生了移位。现在，即使价格不变，供给量也会

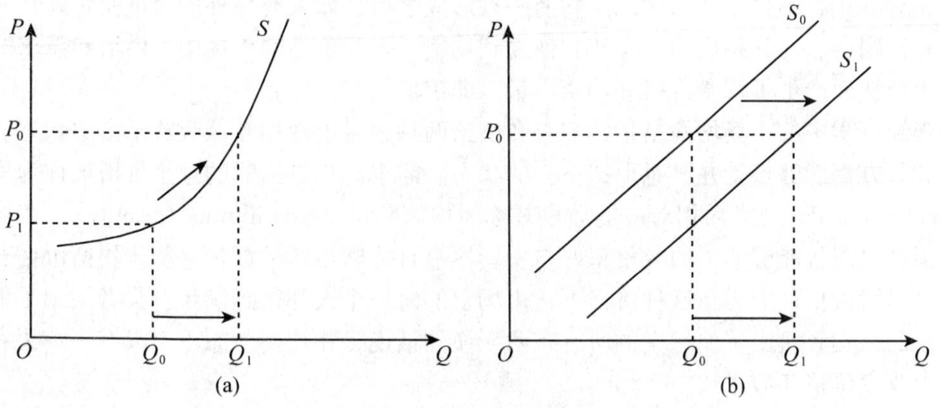

图 2.7　沿供给曲线移动与供给曲线移位

增加。由此我们得出结论：市场供给量的增加（减少），既可能是因为商品的价格上升（下降）了，也可能是其他因素变化引起供给曲线向右（向左）移位。

四、供给方程式（函数）

供给方程式（函数）是指利用调查数据和回归分析，可以把供给及其某些决定因素（可以量化的）联系在一起的方程式。供给方程式的简单形式是把供给与某一个决定因素联系在一起。例如，把供给与价格联系在一起的方程式可以写为：

$$Q_s = c + dP \tag{2.6}$$

其中，c 是供给曲线在横轴上的截距，它表示商品价格为零时的供给量，d 是供给曲线的斜率，$d = \Delta Q_s / \Delta P$。我们也可利用回归分析，估计 c 和 d 的值。依此类推，我们可以把供给与其他任何一个决定因素联系在一起，构建许多简单的供给方程式。

更为复杂的供给方程式是把供给与更多的决定因素联系在一起的形式：

$$Q_s = c + dP - eS_1 - mS_2 + nU \tag{2.7}$$

式中，P 是该商品的价格，S_1 和 S_2 是两种替代品的盈利性，U 是联合供给产品的盈利性。这个复杂方程式表明，供给量（Q_s）将随着这种商品的价格（P）上升和联合供给产品的盈利性增大而增加，随着替代品 S_1 和替代品 S_2 的盈利性的增大而减少。d、e、m、n 是它们增减的程度系数。

第三节　供 求 规 律

一、均衡价格与均衡产量

均衡是经济学广泛应用的概念，它是指经济中各种对立的、变动着的力量处于一种力量相当、相对静止、不再变动的状态。均衡一旦形成之后，如果有另外的力量使它离开原来均衡的位置，则会有与其相反的力量使它恢复到均衡。在竞争性的市场中，供给和需求的力量相互作用，从而产生了均衡价格和均衡产量，即市场均衡。

微观经济学中的市场均衡是指：需求和供给两种力量出现相互一致或平衡的状态。这也是卖方和买方都能够接受并愿意保持下去的状态。需求等于供给时的这个价格被称为均衡价格（Equilibrium Price），而相对应的数量被称为均衡数量（Equilibrium Quantity）。在均衡价格下，买者愿意且能够购买的数量正好与卖者愿意且能够出售的数量平衡。均衡价格有时被称为市场出清价格，因为在这种价格下，市场上的每一个人都得到满足：买者买到了他想买的所有东西，卖者卖出了他想卖的所有东西。换句话说，在均衡状态下，没有一个买者或卖者有动力改变价格和数量。

经济学中市场均衡分为局部均衡（Partial Equilibrium）和一般均衡（General Equilibrium）。一般来说，当一个市场发生变化时，其他市场必然要对此市场的变化作出相应的调整。例如，猪肉的市场和羊肉、牛肉的市场并不是完全隔开的，当猪肉的价格和产量发生变化时，也影响到牛、羊肉市场已经形成的均衡。假定一个市场的价格变化不会使其他市场的价格发生显著变化，这种分析方法称为局部均衡分析，而考虑各种价格之间的相互关系的分析方法称为一般均衡分析。在本章中，我们要采用的分析方法主要是局部均衡分析法。

均衡价格和均衡产量的决定可以用需求曲线和供给曲线来说明。均衡出现在两条曲线的交点上（见图 2.8），即 E_0 点。在任何高于 E_0 的价格，供给量将超过需求量，市场偏离均衡，并存在超额供给。在任何低于 E_0 的价格，需求量将超过供给量，市场偏离均衡，并存在超额需求。

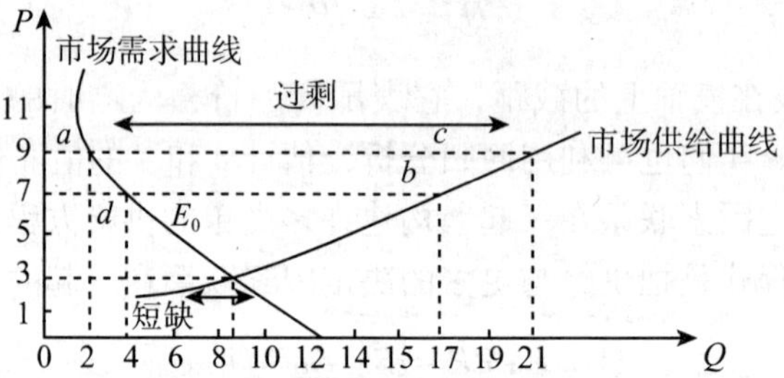

图 2.8 市场供给和需求的均衡

在完全竞争的市场中，许多买者和卖者的活动自发地把实际价格推向均衡价格，即供给等于需求的价格。这被称为**供求定律**（Law of Supply and Demand）：任何一种物品价格的调整都会使该物品的供给和需求达到平衡。值得注意的是，这一规律并不意味着在每时每刻，价格都正好处于均衡价格。它所强调的是，当市场偏离均衡时，存在改变这种非均衡状态的力量。

二、向新的均衡移动

只要需求曲线和供给曲线保持不变，均衡价格就会保持不变。如果这两条曲线当中的任何一条发生移位，就会形成新的均衡。

1. 需求的变化。如果需求的决定因素之一（不是价格）发生变化，整个需求曲线将移位。这将导致供给数量沿供给曲线及需求量沿新的需求曲线向新的均衡点移动。市场最终在新的均衡点上实现均衡。

例如，图 2.9 中，如果消费者的收入增加导致需求曲线由 D_1 移位到 D_2，那么，在原均衡价格 P_0 上就会产生短缺 $a-c$。这会引起价格上升到新的均衡价格 P_1。倘若如此，将有供给量沿供给曲线从 c 点到 b 点的移动，同时也有需求量沿新的需求曲线（D_2）从 a 点到 b 点的移动。市场在 b 点上重新达到均衡。均衡数量将从 Q_0 增加到 Q_1。

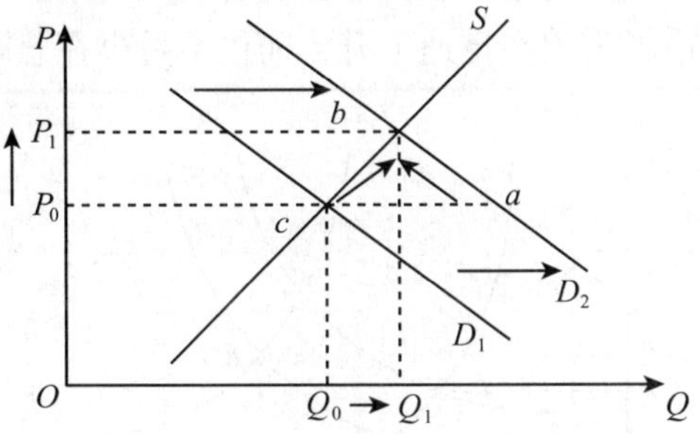

图 2.9　需求曲线移位的影响

2. 供给的变化。同样，如果供给的决定因素之一（不是价格）发生变化，整个供给曲线将移位。这将导致需求量沿需求曲线及供给量沿新的供给曲线向新的均衡点移动。市场最终实现新的均衡。

例如，图 2.10 中，如果生产成本增加，供给曲线会由 S_1 向左移位到 S_2。那么，在原均衡价格 P_0 上就会产生短缺 $a-c$。这会引起价格从 P_0 上升到新的均衡价格 P_1。若如此，将会导致需求量沿需求曲线从 a 点向 b 点的移动。同时也有供给量沿新的供给曲线（S_2）从 c 点到 b 点的移动。均衡数量会从 Q_0 下降至 Q_1。

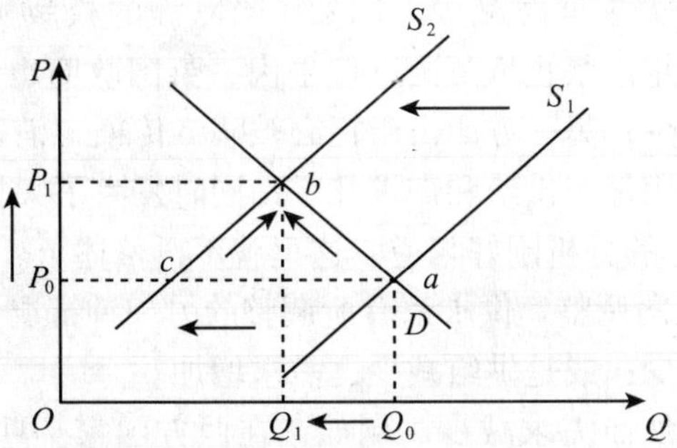

图 2.10　供给曲线位移的影响

总之，一条曲线的移位导致沿另一条曲线向新的均衡点的移动。许多决定因素时常都会发生变化。这可能导致两条曲线都移位。当这种情况发生时，均衡就是从两条旧曲线的相交的点向两条新曲线相交的点的移动。

区分曲线的移位和沿曲线的移动是十分重要的。经济学家说的“供给”指供给曲线的位置，而“供给量”指供给者希望出售的数量。通常供给曲线向左或向右移位称为“供给变动”，而需求曲线移位称为“需求变动”。沿着一条固定的供给曲线的移动称为“供给量的变动”，而沿着一条固定的需求曲线的移动称为“需求量的变动”。我们可以利用这些工具预测供求决定因素将如何改变均衡时的销售量和出售物品的价格。

3. 需求和供给同向和异向调整的状况。

（1）供给和需求的同向调整。供给和需求都发生调整分为两种情况，即供给和需求同时增加或减少。

第一种情况，供给和需求同时增加。例如，随着收入的增加，住宅、汽车等逐渐成为新的消费热点，这些商品的市场需求在迅速上升，而供给量也在急剧增加。

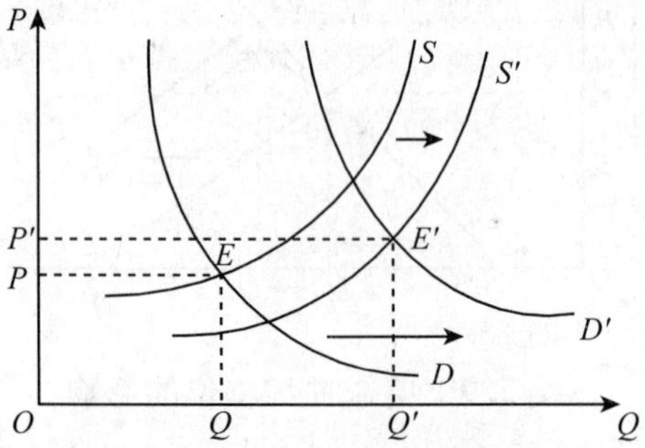

图 2.11　供给和需求同时增加

如图 2.11 所示，需求曲线由 D 向右上方移动至 D'，供给曲线由 S 向右下方移动至 S'，从图上就可以看出，移动以后的供给曲线 S' 和需求曲线 D' 在点 E' 相交，形成了新的均衡点 E'。E' 点的供求数量都为 Q'，而价格 P' 与原均衡价格 P 的大小相比则要取决于供给和需求的增加额，若供给的增加额大于需求的增加额，则 $P' < P$；反之 $P' > P$；若两者同量变化，价格 P 就维持不变，$P' = P$。

第二种情况，供给和需求同时减少。例如，当欧洲的权威机构证实英国的“疯牛病”以后，一方面欧盟在若干年内禁止从英国进口牛肉，英国政府也大规模屠宰并掩埋食用牛，使牛肉的供给量大幅度减少；另一方面由于担心被病毒传染，消费者也不再食用牛排，同时尽量减少牛奶、乳酪的使用量，供给和需求几乎是同时发生了大幅度的萎缩。

其图形分析与图 2.11 的分析刚好相逆，这里就不再赘述了。

（2）供给与需求的反向调整。供求都有所调整的另一种情况是供给与需求的反向调整，即供给增加，需求反而减少；或是供给减少，需求增加。

第一种情况，供给增加而需求减少。例如，在西方国家一些公认的夕阳产业，如重化工、制烟业等，尽管由于技术进步和原材料价格下降等原因，供给比以前有较大幅度的增加，但消费者出于环保和健康等因素的考虑，减少了对这一类产品的消费，需求下降。

在图 2.12 中，需求减少，需求曲线由 D 向左下方移动至 D' 的位置，与此同时，供给增加，供给曲线 S 向右下方移动至 S'，在 E' 点形成新的均衡，与原均衡点 E 相比，均衡价格由 P 下降至 P'。而新的均衡量 Q' 可能小于原均衡数量 Q，也可能大于原均衡数量 Q，其取决于供给的增加量、需求的减少量以及供给、需求曲线的斜率等因素。

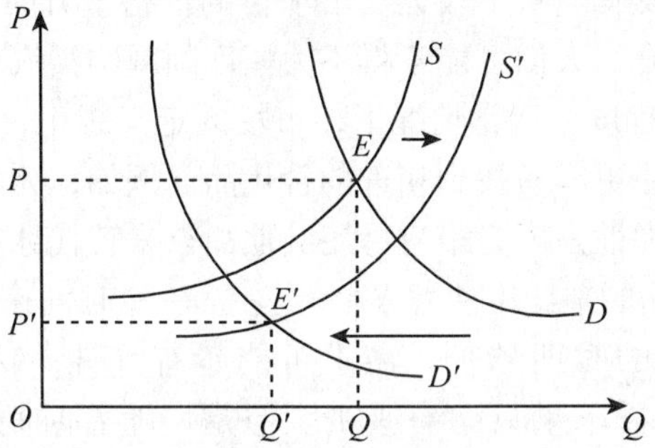

图 2.12　供给增加需求减少

第二种情况，需求增加而供给减少。在这种情况下，其供求曲线的变动情况与图 2.13 所示相反，均衡点向上移动，均衡价格上升。

第四节　弹　性

一、需求的价格弹性及其决定因素

为了更精确地分析供给和需求，我们需要一个新的工具：弹性的概念。**弹性**（Elasticity）是衡量买者和卖者对市场条件变动反应大小的指标。需求定律表明，一种物品的价格上升使需求量下降。现在我们还想知道需求量到底会下降多少？换言之，我们想知道需求对价格上升有多敏感。

我们把需求对价格变化的敏感性称为**需求的价格弹性**（Price Elasticity of Demand）。如果一种产品的需求量对价格变动的反应很敏感，说明这种物品的需求富有弹性。如果一种物品的需求量对价格的变化反应小，说明这种物品的需求是缺乏弹性的。只要知道某种产品的需求价格弹性，我们就可预测这种产品的供给的变化对价格和数量的影响。那么一种物品的需求价格弹性究竟由什么决定呢？

（1）替代品的数量和密切程度。某种商品的替代品越多，它们之间的关系越密切，当这种商品的价格上升时，人们就越有可能转向那些替代品，因此，需求的价格弹性就越大。例如，汽油没有密切的替代品，故需求的弹性相对较小。而番茄却有许多替代品，因此需求的弹性相对较大。

（2）物品的档次。通常而言，普通消费品或生活必需品需求缺乏弹性，而高档消费品或奢侈品需求则富有弹性。例如，粮食作为我们生活的必需品，其需求弹性就很低，而豪华别墅的需求弹性就很大。

（3）人们在某种商品上的支出比例。花在某一商品上的收入比例（支出比例）越大，当这种商品的价格上升时，我们不得不更多地削减这种商品的消费。也就是说，收入效应越大，需求弹性越大。例如，我们只有很小一部分收入花费在盐这种商品上，即使盐的价格上涨的幅度较大，我们也不会发生支付问题。这就是说价格上升的收入效应非常小，所以，盐的需求价格弹性很低。相反，当一个较大支出项目的价格上升时，会产生很大的收入效应。例如，若汽车贷款利率上升，人们可能不得不大幅度削减购买汽车的需求。

（4）市场定义的广狭程度。通常情况下，市场的定义越小，商品的需求价格弹性越大，因为范围小的市场上的物品更容易找到相近的替代品。例如，冰淇淋市场是一个较狭义的市场范畴，它的需求较富有弹性是因为很容易用其他甜点来替代冰淇淋。

（5）时期的长短。当价格上升时，人们要花费一些时间来调整他们的消费格局，并找到替代品。价格变化后的时期越长，需求可能越有弹性。例如，当汽油价格上升时，在最初的几个月中汽油的需求量只略有减少。但是，随着时间的推移，人们将购买更省油的汽车，转向公共交通或迁移到离工作地方近的地点。在几年之内，汽油的需求量会大幅度减少。

二、需求价格弹性的计算

1. 需求价格弹性的计算。我们的问题是要比较需求量变化的程度与价格变化的程度。在这里介绍两种计算方法。

（1）百分比计算法。由于价格和数量是以不同的单位衡量的，因此，我们只能使用百分比或比例变化来进行比较，经济学家于是用需求量变动的百分比除以价格变动的百分比来计算需求价格弹性。其公式可写成：

$$需求的价格弹性=\frac{需求量变动的百分比}{价格变动的百分比}$$

例如，如果汽油价格上升 40%，引起需求量仅下降 10%，那么，在此范围内，汽油的价格弹性是：

$$汽油的需求价格弹性=\frac{-10\%}{40\%}=-0.25$$

如果番茄的价格下降 5%，引起需求量增加 15%，那么，在此范围内，番茄的需求价格弹性经计算为 -3。可见，番茄比汽油更富有弹性。

（2）中点法。如果你想计算一条需求曲线上两点之间的需求价格弹性，你会发现一个问题：从 *A* 点到 *B* 点的弹性似乎不同于从 *B* 点到 *A* 点的弹性。例如，假设有这样两点：

A 点：价格 =4 元，数量 =120

B 点：价格 =6 元，数量 =80

如果我们根据百分比计算法计算，从 *A* 点到 *B* 点，价格上升了 50%，数量减少了 33%，需求的价格弹性是 -0.66。与此相比，从 *B* 点到 *A* 点，价格下降了 33%，数量减少了 50%，需求的价格弹性是 -1.5。

解决这一问题的最好方法是**中点法**。中点法是用变动量除以原先水平与最后水平的中点来计算变动的百分比。例如，4 元和 6 元的中点是 5 元。因此，根据此法计算，从 *A* 点到 *B* 点的价格上升了 40%，因为（6 -4）/5 =40%。同样，从 *B* 点到 *A* 点价格也下降了 40%。

可见，不管变动的方向如何，中点法给出了相同的答案。所以，在计算两点之间的需求价格弹性时通常使用中点法。中点法的计算公式是：

$$需求的价格弹性 = \frac{(Q_2 - Q_1)/[(Q_2 + Q_1)/2]}{(P_2 - P_1)/[(P_2 + P_1)/2]}$$

分子是用中点法计算的数量百分比，分母是用中点法计算的价格变动百分比。

理解需求弹性的含义需要注意以下几点：

第一，在需求量与价格这两个经济变量中，价格是自变量，需求量是因变量。所以，需求弹性就是价格变动所引起的需求量变动的程度，或者说是需求量变动对价格变动的反应程度。

第二，需求弹性系数是需求量变动比率与价格变动比率的比率，而不是需求量变动的绝对量与价格变动的绝对量的比率。因为价格与需求量有不同的计量单位，两者的绝对量是无法相比的，只有通过其变动的百分比进行比较。

第三，弹性系数的数值可以是正值，也可以是负值。如果两个变量为同方向变化，则为正值；反之，如果两个变量为反方向变化，则为负值。由于价格与需求量呈反方向变动，价格增加，需求量减少，即当价格的变动为正值时，需求量的变动为负值；同理，当价格的变动为负值时，需求量的变动为正值。所以，需求弹性的弹性系数应该为负数，但一般都指绝对值。

第四，一般情况下，同一条需求曲线上不同点的弹性系数大小并不相同。

2. 弧弹性和点弹性。除两种特殊情况外①，一般而言，我们只能说出需求曲线一部分的弹性，而无法说出整个需求曲线的弹性。如图 2. 13 所示：在 a 点和 b 点之间，总支出增加（$P_2Q_2 > P_1Q_1$），因此，在这两点之间需求是有弹性的。然而，在 b 点和 c 点之间，总支出下降（$P_3Q_3 < P_2Q_2$），这时，需求是无弹性的。

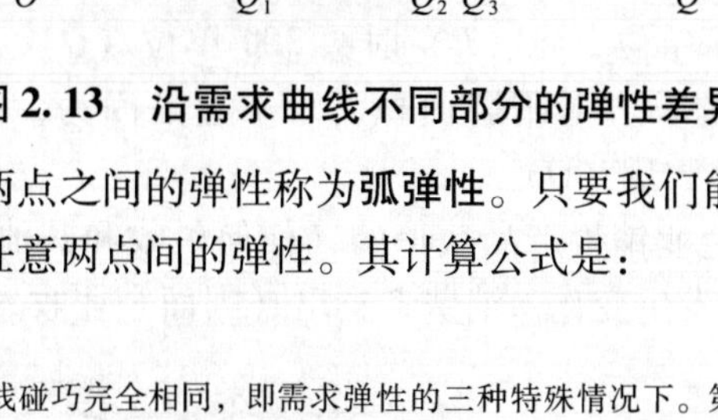

图 2. 13　沿需求曲线不同部分的弹性差异

我们把曲线上的任意两点之间的弹性称为**弧弹性**。只要我们能计算出 ΔQ、Q、ΔP 和 P 的数字，我们就可以计算任意两点间的弹性。其计算公式是：

① 第一，弧弹性和点弹性曲线碰巧完全相同，即需求弹性的三种特殊情况下。第二，有两条需求曲线画在同一图形上，我们可以比较在任何既定价格上，需求曲线 D 和需求曲线 D' 的弹性。但这两条曲线中的每一条曲线长度仍有不同的弹性。

$$\frac{\Delta Q}{\text{平均}\ Q} \Big/ \frac{\Delta P}{\text{平均}\ P}$$

如果我们想知道需求曲线上**某一点**的价格弹性，即**点弹性**。也就是要知道需求量对价格的**无穷小**变化会作出什么反应。其计算公式是：

$$\frac{dQ}{dP} \times \frac{P}{Q}$$

dQ / dP 是数量变化率关于价格变化的微分项。相反，dP / dQ 是价格变化率关于需求量变化的微分项。在需求曲线上的任意一点上，dP / dQ 是由该曲线的斜率（它的变化率）给定的。通过该点画一条与曲线相切的切线，找到该切线的斜率，就找到了该曲线的斜率。或者，通过需求曲线的方程式，利用微分方法计算点弹性。

无论用哪种方法计算，由于一种物品的需求量与其价格负相关，所以，数量变动和价格变动总是反方向的。计算出的需求价格弹性总是负数。但根据习惯，我们去掉负号，把所有需求价格弹性作为正数（绝对值）。根据需求价格弹性的数值，我们可以判断一种物品的需求价格弹性的大小：

（1）当弹性值大于 1 时，说明价格的变动引起需求量以更大的比例变动。需求是富有弹性的（需求曲线较平缓），表示需求对价格的变动比较敏感。

（2）当弹性值小于 1 时，说明价格的变动引起需求量以更小的比例变动。需求是缺乏弹性的（需求曲线较陡峭），表示需求对价格的变动不太敏感。

（3）如果弹性值等于 1，说明价格和需求按相同比例变化。需求是**单位弹性**。

此外，还有两种极端情况。即**零弹性**和**无穷大弹性**。零弹性即指需求完全无弹性（需求曲线是一条垂直线）。在这种情况下，无论价格如何，需求量总是相同的。无穷大弹性是指需求完全有弹性（需求曲线是一条水平线）。在这种情况下，价格极小的变动会引起需求量极大的变动。

三、需求的价格弹性与消费者支出

需求价格弹性的最重要的应用之一是它与消费者花费在某种产品上的货币总量的关系。在任何一个市场上，消费者的总支出（Total Consumer Expenditure）就是价格乘以购买量。

$$TE = P \times Q$$

例如，如果消费者在每单位 2 元（P）时买 300 单位（Q），那么，他们的支出总额为 600（TE）。如图 2.14 中的长方形阴影面积所示。这是因为，长方形阴影的高就是价格（P），长方形阴影的宽就是数量（Q）。

消费者的总支出将与企业销售产品获得的（任何税收和其他扣除之前）**总收益**（Total Revenue）相同。如果价格发生变化，消费者支出（因而企业收入）将发生什么变化，取决于需求的价格弹性。

1. 需求富有弹性时的总支出。我们知道，当需求富有弹性时，需求量的变化比例大于价格的变化比例。因此，数量变化对消费者总支出的影响大于价格变化对消费者总支出的影

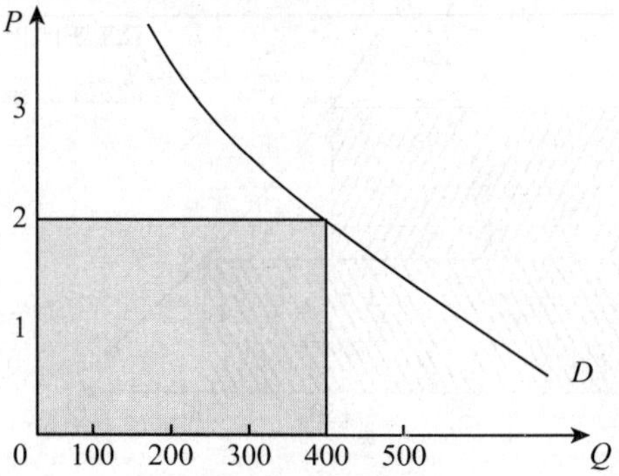

图 2.14　消费者总支出（企业总收入）

响。这可以作如下归纳：

（1）*P* 上升，*Q* 下降更大的比例，因此，消费者的总支出下降（企业总收益减少）。

（2）*P* 下降，*Q* 增加更大的比例，因此，消费者的总支出上升（企业总收益增加）。

这可用图 2.15 来说明。在 *a* 点和 *b* 点之间，需求富有弹性。价格从 4 元上升到 5 元（上升 25%），引起需求量的下降比例更大（下降 50%），即从 200 单位下降到 100 单位。总支出从 800 元（面积 *A*）下降到 500 元（面积 *B*）。

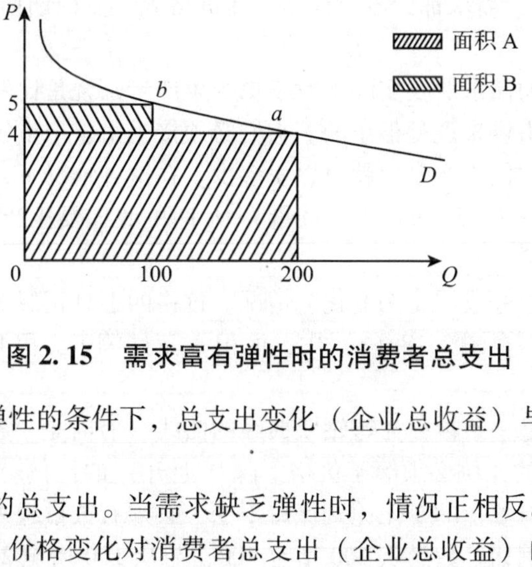

图 2.15　需求富有弹性时的消费者总支出

可见，在需求富有弹性的条件下，总支出变化（企业总收益）与数量变化的方向相同，与**价格**变化的方向相反。

2. 需求缺乏弹性时的总支出。当需求缺乏弹性时，情况正相反。价格变化的比例大于数量变化的比例。因此，价格变化对消费者总支出（企业总收益）的影响大于数量变化对消费者总支出的影响：

（1）*P* 上升，*Q* 下降的比例小，因此，消费者的总支出上升（企业总收益增加）。

（2）*P* 下降，*Q* 增加的比例小，因此，消费者的总支出下降（企业总收益减少）。

这可以用图 2.16 来说明。在 *a* 点和 *b* 点之间，需求缺乏弹性。价格从 4 元上涨到 8 元（上升 100%），引起需求量的下降比例小（下降 25%），即从 200 单位下降到 150 单位。总支出从 800 元（面积 *A*）增加到 1 200 元（面积 *B*）。

可见，在需求缺乏弹性的条件下，总支出变化（企业总收益）与**价格**变化的方向相同，

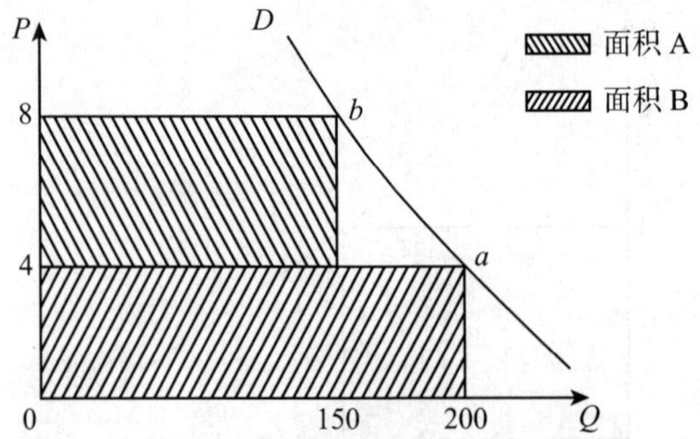

图 2.16　需求缺乏弹性时的消费者总支出

与数量变化的方向相反。

3. 三种特殊情况。图 2.17 说明了三种特殊情况：一是完全无弹性需求；二是无限弹性需求；三是单位弹性需求。

（1）完全无弹性需求。这可以用一条垂直线来表示。这种情况下，无论价格怎样变化，需求量总是不变。显然，价格上升越多，消费者的支出水平越大。如图 2.17（a）所示，价格为 P_1 时的消费者支出比价格为 P_0 时的支出多。

（2）无限弹性需求。这可用一条水平线来表示。在这种情况下，如图 2.17（b）所示，在超过 P_0 的任何价格上，需求都为零。但是，在价格 P_0 上（或任何比它低的价格），需求都是"无限"大的。

这种看起来不可能的需求曲线实际上对于单个生产者来说是比较普遍的。在完全竞争市场中，企业相对于整个市场来说是很小的。它们必须接受由整个市场中的供给和需求决定的价格，但在该价格上，它们生产多少就可以卖多少。在这种情况下，单个企业生产越多，它们取得的收入就越多。图 2.17（b）中，产量为 Q_2 时的收入要比产量为 Q_1 时的收入多。

（3）单位弹性需求

这是指价格和数量正好成同比例变化的情况。价格的上升正好被数量的下降所抵消，消费者的总支出保持不变。在图 2.18（c）中，面积 A 正好等于面积 B。这两种情况下，消费者的总支出都是 800 元。

单位弹性需求曲线是一条被称为**等轴双曲线**的曲线（有时是一条与两轴成 45°的直线）。因为数量增加（减少）的比例必须等于价格下降（上升）的比例。随着我们沿该需求曲线向下移动，为了使价格与数量的变化比例保持不变，必须有数量越来越大的绝对增加和价格越来越小的绝对下降。例如，数量从 200 增至 400，与从 100 增至 200 的变化比例相同，但绝对规模是后者的两倍。价格从 5 元下降至 2.5 元，与从 10 元下降到 5 元比例相同，但绝对规模只是后者的一半。

四、其他需求弹性

1. 需求的收入弹性

（1）需求的收入弹性的定义。**需求的收入弹性**是衡量消费者收入变动时需求量如何变动。它

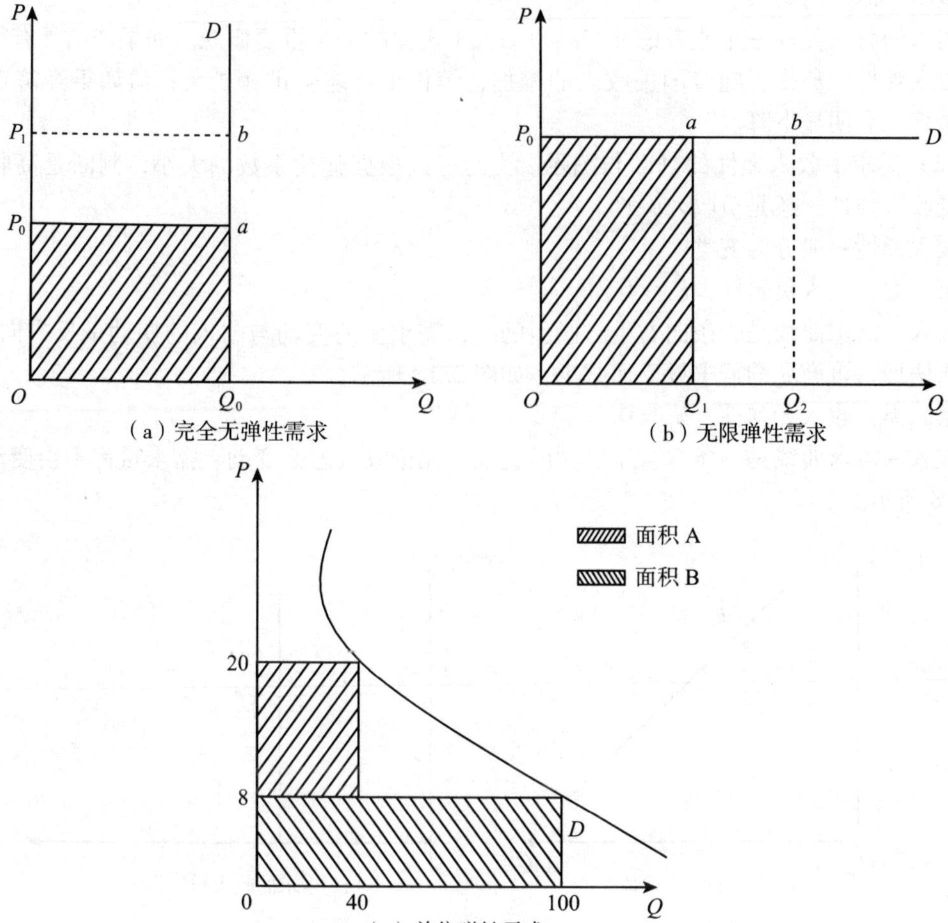

（a）完全无弹性需求　（b）无限弹性需求　（c）单位弹性需求

图 2.17　三种特殊情况下的消费者总支出

可以使我们预测针对某种既定的收入变化，需求曲线将移位多少。需求收入弹性的计算公式是：

$$需求的收入弹性=\frac{需求量变动百分比}{收入变动百分比}$$

如果收入提高 2% 引起某种产品需求增加 8%，那么，它的收入弹性就是 4。需求收入弹性由以下因素决定：

第一，商品的“必需”程度。必需品的收入弹性小，奢侈品的收入弹性大。通常情况下，大多数正常品（收入增加需求增加）的需求收入弹性为正数，低档品（收入增加需求减少）的需求收入弹性为负数。

第二，欲望得到满足的速度。随着消费的增加对某种商品的欲望得到满足的速度越快，他们需求的扩张越小。

第三，消费者收入水平。高收入者和低收入者对他们收入增加的反应是不同的。就某种既定的收入增加而言，低收入者很可能大量增加基本生活品的购买，而高收入者可能只少量增加基本生活品的购买。

需求的收入弹性是企业考虑其产品市场未来规模的一个重要概念。如果产品具有很高的需求收入弹性，那么，随着国民收入的增加，销售很可能会迅速扩大；但如果经济走向衰退，销售也会明显下降。

（2）需求的收入弹性的判断与图示。我们可以根据弹性系数的大小，判断是高收入弹性、低收入弹性，还是负收入弹性。

收入弹性一般分为五类：

第一类，收入负弹性，$E_m<0$。

收入－需求曲线是一条向右下方倾斜的线，需求量的变动与收入的变动呈反方向变化，即收入增加，该商品的需求量反而减少，如图 2.18 所示。

第二类，收入无弹性，$E_m=0$。

收入－需求曲线是一条垂直于横轴的直线，无论收入怎么变动，需求量都不会变动，如图 2.18 所示。

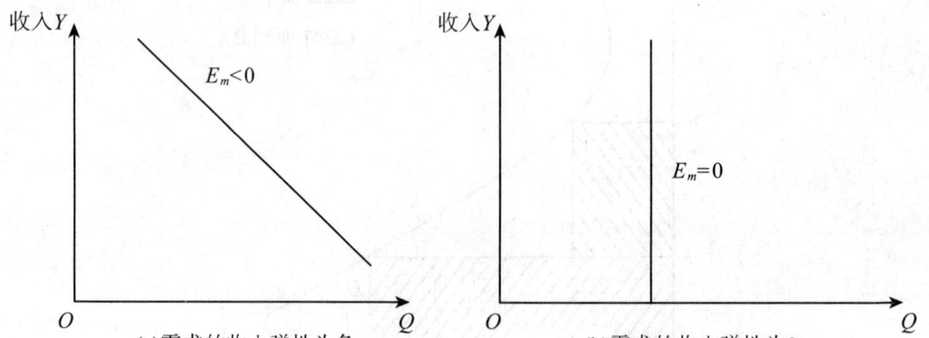

(a)需求的收入弹性为负　(b)需求的收入弹性为0

图 2.18　收入与需求量的变动关系

第三类，收入缺乏弹性，$0<E_m<1$。在这种情况下，需求量变动的比率小于收入变动的比率。收入－需求曲线是一条向右上方倾斜，并且比较陡峭的直线，它与横轴之间的角度大于 45°，如图 2.19 所示。

第四类，收入单一弹性，$E_m=1$。收入－需求曲线是一条向右上方倾斜且与横轴成 45°的直线。在此情况下，需求量变动与收入变动的比率相同，如图 2.19 所示。

第五类，收入富有弹性，$E_m>1$。收入－需求曲线是一条向右上方倾斜且比较平坦的直线，它与横轴之间的角度小于 45°，如图 2.20 所示。

（3）收入弹性的实践意义。根据长期的统计资料分析得出：出于生存需要而购买的生活必需品的收入弹性小，而出于享受目的的耐用消费品的收入弹性大。需求收入弹性为正值的商品称为正常品（Normal Goods），需求收入弹性为负值的商品称为低档品（Inferior Goods）。正常品又可以进一步划分为刚性正常品与弹性正常品。刚性正常品称为必需品（Necessaries），如盐、大米。弹性正常品称为奢侈品（Luxuries），如汽车、珠宝。

德国统计学家 N. 恩格尔根据他对德国某些地区消费统计资料的研究，提出一个定理（恩格尔定理）：随着家庭收入的提高，食物支出在全部支出中所占的比率会越来越小。

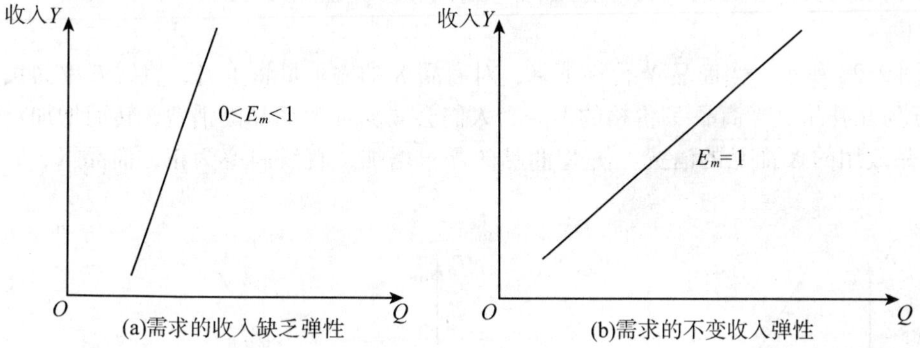

图 2.19　收入与需求量的变动比率

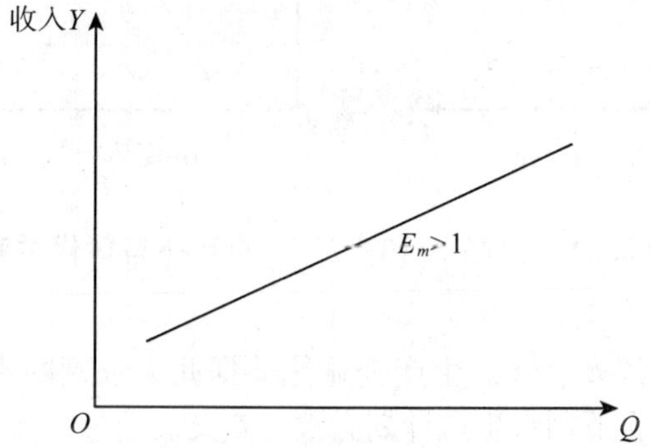

图 2.20　收入富有弹性

$$恩格尔系数=\frac{用于食物的支出}{全部消费支出}$$

恩格尔系数可以反映一个国家（或一个家庭）富裕程度或生活水平的高低。一般来说，恩格尔系数越高，富裕程度和生活水平越低；反之，则富裕程度和生活水平越高。按照一般国际惯例，恩格尔系数在 0.3 ~ 0.4 作为生活富裕水平的标准，0.29 以下为绝对富裕水平，0.3 ~ 0.39 为较富裕水平，0.4 ~ 0.49 为小康水平，0.5 ~ 0.59 为温饱水平，0.6 以上为绝对贫困水平。

2. 需求的交叉弹性。

（1）交叉弹性的定义与公式。**需求的交叉价格弹性**（Cross Price Elasticity of Demand）用来衡量一种产品的需求对另一种产品（不是替代品就是互补品）的价格变化的敏感性。它能使我们预测第二种产品的价格变化时，第一种产品的需求曲线移位多少。其计算公式是：

$$需求的交叉价格弹性=\frac{商品\ A\ 的需求变化的百分比}{商品\ B\ 的价格变化的百分比}$$

（2）交叉弹性的图示。需求的交叉弹性的主要决定因素是替代的密切性或互补的密切性。密切程度越高，替代品或互补品的价格变化对第一种商品的影响越大，因此，交叉弹性

（不管是正还是负）就越大。通常情况下，互补品的交叉价格弹性为负，替代品的交叉价格弹性为正。

如图 2. 21 所示，当商品 Y 价格下降，对商品 X 的需求量将上升，直线斜率为负，商品 X、Y 互为互补品。当商品 Y 价格的上升，人们会减少对 Y 商品的消费，转而增加对能够替代 Y 商品效用的 X 商品的消费，使 X 商品的需求增加，直线斜率为正，商品 X、Y 互为替代品。

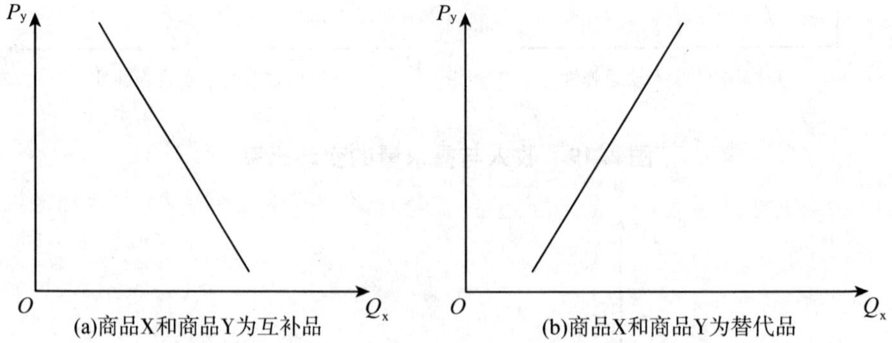

图 2. 21　商品 X 和商品 Y 的互补与替代关系

（3）交叉弹性的实践意义。

第一，交叉弹性为正数 $E_{YX}>0$。生产企业能够据此大致判断本企业在该行业中的地位及竞争实力。交叉弹性对企业制订生产计划有重要意义。通过交叉弹性，可以了解竞争性产品或互补性产品的价格变化对产品需求的影响。数值越大，说明其他商品的替代作用越明显，本企业的竞争对手众多，竞争实力不明显；数值越小，说明其他商品对该商品的替代性较弱，竞争对手较少，企业地位比较稳固。

对政府而言，它是政府反垄断和调整产业组织结构的依据。当某种商品与其他商品的交叉弹性都趋向零时，表明该商品的市场垄断地位比较明显，政府可以干预垄断了。它为政府的宏观调控提供了依据。

第二，交叉弹性为负数，$E_{YX}<0$。交叉弹性为中小企业制订中期发展规划提供了依据。例如，生产光碟的企业，随着信息技术的发展，我们能够预期到该企业在电脑进一步普及的同时也有着较好的发展前景。

此外，交叉弹性可以帮助政府了解本国商品的价格变化会对进口需求产生怎样的影响。如果进口的需求交叉弹性很高，或者本国的价格因通货膨胀而上升，那么，进口需求将大大增加，从而恶化国际收支。

五、供给的价格弹性及其决定因素

与需求弹性相似，供给弹性主要包括供给价格弹性、供给收入弹性、供给交叉弹性。在微观经济学中，供给弹性是供给价格弹性的简称。这里，我们只讨论供给价格弹性。

1. 供给弹性的定义与公式。供给弹性（Elasticity of Supply）是反映某一种商品的供给量对它本身的价格变化的反应程度。它等于价格变动的比率与供给量变动比率之比，即：

$$供给的价格弹性=\frac{供给量变动百分比}{价格变动百分比}$$

供给弹性的大小用供给弹性的弹性系数来表示，供给弹性的弹性系数是供给量变动的百分比与价格变动百分比的比值，用 E_s 表示，$\Delta Q/Q$ 表示供给量变动的百分比，$\Delta P/P$ 表示价格变动的百分比。

供给弹性同样也分为点弹性和弧弹性。

供给弹性的点弹性是供给曲线上某一点的弹性。点弹性的公式一般写作：

$$点\ E_s=\frac{\Delta Q/Q}{\Delta P/P}=\frac{\Delta Q}{\Delta P}\cdot\frac{P}{Q}$$

供给的弧弹性是供给曲线上两点之间的弧的弹性。弧弹性的公式可以写作：

$$弧\ E_s=\frac{\Delta Q/Q}{\Delta P/P}=\frac{\Delta Q}{\Delta P}\cdot\frac{P}{Q}$$

因为供给量与价格一般呈同方向变动，所以，供给弹性系数一般是正值。同需求弹性一样，同一条供给曲线上的不同的点或不同的线段，其弹性也是不同的。

当价格变化时，不仅需求量变化，而且供给量也在变化。供给定律表明，价格上升，供给量增加。我们现在分析供给量对价格变化会做出怎样的反应。通常，我们使用供给的**价格弹性**（Price Elasticity of Supply）衡量供给量对价格变动的反应程度。如果供给量对价格变动的反应很大，说明这种物品的供给是**富有弹性的**。如果供给量对价格变动反应很小，说明这种物品的供给是**缺乏弹性的**。其计算公式是：

$$供给的价格弹性=\frac{供给量变动百分比}{价格变动百分比}$$

如果价格上涨10%引起供给量增加15%，那么，供给的价格弹性就是1.5（大于1）。如果价格上涨10%只引起供给量增加5%，那么，供给的价格弹性就是0.5（小于1）。与需求的价格弹性不同，供给的价格弹性是正数。因为价格与供给量成同方向变化。我们用表2.5把供给的价格弹性的各种可能情况列举出来：

表 2.5 **供给的价格弹性**

弹性系数	描述术语	价格上升10%对供给的影响
0	完全无弹性（垂直的供给线）	0
0～1之间	缺乏弹性	增加的幅度小于10%
1	单位弹性	增加10%（等比例）
大于1	富有弹性	增加的幅度大于10%
无穷大	完全有弹性（水平的供给曲线）	增加无穷多

供给的价格弹性主要取决于**生产者改变他们生产的物品产量的伸缩性**和**时期**。如果企业有大量的闲置能力，如果企业容易得到额外的原材料供给，如果企业能够轻易地从生产其他产品转变过来，如果企业能够避免加班加点（当工资率较高时），那么，生产者改变他们生产的物品的产量的伸缩性就越大，供给很可能有弹性。相反，如果这些条件适用的越少，生产者改变他们生产的物品的产量的伸缩性越小，供给就越缺乏弹性。

在大多数市场上，供给的价格弹性关键决定因素是**时期**的长短。供给在长期中的弹性通常大于短期。因为，短期内企业很难改变它们的生产规模来增加或减少一种物品的生产。图 2.22 可以看出不同时期的供给价格弹性的状况。

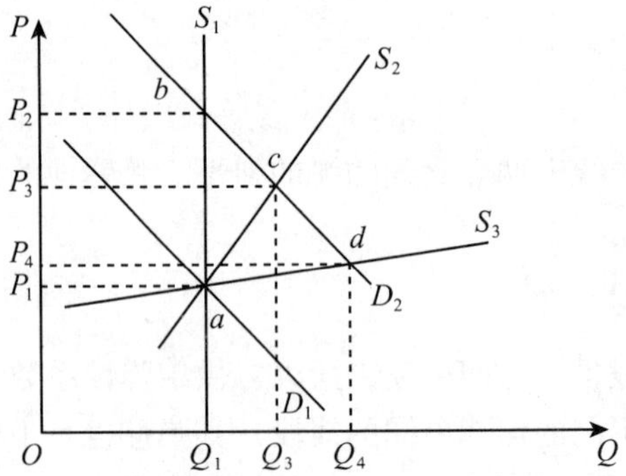

图 2.22　不同时期的供给

（1）即期。价格变化的即期，企业不可能立即增加供给。在即期内，供给实质上是固定的，或者只能根据可利用的存货变化，供给完全无弹性。在图 2.23 中，供给曲线 S_1 代表的就是即期的供给曲线。假设需求增至 D_2，供给此时并不能作出任何反应。均衡状态由 a 点趋向 b 点。只是价格因此上升到 P_2，供给量依然是 Q_1。

（2）短期。当价格上涨稍微过了一段时间，有些投入品可以增加（如原材料），而其他投入品（如重型机器）依然保持不变。供给可能会有少许增加，供给的价格弹性较小。这种情况在图中如 S_2 所示。均衡状态由 b 点趋向于 c 点。价格降至 P_3，供给数量增加到 Q_3。

（3）长期。当价格上升了较长一段时间，所有投入品有足够的时间增加，新的企业进入该行业。因此，供给具有很高弹性。在图中如 S_3 所示。长期均衡将由 c 点趋向 d 点，价格会进一步回落到 P_4，供给量增至 Q_4。

2. 影响供给弹性的因素。

（1）生产时间的长短。由于产品的生产需要一定时间，因而对于同一种产品，其供给弹性随时间的长短而不同。一般而言，在短期内厂商来不及调整生产规模，以适应价格的变化，因此弹性较小；而在长期内厂商能够比较容易调整生产规模以适应价格变化，其供给弹性就较大。

（2）生产的难易程度。容易生产而生产周期短的产品对价格变动的反应快，供给弹性大；反之，生产不容易且生产周期长的产品对价格变动的反应慢，供给弹性也就较小。

（3）生产技术类型。资本或技术密集型产品，其生产规模一旦固定，变动就比较困难，从而其供给弹性就小；而属于劳动密集型生产的产品，生产规模变动相对较容易，供给弹性也就较大。

（4）生产要素的供给弹性。生产要素的供给弹性大，产品的供给弹性也大；反之，则产品的供给弹性就小。

（5）生产成本。如果某产品的成本随产量的增加而增加，供给弹性就小；反之，随着产量增加，产品成本增加的少或不增加，那么，供给弹性就较大。

3. 供给弹性的判断和图示。根据供给弹性的弹性系数值的大小，可以将供给弹性分为五类：

（1）$E_s>1$。此时供给富有弹性，供给量变动的比率大于价格变动的比率，供给曲线是一条向右上方倾斜，且较为平坦的线，它与横轴之间构成的角度小于45°，如图2.23所示。

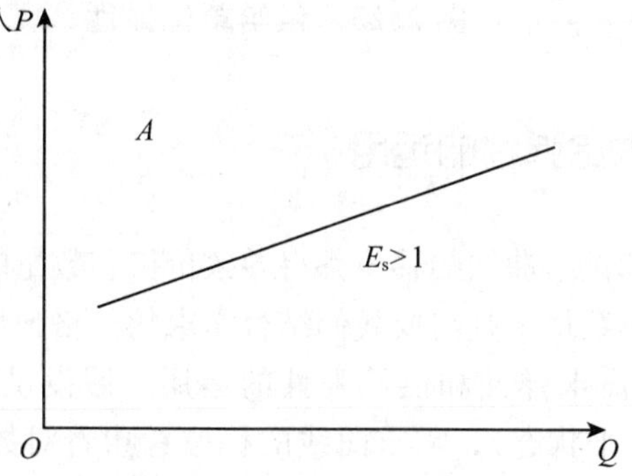

图2.23 供给富有弹性

（2）$E_s=1$。此时供给弹性单一，我们称之为单位弹性。价格变动的比率与供给变动的比率相同，供给曲线是一条与横轴成45°角并向右上方倾斜的线，如图2.24所示。

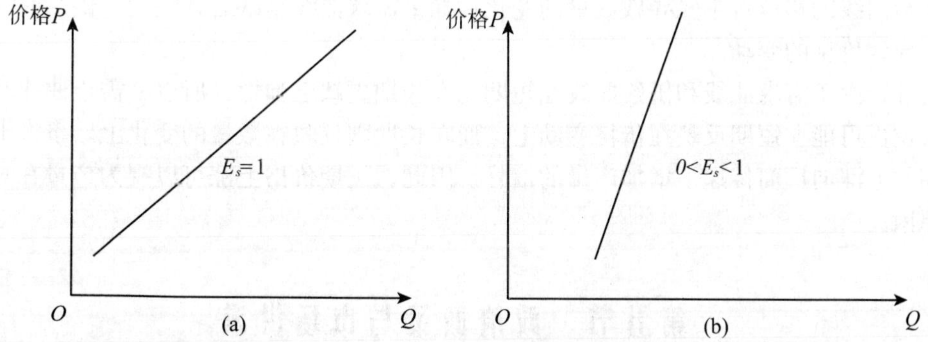

图2.24 供给单位弹性

（3）$0<E_s<1$。此时供给缺乏弹性。供给曲线较为陡峭，供给量变化的百分比小于价格变化的百分比，如图2.24所示。

（4）$E_s=0$。此时供给完全无弹性。无论价格如何变动，供给量是固定不变的，例如古玩、土地等，如图2.25所示。

（5）$E_s=\infty$。此时供给弹性无穷大，我们称为完全弹性。供给曲线是一条与横轴平行的线，即价格既定而供给量无限，而一旦价格下降，供给将立即减小为零，如图2.25所示。

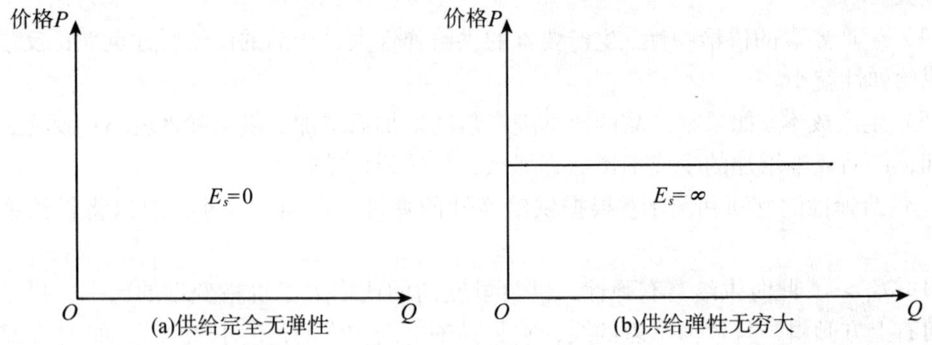

图 2.25　供给单位弹性

六、需求弹性与供给弹性的运用

我们知道需求曲线和供给曲线的移位都将导致价格和数量的变动或调整。但它们的移位究竟是影响价格还是影响数量，则需要我们结合需求的价格弹性和供给的价格弹性来考虑。

图 2.26 可用来说明需求弹性和供给弹性的运用。假设供给曲线是高度有弹性的（图 2.26（A）所示，接近水平状态），需求曲线的移位意味着对数量的变化影响较大，而对价格的变动影响较小。如果供给曲线是缺乏弹性的（如图 2.26（B）所示，接近垂直状态），需求曲线的移位意味着对价格变化的影响较大，而对数量变化的影响较小。同样，如图 2.26（C）和图 2.26（D）所示，供给曲线的移位既反映在价格的变动上，也反映在数量变化上。但需求的弹性不同，对价格和数量的影响程度就有差别。如果需求曲线是高度有弹性的，供给曲线的移位将主要导致数量的变化；如果需求曲线是缺乏弹性的，供给曲线的移位将主要导致价格的变动。

此外，由于需求曲线和供给曲线在短期比在长期更缺乏弹性，所以，需求曲线和供给曲线的移位更可能在短期反映在价格变动上，而在长期则反映在数量的变化上。事实上，价格在短期的上涨向厂商传递了增加产量的信号。因此，短期价格上涨可以视为产量在长期内增加的原因。

第五节　政府政策与市场供求

支配价格的供求规律可能产生某些个人或集团不满意的结果。例如，石油供给的减少可能导致较高的石油均衡价格。也许较高的价格并不是供求规律失灵的结果，但是对那些开车或用燃油取暖的人来说，高昂的价格会令人不快。这样，一些不喜欢市场运行结果的人们就会迫使政府采取行动进行干预。

在现实经济中，政府干预存在于许多市场，并且干预的形式多种多样。包括价格控制（限定最高价或最低价）、对各种商品的生产或销售征税或补贴、政府直接生产商品或服务

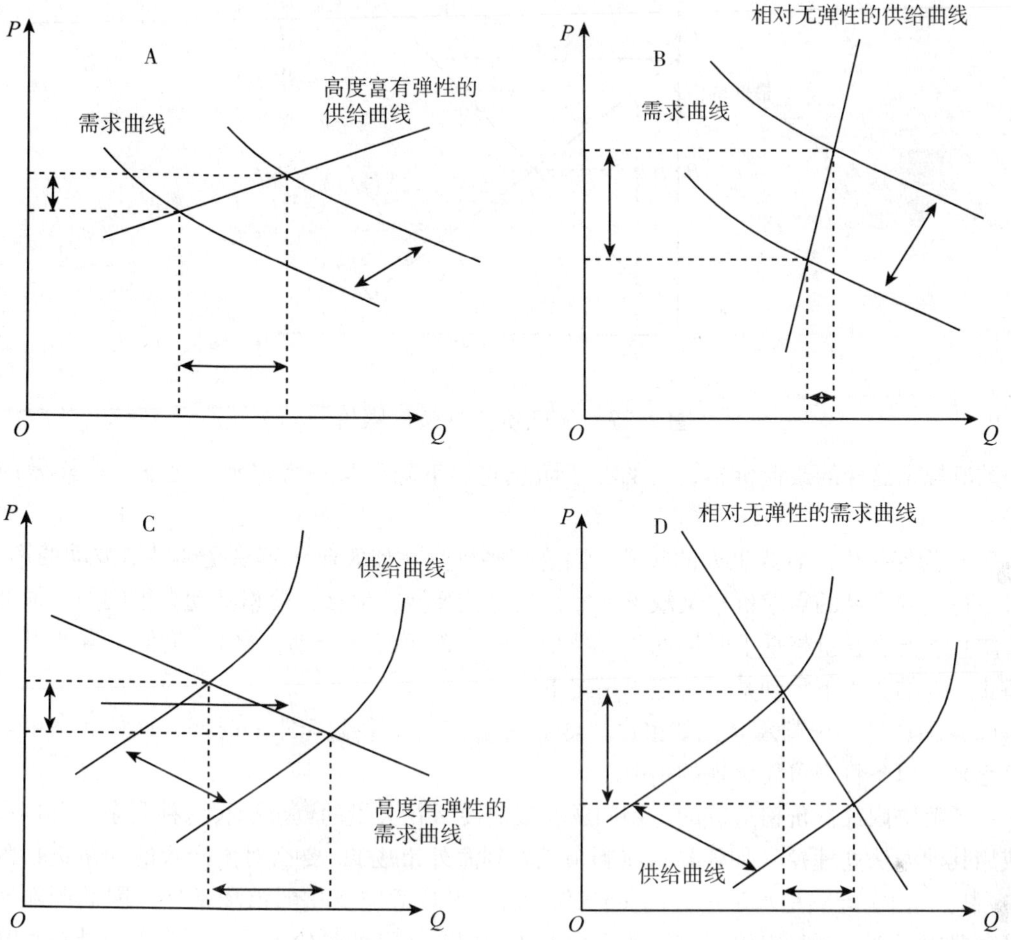

图 2.26　供给曲线和需求曲线的价格弹性的运用

以及各种管制等。在这里，我们仅用供求工具分析政府的价格政策和税收政策。

一、价格政策对市场供求的影响

在均衡价格上，既不存在短缺，也没有过剩。然而，均衡价格并不一定是人们想要的理想价格。通常由于任何一种物品的买者总想要低价格，而卖者总想要高价格，这两个利益相互冲突的集团将从各自利益出发游说政府对价格进行控制。因此，政府可能宁愿使价格高于或低于均衡价格。

我们把政府规定的出售某一产品的最高价格称为**价格上限**（Price Ceiling）。与此相反，把政府规定的出售某一产品的最低价格称为**价格下限**（Price Floor）。下面我们依次分析这些政策的影响。

1. 支持价格。如果政府规定了一种超过均衡价格的最低价格，就会存在**过剩**，即图 2.27 中的 $Q_s—Q_d$。

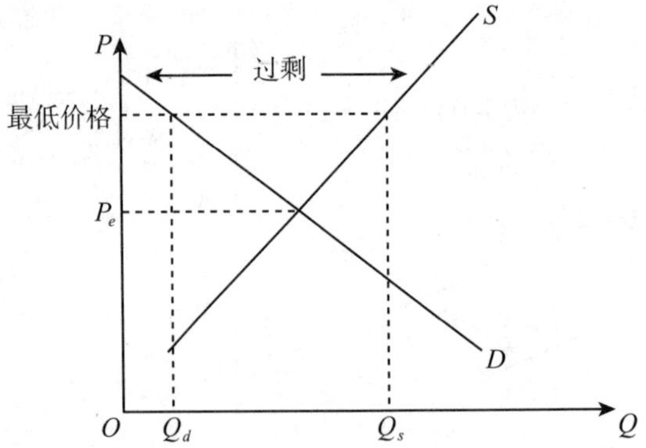

图 2.27　最低价格：最低限价

政府规定这样的最低价格，目的在于防止它们下降到某一特定水平之下。这样做的原因是：

（1）为保护生产者或工人的收入。因为有些行业（如农业）容易受到供给波动的影响，如果该行业的产品的需求价格又缺乏弹性，甚至无弹性，那么，价格波动会很剧烈。最低价格将防止生产者在价格低下时期的收入减少。就工资而言（劳动价格），最低工资法可以用来防止工人的收入下降到某一特定水平之下。

（2）为产生一种剩余（比如粮食的剩余），尤其是在供过于求的时期，这种剩余可以被储存起来，以备将来可能出现的短缺。

为了解决因最低价格造成的过剩问题，政府要么花大量的资金购买这种剩余，并储存起来或用其他办法处理掉（如毁掉这些剩余或卖到海外市场）；要么对生产者的产量进行限制（配额制）。由于配额是基于过去的生产确定的，很难适应变化的市场条件，因此配额制不仅管理费用很高，而且阻碍了市场适应力发挥作用。在最低限价下，一些卖者不能按市场价格出卖他们想卖的所有商品。更糟糕的是，这种价格限制可能掩盖了无效率。企业的利润因最低价格而受到保护，那么，它们就会失去寻求最有效生产方法的动力。同时，也会抑制企业生产其他商品（这些商品可能具有较高的需求）。

2. 限制价格。如果政府规定了一种低于均衡价格（P_e）的最高价格，就会出现**短缺**，即图 2.28 中的 $Q_d—Q_s$。

政府规定这样的最高价格，目的在于防止它们上涨到某一特定水平之下。这样做通常是出于公平原因，如在战争年代或饥荒时期，政府规定生活必需品的最高价格，以便保证每个人都能买得起这些物品。但如果政府只是规定最高价格，而不进行深层次的干预，那么由这种最高限价不仅无法实现公平，相反会加剧不公平和短缺。因为，那些最高限价的产品生产者没有生产这种产品的积极性，它会进一步降低已经短缺的产品的生产量。由于短缺，那些最高限价的产品只能是“先到先供应”。即导致排长队或企业采取列出等候供应的名单的现象。因此，那些能够购买到这些产品的人得到了利益，而未能买到这种产品的人则受到损害。

最高限价导致的另一个主要问题是黑市。在黑市里，商品被非法销售，而且要支付很高的价格：例如，在图 2.28 中，不仅高于最高限价，而且可能要支付高于均衡价格的价格。

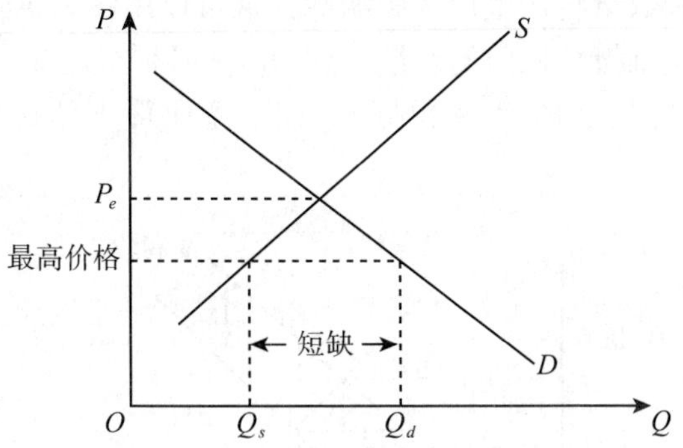

图 2.28　最高价格：最高限价

综上所述，政府的价格管制可能阻碍市场向均衡价格变动，导致短缺或过剩。最低限价导致超额供给。最高限价导致超额需求。政府试图干预供给和需求的例子告诫我们，必须重视供求规律的作用，十分谨慎地处理价格和工资大幅波动所产生的不幸后果之类的问题。无视供求规律的价格控制不大可能是有效的工具。

二、税收政策对市场供求的影响

1. 对商品征税的影响。政府干预市场的另一手段是对商品征税。这些税主要有增值税和消费税等税种（又称间接税）。它们可以按每一单位销售量征收一个固定的数额，即**从量税**。例如，每公升汽油要缴纳的税。或者按价格或增值额在每一生产阶段上课征税收，即**从价税**。如增值税就是一例。

当对某种商品征税时，将会对供给曲线产生影响，使其向上移位，移位的幅度正好是所征收的税额（如图 2. 29 所示）。在从量税的情况下，由于这种税的税额在所有价格下都相同，因此，供给曲线将平行移位。在从价税的情况下，供给曲线将旋转上升。在零价格处，没有税收，故供给曲线不会移位。随着价格的上升，在税率既定的情况下，价格越高，税收的绝对数额越大，因此，原有的供给曲线和新的供给曲线之间的缺口增大。

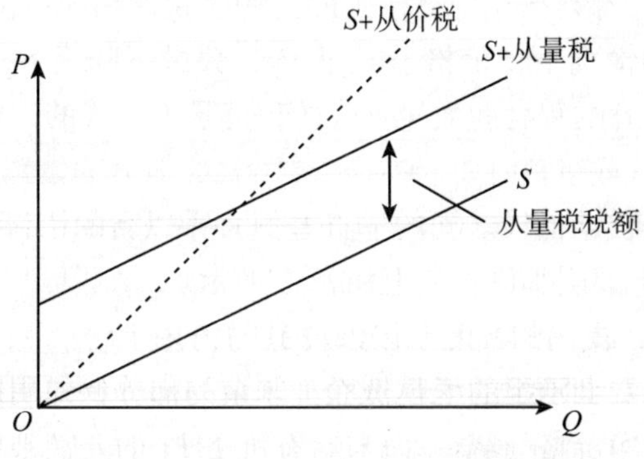

图 2. 29　税收对供给曲线的影响

那么，税收对价格和数量将产生什么影响呢？这可以用图 2. 30 来说明。当政府对商品征收间接税时，企业为了维持征税前的产量（即 Q_1），必须有这样一个价格，该价格允许完全弥补它们必须缴纳的税收（即 P_1 + 税额）。如果企业得不到这样一种价格，将会减少生产。

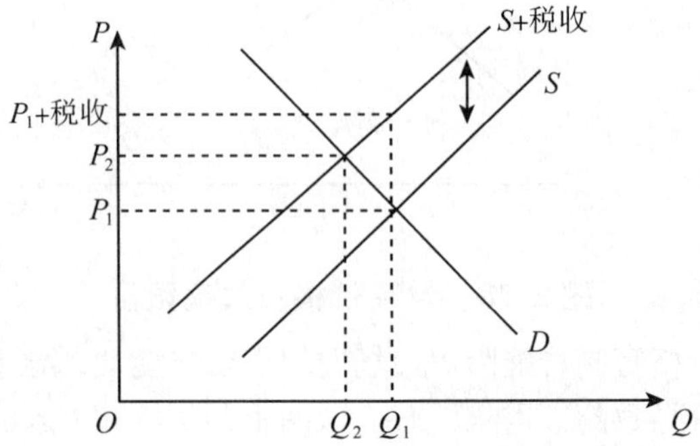

图 2. 30　税收对价格和数量的影响

可见，课征间接税的影响是提高价格，减少数量。然而，价格不会按全部税额的幅度提高，因为需求曲线是向下倾斜的，企业提高价格，可能会导致需求的减少。所以，在图 2. 31 中，价格仅上升至 P_2。由此我们可以看到，这种间接税的负担或归宿（由谁来承担税收负担的问题）在消费者和生产者之间分配。从价格上升的角度来说，消费者付了税；从价格的这种上升又不足以弥补该税收的意义上说，生产者付了税。

2. 弹性与税收归宿。税收的合理性一般通过两个原理说明。第一个原理是，税收应当和个人的支付能力相联系，支付能力越大支付的税收越多。所得税或财产税常常是以这个原理为基础。第二个原理是，获利原理，税收应当同个人从政府把税收用作资金的活动获得的利益相联系。税收负担者表明谁实际承担税收负担。

当政府对一种物品征税时，该物品的买者与卖者分摊税收负担。但税收负担如何确切地划分呢？我们说间接税的归宿取决于课税商品的需求弹性和供给弹性。我们分别考察四种情况（见图 2. 31）。

在图 2. 31 的四幅图（都是按相同比例画的）中，税额相同：供给曲线向上（向左）移位的幅度相同。在每一种情况下，价格上升至 P_2，数量下降至 Q_2。但正如你看到的那样，在每一种情况下，价格上升的程度和数量下降的程度是不一样的，它取决于需求的价格弹性和供给的价格弹性。

每单位税额（即两条供给曲线之间的垂直差额）乘以新的销售量（Q_2），就得到了税收收入的总额，如图 2. 31 中的阴影面积加上面积 A 所示。

价格从 P_1 提高到 P_2，提高的幅度乘以该商品的销售量（Q_2），即面积 A 就是转嫁给消费者的税额，因此代表**消费者承担的税收份额**。剩余的部分，即阴影的面积就是**生产者的份额**。其数量等于生产者的净价格（$P_2 - t$）与原有价格 P_1 的差额乘以 Q_2。

根据图示，我们可以得出以下结论：

（1）需求弹性和供给弹性越小，数量的下降越少，政府的税收收入越大。如图 2. 31 中

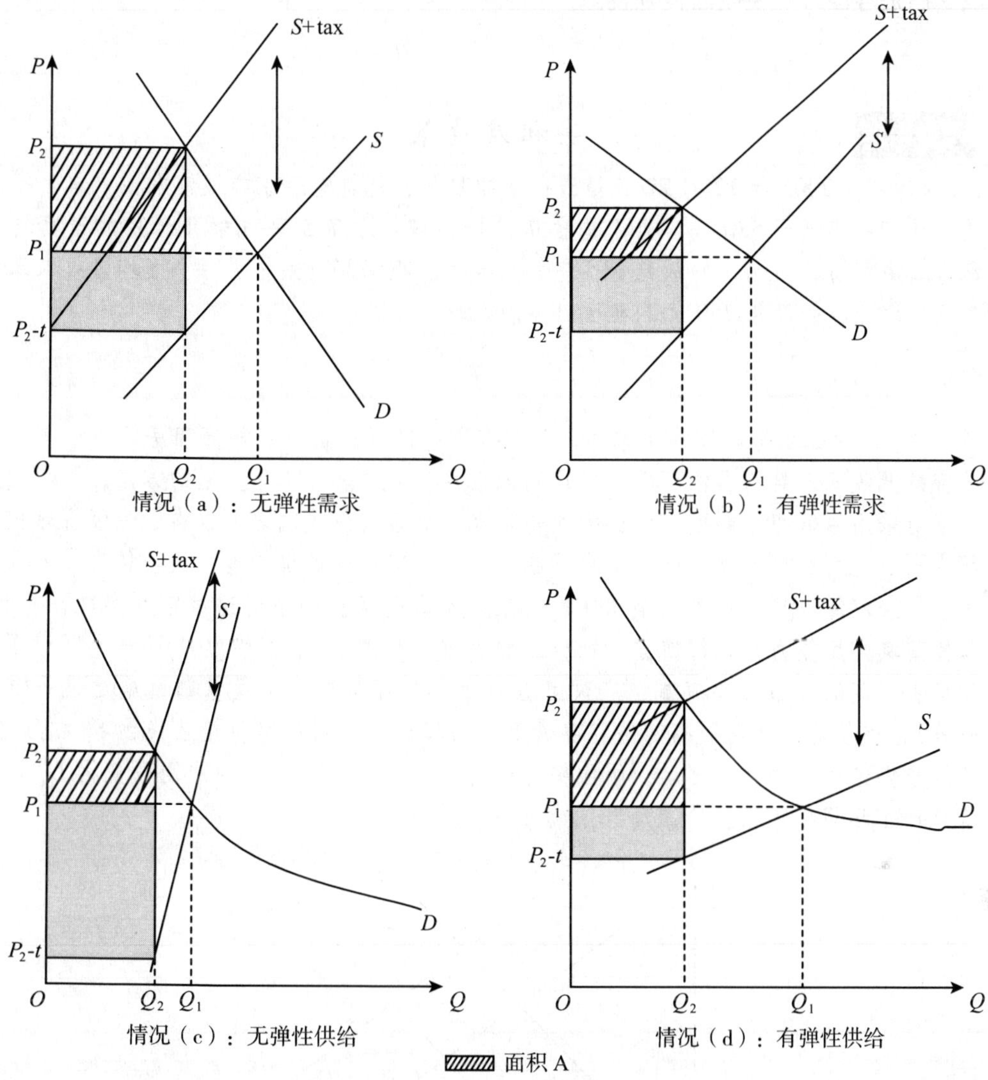

图 2.31　间接税的归宿

的情况（a）和情况（c）。

（2）需求弹性越小，供给弹性越大，价格上升越多，消费者承担的税收份额越大。如图 2.31 中的情况（a）和情况（d）。

（3）需求弹性越大，供给弹性越小，价格上升越少，生产者承担的税收份额越大。如图 2.31 中的情况（b）和情况（c）。

因此，对于生活必需品、替代品少、用途狭窄的产品而言，需求弹性较小，政府征税后，税额将较大程度地转嫁到消费者身上。反之，一些奢侈品、替代品较多、用途较为广泛的产品来说，生产者将承担较大部分的税收。例如，香烟和含酒精的饮料在各国一直是间接税的主要课税对象。由于它们的需求都很高，且都属于需求无弹性，税收不会明显抑制需求，故它们是各国政府税收的良好税源。

案例1 廉租房政策

《北京晚报》2005年12月22日报道：从即日起，凡具有北京市城镇常住户口、家庭人均月收入连续一年低于580元，且人均住房使用面积低于7.5平方米（含）的家庭均可申请廉租房。廉租房政策仍以发放租赁住房补贴为主。根据新方法核算一个人均月收入350元的无房三口之家，可获得750元的租金补贴。

分析：

通过图1，对廉租房政策的实施结果及配套措施进行分析。实施廉租房政策，其主要目的是改善最低收入人群的居住环境。要达到此目的，可以采用价格上限的方法，如我国计划经济时期所采用的低租金制度，但该方法会带来住房短缺，我国之所以在计划经济时代长期没能解决老百姓的住房问题，原因就在于此。然而，实施商品房制度，又会使低收入人群无力购房，如经测算人均月收入低于580元的家庭无力购房。如果对这些家庭实施住房补贴，就可以提高其购房能力，这样使整个社会的购房需求曲线由 D_1 右移为 D_2。与此同时国家再给予建房者一定的补贴（如建造经济适用房的地产商可享有地价及基础设施建设等方面的优惠政策），促使房地产商提高建造经济适用房的积极性，则住房供给曲线由 S_1 右移为 S_2。需求曲线与供给曲线的共同移动，使住房价格得以维持，并且住房的均衡数量由 Q_1 增加为 Q_2，房地产市场规模扩张。

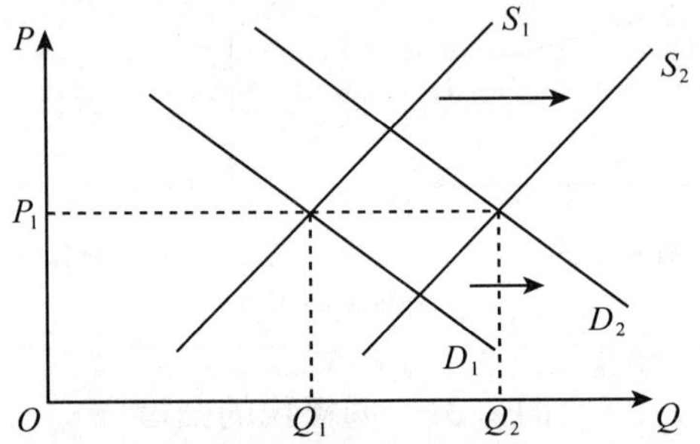

图1

显然，这样的住房政策要优于过去的价格上限即低租金制度。但是，实施廉租房政策必须同时给予一定的补贴或优惠政策，否则，单纯给消费者给予补贴而不给予建房者一定的补贴则仅刺激了住房需求增加，而住房供应没能跟上，就可能带来住房价格上涨，这样低收入人群依然无力购房。

资料来源：陈建萍主编：《微观经济学——原理、案例与应用》，人民大学出版社2006年版。

案例2　食品市场与“农业问题”

尽管数十年来美国联邦政府通过各种农业援助项目对农民给予支持，但是农民人数仍在不断减少。农业从业人员从1950年的1 000万人减少到现在的大约300万人，减少了2/3以上。家庭农场破产的原因可以归结为农产品需求的价格弹性和收入弹性缺乏，以及增加农业产量的技术突破。

影响农业生产的许多因素是农民所不能控制的。温度、降雨、昆虫和其他外部因素都会影响农作物的产量和质量。例如，1995年风调雨顺，农作物产量增加了16%。产量的这种增加会给农民带来一些特殊问题，因为大多数农产品，例如，牛奶、鸡蛋、玉米、土豆、燕麦、食糖、牛肉等的需求都缺乏弹性。

分析：

图2说明了缺乏弹性的需求对农业收入的影响。假定在一个正常年份，农民们在每蒲式耳5美元的市场价格下供给100亿蒲式耳谷物。在本例中，年收入（即价格乘以数量）总额为500亿美元。如果更适于农作物生长的条件是农作物产量增加到110亿蒲式耳，增加了10%，那么，结果会如何呢？由于需求缺乏价格弹性，因此，在本例中，为了使增加的10亿蒲式耳谷物的市场出清，平均价格的下降必须大于10%，比如说下降到每蒲式耳4美元。这样，农业生产的10%的增量要能卖掉，价格必须下降20%。

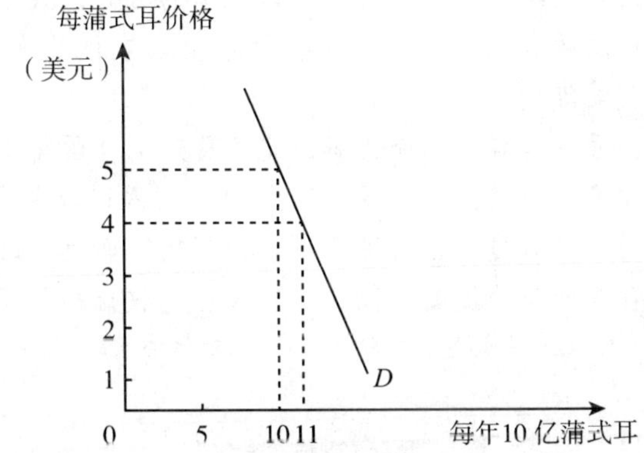

图2　谷物的需求

由于价格下降的百分比超过了产量增加的百分比，所以总收益会从500亿美元减少到440亿美元。这样，尽管产量增加了10%，农业收益却减少了10%以上。由于需求缺乏价格弹性，所以产量增加不仅不增加总收益，反而减少总收益。当然，对于农民来说，在缺乏弹性的需求曲线的较高的一边，一个低于正常水平的产量会导致价格以较大的比例上升，从而使总收益增加。例如，1988年的干旱使玉米的价格上升了50%以上，结果农业净收益大幅度增加。由天气变化引起的农业产量的变动，会引起农业收益年复一年的巨大的波动。

农业收益波动所产生的问题，在长期内，会由于人们对于谷物和更一般的对于食品的需求缺乏收入弹性而更趋于严重。长期内随着家庭收入的增长，用在食品上的支出可能增加，因为人们会用现成的食物或到饭店就餐替代在家里做饭。但是，这种变化对农产品的总需求没有什么影响。因此，长期内随着经济的增长和真实收入的增加，虽然对农产品的需求也会增加，但增加的幅度小于真实收入的增加。这种情况在图3中表现为需求曲线从 D 到 D' 的移动。

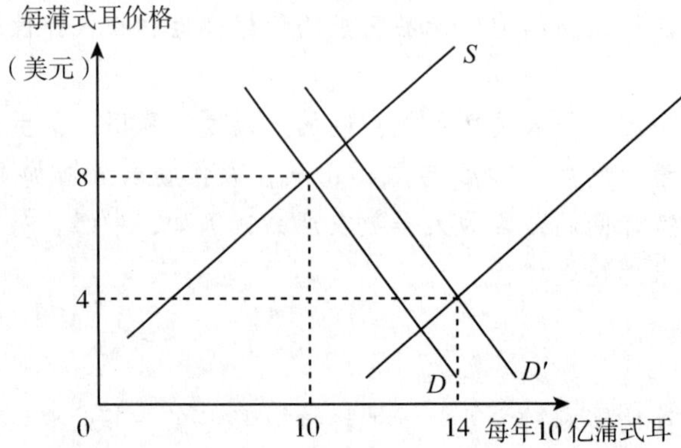

图3 供给和需求的增加对农业收益的影响

由于生产技术的进步，以及更先进的机械、更有效的化肥和更优良种子的推广应用，农产品的供给量获得了急剧增长，现在每个劳动者的农产品产量大约为1950年的8倍。图2说明粮食供给量从 S 增加至 S'。因为，供给量的增长大于需求量的增长，所以谷物的价格下降了。并且因为谷物的需求缺乏价格弹性，所以下降的百分比大于产量增加的百分比。在本例中，总的结果是农业总收益减少。事实上，目前美国农民的净收入（剔除通货膨胀因素）只有20世纪50年代初期的一半。

在农业收益方程中，另一张难以控制的牌，是不稳定的外国需求。外国对美国农产品的需求取决于外国的产量和价格、美元与外国货币之间的汇率以及关于对外贸易的公共政策。因此，决定农产品市场的许多力量，是农民所不能控制的。而且，既缺乏价格弹性又缺乏收入弹性的需求，意味着农业产量的提高可能会导致农业总收益的下降。

资料来源：（美）威廉·A. 迈克易切恩，田秋生译：《微观经济学》，经济科学出版社2004年版。

[关键概念]

完全竞争　需求定律　收入效应　替代效应　需求表　需求曲线　替代品　互补品　正常品　低档品　需求函数　供给表　供给曲线　供给定律　供给替代品　联合供给商品　市场出清　均衡价格　均衡数量　供求定律　需求的价格弹性　弧弹性　点弹性　供给的价格弹性　需求的收入弹性　需求的交叉弹性　最低限价　最高限价　过剩　短缺　从量税　从价税　税收归宿

[复习题]

1. 解释“苹果需求增加提高了苹果的需求量，但没有增加苹果的供给量”。这句话是对还是错？

2. 你认为20世纪90年代，技术进步降低了电脑芯片的成本，这将如何影响电脑市场、软件市场及打字机市场？

3. 什么是需求表和需求曲线？它们如何相关联？什么是供给表和供给曲线？它们如何相关联？

4. 什么因素决定买者对一种物品的需求量？什么因素决定了卖者对一种物品的供给量？

5. 为什么需求曲线向右下方倾斜？为什么供给曲线向右上方倾斜？

6. 描述市场经济中价格的作用。

7. 需求价格弹性与总收益的关系怎样？

［补充阅读材料］

1. ［美］斯蒂格利茨：《经济学》上册（中译本），第 4 章、第 5 章，中国人民大学出版社 1996 年版。

2. N. Gregory Mankiw, (1998) *Principles of Economics*, The Dryden Press, Harcourt Brace College Publishers.

3. Parkin, M. and King, D. (1992) *Economics*, Wokingham: Addison Wesley.

4. Bradley R. Schiller: *The Micro Economy Today*, 1991, by Mcgraw-Hill Inc.

5. ［英］马尔科姆 · S. 格林伍德等：《企业经济学》（中译本），东北财经大学出版社 1999 年版。

6. 高鸿业主编：《西方经济学》（微观部分），中国人民大学出版社 2000 年版。

7. ［英］约翰 · 斯罗曼：《经济学》上卷（中译本），第 2 章、第 3 章，经济科学出版社 2001 年版。

8. 李杨主编：《西方经济学》，四川大学出版社 2002 年版。

9. 杨伯华主编：《西方经济学原理》，西南财经大学出版社 2004 年版。

第三章

消费者行为理论

【学习目的和要求】

本章学习的目的是理解需求曲线后面的消费者效用最大化行为。通过对本章的学习，需要掌握以下几个要点：消费者偏好的含义及其基本假定；基数效用论与序数效用论的区别；边际效用递减规律及边际替代率递减规律；无差异曲线及其特点；如何从效用论出发运用无差异曲线推导需求曲线；商品的替代效应和收入效应；消费者在约束条件下如何进行最优选择；不同的消费者对待风险的几种不同态度及对其消费行为的影响；降低风险的几种方式。

【内容提要】

1. 效用就是消费者在消费选择的结果（商品）时所能感受到的满足程度；基数效用论的边际效用分析方法和序数效用论的无差异曲线分析方法，是分析消费者行为的两种方法。总效用是指消费者在一定时间内从一定数量的商品消费中所得到的好处或满足的总量；边际效用递减规律是指在单位时间内，随着消费同一种商品的数量增加，消费者每增加一单位的商品所带来的效用增量是递减的；消费者剩余是指消费者在购买一定数量的某种商品时愿意支付的总价格和实际支付的总价格之间的差额。

2. 消费者偏好指的是消费者可以根据自身的意愿对他可能消费的几种商品组合做出最有利于自己的选择，它具有三个假定：完备性、可传递性、非饱和性；无差异曲线就是指能给消费者带来相同的效用水平或满足程度的两种商品的所有组合的集合，它的斜率为负、任何两条无差异曲线不会相交、不同的无差异曲线表示不同的满足程度、凸向原点。

3. 消费者在增加一种商品的消费数量的同时，必然会放弃一定数量的另一种商品，这就是商品的边际替代率；预算约束线表示在消费者的收入和商品的价格给定的条件下，消费者的全部收入所能购买到的假设两种商品的各种组合；消费者效用最大化时的均衡点由无差异曲线和预算约束线的切点决定；商品的价格变化会引起需求量的变化，这种变化可分解为收入效应和替代效应两部分。

4. 跨期选择是指当消费者经历不同时期的消费选择时，如何把他的消费支出分配到各个时期以使效用达到最大化，而从不同时期的消费中获得最大满足；消费者对风险的不同偏好将其风险的态度分为：厌恶风险者、喜爱风险者和风险中性者。

在第二章中我们学习了供求理论的基本知识，了解了需求曲线和供给曲线的基本特征，并且知道市场中商品的均衡价格是由商品的需求和供给共同决定的，在图形上则表现为商品的需求曲线与供给曲线在不断的运动过程中实现均衡。然而需求曲线和供给曲线的形状及其特征又是如何形成的呢？本章我们将研究消费者在现实经济生活中的消费行为，并从对消费者行为的分析中推导出需求曲线。本章的分析思路是：首先，讨论消费者的个人效用问题，从而得出理性的消费者追求自身效用的最大化；其次，讨论消费者的预算约束及消费者如何在预算约束的条件下实现效用最大化；第三，在前面的基础上讨论消费者如何进行选择；最后，讨论在不确定条件下，不同的消费者面对风险的不同态度，以及其如何影响消费者的选择从而实现自身的效用最大化。由于我们研究消费者行为是从效用出发的，所以效用论也通常称为消费者行为理论。

第一节　基本概念：效用

一、什么是效用

人们消费各种物品和服务以满足各种需要，如购买面包以充饥，购买衣服以御寒，购买花卉或装饰品以赏心悦目，购买书报以满足精神享受。你购买某商品是因为你期望从拥有它当中获得满足，这种满足，用西方经济学的术语来说就是效用（Utility）。所谓效用，就是消费者在消费选择的结果（商品）时所能感受到的满足程度。

为了更好地理解效用，我们先来了解另一个相关的概念：欲望。所谓欲望是指想要得到某种东西或达到某个目的的要求。一种商品对消费者是否有效用，首先要看他是否有消费这种商品的欲望。例如，一个饱食终日的人看到餐桌上的馒头，恐怕没有任何欲望，而对一个已饿几天的人来说可能就是无价之宝。由于这种欲望的强烈程度的区别，如果让前者去消费馒头，他没有任何满足甚至会很难受；而后者去消费馒头，则会有巨大的满足，一种拥有新生生命的满足。可见效用这一概念与人的欲望是联系在一起的。

我们可以从三个方面来理解效用的概念：第一，一种商品对消费者是否具有效用，取决于消费者是否有消费这种商品的欲望。第二，同一种商品的效用对不同的消费者来说是不同的，如上例。第三，同一种商品的效用对在不同的时间和地点的同一消费者也是不同的，如面包对饱餐前后的同一消费者的效用是完全不同的。因此说，消费者欲望的满足程度是消费者对商品的一种主观心理评价，即效用是一个主观衡量概念。

二、如何衡量效用

既然效用各不相同，人们希望能用较为具体明确的方法来描述它，这就提出了如何衡量效用的问题。

20 世纪初以前，经济学家常认为效用是能够具体衡量并加总求和的，可进行具体的效用量之间的比较，并提出了可测量的效用单位（Util）这一术语来计量效用的大小。如你的早餐吃一个馒头和一杯牛奶，一个馒头可能给你 2 效用单位的满足，一杯牛奶给你 4 效用单位的满足，那么你的早餐效用之和为 6 效用单位。这与数学中的基数概念的特征相符合，基数是指 1，2，3，……，可以加总求和，于是经济学家提出了基数效用的概念，并在此基础上形成了边际效用分析方法。

20 世纪 30 年代以后，人们开始质疑，消费者从某种商品中所获得的效用的数量能否真正精确科学地估算。为了解决这个问题，经济学家们借用了另一数学概念——序数。序数只表示顺序或等级，如第一，第二，第三，……，序数不需也不能加总求和。例如，序数第一，第二，第三，可以是 5，12，30，也可以是 20，70，100，它只需表明第三大于第二，第二大于第一，每个序数具体的数量是多少没有意义。这样就避免了对效用的具体数量的精确估算，解决了基数效用中的难题。这时的经济学家认为，效用的大小是无法具体衡量的，效用之间的比较只能通过顺序或等级来表示。同时认为在分析消费者行为中，也无须去具体衡量效用的大小，基数效用的特征是多余的。就上面的例子来看，在你的早餐中，无须测量馒头和牛奶具体的效用数量，而只需知道更偏好哪一种消费，哪种消费的效用更大，或者可转变为一个选择的问题，即当鱼和熊掌不可兼得时，你更愿选择哪一种。在序数效用的基础上，经济学家提出了无差异曲线分析方法。

基数效用论的边际效用分析方法和序数效用论的无差异曲线分析方法，是分析消费者行为的两种方法。在现代微观经济学里大多认为后者是在放松前者条件的基础上形成的，它能更合理地推导消费者需求曲线。因此本章首先介绍基数效用论的分析方法，其次介绍序数效用论的分析方法。也有的教材并不明确划分两种分析方法，而是将两者有机地结合起来作为效用论的分析方法。

第二节 边际效用分析

一、总效用和边际效用递减

基数效用论者将效用区分为总效用和边际效用。

1. 总效用（Total Utility）。总效用是指消费者在一定时间内从一定数量的商品消费中所得到的好处或满足的总量。假定消费者对一种商品的消费数量为 Q，则总效用函数为：

$TU=f(q)$

基数效用论认为效用是可以测量并且可以加总求和的。我们以张三的早餐为例，每个面包有相同的品质，每吃一个面包对于消费者来说都会得到不同的满足。吃第一个面包时获得 10 效用单位的满足；第二个面包时获得 9 效用单位的满足；第三、第四个面包分别获得 6 效用单位和 2 效用单位；第 5 个面包吃不吃都行，吃了也没有获得任何满足，即零效用；吃第 6 个面包时，不仅没有满足反而觉得难受了，获得的是 -3 效用单位，见表 3.1。张三吃 1 个面包获得 10 效用单位的满足，吃 2 个，3 个，4 个面包分别获得 19 效用单位，25 效用单位，27 效用单位的满足；吃 5 个面包的总效用和 4 个面包的总效用一样；吃 6 个面包的总效用不仅没有增加，反而减少了，为24效用单位。这是为什么呢？由于第6个面包给张三的是负效用，因此减少了总效用。每个增加的面包所带来的增加的效用就是边际效用。

表3.1　　面包的总效用和边际效用

面包数量	总效用	边际效用
0	0	0
1	10	10
2	19	9
3	25	6
4	27	2
5	27	0
6	24	-3

2. 边际效用。边际这个词在经济学中很重要，下面还会有许多用到边际的术语。有必要好好理解这一概念。边际在经济学中是指总体中的变化量，在表3.1中给出了早餐面包的总效用和边际效用，所谓边际效用是指消费者在一定时间内增加一单位商品的消费所得到的效用量的增量。张三每次早餐消费一定数量的面包 X，而边际效用就是 x 个面包所获得的总效用和从 $x+1$ 个面包中所获得的总效用的差额。张三吃2个面包后，再吃第3个面包所带给张三的效用是6效用单位。

现将表3.1的数据以块状图图3.1（a）和图3.1（b）表示出来。将表3.1中的总效用和边际效用用条块表示出来后，如果我们把总效用在各顶点处用平滑线连接，则可得到早餐面包的总效用曲线图，如图3.2所示。

如图3.1（a）所示，阴影部分表示总效用的变化量，即边际效用。将阴影部分移至图3.1（b），则得到边际效用的图示。将图3.1（a）、图3.1（b）中的长方形的顶点处连接起来，就得到图3.2（a）中一条平滑的 *TU* 曲线和图3.2（b）一条平滑倾斜的 *MU* 曲线（由于图3.1和图3.2中的商品消费是离散的，所以边际效用曲线上每一个值都记在相应的两个消费数量的中点上）。

从图3.2中显示的总效用曲线可知，当早餐面包的数量上升时，曲线有一个上升过程，当数量为4~5时达到最高点，总效用最大，超过5后，总效用开始下降。再来看边际效用曲线，当面包数超过4时，曲线与 x 轴交于0，当 *MU* 为0时，张三所吃的面包达到最大数而不想再多吃了，此时的总效用达到最大值。零边际效用处吃的面包（第5个）没有给张三带来追加的满足或效用。当边际效用为负，如本例中一餐消费多于6个面包后的情况表明，张三已感难受，而对多吃的面包需要某种方式的补偿，总效用开始下降。

二、边际效用递减规律

从图3.2（b）可见 *MU* 曲线是向下倾斜的平滑曲线，边际效用是持续递减的。为什么消费过程中会呈现出边际效用递减规律呢？基数效用论者认为有两方面的原因：一是从消费者的生理和心理角度讲，随着相同消费品的连续增加，按先后顺序从每一单位消费品中所感

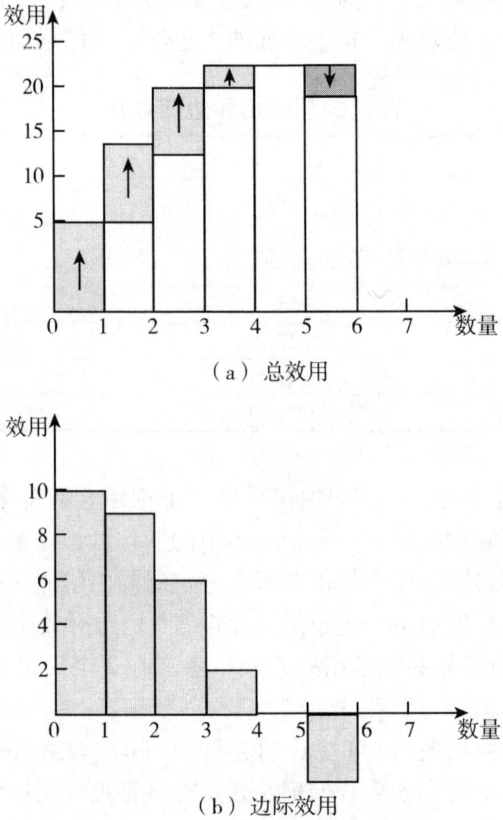

图 3.1　总效用和边际效用块状

受到的满足程度和对重复刺激的反应程度是递减的；二是从商品的用途看，一种商品往往有几种用途，消费者总是将第一单位的消费品用在最重要的用途上，第二单位的消费品用在次要的用途上……这样，消费品的边际效用便随着消费品用途的重要性的递减而递减。

所谓边际效用递减规律，是指在单位时间内，随着消费同一种商品的数量增加，消费者每增加一单位的商品所带来的效用增量不是以恒定的速率增加，其所得到的效用增量是递减的，也就是说，随着单位时间内同一商品消费量的增加，其边际效用趋于递减。从上述张三早餐的例子可以说明这个问题。

张三吃第 1 个面包时，他对这个面包的效用评价是 10 效用单位，即第一个面包的总效用为 10，当他吃第二个面包时，效用评价下降为 9，即第二个面包的边际效用为 9，吃两个面包的总效用为 10 + 9 = 19 效用单位。依此类推，当张三吃到第 5 个面包时，效用评价为 0，即边际效用递减为 0，总效用达到最大值 27 效用单位。如果继续吃第 6 个面包时，张三会感到很难受，边际效用为 - 3，总效用开始下降到 27 - 3 = 24 效用单位。

三、消费者最优选择

每个消费者的收入是有限的，而人的需求往往是越多越好，因此消费者必须在众多的需

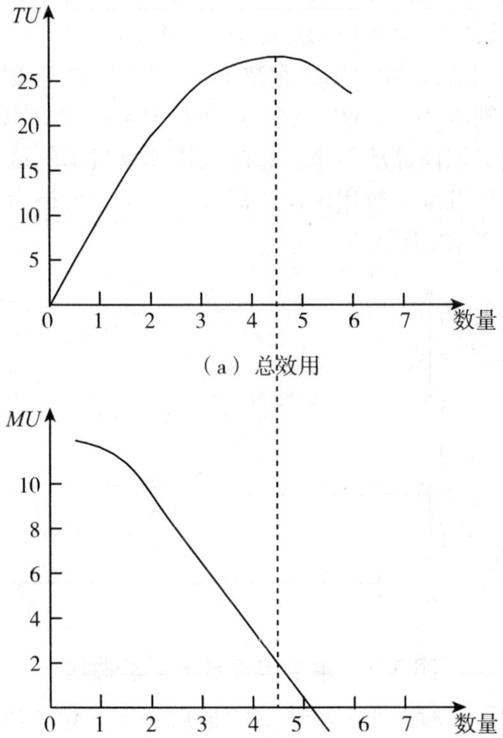

（a）总效用

（b）边际效用

图 3.2　总效用和边际效用曲线

求中作出选择。消费者用有限的收入选择了购买什么和购买多少，而此选择带来的总满足或效用水平额达到最大，则称他实现了消费者最优选择。消费者的最优选择将效用、边际效用与收入、价格联系起来了。

首先，来看一下只有一种商品时的最优选择的情况。假设张三的收入只用于购买一种商品：面包。货币是一种特殊的商品，也有效用和边际效用。在这里，我们假设货币的边际效用为 1，且是不变的常数（由于货币边际效用的变化非常小，小到可以略去不计，因此将其看做是不变的常数）。由此可见，只有消费者认为所购买和消费的最后 1 单位商品或服务的 *MU* 正好等于其价格即其机会成本时才作出购买的决定，在进行选择时，如果消费者在某个单位时间内对某商品的第 *N* 单位的主观价值评价低于其价格时，他是不会购买第 *N* 单位的该商品的。

仍以张三的早餐为例，假设面包的价格为 $P=2$ 元，货币的边际效用为 2 效用单位。当张三购买第一个面包时，其效用为 10，大于货币的边际效用，第二、第三个面包是同样的道理，仍然购买。第四个面包的效用为 2，等于货币的边际效用 2，张三也会购买。第五个面包的效用对张三而言为 0，要让他用 2 效用单位的货币去购买，这是不可行的。

考察一下价格下降（其他条件不变），给消费者选择行为带来的变化，价格下降，消费量可能比以前增加，根据边际效用递减规律，增加商品的消费将引起边际效用下降。最后会降至边际效用等于最后消费的一个单位的边际效用即价格。这样，消费增加的界限边际递减规律决定，即 $MU = P$（货币的边际效用为常数 1）。假设货币的边际效用为常数 λ，则消费者效用最大化的均衡条件则为 $MU = \lambda P$，也可推 $MU/P = \lambda$。消费者对任何一种商品的最优购买量是使最后 1 元钱购买该商品所带来的边际效用和所付出的这 1 元钱的货币的边际效用相等。比如，最后一个面包带来 4 效用单位，而一个面包的价格为 2 元，则最后 1 元钱购买食物所带来的边际效用为 2（见图 3. 3）。

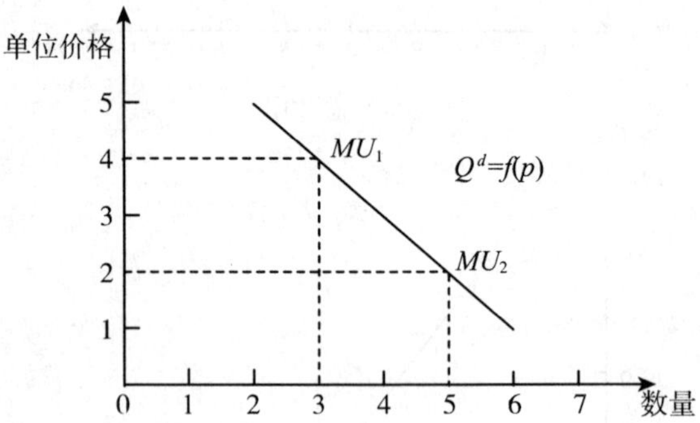

图 3. 3　单个消费者的需求曲线

当每块面包的价格为 4 元时，张三所购买的最后一个面包的边际效用为 MU，对应的面包数为 3 个；当每个面包价格为 2 元时，张三所购买的最后 1 个面包的边际效用为 MU_2，对应的面包数为 5 个。由于边际效用递减规律，MU_2 必然小于 MU_1，那么当价格从 4 元降至 2 元时，每餐的面包数由 3 个增至 5 个，边际效用也必然下降（消费数增加，面包的边际效用下降，至每个面包价格的边际效用相等为止（当货币的边际效用为 1 时，即为每个面包的价格））。

连接 MU_1 和 MU_2 点得到了张三对早餐面包的需求曲线，即价格与需求量关系的一条向右下方倾斜的需求曲线。当面包价格上升，需求量下降；面包价格下降，需求量上升。这表明了某种商品或服务的需求量与其价格之间的反方向变动关系。用函数表示为：

$Q^d = f(p)$

式中，Q 表示数量，d 表示需求，P 表示价格。

其次，来看消费者购买两种商品时如何得到最大效用。消费者张三把收入用于面包和衣物上。假设用于面包的最后 1 元可带来 2 效用单位的满足，而用于购衣物最后 1 元可带来 10 效用单位的满足，消费者会作出调整，将部分货币从面包转向购衣物时，根据边际效用递减规律，用于购衣物的货币越多，最后 1 元带来的边际效用就越少，而减少面包消费后，用于面包的最后 1 元带来的边际效用增大，当最后 1 元用于面包和衣物都可带来 6 效用单位的满足时就实现了总效用最大化。

这样我们得出消费者效用最大化的均衡条件为：

限制条件：$P_1X_1 + P_2X_2 = I$

均衡条件：$MU_1/P_1 = MU_2/P_2 = \lambda$

以表3.2为例，消费者效用最大化的均衡条件。假设张三的一天能花费9元用于面包和衣物的购买，价格分别为 $P_1=1$ 元，$P_2=1$ 元。那么张三拿第1，2元买衣物，分别得到的效用单位为15和11，他不用于购面包，因面包所能带来的效用为10，小于购衣物所能带来的效用15和11；用第3，4元购面包得到10和9效用单位；第5元用于购衣物得8效用单位；第6元购面包得6效用单位；第7元购衣物得5效用单位；最后2元分别购面包和衣物，都得2效用单位。这样用完了9元，得到了最优的购买组合。$X_1=4$，$X_2=5$，实现了效用最大化的均衡条件：

$P_1X_1+P_2X_2=1\times4+1\times5=9$

$MU_1/P_1=MU_2/P_2=2/1=2$

$TU=15+11+10+9+8+6+5+2+2=68$（个）效用单位

表3.2　　两种商品的边际效用

商品的数量	面包的边际效用	衣物的边际效用
1	10	15
2	9	11
3	6	8
4	2	5
5	0	2
6	-3	0

如果消费者购买多种商品，那么消费者用既定的收入购买商品的最优选择的条件是各种商品的边际效用与各自的价格之比相等，所以消费者的均衡条件为：

限制条件：$P_1X_1+P_2X_2+P_3X_3+\cdots+P_nX_n=I$

均衡条件：$MU_1/P_1=MU_2/P_2-MU_3/P_3=MU_n/P_n=\lambda$

一种商品的市场需求量是第一个价格水平上的该商品的所有个人需求量的加总。只要有某商品市场的每个消费者的需求表和需求曲线，就可以通过加总的方法，得到该商品市场的需求表和需求曲线。

这里需要注意的是，购买每种商品上的最后一元钱所带来的边际效用相等，并不是购买商品的金额相等，而是商品的边际效用和价格比相等；而且由于有限制条件，消费者的最大效用是在货币收入和商品价格一定的条件下得到的，并不等于消费者的最大满足程度。

此外，消费者最优选择不仅用于购买商品或服务，而且也可应用于其他方面，如时间的合理安排，不管是学生还是职员，都不可能在每件事上花费同样多的时间，请读者自己试着用最优选择的方法分析。

四、消费者剩余

商品的需求价格是消费者在单位时间内对一定量的某种商品所愿支付的价格，它取决于商品的边际效用，与边际效用同方向、同比例变化。根据边际效用递减规律，消费者对某商品所愿支付的价格是逐步下降的。而商品的需求价格和市场价格是不同的，人们在购买商品时是按实际的商场价格支付的，当市场价格高于消费者的需求价格时，消费者是不会进行购买的，这就是说，在最后一单位商品前的几单位商品，消费者的需求价格都要高于市场价格，所谓消费者剩余是指消费者在购买一定数量的某种商品时愿意支付的总价格和实际支付的总价格之间的差额。

如面包的市场价格为 1 元，张三在购买时，根据其边际效用，他愿支付 3 元的价格购买第一个面包，愿支付 2 元的价格购买第二个面包，愿支付 1 元的价格购买第三个面包。这样他为 3 个面包愿支付的价格为 $3+2+1=6$ 元，而按市场价格实际需支付的为 $1\times3=3$ 元，那么 3 元的差额就是张三购买面包的消费者剩余。将消费者的需求价格和数量在图 3.4 上绘出：

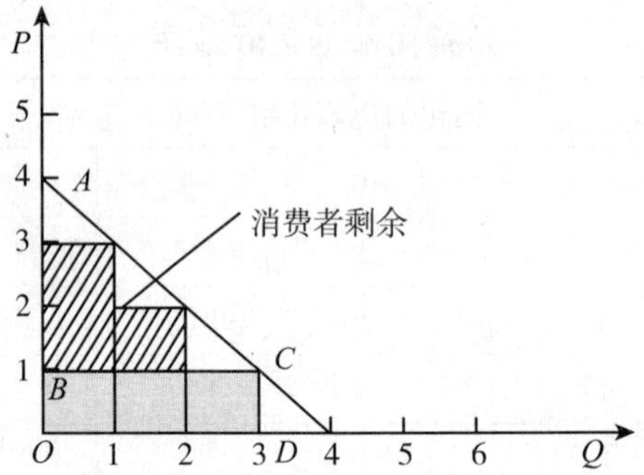

图 3.4　消费者剩余

阴影部分为张三愿意支付的总价格，斜线部分为消费者剩余。这里作出的是离散图，而当 Q 的数量变化无限小时，即 Q 趋近 0 时，实际支付的总价格仍为 $BODC$，张三愿意支付的总价格为 $AODC$，消费者剩余则为 ABC。

第三节　无差异性曲线分析

一、消费者偏好

在现实生活中，我们总是可以看见这样的现象：甲喜欢吃苹果而乙却喜欢吃梨，丙则可能对苹果和梨的喜欢程度是相同的。这是为什么呢？要解释这一现象就要引入一个概念——消费者偏好。消费者偏好指的是，消费者可以根据自身的意愿和想法对他可能消费的几种商品组合做出最有利于自己的选择。

诚然，每个消费者都会做出自身的选择，但他可能选择商品组合 A，也可能选择商品组合 B，对此我们又将做出怎样的解释呢？为此，我们对消费者行为理论做出三个基本的假定：

第一个假定是消费者偏好的完备性。这一假定明确了消费者具有辨别事物的能力以及估价这些备选物的必要知识，消费者可以将可供选择的商品组合进行比较和排列。假定有两个商品组合 A 和 B，甲可以偏好其中的 A，也可以偏好其中的 B，当然也可以对两者有同样程度的偏好。但这里有一个前提：这些偏好是没有成本的。

第二个假定是消费者偏好具有可传递性。这一假定指的是，如果消费者在商品组合 A 和 B 中更偏好 A，而在 B 和 C 的组合中更偏好 B，那么我们就可以得出消费者在 A 和 C 中更偏好 A。这一可传递性假定保证了消费者的种种偏好是一致的，所以也是理性的。

第三个假定是消费者对商品的非饱和性，也就是我们通常所说的“越多越好”。这是指在不考虑成本的情况下，消费者总是偏好任何一个商品的多，而不是少，也就是说消费者总是喜欢拥有更多的商品，当然这些商品必须是值得消费者拥有的。像空气污染、交通堵塞，这一类的商品并不值得拥有，消费者会尽可能地回避它，当然这已不是我们所讨论的范畴了。

二、无差异性曲线

1. 什么是无差异曲线。假设两种商品有多个组合方式，这些组合给消费者带来相同的满足水平，得到完全相同的总效用水平，我们就认为这些组合对消费者来说是无差异的。我们仍以张三的面包和衣物为例，在表 3.3 中给出两个选择的几种组合，A ~ D 这四个组合对张三而言具有相同的效用。

表 3.3　　张三两种商品的无差异组合

组合方式	衣物数量	面包数量
A	1	9
B	2	4
C	3	2
D	4	1

根据表 3.3 在图 3.5 中绘出 $A \sim D$ 的组合点，每种组合带来相同的总效用水平，将这些组合以一条平滑线连接起来，就得到了一条无差异曲线 U_1。沿这条曲线，两种商品的每一组合带来相同的总效用水平，沿无差异曲线上的各点对消费者来说具有相同的合意性，例如，1 单位衣物和 9 单位面包，3 单位衣物和 2 单位面包，对张三而言带来相同的总满足。因此，无差异曲线就是指能给消费者带来相同的效用水平或满足程度的两种商品的所有组合的集合，或者说指消费者偏好相同的两种商品所有组合的集合的图形表现。

图 3.5 只表示了一条无差异曲线，而在一个坐标图中可包含许多条无差异曲线，每条对应一个不同的效用水平，每一点上只有一条无差异曲线通过它。表 3.4 中 u_2 列的两种商品的四个组合的效用相等，u_3 列的两种商品的四个组合的效用相等，用表中的两种不同效用的组合分别绘出表示某消费者的另外两条无差异曲线，用 U_2 和 U_3 表示。

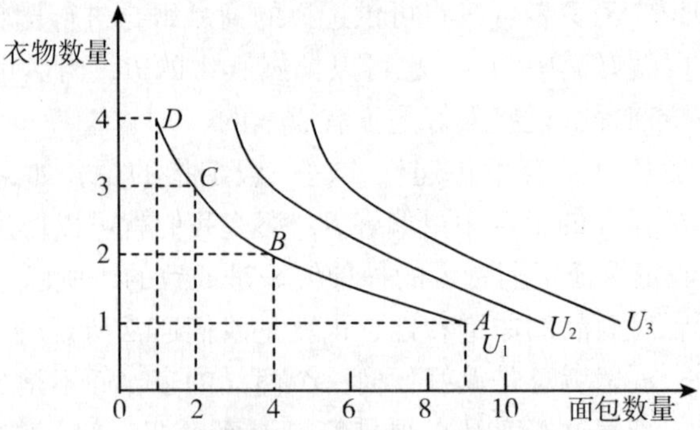

图 3.5　无差异曲线

表 3.4　　张三两种商品不同效用的无差异组合

组合方式	u_2		u_3	
衣物数量	面包数量	衣物数量	面包数量	衣物数量
A	1	11	1	13
B	2	7	2	9
C	3	4	3	6
D	4	3	4	5

2. 无差异性曲线的特点。无差异性曲线具有如下特点：

（1）无差异曲线是一条向下倾斜、斜率为负数的曲线。在总效用不变的条件下增加一种商品就要减少另一种商品。如图 3.6 所示，假设无差异曲线向右上方倾斜，A_1 表示 4 单位衣物和 7 单位面包，B_1 表示 3 单位衣物和 5 单位面包，A_1 和 B_1 更可取，A_1 的两种商品都比 B_1 更多，如果 A_1 总比 B_1 的满足程度更高，则 A_1 和 B_1 不可能处于同一无差异曲线上，因无差异曲线的定义是具有相同可能性的两种商品的一系列组合，与定义相矛盾。

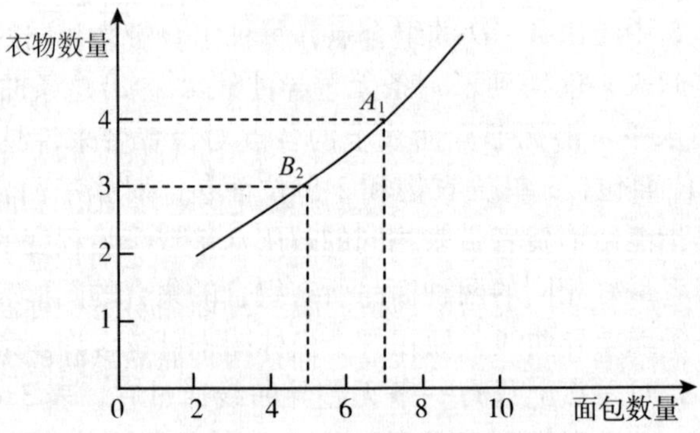

图 3.6　无差异曲线

（2）同一坐标平面图上的任何两条无差异曲线不会相交。如图 3.7 所示，假设两条无

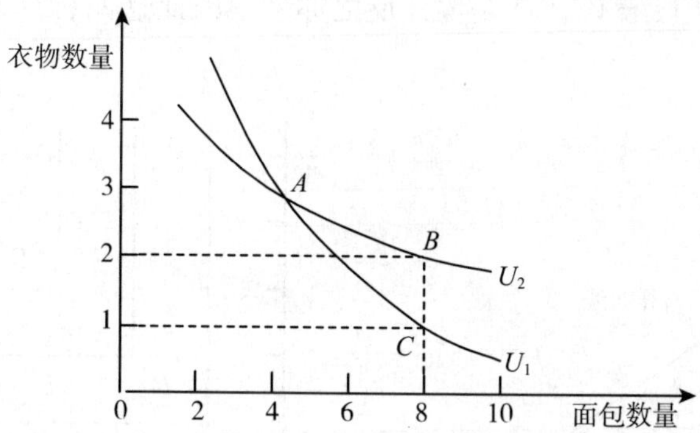

图 3.7　相交的无差异曲线

差异曲线可以相交，交于点 A，由于 A 和 B 都在 U_1 上，则 A 和 B 的效用水平相等；而 A 和 C 都在 U_2 上，则 A 和 C 的效用水平相等。根据偏好的可传递性，点 B 和点 C 的效用水平相等。而点 B 比点 C 组合的面包数相同，衣物数多 1 单位，根据消费者偏好的非饱和性，人们对商品多的组合更偏好，因此点 B 必定比点 C 的效用水平高。这样就产生了矛盾，相交的无差异曲线与非饱和性的假定相悖。由此可见，只要消费者的偏好是可传递的，无差异曲线就不可能相交。

（3）在同一坐标图中，可以画出无数条无差异曲线，而不同的无差异曲线表示不同的满足程度。离原点越远的无差异曲线所代表的效用水平越高，离原点越近的无差异曲线代表的效用水平越低。如图 3.5 所示的几条可能的无差异曲线，U_3 代表的满足程度高于 U_2，U_2 代表的满足程度高于 U_1。这是因为 U_2 与 U_1 相比，U_3 与 U_2 相比，都分别包含了较多的面包。

（4）无差异曲线是凸向原点的。无差异曲线是以凸向原点的形状向右下方倾斜的，它的斜率的绝对值是递减的。其原因是，在满足程度不变的条件下要增加一单位商品 X 所需要放弃的商品 Y 的数量不断减少，那么以商品 Y 代替商品 X 的边际替代率不断递减。

（5）完全替代品和完全互补品。无差异曲线的形状可以表明人们用一种商品替代另一种商品的不同的愿意程度。在通常情况下，无差异曲线都是凸向原点的，即是向内弯曲的。形成这一形状的一个重要原因是，对大多数消费者来说，人们更加偏好于一个平衡的商品组合，而不是放弃一种商品的消费而完全消费另一种商品。当然，在现实生活中也存在一些特殊的商品，它们的无差异曲线具有一定的特殊性，即完全替代品和完全互补品。

我们来看两个例子。在图 3.8（a）中表明了甲对苹果汁和橙汁的偏好。从图 3.8 中我们可以看到对这名消费者来说，喝一杯苹果汁和喝一杯橙汁之间是毫无差异的，所以这两种商品在甲这里就成了完全替代品。更一般地讲，当一种商品对另一种商品的边际替代率为一个常数时，我们就称这两种商品为完全替代品，而这两种商品之间的无差异曲线则表现为一条向下倾斜的直线。

图 3.8（b）显示了乙对左鞋和右鞋的偏好。对乙来说，在右鞋数量一定的情况下，只单单增加左鞋的数量并不能提高他的满足程度，除非他获得一只与左鞋相配的右鞋。在左右鞋数量刚好匹配的情况下，乙不会放弃任何一只右鞋来换取一只额外的左鞋，只要左鞋比右

鞋多，右鞋对左鞋的边际替代率就是零；反之亦然。因此这两种商品在乙这里是完全互补品。

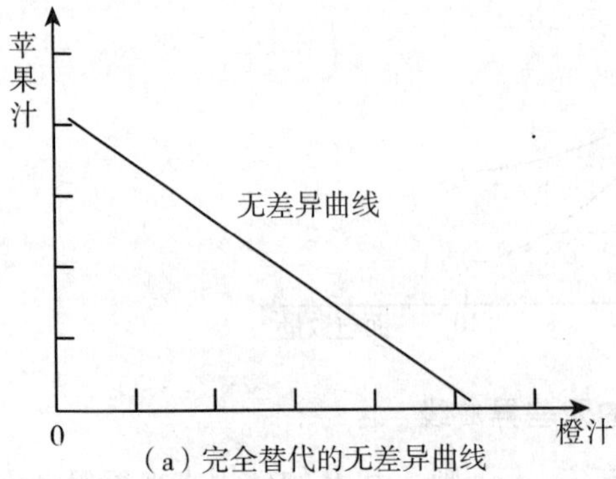

（a）完全替代的无差异曲线

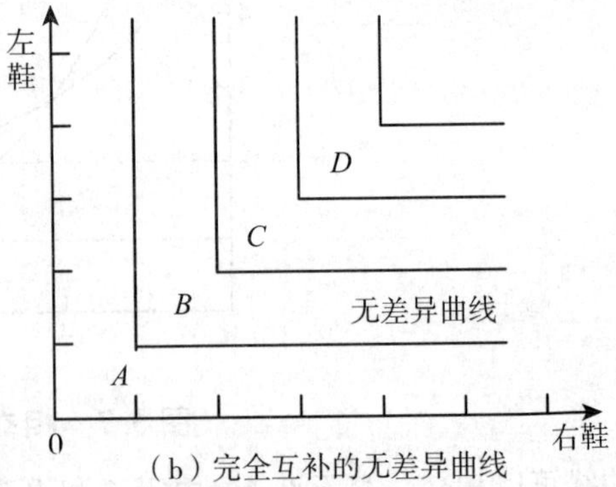

（b）完全互补的无差异曲线

图 3.8 特殊的无差异性曲线

三、边际替代率

在消费者的效用水平不变的前提条件下，两种商品的消费数量之间存在着替代的关系，消费者在增加一种商品的消费数量的同时，必然会放弃一定数量的另一种商品，这就是商品的边际替代率。用数学公式表示，衣物（设为 X）对面包（设为 Y）的边际替代率为（Marginal Rate of Substitution，MRS）：

$$MRS_{XY} = -\frac{\Delta Y}{\Delta X}$$

式中，ΔX 和 ΔY 分别表示衣物和面包的变化量。由于 ΔX 是增加量，ΔY 是减少量，符号相反，而在经济学意义上取其正值，因此在公式中加一负号。当商品数量的变化趋于无穷小时，则商品的边际替代率就是无差异曲线的斜率。过无差异曲线上的某点作一切线，切线的斜率就是该点的边际替代率。

表 3.5　　张三两种商品的无差异组合

组合方式	衣物数量	面包数量	衣物对面包的边际替代率
A	1	9	—
B	2	4	5/1
C	3	2	2/1
D	4	1	1/1

如上例中张三的面包和衣物的组合，将表 3.3 转变成表 3.5，从数字上理解边际替代率及其变化。为了保持总效用不变，每增加一件衣物就必须相应减少面包的数量。当衣物由 1 单位增加到 2 单位时，面包的数量从 9 减少到 4，即减少了 5 单位，那么衣物对面包的边际

替代率为5:1。对其他部分采取同样的做法，则可以发现，随着衣物的增加，边际替代率由2:1变化为1:1。换言之，衣物对面包的边际替代率随着消费者衣物的增加而下降。从图形来理解这一现象，将表3.5用图3.9来表示。在图3.9中从点 A 到点 B，衣物增加量为 $\Delta X_1=1$ 单位，面包减少量为 $\Delta Y_1=5$ 单位，两变量的比值的绝对值为 $-\dfrac{\Delta Y}{\Delta X}$，即 MRS_{XY}。在图3.9中从 B 点到 C 点到 D 点中，Δ_X 都为1单位，ΔY_2，ΔY_3 分别为2单位和1单位。即每增加1单位的衣物所需放弃的面包数是递减的。

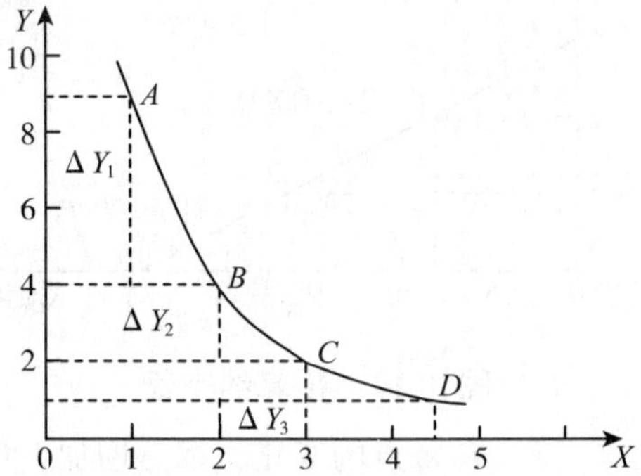

图3.9　商品的边际替代率递减规律

经济学家认为在两种商品的替代过程中，普遍存在着边际替代率递减的趋势，并把这种现象看成是规律。商品的边际替代率递减规律是指，消费者在维持效用水平不变的前提下，随着一种商品的消费数量的连续增加，消费者为得到每1单位的这种商品所需要放弃的另一种商品的消费数量是递减的。发生这种现象的原因在于，当一种商品的数量逐步增加时，增加1单位这种商品对消费者的重要程度或能给他带来满足的程度也越来越低，而他为了多获得1单位的这种商品而愿意放弃的另一种商品的数量就会越来越少。

四、预算线

前面我们仅考虑了用无差异曲线表示偏好的问题，然而我们要研究消费者如何获得最大的满足，就必须正视每个人都会面对一个受限制的消费能力，这个限制来自消费者的收入水平（或对商品的预算）和商品的市场价格，也就是说每个人都有预算约束，我们必须在可能物品间进行选择或替代。

所谓预算约束线，则表示在消费者的收入/预算和商品的价格给定的条件下，消费者的全部收入/预算所能购买到的假设两种商品的各种组合。需要注意的是，两种商品的假设可以指具体的两种商品，也可以指两大类的商品或两种复合商品，这样我们就可以假设消费者的预算是全部收入用于购买两种商品，这有利于分析问题。预算约束线也称为预算线、消费可能线或价格线。

例如，假定面包的价格为 $P_x=2$ 元，衣物的价格为 $P_y=10$ 元，张三对面包和衣物的总预算为 $I=30$ 元。那么，全部预算都用来购买面包可得15单位，全部预算都用来购买衣物可得 3 单位。在图 3.10 中第一个点在纵轴的 A，第二个点在横轴的 B，连接两个极点得到预算线 AB，阴影部分内的所有组合都是可行的，是消费者的预算可行集或预算空间。AB 线以内的点表示张三的全部预算在购买了其中的任一组合后还有剩余，只有 AB 线上的组合点是消费者完全用掉了的可能预算。

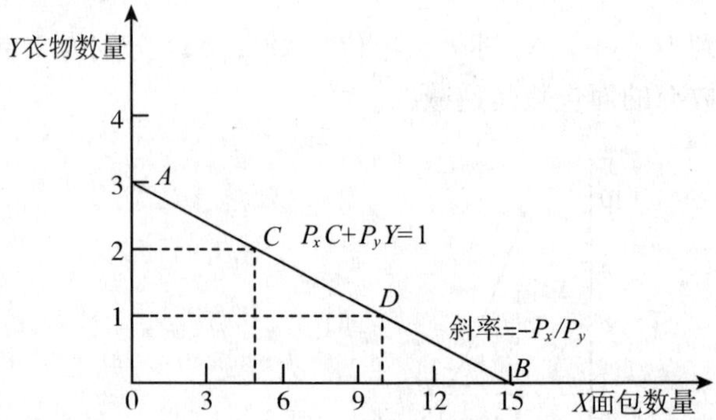

图 3.10 预算约束线

如图 3.10 所示，从 A、C、D、B 每点的变化，都是增加 1 单位衣物，减少 5 单位的面包，因为衣物的单价等于 5 单位面包的价格，即 $\frac{\Delta y}{\Delta x}=\frac{P_x}{P_y}=5$。这样我们得出预算线的斜率 $-\frac{\Delta y}{\Delta x}=-\frac{P_x}{P_y}$。由于两种商品的市场价格是一定的，那么当消费者增加一种商品而放弃另一种商品时的交换比率也是一定的，即预算线的斜率是定值，所以预算约束线是一条由左至右向下倾斜的直线。

我们以数学公式来表示预算约束线，假定以 I 表示消费者的预算，以 X 和 Y 分别表示两种商品的数量，以 P_x 和 P_y 分别表示两种商品的价格，则相应的预算等式为：

$$P_xX+P_yY=I$$

将等式转化为： $Y=-\frac{P_xX}{P_y}+\frac{I}{P_y}$

就可得到预算约束线的斜率为 $-\frac{P_x}{P_y}$。

预算约束线是在收入和价格一定的条件下的消费可能线，但是收入和商品的市场价格是会变化的，所以预算约束线也将发生移动。

首先，假设商品的价格不变，消费者的收入增加。如在前面的例子中，假定衣物和面包的价格仍为 10 元和 2 元，但消费者张三的收入从 30 元增加到 40 元。则消费者用全部的收入可购到 4 单位衣物和 20 单位面包。又由于价格没有变化，斜率不变，那么预算约束线从 AB 平行外移到 A_1B_1，如图 3.11（a）所示。当收入减少至 20 元时，则预算约束线平行向内移动到 A_2B_2。

其次，假设消费者的收入不变，商品的价格变化。假设其他条件不变，商品 X 的价格变化。如上例中，面包的价格从 2 元降至 1 元，全部收入 30 元可得到 30 单位的面包，衣物价格不变，如图 3.11（b）横轴上的点增到 30，纵轴上的点不动，预算约束线从 AB 转至 AB_1；当面包的价格从 2 元上升至 3 元时，只能购买面包 10 单位，预算约束从 AB 转至 AB_2。同理假设其他条件不变，商品 Y 的价格变化时，如图 3.11（c），当衣物的价格从 10 元降至 6 元及升至 15 元时，预算约束从 AB 转至 A_1B 和 A_2B。

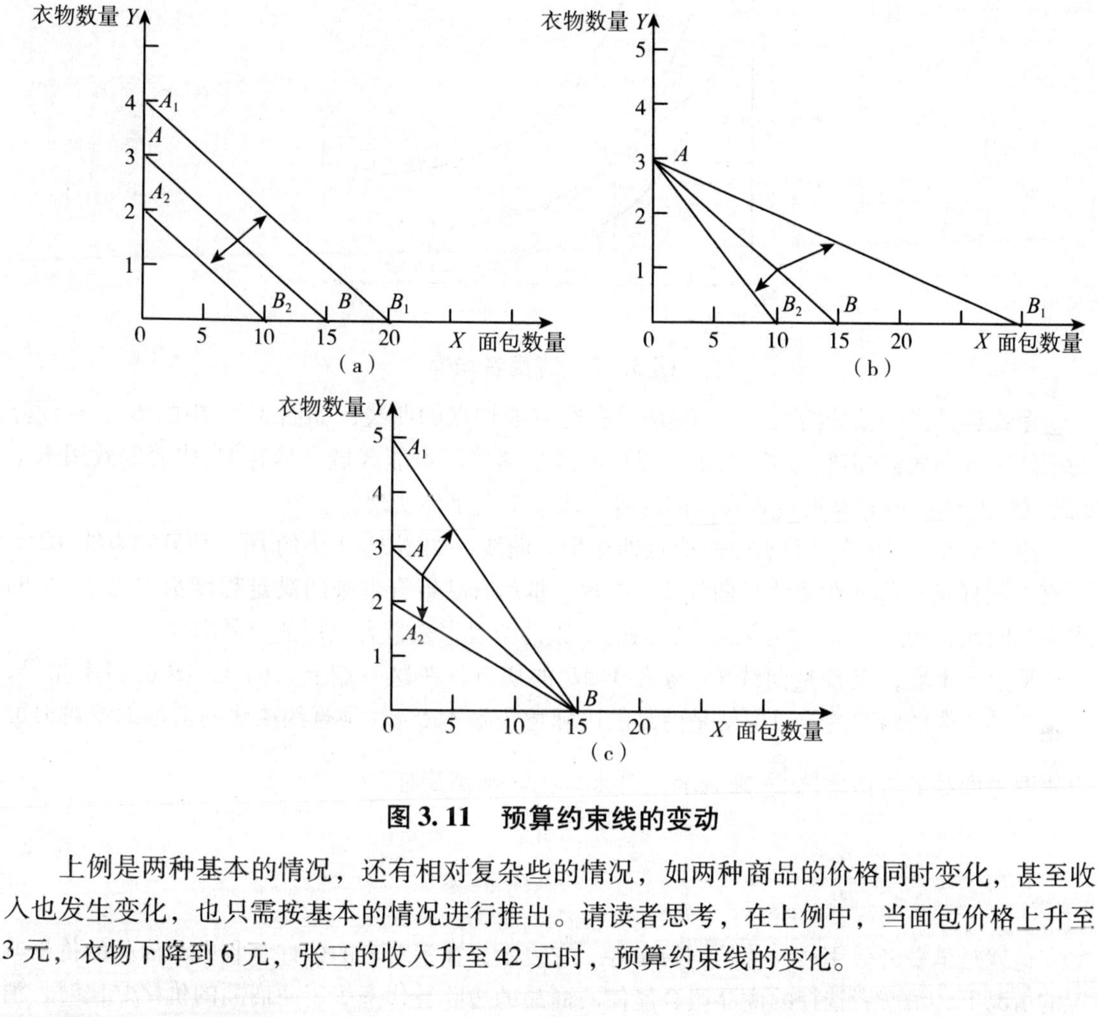

图 3.11　预算约束线的变动

上例是两种基本的情况，还有相对复杂些的情况，如两种商品的价格同时变化，甚至收入也发生变化，也只需按基本的情况进行推出。请读者思考，在上例中，当面包价格上升至 3 元，衣物下降到 6 元，张三的收入升至 42 元时，预算约束线的变化。

五、消费者均衡

在偏好不变的条件下，消费者的无差异曲线的形状是一定的，而在收入和商品价格不变的条件下，消费者的预算约束线也是一定的。把消费者的预算约束线与无差异曲线图结合起来就能决定消费者效用最大化的最优选择。

收入和商品价格不变的情况下，消费者的预算约束线是一定的，消费者的预算可能集合也是一定的，在这个集合中，要实现效用最大化的商品组合只能在预算约束线上。而当偏好一定时，无差异曲线的形状是一定的，即在一个坐标图上根据不同的效用可以布满无数条不相交的无差异曲线。将这些曲线分为三类：

第一类是低于预算约束线，与 AB 有两个交点的曲线，如图 3.12 中的 U_1。这说明消费者的收入可得到无差异曲线 U_1 代表的效用水平，但并没有得到最大效用水平，交点 a 和 b 沿着 AB 向 E 点移动时，经过的任何点的效用水平都高于 a 点和 b 点。

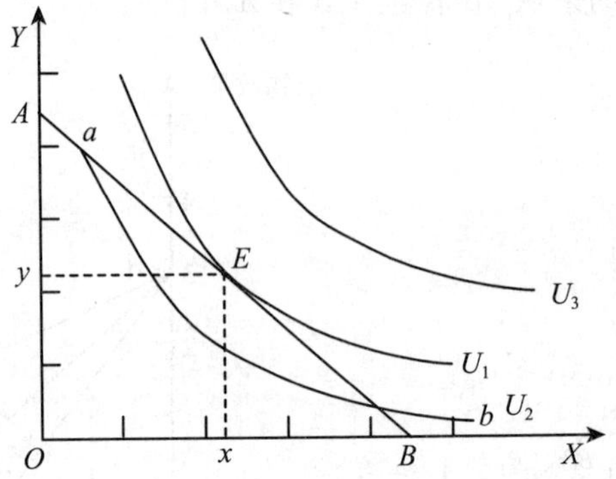

图 3.12 消费者均衡

第二类是高于预算约束线，与 AB 没有交点或切点的曲线，如图 3.12 中的 U_3。从预算约束线一节中我们知道，预算约束线以外的点是消费不可能区域，尽管 U_3 代表的效用水平高于 U_1 和 U_2，但它是消费者在目前的收入水平上所不能实现的。

第三类是与 AB 有且只有一个交点即相切的曲线，如图 3.12 中的 U_1。预算约束线 AB 上偏离 E 的任何点都处在无差异曲线 U_2 之下，即其商品组合带来的满足程度都要低于 U_2 的水平。因此，切点 E 是在收入为一定条件下给消费者带来最大效用的商品组合。

从数学上看，点 E 是曲线 U_2 与直线 AB 的切点，在这一点上，U_2 与 AB 的斜率相等，而无差异曲线的斜率的绝对值就是商品的边际替代率 MRS_{xy}，预算约束线的斜率的绝对值可以用两种商品的价格之比 $\frac{P_x}{P_y}$ 来表示，因此，在均衡点 E 有：

$$MRS_{xy} = \frac{\Delta y}{\Delta x} = \frac{P_x}{P_y}$$

这就是消费者效用最大化的均衡条件。它表示，在消费者的偏好、收入和商品的价格既定的情况下，消费者选择的商品组合能使两商品的边际替代率等于两商品的价格之比时，消费者获得最大效用。

第四节 消费者选择

一、收入与价格变化对消费需求的影响

1. 收入变化对消费者均衡的影响。消费者效用最大化时的均衡点由无差异曲线和预算约束线的切点决定，在前一节中我们已知当其他条件均保持不变、消费者收入变化时，预算约束

线的位置会发生平移，那么与相应的无差异曲线相切的切点也随之移动，将移动的均衡点用平滑曲线连接起来可以得到收入－消费曲线。因此所谓收入－消费曲线是在消费者的偏好及其他商品价格不变的条件下，与消费者不同收入水平相联系的消费者效用最大化的均衡量的轨迹。

如图3.13（a），假定消费者的收入 I 从100元增加到200元，相应的预算约束线从 A_1B_1 平移到 AB，效用最大化的均衡点从与无差异曲线 U_1 相切于 E_1 到与无差异曲线 U 相切于 E。当消费者的收入 I 从200元增加到300元，相应的预算约束线由 AB 平移至 A_2B_2，A_2B_2 会与一条代表较高满足水平的无差异曲线 U_2 相切，形成新的均衡点 E_2，随价格的连续变化可形成一系列新的均衡点 E，E_1，E_2，…。将这些点连接起来就得到一条向右上方倾斜的收入－消费曲线。

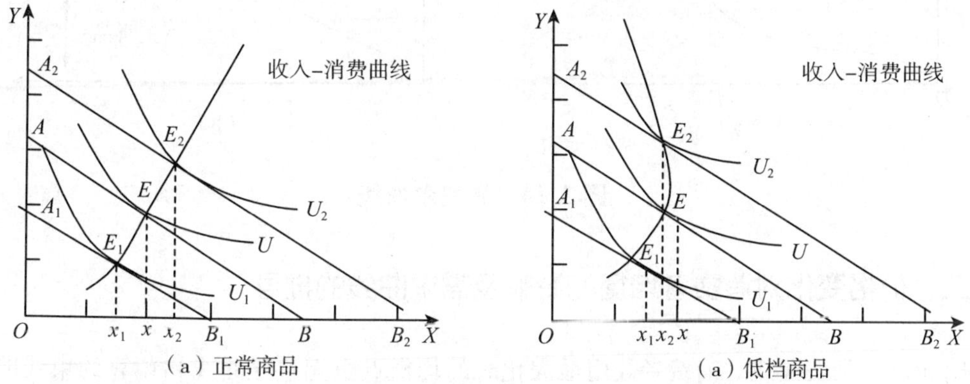

图3.13　收入－消费曲线和消费需求曲线

需要注意的是，在这里我们看到随着收入的增加，消费者购买商品 X 和商品 Y 的数量都有所增加，即消费者对商品 X 和 Y 的需求量都是上升的，这两种商品都是正常商品（Normal Goods）。正常商品是其需求量随收入的增加而增加的物品。但也有一些商品，人们对它的需求因收入增加反而减少，如对某些消费者来说，在收入水平较低时，土豆是正常品，而在收入水平较高时，土豆就有可能成为低档商品。因为当他们变得较富裕时可能会减少对土豆的消费量，而增加其他食物的消费量。如图3.13（b），可以绘出一条向后弯曲的收入消费曲线，它表示随着收入水平的增加，消费者对商品X的需求量开始是增加的，但当收入上升到一定水平之后，消费者对商品X的需求量反而减少了。这就是说，在一定的收入水平上，商品X由正常品变成了低档商品，所谓低档商品（Inferior Good）是指其需求量随收入的增加而下降的物品。

2. 恩格尔曲线。图3.13中的收入－消费曲线上的每一点都是在一定条件下，消费者的不同收入水平上的效用最大化的商品数量的组合，反映了消费者收入水平和商品的需求量之间存在着对应的关系。我们将收入与某种商品数在一个坐标图中更直接地表示出来，如图3.13，I 为收入水平，X 为某种商品的需求量，当收入为 I 时，X 的消费量为 x，确定图中的 E 点；当收入变化为 I_1，I_2 时，对应的 X 的消费量为 x_1，x_2，在图3.13中确定 E_1，E_2，依此类推，就可得出一条表示收入变化和 X 商品消费量变化的曲线，这就是恩格尔曲线，与之相对应的函数关系为 $X=f(i)$。

由于正常商品随收入的上升需求也上升，因此，正常商品的收入－消费曲线和恩格尔曲线是向右上方倾斜的，而当正常商品转变为低档商品时，低档商品随收入的上升需求下降，从而其收入－消费曲线和恩格尔曲线是向左上倾斜的，见图 3.14。

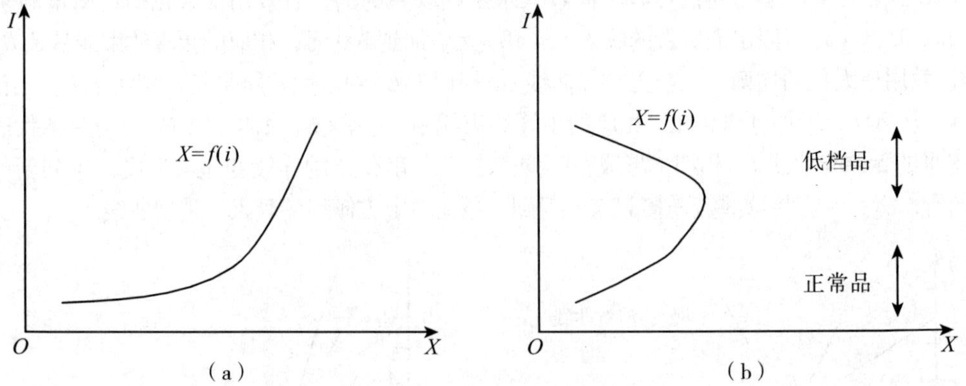

图 3.14 恩格尔曲线

二、价格变化对消费者均衡的影响及需求曲线的推导

1. 价格－消费曲线。消费者效用最大化时的均衡点由无差异曲线和预算约束线的切点决定，在前节中我们已知当其他条件均保持不变，只有一种商品价格变化时，预算约束线会以不变价格为轴绕着点 A 移动，那么与相应的无差异曲线相切的切点也随之移动，将移动的均衡点用平滑曲线连接起来可以得到价格－消费曲线。因此所谓价格－消费曲线是在消费者的偏好、收入以及其他商品价格不变的条件下，与某一种商品的不同价格水平相联系的消费者效用最大化的均衡点的轨迹。

如图 3.15（a），假定商品 X 的价格为 P，相应的预算约束线为 AB，它与无差异曲线 U 相切于效用最大化的均衡点 E。当商品 X 的价格由 P 降至 P_2 时，相应的预算约束线由 AB 移至 AB_2，AB_2 会与一条代表较高满足水平的无差异曲线 U_2 相切，形成新的均衡点 E_2，如果价格再降至 P_1，则相应的预算线移至 AB_1，与代表更高满足水平的无差异曲线 U_1 相切，形成又一个新的均衡点 E_1。因此，随价格的变化可形成一系列新的均衡点 E，E_1，E_2，…。将这些点连接起来就得到了。

2. 消费者的需求曲线。消费者的需求曲线是一种表示消费者的需求与价格变化的曲线。上述的价格－消费曲线图上的每一点表示的是：一种商品不同价格时的最优的商品数量组合，也就是说有价格变化的某种商品的价格总有某种商品的数量相对应，如果将该商品的价格及其相对应的最优数量的关系置于该商品的价格－需求数量的坐标图中就可推出消费者的需求曲线。

从图示来看推导过程，图 3.15（b）中的价格－消费曲线上的三个均衡点 a，b 和 c，每一点都有商品 X 的价格分别为 P，P_1 和 P_2，每一点对应的商品 X 的需求量分别为 x，x_1 和 x_2。把每一个 P 数值与 X 的数值绘在商品 X 的价格－数量坐标图上，就得到消费者的需求曲线 $X=f(P_x)$（见图 3.15）。横轴表示商品 X 的数量 x，纵轴表示商品 X 的价格 P。图中

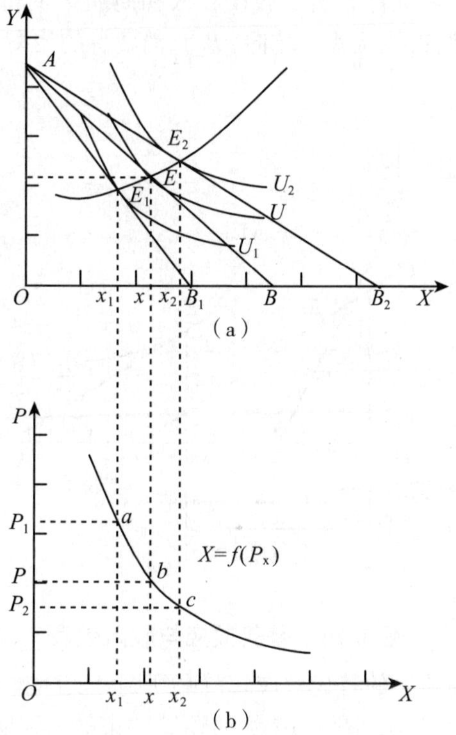

图 3.15　价格－消费曲线和消费需求曲线

的 abc 点分别与图中的价格－消费曲线上的均衡点 E_1，E，E_2 相对应。需求曲线向右下方倾斜，表示商品的价格和需求量呈反方向变化，从推导过程可知，需求曲线上每一价格水平相对应的商品需求量都是可以给消费带来最大效用的均衡数量。

三、替代效应和收入效应

1. 正常商品的替代效应和收入效应。价格变化对预算约束具有双重影响：一是使消费者的实际收入水平发生变化。例如，在张三购买面包和衣物的例子中，30 元的收入不变，面包价格为 2 元不变，而衣物从 10 元降为 5 元，按原价张三购买 10 单位面包或 1 单位衣物，当衣物降价后，张三可购买 10 单位面包和 2 单位衣物。现有的货币收入的购买力增强从而达到更高的效用水平，即实际收入水平提高了。这种由于商品价格变动所引起的实际收入水平变动，从而引起对需求量的变动，称为收入效应。二是使商品的相对价格变化。如在上例中，衣物从 10 元降为 6 元，使得衣物相对于面包而言变得便宜了，会使消费者张三增加对衣物的购买而减少对面包的购买，这里不考虑实际收入水平变动的影响，消费者的效用水平不变。这种由于商品价格变动所引起的商品相对价格的变动，从而引起对需求量的变动，称为替代效应。

可见，一种商品的价格变化会引起需求量的变化，这种变化可分解为收入效应和替代效应两部分，即总效应＝收入效应＋替代效应，将总效应记作 ΔX，将收入效应和替代效应分别记作 ΔX^i 和 ΔX^s，则 $\Delta X = \Delta X^s + \Delta X^i$。

下面将总效应分为两步来进行分析。假设收入和商品 Y 的价格都不变，只是 X 的价格下降，在图 3. 16 中，预算约束线从 AB_1 转向 AB_2，消费者的均衡点从 E_1 点转为 E_2 点，对 X 的需求从 x_1 变为 x_2。

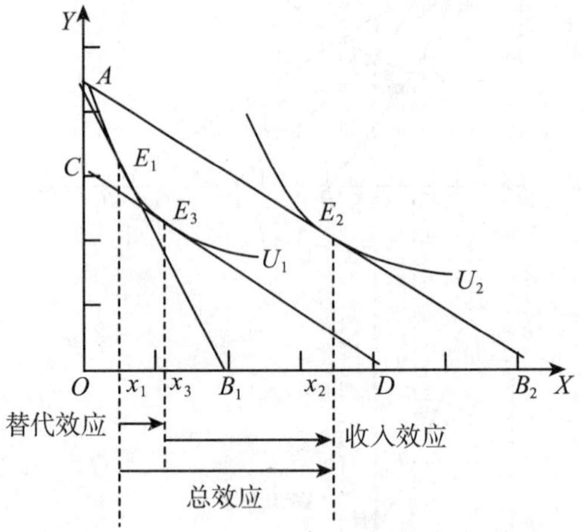

图 3. 16　替代效应与收入效应

先看替代效应，要得到纯粹的替代效应，就必须剔除实际收入水平变化的影响使消费者的实际收入在价格变化前后一样，图 3. 16 中的预算约束线 CD 是价格变化后但实际收入不变的预算约束线，也称为补偿预算线。CD 平行于 AB_2，反映了 X 商品降价后的相对价格，而与无差异曲线 U_1 切于点 E_3，表明消费者的效用水平仍为 U_1。那么从 E_1 到 E_3，需求量的增加量为 x_1x_2 就是剔除了实际收入水平变化影响后的替代效应。价格下降引起需求量增加，x_1x_2 为正值，替代效应与价格呈反方向变动。

再看收入效应，将补偿预算线 CD 平移到 AB_2，相对价格没有变化，而收入上升了，这是由于商品价格下降而带来消费者实际收入的上升。消费者的效用最大化的均衡点就从无差异曲线 U_1 的 E_2 点移动到无差异曲线 U_2 上的 E_2 点，相应的需求量的变化从 x_3 移动到 x_2，x_2x_3 就是收入效应。价格下降提高了实际收入水平，必定引起需求量增加，因此 x_1x_2 为正值，替代效应与价格呈反方向变动。

综上所述，替代效应与价格呈反方向的变动，收入效应也与价格呈反方向的变动，则总效应与价格呈反方向变动。这种情况下得到的需求曲线是向右下方倾斜。

2. 低档商品的替代效应和收入效应。经济学家将商品分为正常商品和低档商品两大类。正常商品指需求量与消费者的收入水平呈同方向变动的商品，即正常商品的需求量随着消费者收入水平的提高而增加，随着消费者收入水平的下降而减少。低档商品指需求量与消费者的收入水平呈反方向变动的商品，即低档商品的需求量随着消费者收入水平的提高而减少，随着消费者收入水平的下降而增加。上面的分析就是对正常商品的替代效应和收入效应的分析。下面用图示来分析低档商品价格下降时的效应。

如图 3. 17，假设商品 X 的价格变化前的消费者效用最大化的均衡点为 E_1，价格下降后消费者的均衡点为 E_2。因此价格下降所引起的商品 X 的需求量的增加量为 x_1x_2，即总效应。运用上节相同的方法，将总效应分解成替代效应和收入效应。如图，价格下降引起商品相对价格的变化，消费者的均衡点从 E_1 到 E_3，相应的需求增加量为 x_1x_3，这是替代效应，为正值。价格下降引起消费者的实际收入水平的变动，消费者的均衡点从 E_3 到 E_2，需求量由 x_3 减少到 x_2，这是收入效应。由于商品 X 是低档商品，当价格下降引起消费者实际收入水平提高，消费者减少对低档商品的需求量，所以收入效应是负值，图中的 E_2 点也就在 E_1 和 E_3 间。商品 X 的价格下降引起的正的替代效应 x_1x_3 和负的收入效应 x_2x_3，两者之和为总效应 x_1x_2。总效应是正值还是负值，要看替代效应与收入效应的作用大小。

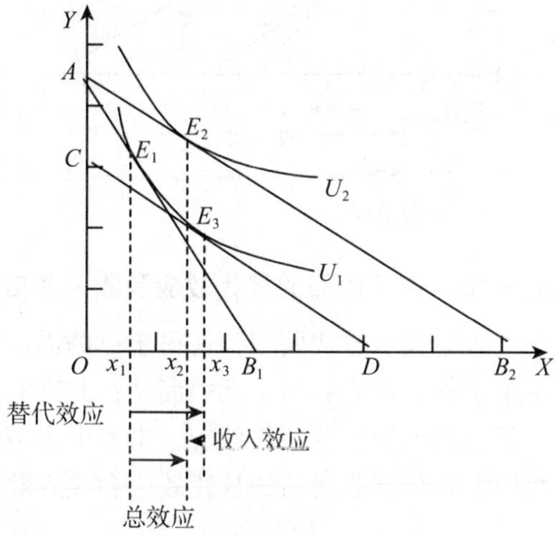

图 3.17　低档商品的替代效应和收入效应

因此，低档商品的替代效应与价格呈反方向变动，收入效应与价格呈同方向变动，一般情况下，收入效应的作用小于替代效应的作用（如图 3.17），所以总效应与价格呈反方向变动，相应的需求曲线向右下方倾斜。

3. 吉芬难题。在低档商品中有一些特殊情况，它的收入效应的作用大于替代效应的作用，于是价格下降时总效应同方向变动，随着下降且为负值，相应的需求曲线并不向右下方倾斜。这种特殊的低档商品就是吉芬商品（Giffen Goods）。

19 世纪英国经济学家罗伯特·吉芬观察到这一特殊现象：当土豆的价格上升时，人们消费更多的土豆。用图示来分析吉芬商品的价格变化时产生的效应，如图 3.18，假设商品 X 是吉芬商品，商品 X 的价格变化前的消费者效用最大化的均衡点为 E_1，价格下降后消费者的均衡点为 E_2。因此价格下降所引起的商品 X 的需求量的减少量为 x_1x_2，即总效应。运用相同的方法，将总效应分解成替代效应和收入效应。如图 3.18，价格下降引起商品相对价格的变化，消费者的均衡点从 E_1 到 E_3，相应的需求增加量为 x_1x_3，这是替代效应，为正值。价格下降引起消费者的实际收入水平的变动，消费者的均衡点从 E_3 到 E_2，需求量由 x_3 减少到 x_1，这是收入效应。由于商品 X 是吉芬商品，所以收入效应是负值，且收入效应的作用大于替代效应的作用，图 3.16 中的 E_2 点也就在 O 点和 E_1 间。商品 X 的价格下降引起了正的替代效应 x_1x_3 和负的收入效应 x_2x_3，两者之和为总效应 x_1x_2。总效应是负值。

这样吉芬难题就可以解释了，土豆是一种低档商品，占当时爱尔兰人收入的很大比例，当土豆价格上升时，贫困家庭的实际收入大幅度下降，人们不得不削减其他高档商品而购买

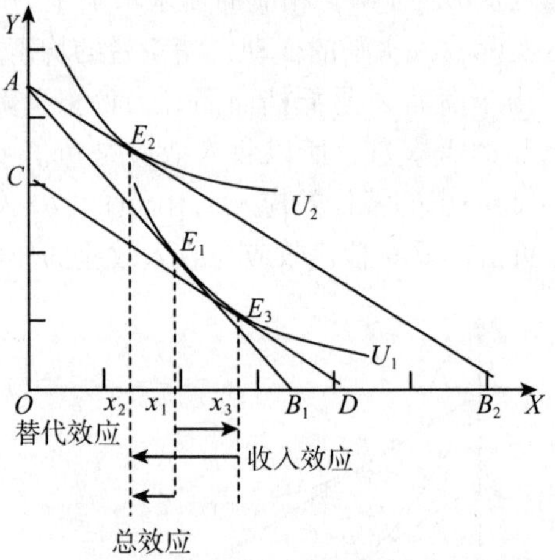

图 3.18 吉芬商品的替代效应和收入效应

大量的土豆，这样形成的收入效应大于替代效用，使得土豆的需求量随着土豆的价格上升而增加。吉芬商品必须具备两个条件，首先必须是低档商品；其次它必须在消费者支出中占很大比重，才能使收入效应大到足以抵销消费替代效应。事实上吉芬商品在现实中很难找到。

表 3.6 将正常商品、低档商品和吉芬商品的替代效应和收入效应列出：

表 3.6 商品价格变化引起的替代效应和收入效应

商品类别	替代效应与价格的关系	收入效应与价格的关系	总效应与价格的关系	需求曲线的形状
正常商品	反向变化	反向变化	反向变化	向右下方倾斜
低档商品		同向变化		
吉芬商品	反向变化	同向变化	同向变化	向右上方倾斜

第五节 跨期选择和不确定条件下的消费行为

前面我们在讨论消费者行为时，基本上是从静态角度考虑的，在现实中，消费者还须从动态角度考虑消费的机会成本（收入）和规避消费风险问题，而跨期选择和不确定条件下的消费行为理论的出现为解决上述问题奠定了基础。

一、跨期选择

消费者不仅可以在同一时期里不同的商品组合中作出选择，而且可以在不同时期的消费中作出选择，如有的人愿意现在储蓄以便将来消费，而有的人愿意现在消费将来的收入。所谓跨期选择是指当消费者经历不同时期的消费选择时，如何把他的消费支出分配到各个时期以使效用达到最大化，而从在不同时期的消费中获得最大满足。

1. 跨期选择的无差异曲线分析。跨期选择同样可以运用无差异曲线进行分析，与前面不同的是，这里不是两种商品的不同组合具有相同的效用，而是两个时期的不同消费支出具有相同的效用。假设只考虑两个时期（如两年）的消费支出，消费者对某种商品（这种商品也可当作一种复合或综合商品）在两个时期中的消费量作出选择，得到一个不变的效用水平，效用函数表示为：

$$U=f(C_1, C_2)$$

U 表示不变的总效用；C_1，C_2 表示第一年和第二年的消费支出量，不同的消费支出量的组合总能得到一样的效用水平，则由函数可绘出跨期选择的无差异曲线。如图 3.19，横轴和纵轴分别为 C_1 和 C_2，点 A 的组合是第一年消费 100 元、第二年消费 400 元，点 B 的组合是第一年消费 300 元、第二年消费 180 元，而 A 和 B 带给消费者的满足程度是相同的。

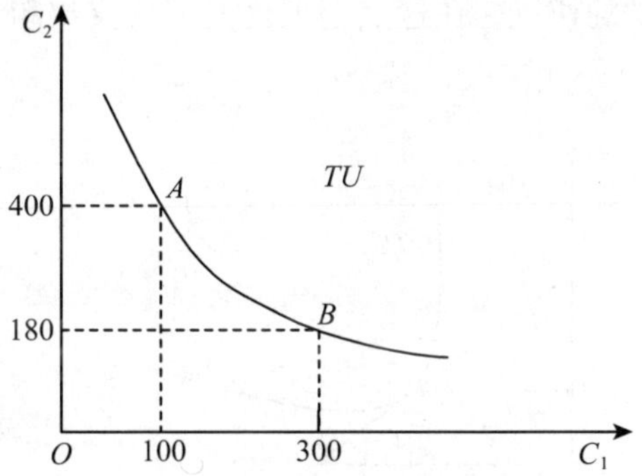

图 3.19　跨期选择的无差异曲线

在正常情况下，消费支出 C_1 的减少必须增加消费支出 C_2，以保持效用不变，反之亦然。因此跨期选择的无差异曲线向右下方倾斜。在现实中可以发现，当相对价格和商品市场价格不变时，消费者往往认为第一年的一笔消费支出比第二年的同额支出能给他带来更大的满足或效用，这就是说，人们对消费在时间上具有某种偏好。在存在偏好的情况下，第一年的消费支出 C_1 减少数 ΔC_1 为 200 元，就需要在第二年消费支出 C_2 有更大的增加数 ΔC_2 为 220 元，即 $\Delta C_1 > \Delta C_2$，这样才能使消费者两年的满足水平保持不变。而消费者往往把重要的消费放在前面，而把次重要的消费放在后面，换句话说，消费支出 C_1 越高，最基本的需要越是能得到满足，因而消费者越愿意推迟消费，从而 C_2 对 C_1 的边际替代率就越低。这样无差异曲线就必须凸向原点。

2. 预算约束线。假设只考虑两年，第一年和第二年的消费支出分别为 C_1，C_2，拥有的收入为 M_1，M_2，每个时期的消费价格恒等于 1，消费者按某个利率 R 借贷货币。当消费者推迟部分消费，即储蓄部分收入，则第二年能消费的数量为

$$C_2 = M_2 + (M_1 - C_1) + R(M_1 - C_1) = M_2 + (1 + R)(M_1 - C_1)$$

当消费者提前部分消费，即借款用于第一年消费，则第二年能消费的数量为

$$C_2 = M_2 + (C_1 - M_1) + R(C_1 - M_1) = M_2 + (1 + R)(M_1 - C_1)$$

可以看出两个表达式是一样的，差别在于 $M_1 - C_1$ 的结果，当结果为正时消费者从他的储蓄中获得利息；当结果为负时消费者支付借款利息。重排以上预算约束式，可得到其他两种有用的形式：即

$$(1 + R)C_1 + C_2 = M_2 + (1 + R)M_1 \qquad \text{（用未来值表示消费预算约束）}$$

$$C_1 + \frac{C_2}{1 + R} = M_1 + \frac{M_2}{1 + R} \qquad \text{（用现值表示消费预算约束）}$$

从以上方程可得到预算约束的形式，预算约束线经过（M_1，M_2），因为它始终是一种支付得起的消费形式，预算约束线的斜率是 $-(1+R)$。

3. 消费支出在不同时期的最优选择。在利率和收入约束下，如果消费者从各期消费支出中不能通过再分配获得更多的满足或效用，则达到均衡状态，实现消费支出在不同时期的最优选择。这种最优选择的条件是跨期预算约束线与无差异曲线相切。如图 3.20，E 点是预算线 AB 和无差异曲线 U 的切点，在这点上最优的消费支出组合是第一年为 ON，第二年为 OM。

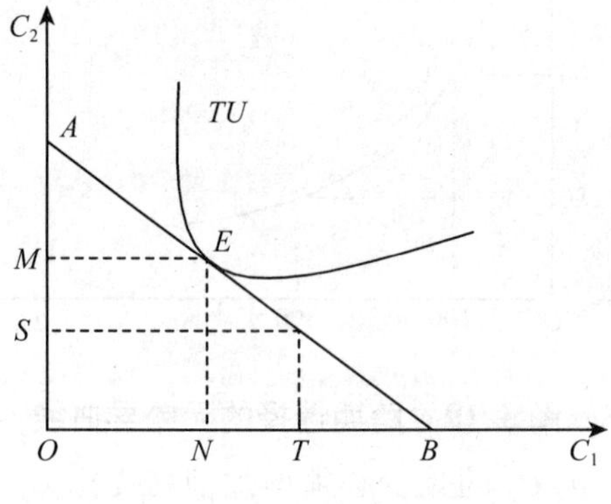

图 3.20　消费支出在不同时期的最优选择

一个理性的消费者选择超前还是推迟消费，就看他如何估计未来值与现值的关系，认为把未来值折算为现值消费更合算就选择超前消费，认为把现值折算为未来值消费更合算就选择推迟消费，而影响他估算的两个关键因素是利率和通货膨胀率的变动趋势。

二、不确定条件下的消费者行为

1. 不确定性。消费者往往根据商品的市场价格与收入来安排消费支出，消费预算线就是在已知这两个条件下确定的，而在现实经济生活中却存在着各种不确定因素。所谓不确定性是指消费者在事先不能准确地知道自己的某种决策的结果，或者决策的可能结果不止一种。如人们在购买电脑时，其配件可能会有不符合要求的而需要退货，而购买后能否得到销售商承诺的服务也是未知的，当然对于这些不确定的情况，人们会根据退货的可能和得到良好服务的可能即某些概率来决定是否购买及在哪里购买。那么，在消费者知道自己的某种行

为决策的各种可能的结果及其发生的概率时，则称这种不确定的情况为风险。下面以彩票为例来分析消费者在不确定情况下面临风险的行为决策。

假设某消费者持有100元，正考虑购买某种彩票，这种彩票的成本为5元。消费者有两种决策可选择：一是选择不购买彩票，那么他总可以持有100元，避免购买彩票所可能遭受的损失，但也失去了购买彩票所可能得到的更多财富；二是选择购买彩票，如果消费者中彩，得到200元的奖金，就会有295元；如不中彩，消费者就损失5元，他就只有95元。

购买彩票的两种可能结果不会同时发生，第一种结果使消费拥有货币量 W_1（295元）；第二种结果使消费者拥有货币量 W_2（95元）。第一种结果发生的概率为 p（如假设为2.5%），$0<p<1$，第二种结果发生的概率则为 $1-p$，则这张彩票表示为：$L=[p,(1-p);W_1,W_2]$，也可简化为 $L=[p;W_1,W_2]$。

2. 预期效用。在不确定条件下消费行为追求的目标也和确定条件下一样是为了得到最大的效用，此时的效用函数不仅取决于消费水平，而且取决于它们的概率，消费者的最优决策在事先作出，因他不知道事实上会发生哪种结果，所以只能最大化预期效用。对彩票 $L=[p;W_1,W_2]$ 的预期效用函数为：

$$E\{U[L]\}=pU(W_1)+(1-p)U(W_2)$$

式中，p 和 $1-p$ 分别为 W_1 和 W_2 发生的概率。所谓预期效用就是消费者在不确定条件下可能得到的各种结果的效用的加权平均数。

已知 W_1 和 W_2 在彩票的例子中表示消费者拥有的货币量，则彩票 $L=[p;W_1,W_2]$ 的预期值为：

$$pW_1+(1-p)W_2=2.5\%\times 295+97.5\%\times 95=100$$

这就是说，彩票的预期值是不同结果下的消费所拥有的货币量的加权平均数。则彩票预期值的效用为：

$$U[pW_1+(1-p)W_2]=U(100)$$

3. 消费者的风险态度。消费者对于风险的态度指对风险的偏好，有的人害怕风险，而有的人喜欢冒险。对于同一个具有不确定结果的事物，每个消费者对待风险的态度是不同的，而不同的风险态度影响着消费者在不确定情况下的行为决策。我们根据消费者对风险的不同偏好将其风险的态度分为：厌恶风险者、喜爱风险者和风险中性者。当消费者认为在无风险条件下持有一笔确定的货币量带来的满足大于在风险条件下的预期带来的满足时，则是厌恶风险者；当消费者认为在无风险条件下持有一笔确定的货币量带来的满足小于在风险条件下的预期带来的满足，则是喜爱风险者；消费者认为在无风险条件下持有一笔确定的货币量带来的满足等于在风险条件下的预期带来的满足，则是风险中性者。

将以上彩票的例子用图示表示来看这三种情况。如图3.21（a），消费者的效用曲线 $U(W)$，消费者在无风险条件下持有确定的货币量的效用是 U（100）在点 A，而拥有一张具有风险的彩票的预期效用为 $2.5\%U(295)+97.5\%U(95)$ 在点 B，在图中购买彩票的预期效用小于彩票预期值的效用，即 $2.5\%U(295)+97.5\%U(95)<U(100)$。在这种情况下，这个消费者是厌恶风险者，他更偏好彩票的预期值而不是面临彩票本身，这也是大多数消费者

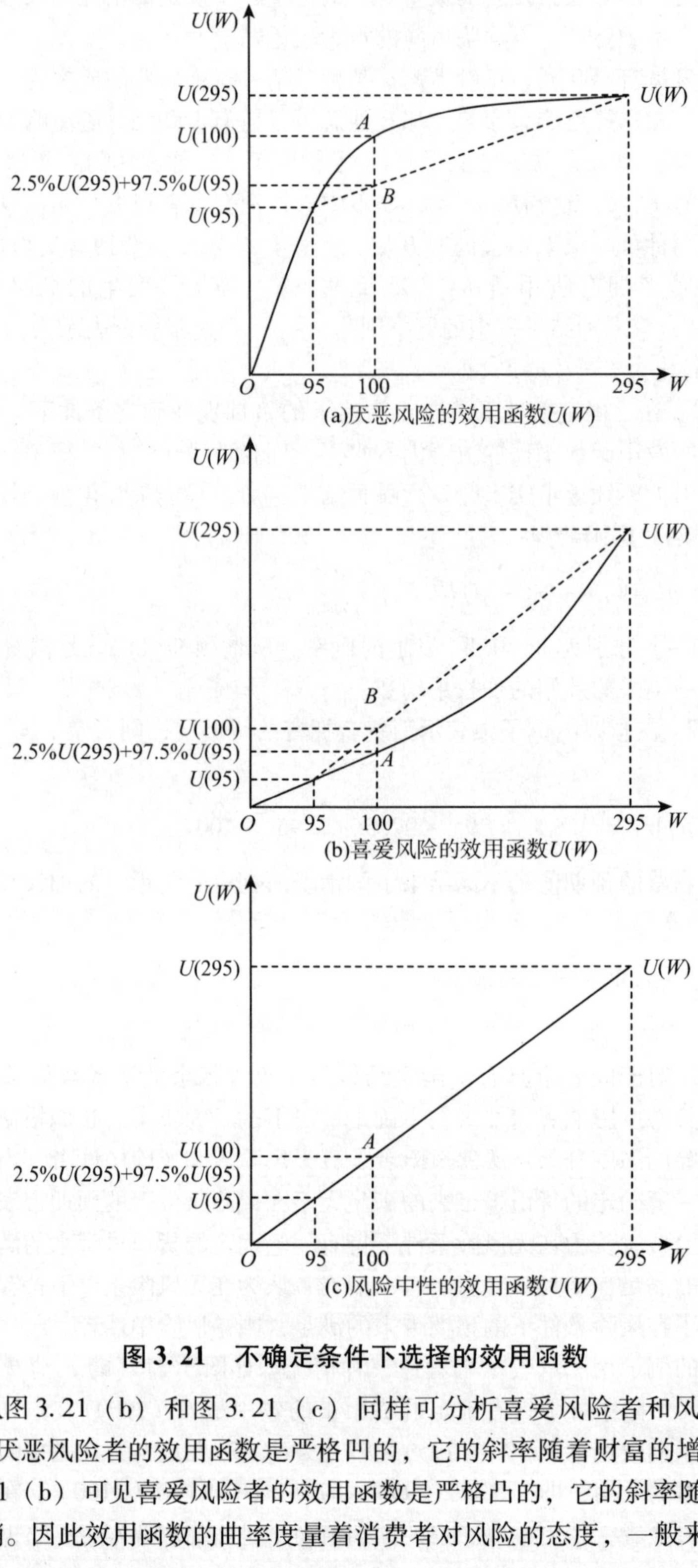

图 3. 21　不确定条件下选择的效用函数

的风险态度。从图 3. 21（b）和图 3. 21（c）同样可分析喜爱风险者和风险中性者。如图 3. 21（a）可见厌恶风险者的效用函数是严格凹的，它的斜率随着财富的增加而变得越来越平坦；如图 3. 21（b）可见喜爱风险者的效用函数是严格凸的，它的斜率随着财富的增加而变得越来越陡峭。因此效用函数的曲率度量着消费者对风险的态度，一般来说，效用函数越凹，消费者就越是想避免风险，效用函越凸，消费就越是爱好风险。如图 3.21（c）可见风险中性者的效用函数是线性的，彩票的预期效用恰好是它的预期值。

4. 避免风险。在生活中存在大量不确定的事情，人们消费，进行投资甚至任何经济活动中都可能面临风险条件下的选择，大多数消费者都是厌恶风险者，如何减少风险是一个很重要的问题。常用的降低风险的方法有：资产多样化，风险分散（保险和股票），获取更多的决策信息。

（1）资产多样化。资产多样化指消费者在对资产进行安排时，可以把资产分散到多种投资上，以减少风险。假设某人准备投资，可以经营雨衣或太阳帽，也可以各投资一半。如果他单独经营雨衣，那么在雨天将获得收入 100 元，在晴天将获得收入 20 元；如果他单独经营太阳帽，那么在雨天将获得收入 20 元，在晴天将获得收入 100 元。由于未来的不确定，只经营一种产品是具有风险的。但如果他能够各投资一半，则不管雨天还是晴天都可得到 60 元。即在雨天将获得雨衣的收入 50 元，太阳帽的收入 10 元；在晴天将获得太阳帽的收入 50 元，雨衣的收入 10 元。这样通过资产的多样化投资，减少了风险。

事实上在现实生活中，这样增减明显的配对资产是很难找到的，多样化的问题会复杂得多。只要将资产多样化地安排到相关性较小的投资上都可以减少一部分风险。

（2）购买保险。在消费者面临风险的情况下，厌恶风险者可以通过放弃一部分收入去购买保险来减少风险。如果支付的保险金额刚好等于财产的预期损失，消费者就会购买保险，使得在遭受任何可能的损失时得到全部的补偿。

假定消费者拥有房子的价值 $W=10$，可能遭受意外事件如火灾使财产损失 L，意外事件发生的概率为 p，消费者购买保险的支出为 S。则消费者面临风险时的财产预期值为：

$$p(W-L)+(1-p)W$$

根据消费者支付的保险金额等于财产的预期损失，可得：$S=pL+(1-p)\times 0$

由以上两式可得 $W-S=p(W-L)+(1-p)W$，从式中可知消费者投保以后所拥有的稳定财产量 $W-S$ 等于风险条件下的财产预期值 $p(W-L)+(1-p)W$。对于风险回避者来说确定的财产预期值的效用水平，肯定会大于风险条件下的财产预期效用，因此消费者愿意购买保险。

（3）获得更多的信息。不确定性是指消费者在事先不能准确知道自己某项决策的结果，也就是说由于信息不完全而产生风险，如果消费者在作出决策时能掌握更多更确切的信息，就可以降低风险。完全信息的价值等于消费者在完全信息条件下决策的所得预期值和信息不完全条件下决策的所得预期值之间的差额。

案例 1　苹果与阿尔钦—艾伦定理

在美国华盛顿州，有人注意到质优味美的华盛顿苹果都被运往别处。这与常识相矛盾。难道质量最优的苹果在它们的产地找不到吗？

对美味苹果的讨论引出一个问题，也就是众所周知的“阿尔钦—艾伦定理”。根据阿尔钦和艾伦所述，当相同的附加成本被加在两个相似的商品价格上时，其结果是人们会增加对优质商品的相对消费量。因此，优质商品很可能被出口。

这种阿尔钦—艾伦定理在很多市场上都能看到。比如加利福尼亚的橘子和葡萄、意大利的皮革制品、法国的葡萄酒、得克萨斯的牛肉、哥伦比亚的咖啡、爱达荷的土豆、夏威夷的凤梨、佛罗里达的橘子以及华盛顿的苹果都有这类情况。阿尔钦和艾伦对这一问题作了进一步扩展：为什么亚洲人从美国进口高价汽车比低价的多呢？为什么国际贸易中交易的多是奢侈品呢？为什么年轻父母看昂贵的演出而不看电影的次数要比没有孩子的年轻夫妇多呢？为什么对“次等货”的消费多发生在产地附近而不是远离产地呢？

这个问题是阿尔钦和艾伦在回答一位消费者写给《西雅图时报》的信件时提及的。那位愤怒的消费者抱怨说在当地水果店里买不到优质苹果，他写道“为什么当地市场上的华盛顿苹果又小又难看呢？最近，几个采摘苹果的朋友带来了一些他们刚摘的苹果，这些苹果至少是那些能在当地市场买到的苹果的4倍大。这些美味大苹果都到哪儿去了呢？它们被运往欧洲或中东地区了吗？在西雅图这里能买得到吗？”信件最后的署名为“M. W. P.”。

分析：

这是价格对需求影响的一个例子。这个现象很容易得到解释，例如，我们假定在当地买一个优质苹果要花10分钱，而次等苹果需要5分钱，那么，吃一个优质苹果的花费与吃两个次苹果的花费相等，我们可以说一个优质苹果“值”两个次等苹果，两个优质苹果值四个次等苹果。假定将一个苹果运到中东的成本是5分钱，那么在中东，一个优质苹果就值15分钱，而次等苹果值10分钱。现在吃两个优质苹果的花费就等于吃三个而不是四个次等苹果。尽管优质苹果和次等苹果的价格都提高了，但相对而言，优质苹果变得便宜了，因此，中东地区对优质苹果的消费比例比这里高，大量的优质苹果便流向了中东地区。这不是在耍什么花招，只不过是需求规律在起作用。

当相同的附加成本被加在两个相似的商品价格上时，就会改变优质商品与次等商品之间的相对价格，优质商品的价格相对于次等商品的价格下降，从而产生了替代效应，最终使人们增加了对优质商品的相对消费量。

资料来源：［美］马克·斯考森、肯那·泰勒：《经济学的困惑与悖论》，华夏出版社2001年版，第103～105页。

案例2　水价上涨导致的变化

北京市居民生活用水价格自2004年8月1日起由从每立方米2.90元调整为3.70元。北京市社情民意调查网围绕水价调整、市民日常生活用水习惯、节水意识等问题对18个区县的2022位市民进行了电话调查。调查结果显示，居民生活用水价格调整后，居民家庭月均用水量6.6吨，与水价调整期间相比，降低了0.5吨。市民节水意识提高，市民采用“一水多用”的比例增加了3.6个百分点。

分析：

这是商品价格对消费者需求影响的另一个现象。当水的价格上升后，市民对水的需求减少。可以从调查中看出，市民采用节水措施的比例逐步提高。调查显示，市民在生活中普遍采取了各种节水设施，65.9%的市民在家中安装了节水龙头，比上期调查时的安装率高出2个百分点；市民中使用节水马桶的比例占44.2%，比上期调查时的使用率高出5个百分点。调查还表明，此次水价调整对高收入人群的变化并不明显。因此，水价调整后应加大居民节约用水、科学用水的宣传力度，才能达到提高全民节水意识的目的。

水价上涨，使一些商家从中看到了无限的商机，在某建材商场记者看到某品牌打出"省水、省心、省钱"的广告。销售人员告诉记者，以节水为卖点的广告效果非常明显。

据业内人士透露，节水型器具的价格往往要比普通不节水型器具价格高出20%～40%，但消费者仍然愿意为节水型器具买单。

资料来源：中国信息报，2005－01－06，见 http：//www.zgxxb.com.cn.

[关键概念]

效用　边际效用　总效用　消费者剩余　无差异曲线　边际替代率　边际替代率递减规律　替代效应　收入效应　跨期选择　不确定性

[复习题]

1. 边际效用曲线为什么向右下方倾斜？

2. 根据自己的偏好假设某一个时间，如周末或考试前一晚等，用于读书和娱乐两种方式的效用值。试用消费者最优选择的分析方法分析时间的合理安排。

3. 无差异曲线的特点有哪些？

4. 一消费者某月的消费位于他的预算线和一条无差异曲线的一个交点，问是否达到消费者均衡？你认为应如何调整才能达到均衡？

5. 用图形推导消费者需求曲线的形成。

6. 试分析吉芬商品的替代效应和收入效应。

7. 试用图形来说明消费支出在不同时期的最优选择。

8. 举例分析消费者的不同风险态度对其行为决策的影响。

9. 在不确定条件下可采取哪些方式以减少风险？

[补充阅读材料]

1. ［美］保罗·萨缪尔森，威廉·诺德豪斯著（Paul A. Samuelson，William D. Nordhaus）：《微观经济学》，萧琛主译，人民邮电出版社2004年版。

2. ［美］平狄克，鲁宾费尔德著（Robert S. Pindyck，Daniel L. Rubinfeld）：《微观经济学》，张军等译，中国人民大学出版社2000年版。

3. ［美］曼斯费尔德编：《微观经济学》，黄险峰等译，中国人民大学出版社2001年版。

4. [美] 曼昆著（Mankiw, N. Gregory）:《经济学原理. 微观经济学分册》, 梁小民译, 北京大学出版社 2006 年版。

5. [美] 约瑟夫 · E. 斯蒂格利茨, 卡尔 · E. 沃尔什著（Joseph E. Stiglitz, Carl E. Walsh）:《经济学》, 黄险峰, 张帆译, 中国人民大学出版社 2005 年版。

6. 高鸿业编:《西方经济学: 微观部分》, 中国人民大学出版社 2002 年版。

第四章

生产者行为理论

【学习目的和要求】

本章学习的目的是理解在供给曲线后面的生产者行为。通过对本章的学习，需要掌握以下几个要点：了解企业的定义、目标、组织形式及与市场的关系；理解生产函数的定义及分类，掌握总产量、平均产量和边际产量之间的基本关系；掌握边际报酬递减规律，懂得区分企业的短期生产和长期生产；熟悉等产量线、等成本线、生产的经济区域等相关概念，掌握边际技术替代率递减规律；理解给定成本的产量最大化和给定产量的成本最小化这两种条件下，企业最优要素投入的组合情况；理解规模报酬的定义、变动的类型和原因及其与边际报酬的区别，掌握适度规模的概念。

【内容提要】

1. 企业又称厂商，是指以盈利为目的，把各种生产要素组织起来，经过转换，为消费者或其他企业提供产品或劳务的独立经济实体。市场与企业是两种可相互替代的资源配置方式。生产函数是在一定的生产技术条件下，生产要素的投入量与产品的最大产出量之间的物质数量关系的函数式。

2. 边际报酬递减规律是短期生产的一条基本规律，它是指在技术水平一定的条件下，只有一种生产要素的投入量连续增加，而其他要素投入量保持不变，那么，当这种要素投入量增加到一定程度以后，若再继续增加该要素的投入，该要素的边际实物产量会逐渐减少。按照各种成本关系的变动，生产可以分为三个阶段，理性的生产者将生产放在第二阶段进行。

3. 等产量线是表示两种生产要素的不同数量的组合可以带来相等产量的一条曲线；边际技术替代率是指在维持产量水平不变的条件下，增加一单位某种生产要素投入量时所减少的另一种要素的投入数量；在两种生产要素相互替代的过程中，在维持产量不变的前提下，当一种生产要素的投入量不断增加时，每一单位的这种生产要素所能替代的另一种生产要素的数量是递减的。这一现象被称为边际技术替代率递减规律。如果一个厂商要实现利润最大化，必须使生产既定产量的成本最小，或者用既定的成本生产出最大的产量。

4. 规模报酬是指在技术水平和要素价格不变的条件下，当厂商所有投入要素都按同一比例变动时，产出变动的状况；适度规模就是使两种生产要素的增加，即生产规模的扩大正好使收益递增达到最大。

前面重点研究了消费者的行为，从而为解决企业生产什么及生产多少的问题提供了客观依据。如果市场的需求是已知的，且在一定时期内是相对稳定的，那么企业应如何面对既定的市场需求去合理地组织生产以实现最优生产效率呢？本章拟从分析企业生产经营活动的目标及生产函数的基本性质入手，重点探讨和研究单一可变投入要素的生产函数、多种可变投入要素的生产函数及其一般性规律，从实物形态上研究企业生产过程中投入和产出之间的物质技术关系，进而考察和揭示决定市场供给的生产者行为。

第一节 企业及其经济问题

一、企业的定义及其组织形式

生产由企业进行，企业（Firm）又称厂商，是指以盈利为目的，把各种生产要素组织起来，经过转换，为消费者或其他企业提供产品或劳务的独立经济实体。

企业的组织形式主要有：独资企业、合伙企业与公司制企业等三种形式。

独资企业，又叫业主企业，是一种个人出资、个人所有、个人经营、个人承担经营风险、个人享有全部经营剩余的一种企业形式。

合伙企业，是由两个或两个以上的自然人共同投资、共同经营管理、共负经营盈亏的一种企业形式。从产权结构看，这两种企业组织形式属于自然人企业，其特点是：（1）所有权和经营权合一，所有者即经营者；（2）企业经营的剩余索取权属于企业主；（3）企业和出资者是一个法律主体，两者不可分割，企业的经营资产和出资的自然人的全部财产是连在一起的，出资者即企业主，必须对企业的债务承担连带无限清偿的责任。

以上两种形式的企业合称为古典企业。这种集所有权、经营权、收益权和经营风险于同一自然人的企业组织是在欧洲封建制度解体的过程中形成和发展起来的，这时土地和劳动力的个人占有具有决定性的作用。其历史意义在于它塑造了近代意义上的产权主体，明确划分了不同主体之间的产权边界，这正是价格制度和市场机制得以发育和发展的制度保证。

古典企业组织特有的产权制度曾是西方市场经济形成的主要动因，但它本身并非是完美无缺的，更不是永世长存的。在西方市场经济的发展过程中，这种企业组织表现出了其融资能力的有限性，限制了企业资本实力的发展。同时，所有者即经营者的模式也不利于企业家队伍的发展和壮大，给那些具有企业经营素质和技能的人带来了不可逾越的进入企业经营者行列的鸿沟，从而也进一步限制了企业的成长。古典企业组织的这些局限，决定了它在市场经济和企业规模的扩展中必然被更先进的企业组织所取代。

现代企业是公司法人企业。所谓法人指的是拥有独立经营的法人财产，能独立享有民事权利并承担民事义务的组织，它是与自然人相对而言的另一种民事主体。现代企业的两种主要形式是有限责任公司和股份有限公司。有限责任公司指的是不通过发行股票，而由为数不多的股东集资组成的公司，一般由两个以上的股东共同出资组成。其资本无须划分为等额的股份，也不发行股票，股东确定出资金额并交付后，由公司出具股权证明，作为股东在公司中应享有权益的凭证。但这种股权证明不能自由买卖，股东出让股权时需征得全体股东或大部分股东同意，并且老股东有优先购买权。这种现代企业组织在中小型企业中较多。股份有限公司是最典型的现代企业，它是把企业的全部资本划分为等额的股份，公开发行股票，且股票可以自由转让的公司。由于公司公开向公众发行股票，因此公司必须定期向公众公开披露财务状况。这种现代企业可以大规模地向社会筹集资金，使某些需要大量资本的企业在短期内得以成立，因此它在大型企业中较多见。

作为现代企业基本组织形式的有限责任公司和股份有限公司，都是以企业（公司）的法人财产权完全独立为基础的，从产权结构上看，它有以下特征：（1）产权关系明确，出资者和经营者的权利和义务都通过公司法有明确的界定；（2）出资者的终极所有权和企业的法人财产权，企业的所有权和企业的经营控制权是分离的，与这种分离相伴随的是出资者对企业的负债承担有限责任；（3）所有权和经营权在法人基础上相对统一，保证企业决策的独立、连续和完整；（4）在法人产权的基础上组成一个股东会、董事会、监事会和经理人纵向授权、合理分工、相互制约和激励的法人治理结构。

二、企业与市场

企业是指为购买或雇用生产要素并将之组织起来生产和销售物品与劳务的独立经济实体。根据这个定义，企业实际上是在协调千百万人的经济活动。但是，企业并不是唯一的协调经济活动的机构，还可以通过市场来协调。市场是一种协调买者和卖者关系的机制。我们每个人都可以在各类市场上购买投入品与劳务，并组织用于消费的物品与劳务的生产。因而实际上存在着两种协调经济活动的方式：企业协调和市场协调。

企业协调就是企业作为一个行为主体，它的内部不存在交易，由企业所有者组织协调各种活动来进行生产，然后与其他个人和企业在市场上发生经济关系。市场协调就是由个人直接通过市场来调节各种活动进行生产。下面的例子说明了什么是市场协调，什么是企业协调。

假如你的电视机坏了要修理，企业协调就是你把电视机送到修理厂，待修理好了以后，付款取物就完事了。至于修电视机所需的零部件、工具、技术工人全部由修理厂的所有者来支配与协调，修理厂的工作人员按所有者的命令进行工作，修理电视机过程中的一切活动都在企业内部协调完成，而无须任何交易。市场协调就是你自己到市场上雇用技工，购买配件、租用工具，然后进行修理，这时，修车的过程全部通过市场交易来完成，因而修车的过程也就是市场交易的过程。

那么，应该采用哪种方式进行协调呢？这取决于不同协调方式的成本，即采用经济上有效率的方式进行协调。当企业协调更有效率时，就会产生企业协调方式的潜在冲动，就会有人建立企业。当市场协调经济活动更有效率时，就用市场协调经济活动。

一般来说，市场是协调经济活动最有效的方式，那么，为什么还会有企业呢？或者说，为什么在有些情况下，企业比市场更有效率呢？经济学家从交易费用（成本）、规模经济和小队生产三方面论述了其理由。

从交易费用的角度研究企业制度始自罗纳德·H·科斯（Ronald H. Coase）1937 年发表的经典论文《企业的性质》。在科斯以前的经济学研究中，由于假定市场的运行是无摩擦的资源配置过程，故而对企业之所以存在的一种较好的解释是，由于有劳动分工，所以才出现企业。而科斯认为市场与企业是两种可相互替代的资源配置方式，只不过市场的配置是通过价格机制实现的，而企业的配置是通过权威关系完成的。科斯抛弃了价格机制（市场）是零成本的假设，将交易费用概念引入经济分析当中，提出企业之所以存在是因为市场运行具有交易费用，所谓交易费用就是运用价格机制的成本，即人们获取价格信息及签订和履行契约的成本。当市场交易成本大于企业组织成本时，资源配置就会以企业这种经济组织来进行。

正是由于市场的运行是有成本的，故通过创建企业并允许某个权威来支配资源，可以将交易内部化，以一个长期契约替代一系列短期契约，减少契约数量，简化契约调整过程，节约交易费用。科斯还指出企业的运转也是有组织成本的，当企业规模持续扩大时，管理的边际收益递减、要素供给价格上升等因素使得组织的交易费用增加，进而限制了企业的扩张边界。科斯在比较、权衡市场和企业两种交易费用的基础上，认为企业规模的界限应该定在其运行范围扩展到企业内部组织附加的交易费用等于通过市场或在其他企业中进行同样交易的费用的那一点上为止。

规模经济是企业存在的另一个理由。当随着产量的增加生产每单位的成本降低时就存在规模经济。在许多行业中存在规模经济，有规模经济的一般都是一个大的组织，这个大的组织内部是企业协调而不是市场协调。这样，规模经济也要求有企业这种形式。

小队生产是企业存在的又一个理由。企业产生于小队生产的经济思想最早由美国经济学家阿蒙·阿尔钦（Armen Alchian）和哈罗德·德姆塞茨（Harold Demstz）提出。小队生产是指在生产过程中个人属于一个小组织，其中每个人专门从事相关联的工作。小队生产可以创造一种合作剩余。例如，汽车生产线或电视机生产线。在某种产品的各生产环节上，每个小队专门从事某项任务时，效率更高。通常，可以把整个工厂设想为一个小队。这里有原料和其他投入品购买者，生产工人和销售者，甚至还有专家。小队的每个成员都有分工，但小队的产量和利润取决于所有小队成员协调的活动。

由于企业可以节省交易成本，获得规模经济效益，并组织有效的小队生产，所以，协调大部分经济活动的不是市场，而是企业。但是，企业效率并不是无限的。当企业变得十分庞大，组织结构过于复杂，每单位产品的管理成本与监督费用就会增加，规模经济就会变成规模不经济，这时市场协调就比企业协调更有效。

三、企业的目标

企业的行为取决于其目标。在现实中，企业可能有各种目标，但是，如同消费者行为理论中假定一个理性消费者是以效用最大化为目标一样，在分析企业行为时，从企业在社会经济活动中所起的作用和承担的经济责任出发，微观经济学假定厂商是以利润最大化为目标的。利润最大化（Profit Maximum）就是要获得最大可能的利润。它是稀缺性的直接结果，是为了使稀缺资源得到最好的使用。所以，使稀缺资源得到最好使用与追求利润最大化是同一件事。

在现实中，企业可能还有其他目标，如销售量最大化、为社会谋福利等。但利润最大化仍不失为一个合理的假设。就绝大多数企业而言，利润最大化是基本目标。因此，利润最大化目标符合现实。

以利润最大化作为追求目标，有利于企业实现资源的有效配置。所谓资源的有效配置，也就是在产量既定的条件下实现成本尽可能地小，或在成本既定的条件下达到产量尽可能地大。企业把利润最大化作为追求目标，其直接结果能够达到微观层次上的资源有效配置，进而也给宏观层次上的资源的有效利用提供了基础条件。从这点上讲，利润最大化是企业的理性行为。

但是，企业利润最大化的行为要受到两种限制：市场限制与技术限制。市场限制是企业购买投入品与出售产品的限制。出售产品条件中的限制，是指人们对每种物品与劳务需求的有限性，即只有在价格低时，人们才会增加购买。这种需求有限性限制了企业出售产品和劳务的数量。投入品购买限制，是指人们拥有并能够提供的生产要素是有限的，只有在价格高时，人们才愿意提供更多的生产要素。许多企业，甚至是大型企业，都在生产要素市场上与其他企业竞争，除了按与其他企业相同的价格购买投入品之外，别无他法。只是在某些特殊情况下，企业才有可能通过自己的行动来控制生产要素的市场价格。

企业必须面临的另一种限制是技术限制。企业用投入品来生产产品，任何一种可行的、把投入变为产出的方法就是一种技术。各种不同的技术之间的差别在于使用的劳动与资本数量的不同。拥有较多资本和较少劳动的技术是资本密集型技术。用较多劳动与较少资本的技术是劳动密集型技术。为了实现利润最大化，企业要选择技术上有效率的生产方法。技术上有效率并不一定要用最先进或最复杂的设备。哪一种技术有效率取决于很多具体因素，或者环境条件，在某种情况下这种技术是有效率的，但条件一旦改变，有效率的技术可能变成了无效率的技术。

第二节　生产函数

经济学中讲的生产，意指通过利用各种生产要素创造出通过市场进行交易的产品和劳务的经济活动。生产过程的一端是生产要素的投入，另一端是产品或劳务的产出。

一、生产的投入要素与产出

生产的投入要素简称为投入，指的是生产过程中企业使用的一切生产要素。例如，钢铁企业在生产中使用的厂房建筑物、高炉等冶炼设备、铁矿石等原材料、人力等。根据投入要素在生产中所起的不同作用，可以将投入要素分为四大要素。

1. 土地。土地泛指一切自然资源。它包括地上的土壤、森林、河流、湖泊，大气和太空中的可利用的资源，地下的各种矿藏资源，以及海洋中能够利用的各种物资。它为生产活动提供必要的场所（陆地、水域、空域等）、天然原料（动植物、矿藏等）和天然能源（水力、风力、光热等）。这一要素也是稀缺的。其主要特征是数量固定，不能创造，不可再生。其开发利用程度取决于科学技术水平。

2. 资本。资本又叫资本品或资本财货，指的是生产过程中的一切人工制品或设备。它是经过投资形成的生产要素，因此又称投资品，如厂房、机器、原材料和能源等。货币可以购买资本品，计划用于资本品投资的货币也是资本的一种形态，但一般意义上的货币不能称为资本。

3. 劳动。劳动指的是生产活动中人类一切体力和智力的消耗，可以从劳动的数量和质量两方面加以测定。劳动的数量即劳动时间，劳动的质量是指单位劳动时间的产出，即劳动生产率。劳动生产率取决于劳动者的体力、熟练程度等个人因素以及科学技术发展水平、工作环境、劳动的组织等因素。劳动的质量越高，相等的投入创造的产出越大，资源的利用就越有效，生产发展就越快。

4. 企业家才能。企业家才能指的是企业家经营企业的组织能力、管理能力和创新能力。它是一种专业化的特殊人力资源。其作用是将土地、劳动和资本等要素进行组合，生产产品和提供劳务，并承担不断创新投资的风险。

企业的产出指的是经过生产过程所获得的物质产品或劳务。这里说的物质产品包括资本品和消费品两类。消费品是直接用于满足人们消费需要的物品，如面包、衣服、电冰箱等；资本品是用于生产过程的物品。劳务是指为生产或生活提供的各种服务，其特点是无形的，它的生产和消费在时间上是同步的。

二、生产函数

生产函数（Product Function）是在一定的生产技术条件下，生产要素的投入量与产品的最大产出量之间的物质数量关系的函数式，一般记为：

$$Q=f(x_1, x_2, x_3, \cdots, x_n) \tag{4.1}$$

（4.1）式中 x_1，x_2，x_3，…，x_n 代表各种生产要素投入品，如农业生产中的土地、种子、肥料、农具等的数量。Q 代表任何既定数量的投入品组合在给定技术条件下所生产出来的产品（如小麦）的最大产量。生产函数的投入和产出都是物质数量，其本身并不涉及价格及价值问题。

为了论述的简便，我们假定投入的生产要素只有资本和劳动两种。若以 L 表示劳动的投入量，K 表示资本的投入量，Q 表示产量，则生产函数可以表示为：

$$Q=f(L, K) \tag{4.2}$$

由于生产需要有一个过程，生产函数依生产过程的时间长短不同可分为三种类型。

1. 瞬时生产函数。瞬时指的是投入和产出都无法改变的一个极短的时间。瞬时生产函数，就是所有投入要素和产出都无法改变的一个极短时间内的生产函数。其函数形式为：

$$Q=f(\bar{L}, \bar{K}) \tag{4.3}$$

（4.3）式中各变量头上均加一横线，表示其数值是固定的、无法改变。例如成熟待收的谷物、水果等。

2. 短期生产函数。短期指的是企业只能变动一部分要素投入的一个相当短的时期。短期生产函数指的就是企业只能变动部分投入要素，还有部分要素不能变动的一个相当短时期内的生产函数。它反映的是短期生产产量与变动要素投入量之间的依存关系。

在短期内，可以变动的那部分投入叫变动投入，无法变动的那部分投入叫固定投入。在短期内，生产技术水平、厂房、建筑物、机器设备往往是无法改变的，而劳动和原材料是可以变动的。为了便于理论分析，我们一般假定资本是固定要素，劳动是变动要素，因此短期生产函数的一般形式可以表示为：

$$Q=f(L,\ \overline{K}) \tag{4.4}$$

3. 长期生产函数。长期指的是所有要素投入都可以改变的一个足够长的时期。长期生产函数就是企业可以调整所有要素投入量的一个足够长时期内的生产函数。其函数的一般形式为：

$$Q=f(L,\ K) \tag{4.5}$$

这里值得注意的是，长期和短期是两个相对的概念，并没有一个绝对的时间标准。生产函数中长短期的区分要注意三点：（1）技术水平是否可能发生变化。短期内厂商采用的生产技术水平是不变的，或者说厂商的生产过程不能采用体现了新技术的设备、高效率的新机器等固定投入；但在长期内，厂商采用的技术水平既可能不变，也可能发生变动，也就是说，长期内企业可能采用原有技术设备，也可能采用更先进、效率更高的技术装备。（2）考察期内是否存在固定投入要素。短期内只有部分投入要素可以调整，另一部分投入要素是固定不变的，因此存在固定投入要素；而长期内所有投入要素都可以改变，因而不存在固定投入要素。（3）现实中的长短期的划分因生产或行业的特点而异。在资本投入较小的行业，或其生产特点允许资本投入较易改变的行业，其长期可能以月甚至以天来计算。例如，手工艺制品、成衣、食品加工就属于这类情况。而在资本投入较多的行业，或其生产特点不允许要素投入轻易改变的行业，其短期可能以年来计。例如，钢铁、电力、汽车、飞机制造等大致属于此类行业。

生产函数又可以分为固定比例生产函数与可变比例生产函数。如果生产一种产品使用的 L 与 K 的组合比例是固定不变的，也就是说，要扩大（或缩减）产量，L 与 K 必须同比例增加（或减少）。例如，$L:K=1:3$，当劳动增加 1 倍为 2 时，资本的数量也必须增加 1 倍即为 6。这样的生产函数称为固定比例生产函数。但大多数生产中，劳动与资本的组合比例是可变的。例如，为了生产出一定量的产品，可以采用多用劳动、少用资本的劳动密集型方法，也可以采用多用资本、少用劳动的资本密集型生产方法，这种生产函数称为可变比例的生产函数。

以下分别研究和分析短期生产函数和长期生产函数。

第三节　短期生产中的要素投入与产出关系

这里主要分析只有一种可变投入的生产函数，即考察厂商生产某种产品的所有要素投入量，除一种要素可以变动之外，其余均不变的情况下的生产，这是生产规模不变的短期变动的一种情况。比如，在短期内，厂商的厂房、设备等资本既定不变，唯一可变动的是投入的劳动数量。分析这种特殊生产情况的目的，在于据此说明一般生产过程的某些具体概念，分析报酬递减规律，并为考察生产要素价格提供依据。

一、总产量、平均产量和边际产量

1. 总产量。在一定技术条件下，变动投入要素与某一固定要素相结合所能生产的最大产量，叫总产量（Total Product，TP）。用劳动（L）表示可变投入，资本（K）表示固定投入，变动投入劳动和一定量的资本 K 相结合所能生产的劳动的最大产量为 Q 或为 TP_L，则劳动的总产量可表示为：

$$TP_L = Q = f(L, \overline{K}) \tag{4.6}$$

（4.6）式就是表示总产量和变动投入之间的函数关系式。这种关系也可以用几何图形表示出来。例如，某总经理办公室每天要收集大量的信息并制作成文件复印 100 份分送各有关部门，这需要秘书和必要的办公设备相结合才能完成，将秘书的工作看做变动投入，必要的办公设备如计算机、复印机等是固定投入，若只有一名秘书，每天只能制作 5 000 字的文件，若每天投入两名秘书，每天能制作 15 000 字的文件，投入三名秘书时，制作的文件可增加到 20 000 字，当投入四名秘书时，制作的文件达到 22 000 字。将这些数据在二维坐标上表示出来，就得到了总产量曲线，如图 4.1 所示。

通常情况下，在变动投入刚开始增加时，总产量增加得比较快，以后总产量增加的速度会越来越慢，到后来可能停止增加，甚至下降。

2. 平均产量。在一定技术条件及其他诸投入要素保持不变的情况下，平均每单位变动投入要素与总产量之比，为该要素的平均产量（Average Product，AP）。它等于总产量除以变动投入要素的数量。劳动是变动投入时，劳动的平均产量 AP_L 可写作：

$$AP_L = \frac{TP}{L} \tag{4.7}$$

资本是变动投入时，资本的平均产量可写作：

$$AP_K = \frac{TP}{K} \tag{4.8}$$

平均产量也随投入的变动而变动，如表 4.1 所示。当投入的秘书变动时，每名秘书平均每天制作的文件字数分别是 5 000、7 500、6 666、5 500。

表 4.1　　总产量、平均产量和边际产量

劳动（L）	总产量（TP_L）	平均产量（AP_L）	边际产量（MP_L）
1	5 000	5 000	5 000
2	15 000	7 500	10 000
3	20 000	6 666	5 000
4	22 000	5 500	2 000

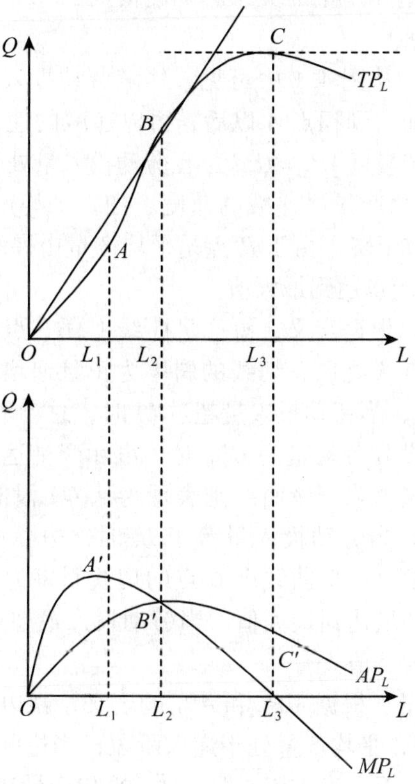

图 4.1 总产量、平均产量和边际产量曲线

由原点向总产量曲线某一点引一条射线，该射线的斜率等于该点所对应的投入要素的平均产量。这里要注意的是要素的平均产量和日常所说的平均日产量、平均月产量是不一样的，那是对时间的平均，这里是对投入要素数量的平均。

3. 边际产量。在一定技术条件下，其他诸投入要素都保持不变，每增加一个单位变动投入要素所引起总产量的变动量，称作此时这种投入要素的边际产量（Marginal Product, MP）。

当变动投入是劳动时，劳动的边际产量可写作：

$$MP_L = \Delta TP/\Delta L \quad (4.9)$$

同理，变动要素是资本时，资本的边际产量可写作：

$$MP_K = \Delta TP/\Delta K \quad (4.10)$$

当投入可以连续变化，产出也可以连续变化时，差分形式就可写成导数形式，因而有：

$$MP_L = \mathrm{d}TP/\mathrm{d}L \quad (4.11)$$

$$MP_K = \mathrm{d}TP/\mathrm{d}K \quad (4.12)$$

边际产量与平均产量开始时都是随着变动投入的增加而增加，然后会随变动投入的过度增加而下降。

4. 总产量、平均产量和边际产量的关系。下面借助图 4.1 具体分析一种投入变动条件下，各种产量之间的相互关系。

（1）总产量与平均产量。从图 4.1 中可见，伴随劳动投入从零开始逐渐增加，总产量曲线 TP_L 先以递增的速度增加，到拐点 A 以后，再以递减的速度增加，过 C 点后则变为递减。与总产量相对应的平均产量（$AP_L = Q/L$）在劳动投入量处于 $O \sim L_2$ 之间时，不断递增；劳动投入量超过 L_2 后，由于总产量以递减的速度增加，平均产量也随之由递增转为递减，AP_L 曲线从 B' 点开始向右下方下降。由于 B' 点是平均产量由递增转为递减的转折点，因此，当劳动投入达到 L_2 时，平均产量达到最大值。

（2）总产量与边际产量。根据定义，总产量曲线上任一点的边际产量就是过该点切线的斜率。在总产量曲线的拐点 A 之前，切线的斜率为正且递增，这就是说当劳动投入量在 $O \sim L_1$ 之间时，边际产量递增，当劳动投入量超过 L_1 时，总产量曲线 TP_L 对应点切线的斜率递减，即边际产量递减；当投入劳动量为 OL_1 时，边际产量达到最大值。当劳动投入量在 $L_1 \sim L_3$ 之间时，边际产量递减，总产量曲线则表现为从 OA 段的向上凸转为向下凹。在 AC 段上切线的斜率为正且递减。当劳动投入量等于 L_3 时，边际产量曲线 MP_L 与横轴交于 C 点，此时边际产量为零，由于总产量曲线上 C 点的切线斜率为零，故 C 点是总产量由增加到减少的转折点，此时，总产量达到最大值。当劳动投入最超过 L_3 时，总产量随着劳动投入的增加而减少，边际产量为负值。

（3）边际产量与平均产量。根据 MP_L 和 AP_L 的定义，当边际产量大于平均产量时（如图 4.1 中的 MP_L 曲线 OB 段），平均产量处于递增阶段；当边际产量小于平均产量时，平均产量处于递减价段；在此前提下，当 $MP_L = AP_L$ 时，平均产量达到最大值，也就是说，边际产量曲线总是在平均产量曲线的最大值处与其相交。

边际产量与平均产量的相互关系亦可用数学方法加以证明：

因 $AP_L = \frac{Q}{L}$，故 AP_L 是 L 的函数。

$$\frac{\mathrm{d}}{\mathrm{d}L}AP_L = \frac{\mathrm{d}}{\mathrm{d}L}\left(\frac{Q}{L}\right) = \frac{\frac{\mathrm{d}Q}{\mathrm{d}L}L - Q}{L^2} = \frac{1}{L}\left(\frac{\mathrm{d}Q}{\mathrm{d}L} - \frac{Q}{L}\right) \tag{4.13}$$

上式中，$\frac{\mathrm{d}Q}{\mathrm{d}L}$ 与 $\frac{Q}{L}$ 分别为 MP_L 与 AP_L，且 $L > 0$。因此：

当 $\frac{\mathrm{d}Q}{\mathrm{d}L} > \frac{Q}{L}$ 时，$\frac{\mathrm{d}}{\mathrm{d}L}AP_L > 0$，$AP_L$ 处于递增阶段；

当 $\frac{\mathrm{d}Q}{\mathrm{d}L} < \frac{Q}{L}$ 时，$\frac{\mathrm{d}}{\mathrm{d}L}AP_L < 0$，$AP_L$ 处于递减阶段；

当 $\frac{\mathrm{d}Q}{\mathrm{d}L} = \frac{Q}{L}$ 时，$\frac{\mathrm{d}}{\mathrm{d}L}AP_L = 0$，$AP_L$ 处于不增不减之点，取最大值。

这可以用日常生活中的一个简单的例子来进行说明。当一个厂商新增加一个工人投入时，若该工人的边际产量高于现有工人的平均产量，即 $MP_L > AP_L$，那么投入这个工人以后，平均产量会上升；但若该工人的边际产量低于现有工人的平均产量，即 $MP_L < AP_L$，那么投入该工人以后，平均产量就必然下降；若该工人的边际产量正好等于现有工人的平均产

量，无疑在投入该工人前后，平均产量不会发生变化，平均产量达到最大值。只要该工人的边际产量大于零，投入该工人以后，总产量总会上升，若该工人的边际产量已经为负的了，使用该工人以后，总产量就必然会下降；若该工人的边际产量为零，这就是说用他不用他都一样，使用前后的总产量就不会发生变化，总产量达到最大值。

二、边际报酬递减规律

从上面的分析可知，一般来说，在技术水平一定的条件下，只有一种生产要素的投入量连续增加，而其他要素投入量保持不变，那么，当这种要素投入量增加到一定程度以后，若再继续增加该要素的投入，该要素的边际实物产量会逐渐减少，这就叫做边际报酬递减规律，又叫边际生产力递减规律。边际报酬递减规律是短期生产的一条基本规律。

图 4.1 的 MP_L 曲线揭示了这一规律。总经理办公室的秘书不断增加到一定程度后，新投入秘书的边际产量是不断减少的。如在投入第二名秘书时，每天可多制作 10 000 字的文件，但继续用第三名、第四名秘书时，每天可多制作的文件字数就分别减到 5 000 字和2 000 字。完全可以预料，若继续增加秘书的投入，可多制作的文件字数还要进一步减少，甚至为负，因为人越多越不出活。这一规律是在生产实践中总结出来的，具有普遍性，在农业部门表现尤为突出。

从理论上讲，边际报酬递减规律成立的原因在于可变要素投入量达到一定的数量以前，固定要素的数量相对于变动要素而言，显得较多，以至于固定要素的效率不能很好地发挥，而随着变动要素投入的不断增加，固定要素的利用效率不断提高，而可变要素则会因有效的分工、适当的协作，其劳动效率会增加，从而变动要素的边际产量会随着投入的增加而增加。但变动要素增加到一定的界限以后，固定要素已经被充分的利用，若还要继续增加变动要素的投入，在技术上没有必要数量的固定要素与变动要素相配合，变动要素的效率就必然下降，边际产量也就下降。

仍以总经理办公室的秘书为例，当只有一名秘书时，她既要收集资料、打字、校核，又要复印、装订、分发，办公设备得不到充分的利用，效率不高。若增加到两名秘书，收集资料、打字、复印、分发等工作就可以适当的分工，这样既可以充分的发挥办公设备的使用效率，秘书间又因有了适当的分工，熟练程度也就会提高，每天可多制作 10 000 字的文件；在第三名秘书投入时，设备的利用率还会进一步提高，秘书之间的分工也会更细，但制作的文件字数的增加量就不会那么多了，有了第三名秘书后，也就多制作 5 000 字的文件；当第四名秘书投入时，由于办公设备已经得到了充分利用，多了一名秘书后，尽管多少可以做点事，但每天可以制作的文件字数就增加得很少了，仅增加 2 000 字；假如还要多添秘书，则可能导致人浮于事，互相推诿、互相扯皮，每天可制作的文件字数可能不仅不能提高，反而会有所下降。

对于边际报酬递减规律的应用还须做以下几点说明：

第一，边际报酬递减规律是以技术水平保持不变为前提的。如果技术水平同时提高，边际报酬不一定递减。但这并不意味着边际报酬递减规律的失效，技术进步一般只会使边际报酬递减的现象延后出现。

第二，边际报酬递减是以其他生产要素固定不变、只有一种生产要素变动为前提的。若各生产要素同时发生同比例变化，则由此引起的产量变化属于规模报酬问题。

第三，边际报酬递减并不是一开始就递减，而是在投入的可变生产要素超过一定数量以后才出现的，它表现为一种递减的趋势。

第四，所增加的生产要素具有同样的效率。如果增加的第二个单位的生产要素比第一个单位的生产要素更为有效，则边际收益不一定递减。

三、生产三阶段

图 4.1 表明的是一种变动投入的生产函数，根据总产量、平均产量、边际产量随着变动投入要素变动的变化关系，还可以将生产分为三个阶段，以便具体分析生产要素的生产效率。

第一阶段，这一阶段从生产的初始阶段开始，一直到平均产量达到最大点为止。在该阶段中，边际产量先是递增，达到最大，然后递减，但边际产量大于平均产量。而总产量和平均产量都是递增向上的。

第二阶段，这一阶段从平均产量最大点开始，到边际产量为零结束。在该阶段中，边际产量是递减的，但仍大于零，然而由于边际产量小于平均产量，使平均产量下降，但总产量还在继续上升。

第三阶段，这一阶段中边际产量为负值，总产量开始下降。

在第一阶段中，使用的可变生产要素 L 与固定生产要素 K 相比，显得太少，固定投入 K 没能充分利用。例如，一个拥有 100 张餐桌但只有两名侍者的饭店就类似于这种情况。在该阶段，如果增加可变投入 L，总产量和平均产量会增加。例如，该饭店侍者增加 1 倍而餐桌保持不变，每位侍者的平均产量（效率）就会增加。当然，总的服务量也相应增加。

与此类似，在第三阶段中，使用的可变投入与固定投入相比，显得太多。在上述例子中，饭店的侍者相对于餐桌来说显得太多，而过多的侍者会降低服务效率，使边际产量成为负值，这是由于他们之间诸如分散注意力、相互碰撞等原因造成的。

对比第一阶段和第三阶段可知：在第一阶段中，可变投入与固定投入的比例太低；而在第三阶段中，这一比例又太高。在第三阶段中，厂商必须支付那些多余的可变投入，而这些可变投入只会降低产量；而在第一阶段中，厂商必须支付那些没有充分利用的固定投入要素，因而都不可能实现利润最大化。

由此可见，理性的生产者既不会将生产停留在第一阶段，也不会将生产扩张到第三阶段，而是将生产放在第二阶段进行。因为第二阶段是唯一的一个可变投入和固定投入都合理的阶段。生产者既可以得到由于第一阶段增加可变投入要素多带来的全部好处，又可以避免将可变要素投入增加到第三阶段而带来的不利影响。在第二阶段的起点，可变投入要素 L 的平均产量达到最大，而在该阶段的终点，劳动的边际产量等于零。至于生产者所选择的最佳投入量应该在第二阶段的何处，则需要结合成本、收益和利润等进行分析。尽管生产三阶段的划分所提供的信息，还不足以确定一个厂商的生产体系中投入要素的最佳投入量，但却有助于将现行技术条件投入要素组合的不合理区域排除出去。

第四节　长期生产中的要素投入与产量的关系

生产产品需要有多种投入要素。在实际生活中，特别是在长远规划中，多种投入要素之间往往是可以互相替代的。例如，建一个一定规模的织布厂，需要用设备和劳动力。可以采用先进的技术织布，即使用贵重的设备与少量劳动力相组合；也可以用手工织布，即使用便宜的设备与较多的劳动力相组合。可见，在确定如何新建一个织布厂时，在设备与劳动力之间是可以互相替代的。又如，建一定建筑面积的厂房，需要土地、建筑材料与人工。可以建平房，即用较多的土地和较少的建筑材料与人工相结合；也可以建高楼，即以较少的土地和较多的建筑材料与人工相结合。可见，为了建一定建筑面积的厂房，在土地和建筑材料与人工之间也是可以互相替代的。既然投入要素之间可以互相替代，这里就有一个最优组合的问题。在成本一定的条件下，投入要素之间怎样组合才能使产量最大；或在产量一定的条件下，投入要素如何组合才能使成本最低。这类问题就是多种投入要素最优组合的决策问题。人们常常通过它来选择最优的技术装备水平。

为了寻找投入要素的最优组合，需要利用等产量曲线和等成本线等分析工具。

一、等产量线

1. 等产量线的含义。等产量线（Isoquant Curve）是表示两种生产要素的不同数量的组合可以带来相等产量的一条曲线；或者说是表示某一固定数量的产品，可以用所需要的两种生产要素的不同数量的组合生产出来的一条曲线。

例如，现在用资本与劳动两种生产要素，它们有 A、B、C、D 四种组合方式，这四种组合方式都可以达到相同的产量 Q。将这四种组合方式用如表 4.2 表示。

表 4.2　　**生产组合**

组合方式	资本（K）	劳动（L）
A	6	1
B	3	2
C	2	3
D	1	6

根据表 4.2，可作出图 4.2。

在图 4.2 中，横轴代表劳动量，纵轴代表资本量，Q 为等产量线，即曲线上任何一点所表示的资本与劳动不同数量的组合都能生产出相等的产量。等产量线与无差异曲线相似，所不同的是，它所代表的是产量，而不是效用。

根据两种可变生产要素间的替代程度，可将等产量曲线大体分为三种类型。图 4.3（a）

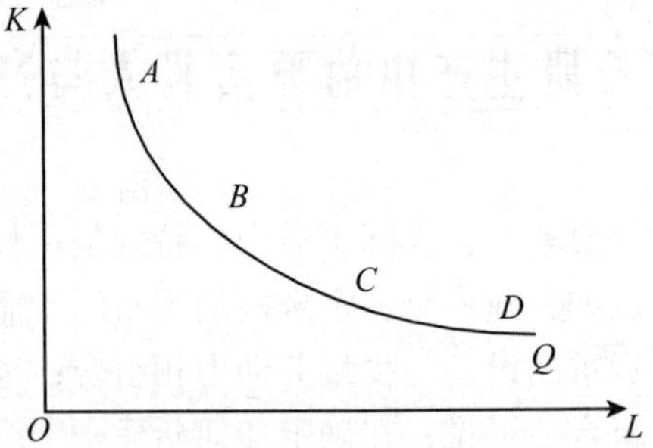

图 4.2 等产量曲线

中的等产量曲线是一条直线，表明投入要素 L 和 K 是完全替代品，即投入要素 L 按固定比率替代要素 K，反之，投入要素 K 也要按固定比率替代要素 L。在投入要素属于完全替代品的情况下，如果两种投入要素中有一种投入要素比较便宜（相对其生产能力而言），则厂商的经营决策就比较容易。比如，在能源生产中，煤炭和燃料油就属于关系密切的替代品，在提供同等的能量产量条件下，根据两种能源的市场价格，厂商就可以做出最有利的选择。

图 4.3（b）中的等产量曲线是直角形曲线，这表明投入要素 L 和 K 是非替代品，即在保持产量不变的前提下，增加 1 单位投入要素 L，不能减少另一投入要素 K 的投入量。同时厂商要有效地增加产量，两种要素必须按不变的比例同时增加，反之，如果减少产量，则要按不变比例减少要素投入。也就是说，这两种要素是互相补充的。在这种情况下，厂商的生产经营决策也比较容易确定。比如，为生产 1 辆汽车需要 1 个发动机，1 个变速器的 4 个车轮，除这一组合外，其他组合在技术上均是没有效率的。

图 4.3（c）中的等产量曲线表示两要素是非完全替代品，在产量既定条件下，投入要素 L 替代投入要素 K 的比率会随前者使用量的增加而递减。一般来说，资本和劳动之间就属于非完全替代关系。由于在投入要素是完全替代和不可替代的情况下，厂商决策过程比较简单，因此，我们把主要注意力中在投入要素属于非完全替代关系的情况。

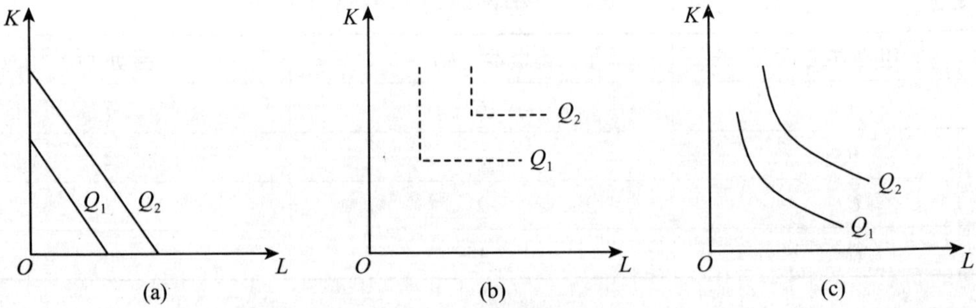

图 4.3 等产量曲线的类型

2. 等产量线的特征。第一，等产量线是一条向右下方倾斜的曲线，其斜率为负值。这表明，在生产者的资源与生产要素价格既定的条件下，为了达到相同的产量，厂商要增加一种生产要素的使用量，必须减少另一种生产要素的使用量。两种生产要素的同时增加，是资源既定时无法实现的；而两种生产要素的同时减少，又不能保持相等的产量水平。

第二，在同一平面图上，可以有无数条等产量线。同一条等产量线代表相同的产量，不同的等产量线代表不同的产量水平。离原点越远的等产量线所代表的产量水平越高，离原点越近的等产量线所代表的产量水平越低，可用图 4.4 来说明这一点。

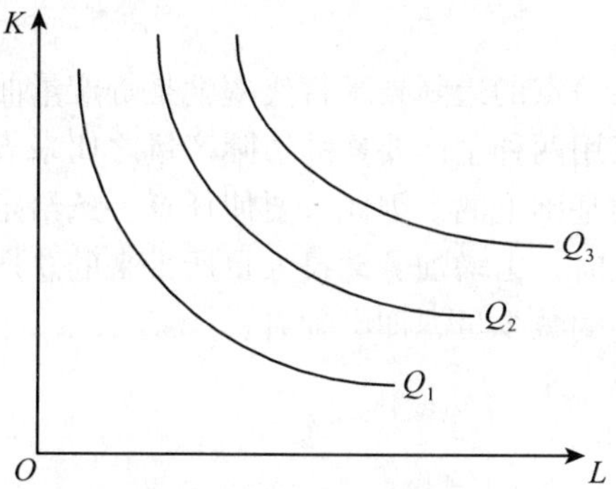

图 4.4 等产量曲线群

在图 4.4 中，Q_1、Q_2、Q_3 是三条不同的等产量线，它们分别代表不同的产量水平，其顺序为 $Q_1<Q_2<Q_3$。

第三，在同一平面图上，任意两条等产量线不能相交。因为在交点上两条等产量线代表了相同的产量水平，与第二个特征相矛盾。

第四，等产量线是一条从左上方向右下方倾斜且凸向原点曲线。这一特点可以由边际技术替代率递减规律进行说明。

二、边际技术替代率

1. 边际技术替代率。边际技术替代率（Marginal Rate of Technical Substitution，MRTS），是指在维持产量水平不变的条件下，增加 1 单位某种生产要素投入量时所减少的另一种要素的投入数量。它是一个与等产量曲线相联系的概念。

假设只存在两种生产要素，而且这两种生产要素是可以相互替代的，在这一假设前提下，一条等产量曲线表示一个既定的产量水平可以由两种可变要素的各种不同数量的组合生产出来。也就是说，生产者可以通过对两种要素之间的相互替代，来维持一个既定的产量水平。例如，为了生产 100 单位的某种产品，生产者可以使用较多的劳动和较少的资本，也可以使用较少的劳动和较多的资本。前者可以看成是劳动对资本的替代，后者可以看成是资本对劳动的替代。在图 4.2 中，为了维持固定的某单位的产量，在厂商沿着既定的等产量曲线由 A 点滑动到 C 点的过程中，劳动投入量会随着资本投入量的不断减少而增加；相反，在由 C 点运动到 A 点的过程中，劳动投入量会随着资本投入量的不断增加而减少。根据两要素之间这种相互替代关系，可以得到劳动对资本的边际技术替代率的定义公式为：

$$MRTS_{LK}=-\Delta K/\Delta L \tag{4.14}$$

式中，ΔK 和 ΔL 分别为资本投入量的变化量和劳动投入量的变化量。由于劳动量和资本量的变动方向相反，因而边际技术替代率为负。为了分析的方便，如便于进行比较，一般取其正值。

在两种可以相互替代的生产要素中，如果某一种生产要素的变动量非常小，如当 $\Delta L \to 0$ 时，相应的边际技术替代率的定义公式为：

$$MRTS_{LK} = -dK/dL \tag{4.15}$$

显然，等产量曲线上某一点的边际技术替代率就是等产量曲线在该点斜率的绝对值。

边际技术替代率还可以用两种生产要素的边际产量之比来表示。由于边际技术替代率的概念是建立在等产量曲线的基础上的，因此，要使任意一条给定的等产量水平保持不变，当用劳动投入去替代资本投入时，由增加劳动投入量所带来的总产量的增加量就必须要等于由减少资本量所带来的总产量的减少量，即必须有：

$$\Delta L \cdot MP_L = \Delta K \cdot MP_K$$

整理得：

$$-\Delta K/\Delta L = MP_L/MP_K$$

根据边际技术替代率的定义公式，有：

$$MRTS_{LK} = -\Delta K/\Delta L = MP_L/MP_K \tag{4.16}$$

或者：

$$MRTS_{LK} = -dK/dL = MP_L/MP_K \tag{4.17}$$

2. 边际技术替代率递减。在两种生产要素相互替代的过程中，在维持产量不变的前提下，当一种生产要素的投入量不断增加时，每一单位的这种生产要素所能替代的另一种生产要素的数量是递减的。这一现象被称为边际技术替代率递减规律。

边际技术替代率递减的主要原因在于：任何一种产品的生产技术都要求各要素投入之间有适当的比例，这意味着要素之间的替代是有限的。简单地说，以劳动和资本两种生产要素投入为例，在劳动投入量很少和资本投入量很多的情况下，减少一些资本投入量可以很容易地通过增加劳动投入量来弥补，以维持原有的产量水平，即劳动对资本的替代是很容易的。但是，在劳动投入增加到相当多的数量和资本投入量减少到相当少数量的情况下，再用劳动去替代资本就将是很困难的了。

等产量曲线一般具有凸向原点的特征，等产量曲线之所以具有这一特征是由边际技术替代率递减规律所决定的。因为，等产量曲线上某一点的边际技术替代率就是等产量曲线在该点的斜率的绝对值，而边际技术替代率是递减的，因而等产量曲线的斜率的绝对值是递减的，即等产量曲线凸向原点。

三、脊线与生产的经济区域

一种可变生产要素的生产函数可以用来分析短期生产的三阶段问题，同样，两种可变生产要素的生产函数则可以用来分析长期生产的经济区域问题。

在图 4.5 中，有一组等产量曲线，这些等产量曲线不仅有斜率为负的部分，还有斜率为正的部分。此外，图中还有两条曲线 OE 和 OF。在曲线 OE 之上和曲线 OF 之下的区域，等产量曲线的斜率为正值，在曲线 OE 和曲线 OF 之间的区域，等产量曲线的斜率为负值，曲线 OE 和曲线 OF 被称为脊线（Ridge Line）。

脊线 OE 和脊线 OF 以外区域的等产量曲线的斜率都为正值，意味着两种生产要素的投入量都同时增加，也只能维持某一既定的产量水平。脊线 OE 和脊线 OF 以内区域的等产量曲线的斜率为负值，意味着要生产某一既定的产量水平，必须通过对这两种生产要素投入量的相互替代来实现。此外，脊线 OE 以下区域的劳动的边际产量为负值，脊线 OE 以上区域的资本的边际产量为负值。

在脊线 OE 和脊线 OF 以外的区域内，由于劳动和资本的变动方向相同，当劳动（资本）投入量固定在生产某一既定产量所需要的最小数量时，如果减少资本（或劳动）投入量，仍然可以增加产量，而且，可以将产量一直增加到该既定的产量水平。否则，劳动和资本投入量必须同时增加才能实现既定的产量水平。对于一个追求最大利润的厂商来说，总是希望尽可能用比较少的劳动和资本投入量去生产一个既定的产量。所以，合乎理性的生产不可能在脊线以外的区域进行，而只可能在脊线以内的区域进行，这一区域就是生产的经济区域。

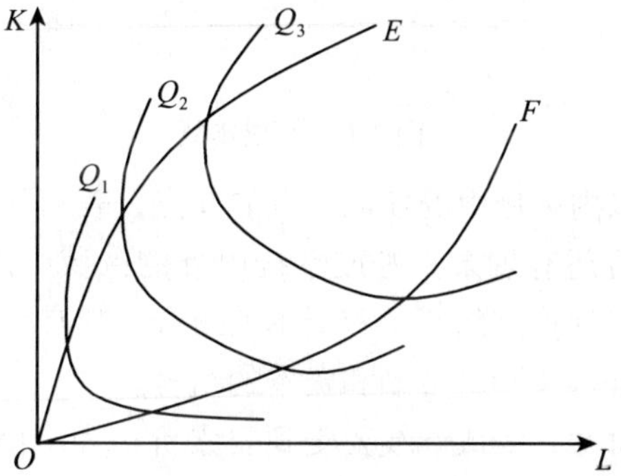

图 4.5　脊线与生产的经济区域

四、等成本线

在生产要素市场上，厂商购买生产要素所产生的费用构成厂商的生产成本。

生产论中的等成本线（Iso-Cost Line）是一个和效用论中的预算线非常相似的分析工具。所谓等成本线是指在既定的成本及既定的生产要素价格条件下，生产者可以购买到的两种生产要素的各种不同数量组合的轨迹。假定生产要素市场上生产要素的价格既定，单个厂商是生产要素价格的接受者（只要要素的购买者不是垄断的买者，这种假定就是合理的）。设既定的劳动价格即工资率为 w，既定的资本价格即利息率为 r，厂商既定的成本支出为 C。在既定的成本 C 下，厂商对于两种要素的购买选择有下列成本方程给出：

$$C = wL + rK \tag{4.18}$$

根据（4.17）式可以得到等成本线，如图4.6所示。由于（4.18）式的成本方程式是线性的，所以等成本线必定是一条直线。等成本线也称为厂商的预算限制线，表示厂商对于两种生产要素购买不能超出它的总成本支出的限制。图4.6中，横轴上的截距为 C/w，表示既定的全部成本都购买劳动时的数量，纵轴上的截距为 C/r，表示既定的全部成本都购买资本时的数量。在这两种极端之间，厂商可以通过少购买一些资本而节约一些钱购买劳动；或者通过少购买一些劳动而节约一些钱购买资本，只要这些购买不超出它的预算约束。将横轴和纵轴上的这个截距点连接起来的线段就是等成本线。它表示既定的全部成本所能购买到劳动和资本的各种组合。其斜率为两要素价格之比的负值，即 $-w/r$，其大小取决于资本与劳动两种生产要素相对价格的高低。

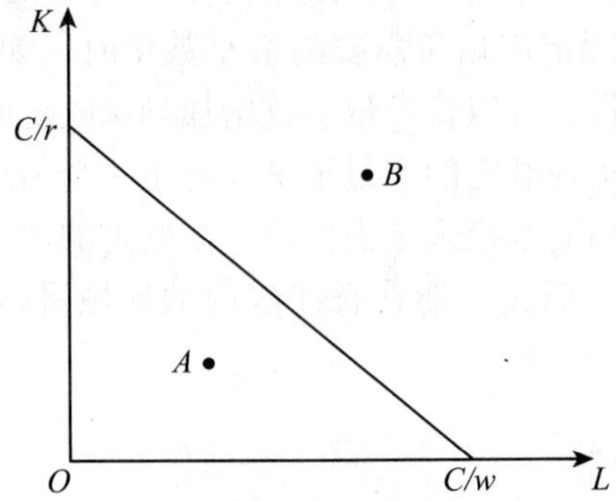

图4.6　等成本线

图4.6中，等成本线以内区域中的任何一点如 A 点，表示既定的全部成本都用来购买该点的劳动和资本的组合以后还有剩余。等成本线以外的区域中的任何一点，如 B 点，表示用既定的全部成本不能购买到该点的劳动和资本的组合。唯有等成本线上的任何一点，才表示用既定的全部成本能刚好购买到的劳动和资本的组合。

根据等成本线的含义可知，等成本线要受到要素价格和厂商总成本预算等因素的影响。如果成本固定和要素价格已知，便可以得到一条等成本线。因此，成本和生产要素价格的任何变动，都会使等成本线发生变化。其变动方式与预算线相类似。

五、生产要素投入的最优组合

如果一个厂商要实现利润最大化，必须使生产既定产量的成本最小，或者用既定的成本生产出最大的产量。由于长期内所有生产要素的投入数量都是可变的，因而任何一个理性的生产者都会选择最优的生产要素组合进行生产。现将等产量曲线和等成本线结合在一起，研究生产者是如何选择最优的生产要素组合（Optimum Factor Combination），从而实现既定成本条件下的最大产量，或者实现既定产量条件下的最小成本。

1. 既定成本条件下的产量最大化。假定在一定的技术条件下厂商用两种可变生产要素即劳动和资本生产一种产品，且劳动的价格 w 和资本的价格 r 为已知，厂商用于购买这两种要素的全部成本 C 是既定的。如果企业要以既定的成本获得最大的产量，那么，它应该如何选择最优的劳动投入量和资本投入量的组合呢？

为了确定厂商在既定成本下实现最大产量的最优要素组合点，即生产的均衡点，可以通过将厂商的等产量曲线极其相应的等成本线画在同一个平面坐标系中来进行说明，如图 4.7 所示。

由于成本既定，因而等成本线只有一条，如图 4.7 中的 AB，而等产量曲线却可以有多条，如图中的 Q_1、Q_2 和 Q_3。图中唯一的等成本线 AB 与其中一条等产量曲线 Q_2 相切于 E 点，该点就是生产的均衡点。它表示：在既定成本条件下，厂商应该按照 E 点的生产要素组合进行生产，即劳动投入量和资本投入量分别为 L_1 和 K_1，这样，厂商就会获得最大的产量。

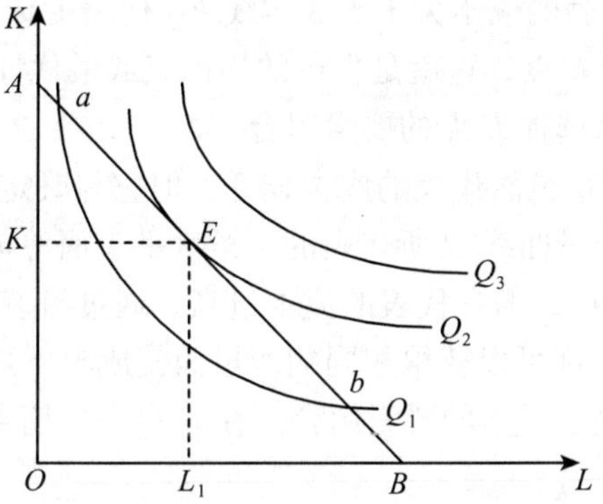

图 4.7　成本既定时的最大产量

为什么 E 点就是最优的生产要素组合点呢？这就需要分析代表既定成本的唯一的等成本线 AB 与三条等产量曲线 Q_1、Q_2 和 Q_3 之间的关系。在图 4.7 中，等产量曲线 Q_3 代表的产量虽然高于等产量曲线 Q_2，但唯一的等成本线 AB 与等产量曲线 Q_3 既无交点又无切点。这表明等产量曲线 Q_3 所代表的产量是企业在既定成本下无法实现的产量，因为厂商利用既定成本只能购买到位于等成本线 AB 上或等成本线 AB 以内区域的要素组合。而等产量曲线 Q_1 虽然与唯一的等成本线 AB 相交于 a、b 两点，但等产量曲线 Q_1 所代表的产量是比较低的。因为，此时厂商在不增加成本的情况下，只需由 a 点出发向右或由 b 点出发向左沿着既定的等成本线 AB 改变要素组合，就可以增加产量。所以，只有在唯一的等成本线 AB 和等产量曲线 Q_2 的切点 E，才是实现既定成本条件下的最大产量的要素组合。任何更高的产量在既定成本条件下都是无法实现的，任何更低的产量都是低效率的。

由于等产量曲线上任一点切线斜率的负值为边际技术替代率，等成本线斜率的负值为劳动—资本价格比率，因而在切点 E，边际技术替代率等于劳动—资本价格比率。该点反映了在既定成本下厂商实现最大产量所需要的两种生产要素的组合。

于是，在生产均衡点 E 有：

$$MRTS_{LK} = w/r$$

由于边际技术替代率可以表示为两要素的边际产量之比，所以，上式也可以写为：

$$MRTS_{LK} = w/r = MP_L/MP_K$$

进一步，可以有：

$$MP_L/w = MP_K/r \tag{4.18}$$

它表示：厂商可以通过对两要素投入量的不断调整，使得最后一单位的成本支出无论用来购买哪一种生产要素所获得的边际产量都相等，从而实现既定成本条件下的最大产量。

2. 关于既定产量条件下的成本最小化。用上述方法，同样可以说明在产量既定时，厂商应选择什么样的投入组合，以使成本最小，如图 4.8 所示。

由于产量既定，因而厂商的等产量曲线只有一条，如图 4.8 中的 Q，而等成本线却可以有多条，如图中的 AB、CD 和 FG。三条等成本线具有相同的斜率（即表示两种要素的价格是既定的），但代表三个不同的成本量，其中，等成本线 AB 代表的成本大于等成本线 CD 代表的成本，等成本线 CD 代表的成本大于等成本线 FG 代表的成本。唯一的等产量曲线 Q 与其中一条等成本线 CD 切于 E 点，这就是生产的均衡点或最优要素组合点。它表示：在既定的产量条件下，生产者应该选择 E 点的要素组合（K_1，L_1），才能实现最小的成本。

这是因为，等成本线 FG 虽然代表的成本较低，但它与既定的等产量曲线 Q 既无交点又无切点，因而无法实现等产量曲线 Q 所代表的产量水平。而等成本曲线 AB 虽然与既定的等产量曲线 Q 相交于 a、b 两点，但它代表的成本过高，通过沿着等产量曲线 Q 由 a 点向 E 点或者由 b 点向 E 点的移动，都可以获得相同的产量而使成本下降。可见，只有在切点 E，才是在既定产量条件下实现最小成本的要素组合。在 E 点，均衡条件仍然是 $MP_L/w = MP_K/r$。

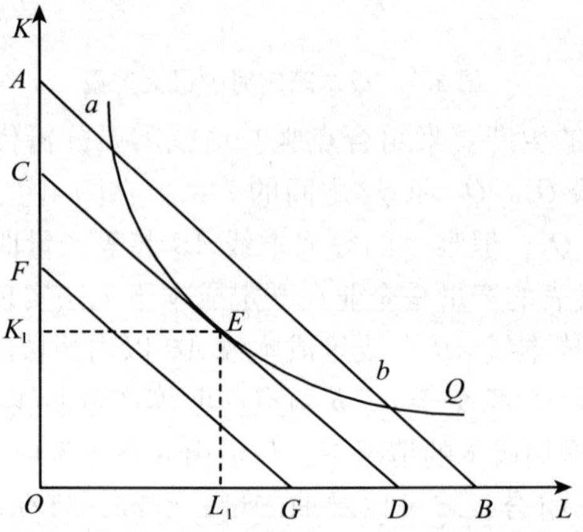

图 4.8　产量既定时的最小成本

总之，厂商在使用两种生产要素进行生产的条件下，如果要使生产既定产量的成本最小，或者在成本既定时使产量最大，都必须使两种要素的边际技术替代率等于两种要素的价格比率，即有：

$$MRTS_{LK} = w/r = MP_L/MP_K$$

六、等斜线与生产扩展线

1. 等斜线。在图 4.9 中，有三条等产量曲线 Q_1、Q_2 和 Q_3，它们分别有三条切线 C_1、C_2 和 C_3，而且这三条切线是相互平行的。这意味着，这三条等产量曲线各自在切点 A、B

和 C 三点上的两要素的边际技术替代率是相等的。连接这些点的曲线 OT 被称为等斜线（Isocline）。等斜线是一组等产量曲线中两要素的边际技术替代率相等的点的轨迹。

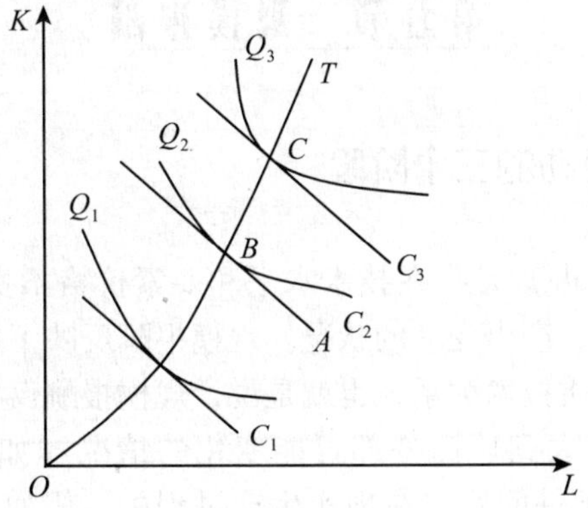

图 4.9　等斜线

本章所分析的长期生产的经济与不经济区域的分界限即脊线，就是由两条等斜线构成的，只是这两条等斜线代表了边际技术替代率的两种特殊情况。在图 4.5 中，脊线 OE 上的每一点的两要素的边际技术替代率都是相等的，都为 $MRTS=\infty$，脊线 OF 上的每一点的两要素的边际技术替代率也都是相等的，都为 $MRTS=0$。

2. 扩展线。在生产要素的价格、生产函数和其他条件不变时，如果企业改变成本，等成本线的斜率不会发生变化，但等成本线会向上或向下平行移动；如果企业改变产量，等产量曲线的斜率不会发生变化，但会向上或向下平行移动。这些不同的等产量曲线将与不同的等成本线相切，形成一系列不同的生产均衡点，这些生产均衡点的轨迹就是扩展线（Expansion Path），如图 4.10 所示。

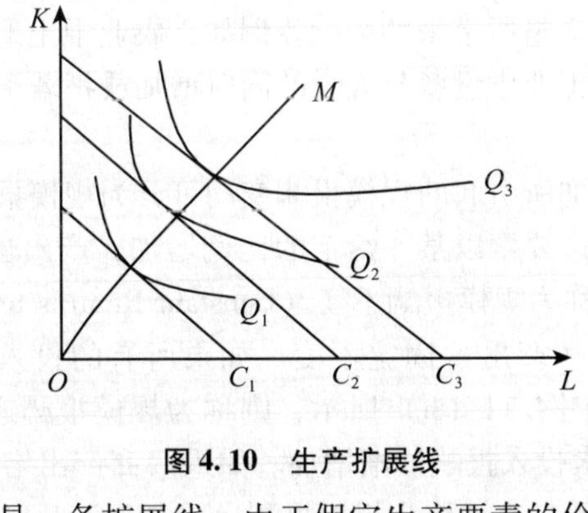

图 4.10　生产扩展线

图 4.10 中的曲线 OM 是一条扩展线。由于假定生产要素的价格不变，因此等成本线 C_1、C_2、C_3 的斜率是相等的，而与等成本线相切的切点上等产量曲线在该点的边际技术替代率也是相等的。这就是说，扩展线一定是一条等斜线。

扩张线表明，当生产要素价格保持不变时，生产要素投入的组合如何随产出或成本支出的变化而变化。因此，扩展线是指：在生产要素价格、生产函数和其他条件不变的情况下，当生产的成本或产量发生变化时，厂商必然会沿着该线来选择最优的生产要素组合的一条特别的等斜线，它反映了总成本变动时厂商的最优生产行为。

第五节　规模报酬

一、规模报酬及其变动的三个阶段

规模报酬（Return to Scale）是指在技术水平和要素价格不变的条件下，当厂商所有投入要素都按同一比例变动时，产出变动的状况。规模报酬反映了厂商所有投入要素成比例变化与相应产出变化之间的物质技术关系，也就是说，规模报酬仅与厂商内部发生的技术现象有关。如果把讨论的范围扩大到厂商外部可能变化的情况（如生产要素价格变动的可能性），则属于厂商外部经济条件问题：在现实生产过程中，假如所有厂商都进行生产扩张，那么，在每个价格和所有价格水平上都需要更多的要素，要素的价格就可能变化。当同时考虑到厂商的外部条件变化情况，就是通常所说的规模经济（Economies of Scale）问题。规模报酬问题与规模经济问题是有联系的，但又并不完全相同，前者是后者的技术基础。规模报酬递增反映了产出的增长比例大于各种投入的增长比例，而规模经济则反映出长期平均成本曲线（*LAC*）下降的趋势。所以，在行业（或厂商）生产规模扩大时，如果厂商必须购买的投入要素价格上涨了，就有可能出现规模报酬递增，但没有规模经济的情况。

在理解规模报酬变动规律时，要注意这样几点：

第一，这一规律发生作用的前提也是技术水平不变。

第二，这一规律所指的是生产中使用的两种生产要素都在同比例增加从而引起产出增加的情况。这时技术系数可以是可变的，也可以是不变的。但由于它并不改变技术系数，从而生产要素的增加只是一种量的增加。这一规律就是研究技术系数不变时两种生产要素的增加所引起的生产规模扩大，给产量所带来的影响。例如，农业中土地与人力的同时增加，或把若干小农场合并为大农场；工业中设备与人力的同时增加或把若干小厂合并为大厂，都属于这种情况。

第三，两种生产要素增加所引起的规模报酬变动可分为规模报酬不变、递增和递减等三种情况。如果厂商的全部生产要素以某一给定的比例增加，产出也以完全相同的比例增加，如图4.11（a）所示，这被称为规模报酬不变（Constant Returns to Scale），表明此时厂商每单位投入的生产要素的报酬（产出）固定不变。如果所有的投入要素以一定的比例增加，产出以更大的比例增加，如图4.11（b）所示，则称为规模报酬递增（Increasing Returns to Scale），此时厂商每单位要素投入报酬逐渐增加。如果厂商产出增加的比例小于所有投入增加的比例如图4.11（c）所示，这被称为规模报酬递减（Diminishing Returns to Scale），此时厂商每单位要素投入所带来的产出逐渐减少。

规模报酬变动的情况可以用生产函数的概念来进行说明。

设生产函数为：$Q = AL^{\alpha}K^{\beta}$

当 L 与 K 增加 n 倍时，生产函数为：$Q = A(nL)^{\alpha}(nK)^{\beta}$

如果 $\alpha + \beta = 1$，表示规模收益不变；$\alpha + \beta > 1$ 时，表示规模收益递增；$\alpha + \beta < 1$ 时，表

示规模收益递减。

当 $\alpha+\beta=1$ 时，该生产函数就是柯布—道格拉斯生产函数。

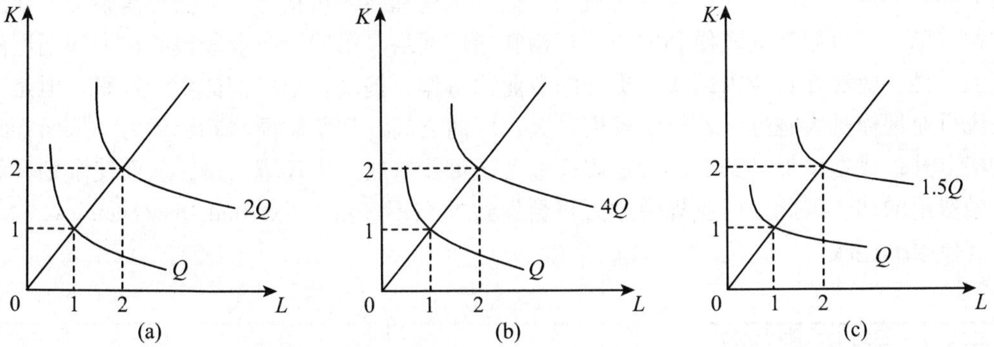

图 4.11 规模报酬变动的类型

二、规模报酬变动的原因

生产规模的扩大之所以会引起产量的不同变动，可以用内在经济与外在经济来解释。

内在经济（Internal Economies）是指一个厂商在生产规模扩大时由自身内部所引起的产量增加。引起内在经济的原因主要有：

（1）技术。当生产大规模进行时，生产专业化程度将会提高，从而提高生产效率。此外，大规模生产可以综合开发和利用资源，能更充分地提高生产要素的效率。

（2）管理。巨大的工厂规模能使厂商内部管理系统高度专业化，使各个部门管理者容易成为某一方面的专家，从而提高管理水平和工作效率。

（3）商业。大厂商可以从大宗产品的销售和原料购买中获得更大好处。如订购大批原料可以获得各种优惠条件，大宗产品的销售能节约销售成本，同时能提高推销工作的效率。

（4）金融。在为企业扩展筹措资金时，与小企业相比，大厂商更具有优势。如它能更容易获得银行贷款，因为它可以提供更大的财产担保；它能比小厂商以更低的费用发行股票和债券来筹集资金，因为它更能取得投资者的信任。

由此可见，工厂规模的扩大可以使厂商从很多方面获得内在经济，从而获得递增的规模报酬。但是，如果一个厂商不断地扩大工厂规模，当规模扩张到一定程度时，会产生两方面的不利因素，形成内部不经济（Internal Diseconomies）。第一，管理效率的降低。生产规模过大会使管理机构庞大而不灵活，管理上也会出现各种漏洞，从而使产量和收益反而减少。第二，生产要素价格与销售费用增加。生产要素的供给并不是无限的，生产规模过大必然大幅度增加对生产要素的需求，而使生产要素的价格上升。同时，生产规模过大，产品大量增加，也增加了销售的困难，需要增设更多的销售机构与人员，增加了销售费用。因此，生产规模并不是越大越好。

一个厂商除了从工厂规模扩大中获得利益外，还可以从行业规模扩大中获得好处。当一个厂商从行业规模扩大中获得递增的规模报酬时，外在经济（External Economies）就产生了。因为，行业规模扩大可以给该行业内的企业带来如下好处：第一，行业规模的扩大可以设立专业技术学校培养熟练劳动力和工程技术人员，提高整个行业的劳动力素质。第二，可以建立共同的服务组织，如市场推销机构、信息机构和科研机构等，从而提高整个行业的经济效益。第三，可以建立较便利的交通运输和通信网络。第四，行业规模的扩大如同厂商规模扩大一样，能够在行业内部实行更好的专业化协作，提高各个厂商的生产效率。但是，这不是说行业规模越大越好。若行业规模过大，厂商之间互相争购原料和劳动力，从而导致要素价格上升，成本增加。其次，行业规模过大还可能造成严重环境污染，从而使个别厂商治理污染费用增加。因此，行业规模过大将会导致外在不经济（External Diseconomies），使厂商的规模报酬递减。

三、厂商的适度规模

由以上的分析来看，一个厂商和一个行业的生产规模不能过小，也不能过大，即要实现适度规模。对一个厂商来说，就是两种生产要素的增加应该适度。

适度规模就是使两种生产要素的增加，即生产规模的扩大正好使收益递增达到最大。当收益递增达到最大时就不再增加生产要素，并使这一生产规模维持下去。

对于不同行业的厂商来说，适度规模的大小是不同的，并没有一个统一的标准。在确定适度规模时应该考虑到的因素主要是：

第一，本行业的技术特点。一般来说，需要的投资量大、所用的设备复杂先进的行业，适度规模相对较大。例如，冶金、机械、汽车制造、造船、化工等重工业厂商，生产规模越大经济效益越高。相反，需要投资少，所用的设备比较简单的行业，适度规模也小。例如，服装、服务这类行业，生产规模小能更灵活地适应市场需求的变动，对生产更有利，所以适度规模也就相对较小。

第二，市场条件。一般来说，生产市场需求量大，而且标准化程度高的产品的厂商，适度规模也应该大，这也是重工业行业适度规模大的原因。相反，生产市场需求小，而且标准化程度低的产品的厂商，适度规模也应该小。所以，服装行业的厂商适度规模就要小一些。

当然，在确定适度规模时要考虑的因素还很多。例如，在确定某一采矿企业的规模时，还应考虑矿藏量的大小。其他诸如交通条件、能源供给、原料供给、政府政策等，都是在确定适度规模时必须要考虑到的因素。

当然，在不同国家、不同地区，由于经济发展水平、资源、市场等条件的差异，即使同一行业，规模经济的大小也并不完全相同。对于一些重要行业，国际上一般有通行的规模经济标准。应该注意的是，随着技术进步，规模经济的标准也在发生改变。如重工业行业中就普通存在着这种规模经济的生产规模不断扩大的趋势。这是因为这些行业的设备日益大型化、复杂化和自动化，投资越来越多，从而只有在产量达到相当大数量时，才能实现规模经济。此外，规模经济也并不一定都是采用集中的方式。在生产连续性强的工业生产中，集中是扩大规模的主要方式，但在商业中，实现规模经济并不是要盖越来越大的商场，而是进行连锁经营。连锁经营是由一个配送中心对一个城市、一个地区，甚至一个国家的众多加入连锁的商店进行统一管理、储运和调配，从而节约了流通成本，提高了效益。所以，连锁经营是商业规模经营的主要形式，这也正是第二次世界大战后连锁经营发展迅速，成为主要商业经营形式的原因。

虽然规模报酬与前述边际报酬都有递增、不变和递减三个阶段，但两者是有明显区别的：第一，适用时期不同。规模报酬问题适用于长期分析；边际报酬问题适用于短期分析。

第二，条件不同。规模报酬分析考察的是所有生产要素同时同比例变动对产出的影响；边际报酬分析考察的是一些要素不变而另一些要素变动对产出的影响。

第三，变动原因不同。规模报酬变动是由内在经济与不经济、外在经济与不经济引起的；边际报酬变动是因为固定要素投入量与可变要素投入量之间的配合比例变化而产生的。

案例 1　小麦生产函数的确定

农作物的生产可以采用多种不同的生产方式。美国的大农场通常采用资本密集型的生产方式进行生产，对建筑、机械设备投资很大，而对劳动的投入则相当小。当然，粮食也可以用极少的装备（如锄头）和大量的劳动（如农民们）生产出来。运用等产量曲线描述农业生产过程是展示农业生产函数特点的常用方法之一。

分析：

有人对小麦生产进行统计分析，估计出在美国小麦生产的等产量曲线如图 1 所示。

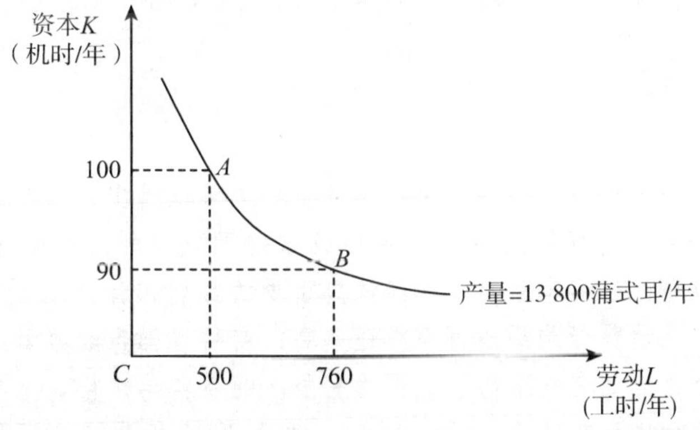

图 1

美国农场主可以根据图 1 这条等产量曲线决定是多雇用农业工人好，还是多使用农业机械好。假定该农场目前在点 A 处进行生产，投入劳动 500 工时/年与资本 100 机时/年，生产粮食产量为 13 800 蒲式耳/年。该农场主尝试着要少用些资本，但要维持原有的产量。他发现减少 10 个机时/年需要增加 260 个工时/年的投入。农场主的试验描述了小麦生产函数的特点。在图 1 中的等产量线上比较 A 点（$K=100$ 及 $L=500$）与 B 点（$K=90$ 及 $L=760$），农场主发现用劳动替代资本的边际技术替代率为 0.04，即：

$$MRTS_{LK} = -\Delta K/\Delta L = -(-10/260) = 0.04$$

这一 MRTS 之值告诉农场主，在美国生产相同产量的小麦，要节省资本的投入所需要增加劳动投入的比例。农场主意识到除非劳动的成本大大低于机械的成本，他才考虑使用更多的劳动。否则，他应该维持原有的资本密集型的生产方式。因为多用 260 工时/年才能够节省 10 机时/年。

显然，要确定究竟以什么生产方式，即位于等产量曲线上哪一点进行小麦生产最好，还需要掌握更多的信息，如机时与工时的市场价格。不过美国小麦生产的边际技术替代率说明了一点，为什么在美国和加拿大等发达国家农业生产的 MRTS 相对较高，或者说资本—劳动比率较高；而在发展中国家农业生产的 MRTS 相对较低，或者说是资本—劳动比率较低。因为发达国家资本的价格相对便宜，而发展中国家劳动的价格相对便宜。

资料来源：金镝著的《经济学》，大连理工大学出版社 2005 年版，第 103 页。

案例 2　轿车工业的规模经济

国外的一些学者曾估算过汽车工业的 *MES*（Minimize Efficiency Scale，最小有效规模），但是由于中外的技术条件、经济条件和产品都不同，这些成果并不能简单地运用于中国现实的轿车市场。国务院发展研究中心于 1990 年利用会计法计算出轿车的 *MES* 为年产 30 万辆。随着汽车制造技术的发展（模块化生产、共用生产平台等），市场竞争格局发生了变化，*MES* 有上升的趋势。2002 年以前，各主要轿车厂商的整车生产能力分析如下：桑塔纳 30 万辆；小红旗 7 万辆；奥迪 3 万辆；捷达、富康、夏利 15 万辆；切诺基 5 万辆；长安奥拓 10 万辆。

分析：

这是一个关于厂商生产规模经济的例子。从资料中可以看出，当时我国轿车厂家在很长时间内没有达到 *MES*。既然规模经济能够带来成本的下降和利润空间的上升，国内的厂商为何不扩大生产能力呢？市场容量对规模经济有重要的影响。首先，在中国，轿车刚刚步入家庭，轿车价位相对于消费者购买能力而言还偏高，使得我国市场容量有限。其次，同类企业数量过多使得单个企业拥有的市场容量更为有限。随着轿车价格逐渐降低和轿车逐步进入家庭，轿车企业的产量也正在逐步上升，例如，截至 2004 年我国一汽集团产销量接近 100 万辆，上汽集团产销量接近 80 万辆，长安、北汽集团和东风汽车产销量超过 50 万辆。不过 10 家轿车厂家中仍有 3 家销量不足 10 万辆。

资料来源：刘东、梁东黎著的《微观经济学教程》，科学出版社 2005 年版，第 96 ~ 97 页。

[关键概念]

生产　投入　企业家才能　生产函数　短期生产函数　总产品　平均产品　边际产品　边际报酬递减规律　长期生产函数　等产量曲线　边际技术替代率　生产的经济区域　边际技术替代率递减规律　规模报酬　内在经济　内在不经济　等成本线　柯布—道格拉斯生产函数

[复 习 题]

1. 如何理解边际报酬递减规律？试用该规律简要说明我国企业剩余劳动力转移的必要性。

2. 短期生产可分为哪几个阶段？如何确定一种可变要素投入的合理区域和最佳投入点？

3. 试比较分析等产量曲线与无差异曲线的基本特征？

4. 规模报酬变动有哪几个阶段？规模报酬变动的主要原因有哪些？企业应如何确定其适度生产规模？

5. 什么是生产要素最佳组合？实现生产要素最佳组合的条件是什么？

6. 为什么在短期生产中，劳动的边际产出会显现出先上升后下降的现象？

7. 单个生产要素的报酬递减率与规模报酬不变并不矛盾，为什么？

8. 假设你要招聘工厂的流水线操作工，在平均劳动产出与边际劳动产出中，你更关心什么？如果你发现平均产出开始下降，你会雇用更多的工人吗？这种情况的出现意味着你刚雇用的工人的边际产出如何？

9. 在长期生产过程中，一家企业的生产要素是完全可替代的，你能告诉我边际技术替代率是高还是低，是否还需要其他信息？

10. 在某一雇用水平上，已知劳动的边际产出比平均产出高，劳动的平均产出会上升还是下降？

11. 在计算机集成的生产过程中，劳动的边际产出为每小时 50 元，此时劳动资本的边际技术替代率为 1/4。资本的边际产出为多少？

12. *OISK* 个人电脑公司的生产函数为 $Q=10K\ L$，式中，Q 是每天生产的计算机数量；K 是机器使用的时间；L 是投入的劳动时间。*DISK* 公司的竞争者 *FLOPPY* 公司的生产函数为 $Q=10K\ L$。

（1）如果两家公司使用同样多的资本和劳动，哪一家的产量大？

（2）假设资本限于 9 小时机器时间，劳动的供给是无限制的，哪一家公司的劳动的边际产出大？

13. 如果某厂商的短期生产函数为：$Q=240L+24L^2-L^3$，Q 表示产量，L 表示劳动投入量，求：

（1）当劳动的边际产品最大时，需要投入多少单位的劳动？

（2）在短期生产的三个阶段，劳动的取值范围各为多少？

（3）总产品、平均产品和边际产品的极大值各为多少？

14. 假定某厂商的生产函数 $Q=4L^{0.5}K^{0.5}$，如果 $w=1$，$r=4$，问：

（1）产量 $Q=10$ 时生产要素最佳组合情况如何？厂商的最低成本支出为多少？

（2）当总成本 = 100 时，厂商均衡时的产量 Q、劳动投入量 L 和资本投入量 K 各为多少？

15. 设某厂商的生产函数为 $Q_x=100\ L^{0.5}K^{0.5}$，资本投入量 $K=16$，产品 x 的价格 $Q_x=600$，当劳动价格 $w=3\,000$，试确定劳动的最佳投入量？若劳动的价格上涨 1/3，则劳动的最佳投入量又应确定为多少？

[补充阅读材料]

1. 高鸿业编:《西方经济学:微观部分》,中国人民大学出版社 2004 年版。

2. 平新乔编:《微观经济学十八讲》,北京大学出版社 2002 年版。

3. 梁小民编:《微观经济学纵横谈》,生活·读书·新知三联书店 2000 年版。

4. [美] 斯蒂格利茨(Stiglitz, J. E.)著:《经济学》(第 2 版),梁小民、黄险峰译,中国人民大学出版社 2000 年版。

5. [美] 曼昆(Mankiw N. Gregory)著:《经济学原理·微观经济学分册》,梁小民译,北京大学出版社 2006 年版。

6. [美] 平狄克(Robert S. Pindyck)、鲁宾费尔德(Daniel L. Rubinfeld)著:《微观经济学》,张军等译,中国人民大学出版社 2000 年版。

7. [美] 保罗·A·萨缪尔森(Paul A. Samuelson)、威廉·诺德豪斯著(William D. Nordhaus)著:《微观经济学》,萧琛主译,人民邮电出版社 2004 年版。

第五章

成 本 理 论

【学习目的和要求】

本章的学习目的是通过介绍各种成本的基本概念，如会计成本和机会成本、显性成本与隐性成本、私人成本与社会成本、增量成本与沉淀成本、短期成本和长期成本等，理解成本函数，掌握各种短期成本、长期成本的含义及其相互关系。要求掌握各种短期成本曲线、长期成本曲线的性质、画法及其经济含义。在此基础上，对比分析影响成本的各类因素，并了解成本函数的估计与预测。

【内容提要】

1. 基于不同的分析目的和角度，成本概念有多种，要正确理解和运用成本概念，必须对其进行对比分析。如果将讨论的角度集中在与厂商生产之间的关系，常见的成本概念包括会计成本与机会成本、显性成本与隐性成本、私人成本与社会成本、增量成本与沉淀成本，在此基础上，联系生产者理论可以界定几种重要的利润概念：经济利润、会计利润与正常利润。

2. 厂商生产成本的大小取决于各种生产要素的投入量及其单位价格，即将厂商在生产中所使用的各种生产要素的数量分别乘以其价格，然后加总求和便可计算出总成本。同时，根据技术水平、投入要素数量及其价格变化的情况，成本函数可以划分为瞬时成本函数、短期成本函数和长期成本函数。

3. 总成本是总固定成本与总可变成本之和。总固定成本是指在一定的产量范围内，不随产量变动而变化的成本，其特点是它与产量的变动无直接联系。故此，总固定成本曲线可以被描绘为一条水平线。总变动成本是指随着产量变动而变动的各种成本，通常情况下，其特点是随着产量增加总变动成本也不断增加，故此，总变动成本可以被描绘为一条斜率为正的曲线。平均成本和边际成本能够反映总成本与产量之间的关系。平均成本是生产单位产量的成本，等于总成本与总产量的比值；边际成本是每增加一个单位产量所增加的总成本，反映成本变化对产量变化的敏感程度。

4. 一般情况下，短期边际成本 SMC、短期平均成本 SAC、短期平均变动成本 AVC 均呈现为“U”字形。其中，短期边际成本曲线 SMC 与短期平均成本曲线 SAC 相交于 SAC 的最低点 N。在 N 点上，$SMC=SAC$。在 N 点之左，SAC 在 SMC 之上，SAC 一直递减，$SAC>SMC$。在 N 点之右，SAC 在 SMC 之下，SAC 一直递增，$SAC<SMC$。短期边际成本 SMC 与短期平均变动成本 AVC 相交于 AVC 的最低点 M。在 M 点上，$SMC=AVC_{min}$。在 M 点之左，AVC

在 SMC 之上，AVC 一直递减，AVC > SMC。在 M 点之右，AVC 在 SMC 之下，AVC 一直递增，AVC < SMC。

5. 长期总成本函数反映的是各种产量水平与最低总成本之间的依存关系。在生产规模不可细分的条件下，各条短期总成本线曲线的实线部分连接而成的不规则曲线即为长期总成本曲线，此时的长期平均成本曲线为各种短期平均成本曲线交点以下用实线连接而成的不规则曲线。在生产规模可以无限细分的条件下，长期总成本曲线、长期平均成本曲线则分别是各种短期总成本曲线和各种短期平均成本曲线的包络曲线，呈现“U”形。长期边际成本曲线是由无数条短期边际成本曲线密集而成，它也是一条先下降后上升的“U”形曲线。长期边际成本 LMC、长期平均成本 LAC、长期平均变动成本 LAVC 之间的关系如短期内三种关系相同。

6. 规模经济是指随着生产规模的扩大而出现长期平均成本下降的情况，规模不经济则是指随着生产规模的扩大而出现长期平均成本上升的情况。规模经济与规模不经济是长期平均成本曲线呈“U”形的原因。范围经济是指多种产品的联合生产比单独生产这些产品成本更低；反之，若联合生产比单独生产成本更高，则是范围不经济。范围经济和范围不经济也是影响长期成本的重要因素。在生产过程中，厂商不断获取有关经验，提高生产效率，从而导致其长期平均成本随厂商累积产出的增长而下降的现象，称为学习效应，反映平均成本与学习效应之间的关系的曲线即学习曲线，它对厂商的成本管理和预测具有重要意义。

7. 无论短期成本还是长期成本的预测，关键因素在于成本数据的收集和成本函数的建立。

第一节　成本的基本概念与成本函数

一、成本的基本概念

在经济分析中，成本是最复杂的概念之一。一种经济活动，从不同的角度进行分析，其成本可能不同。例如，一个厂商将废水排放到自然界，厂商对环境污染没有支付任何费用，而社会则要承担为治理污染所引起的成本。在经济学中，不同的成本概念多达数十个，这些不同的成本概念都是正确的，其差异产生于分析的目的和角度不同。但这给学习并正确使用成本概念带来了困难。我们将把讨论的重点集中在与厂商生产相关的成本概念方面。

1. 会计成本与机会成本。在经济分析中，成本（Cost）是获取服务而支付的代价。这个代价可能是有形或无形的，也可能是客观现实的或观念上的。

人们通常说的成本一般指的是会计成本（Accounting Cost）。所谓会计成本指的是厂商在生产中按市场价格直接支付的一切费用。这些费用一般要反映到厂商的会计账目上去，是企业已支出的货币记录，因此也叫做历史成本。会计成本对于厂商的财务分析是重要的，但对于厂商的经营决策来说却显得信息不足：第一，会计成本往往只能说明过去，不能说明将来。投入的价格、性能等条件的变化，都会使会计成本成为一种不能正确预测将来的东西。第二，会计成本往往含有一些人为因素。由于固定资产折旧方法、折旧率的不同，待摊费用的分摊方法不同，都会造成结算成本的不同，因此从会计成本的高低难以比较厂商经济效益的高低。第三，会计成本不能准确反映厂商生产的实际代价。在厂商的资源有限时，创造一种商品或劳务往往就得放弃要素的其他用途和可能产生的收益。这种收益实际上也是厂商生产的代价，只不过没有反映在会计账目上。

由于会计成本在企业决策分析中的局限性，经济学家们使用了机会成本这个概念。所谓机会成本（Opportunity Cost），从企业来说，指的是由于使用某一投入要素而必须放弃的这一要素其他用途的最高代价，从要素所有者来说，则是指这一要素在其他可能的机会中所能获得的最高报酬。

机会成本不是厂商生产中的实际货币支出，而是由于选择某一决策方案时所产生的观念上的成本，因此在厂商的会计账目上是找不到的。但它对厂商的经营决策又是至关重要的。因为厂商往往是根据机会成本而非会计成本确定厂商的经营方向。比如，一个企业花 2 000 元购买 1 吨原油，这吨原油可以有三个用途：第一个用途是作为燃料燃烧，由此创造的收入是 5 000 元；第二个用途是转手卖出去，收入是 4 000 元；第三个用途是作为化工原料生产化工产品，收入是 6 000 元。显然，从会计成本看，这三个用途都是有收益的。但从机会成本看就不同了：第一个用途亏损 1 000 元；第二个用途亏损 2 000 元；只有第三个用途盈利 1 000 元。因此，精明的经营者应将这 1 吨原油用作化工原料去生产化工产品。

机会成本可以用价值量来表示，也可以用实物量来表示，利用机会成本这一概念进行经济分析，还要具备相应的前提条件。具体包括：资源本身有多种用途；资源可以自由流动而不受任何限制；资源得到了充分利用。

2. 显性成本与隐性成本。显性成本（Explicit Cost）是厂商生产过程中所实际发生的各种费用，这类成本通常与资金的实际流动相联系。典型的显性成本包括原材料、工资及企业管理费等。

隐性成本（Implicit Cost）的产生在于经济学家使用机会成本这一概念。如果某人使用自己的资金投资，使用自己的土地以及企业所有者自己管理企业，在企业的成本项目中没有对于这些投入要素的报酬。但绝不意味着使用这些生产要素是没有代价的，只不过这些成本是以隐性的形式存在。换句话说，显性成本表现为资金的实际流动，而隐性成本则与资金的实际流动没有直接联系。对于一项经济活动，其全部成本应该是显性成本与隐性成本之和。如果仅仅根据显性成本来作出决策，不一定能够得到正确的结果。例如，某人用自己的一间房子开一家商店并亲自管理，每年可以获得会计利润 25 000 元。如果他不开这家商店而在别的地方工作，每年的薪水为 20 000 元，这间房子出租每年可以获得租金 10 000 元。由于这两项收入并没有实际发生，所以不能计入会计成本。但从资源是否有效使用的角度来看，此人选择开商店的决策是一种次优的选择。如果把隐性成本加进他的会计成本之中，那么经营这家商店的经济利润小于零。

3. 私人成本与社会成本。私人成本（Personal Cost）是从生产者角度所考虑的成本，一般人对于私人成本的概念，都囿于会计成本，生产者按市场价格支付的一切费用。其实它还应当包括生产者的自有要素的投入成本，即还应包含隐性成本，隐性成本也是从生产者角度所应考虑的成本。

社会成本（Social Cost）是指整个社会为某种资源配置和使用所支付的成本。在现实经济生活中，私人厂商的经济活动往往可能导致社会成本的增加。如某重化工业厂商在生产过程中会排放出大量废渣、废水和废气等，对该厂商自身而言，排放“三废”的成本仅仅是将它们从企业输送到废渣场、河流和大气中所发生的费用。而对于社会而言，单个厂商“三废”的排放引致周围的生态环境如水源、空气等严重污染。为此，社会不得不支付相应的费用加以治理，这笔费用就构成为社会成本。当然，私人厂商的经济活动也可能使全社会从中获益。典型的例子如养蜂厂与果园之间的关系，私人养蜂采蜜，有利于花粉的传播，有助于果园的水果产量增加；而果园的树木开花，又可为蜜蜂提供充足的花粉，促进蜂蜜产量的提高。由于私人成本与社会成本往往不一致，特别是在私人厂商的经济活动导致社会成本的额外增加时，政府会采取某些公共政策加以补救，私人厂商可能因此被要求支付除私人成本以外的相应费用。因此，任何厂商在对其资源使用作出重大决策时，不能仅仅考虑其私人成本的大小，还要考虑由此引起的社会成本的大小。

4. 增量成本与沉淀成本。增量成本（Incremental Cost），指一项经济活动所引起的总成本的增加量。例如，某厂商决定增设一条 VCD 生产线以扩大产量，由此需引进设备、增雇工人、增加购买原材料等，所有这些经济活动都会增加厂商的总成本，其增加量就是增量成本。既然增量成本由厂商决策决定，因而我们也可以把它理解为随决策而变动的成本。

正确估价增量成本对厂商的经济决策至关重要，过大的偏差将导致决策的失误。增量成本的高估，会使厂商错以为决策不可行，从而放弃本可获取利润的机会；而增量成本的低估，则会令厂商的决策者盲目乐观，看不到可能造成亏损的危险，从而作出不应作出的决策。这里举一个增量成本低估的例子加以说明。假设市场对 VCD 机的需求增加，可在原价 1 000 元的价位上增加 1 万台 VCD 机的消费。某 VCD 机生产厂以目前的生产成本为参照，预计增产 1 万台 VCD 机只会增加总成本 800 万元，从而可获净利 200 万元。因此，该厂商决定增产并与销售商订下供货合同。可是，由于对市场的调研不充分，厂商没有预料到原材料价格的连续上涨使总实际成本增加到 1 020 万元，该厂因此净亏损 20 万元，其亏损的直接原因就在于过低地估计了增产决策的增量成本。

尽管机会成本是隐性的，但在作经济决策时必须予以考虑。与之相对应的沉淀成本（Sunk Cost）正好相反，沉淀成本通常是可见的，但一旦发生以后，在作出经济决策之时经常被人们忽略。沉淀成本是已经发生而无法收回的费用。由于它是无法收回的，因而不会影响厂商的决策。例如，我们来考察一项按厂商特定要求而设计的专用设备。我们假定该项设备仅能用于起初设计的用途，而不能转作他用，这项支出就属于沉淀成本。因为该设备别无他用，其机会成本为零，从而不应包括在厂商成本之中。不管购置该设备的决策是否正确，这项支出已付诸东流，不应该影响当期的决策。

例如，假定某厂商考虑将其总部迁至新的城市。厂商支付了 50 万美元购买了新城市的一座建筑的买方期权，这项期权给予厂商以按 500 万美元的价格购入该建筑物的选择权，如果厂商需要在该城市购买这座建筑的话，则其所应支付的价格就是 550 万美元。现在厂商又发现该市另一座售价为 525 万美元的类似建筑物值得购买，那么，厂商应该购买哪一座建筑呢？答案是购买原先的那座。因为购买期权的 50 万美元是一项沉淀成本，不应影响厂商的本期决策；原先那座建筑物的经济成本为 500 万美元（因为购买期权的 50 万美元不属于经济成本的一部分），而另一座建筑的经济成本为 525 万美元。当然，如果后者仅需 45 万美元代价的话，厂商就应该购买它，而放弃期权。

5. 经济利润、会计利润与正常利润。企业的所有显性成本和隐性成本之和构成企业的总成本。企业的总收益和总成本之间的差额构成企业的经济利润，简称企业利润。企业所追求的最大利润，指的就是最大的经济利润。经济利润也被称为超额利润。

会计利润是指企业的会计账簿上所显示出来的利润，即账面实际收益与账面实际成本之间的差额。会计师和经济学家对收入或收益的衡量是相同的，但两者对成本的衡量却存在差异。由于机会成本包括的内容比会计成本要多，所以机会成本要比会计成本高，相应的，经济利润要比会计利润低。

另外一个值得注意的概念是正常利润。正常利润是厂商对自己提供的企业家才能的报酬的支付。它是厂商生产成本的一部分，以隐性成本计入总成本。经济利润中不包含正常利润。由于厂商的经济利润等于总收益减去总成本，所以当厂商的经济利润为零时，厂商仍然得到了全部的正常利润。

二、成本函数

厂商为获得一定数量的产出，必须投入生产所需的各种生产要素，厂商购买生产要素的支出就是成本。显然，成本的大小取决于各种生产要素的投入量及其单位价格，即将厂商在生产中所使用的各种生产要素的数量分别乘以其价格，然后加总求和便可计算出总成本。

如果我们假定生产中仅使用两种生产要素即劳动 L 和资本 K，其价格分别为 w 和 r，则成本方程可记为：

$$C = wL + rK \tag{5.1}$$

显然（5.1）式就是我们前面已分析过的等成本线方程。

在成本理论中，我们重点要考察的是成本函数（Cost Function）。它是不同于成本方程的一个极为重要的概念。厂商的生产成本受诸多因素的影响，主要有生产技术条件、生产要素的价格和管理水平等。假定这些因素在一定时期内保持不变，则生产成本取决于厂商的产量水平，随产量水平的变化而变化。所谓成本函数，就是指生产技术条件和生产要素价格既定的情况下，成本与产量之间的依存关系。如果以 C 表示成本，Q 表示产量，则成本函数可表示为：

$$C = F(Q) \tag{5.2}$$

（5.2）式说明，成本是产出的函数。而在生产函数分析中，产出是各种生产要素投入量的函数，即 $Q = f(L, k)$，由此可得：

$$C = F[f(L, K)] \tag{5.3}$$

（5.3）式表明，在生产技术条件和生产要素价格既定的情况下，成本函数是生产函数的反函数。

由此可见，同一成本可以有两种不同表示方法：一种表示为生产要素投入量的函数，即 $C = f(L, K)$，称为成本方程；另一种被表示为产量的函数，称为成本函数。本章所要探讨的是成本函数及其变化规律。由于成本函数是生产函数的反函数，所以，在以后的分析中，为了更好地理解成本函数的性质及变化规律，我们不妨把成本函数与生产函数两者结合起来分析。同时，由于时间长短不同，生产呈现出不同的变化特征，生产函数可以分为不同时期，成本函数也可分为瞬时成本函数、短期成本函数和长期成本函数三类。

1. 瞬时成本函数。在极为短暂的时间内，由于技术水平、投入要素及其价格都是不变的，因此成本函数为：

$$C = F(Q) = F[f(\bar{L}, \bar{K})] \tag{5.4}$$

（5.4）式表示，在极短的时间内，所有的投入都是固定的，要素的价格也是不变的，因此产量和成本是固定的。

2. 短期成本函数。在短期内，技术水平、要素的价格以及部分要素的投入量是不能改变的，只有部分要素的投入量可以改变，假定资本 K 为固定投入，劳动 L 为变动投入，因此成本函数为：

$$C = F(Q) = F[f(L, \bar{K})] \tag{5.5}$$

（5.5）式表示，短期内成本由两部分构成：rK 为固定成本，wL 为变动成本。变动投入 L 的变动会同时引起产量和成本的变动，成本既是产量变动的函数，又是变动要素投入量的函数。

3. 长期成本函数。在长期内，技术水平和一切投入要素及要素价格都是可以变动的，因此成本函数为：

$$C = F(Q) = F[f(L, K)] \tag{5.6}$$

（5.6）式表示，在长期内没有固定成本，任何要素的成本都是变化的。

第二节　短期成本与长期成本分析

一、短期成本分析

在短期内，由于一部分投入固定，一部分投入变动，因此成本就有固定成本和变动成本之分。固定成本指短期内不随产量变动而变化的成本；变动成本是短期内随产量变动而变化的成本。与固定成本相联系的有总固定成本和平均固定成本，与变动成本相联系的有总变动成本和平均变动成本另外，从整个成本角度看，还有总成本、平均成本和边际成本，因此短期成本分析要涉及上述七个成本范畴。表 5.1 是某厂商的短期成本表，表中的数据反映了各成本之间的内在联系。下面我们结合这些内在联系对短期成本进行分析。

1. 总固定成本。总固定成本（Total Fixed Cost，TFC）是指在一定的产量范围内，不随产量变动而变化的成本之和。总固定成本的特点是，它与产量的变动无直接联系，而与时间的关系较密切。例如，厂商的厂房、机器设备的折旧费，厂商的保险费、利息、租金等，无论产量多少，都是一样的。但时间越长，这些成本就越高；相反就越低。

固定成本可细分成以下三类：

（1）约定成本。约定成本是与厂商法人实体和物质资本的存在相联系的费用，如厂商的保险费、利息费用、租金费用等。

（2）管理成本。管理成本是厂商的经营管理活动中发生的必不可少的开支。例如，厂商必要的办公用品开支、厂商常雇人员的工资费用等。

（3）规划成本。规划成本是对厂商经营方向进行决策规划和控制所发生的费用。它与厂商当前的经济活动无关，而与厂商的长远发展密切相关。例如，厂商的研究与开发费用就属于此类费用。这类费用的高低与厂商的经营决策有密切的关系。

由于固定费用不随产量变化而变动，无论产量如何变化，总固定成本始终为固定要素投入量与固定要素价格的乘积。因此总固定成本函数是条水平线（如图 5.1 所示），在表 5.1 中，$TFC=120$。

表 5.1　　短期成本

产量（Q）	固定成本（TFC）	可变成本（TVC）	总成本（STC）	边际成本（SMC）	平均固定成本（AFC）	平均可变成本（AVC）	平均成本（SAC）
0	120	0	120	—	0	0	0
1	120	34	154	34	120	34	154
2	120	63	183	29	60	31.5	91.5
3	120	90	210	27	40	30	70
4	120	116	236	26	30	29	59
5	120	145	265	29	24	29	53
6	120	180	300	35	20	30	50
7	120	230	350	50	17.14	32.86	50
8	120	304	424	74	15	0	53
9	120	420	540	116	13.33	46.67	60

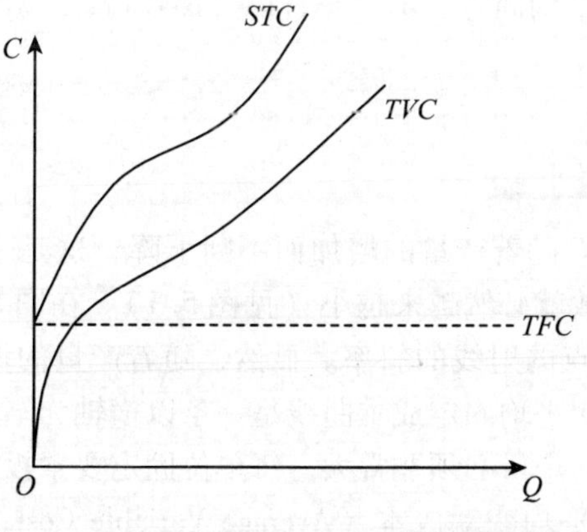

图 5.1　固定成本、可变成本和总成本曲线

2. 总变动成本。总变动成本（Total Variable Cost，TVC）是指随着产量变动而变动的各种成本之和，也就是除固定成本以外的成本之和。随产量增加，总变动成本也不断增加。总变动成本又可细分为三类：第一类是完全变动成本，指完全随着产量变动而变动的成本，如原材料费；第二类是半变动成本，指在一个固定的基数上随产量按一定比例变动的成本，如生产工人的工资；第三类是延期变动成本，指在一定的产量范围内支付一个固定数，以后随产量按一定比例变动的成本，如随生产而变动的租税。

通常的情况下，在变动成本投入之初，随着变动投入的增加，投入得到充分的利用，生产的效率不断提高，总变动成本虽然随着产量的提高而增加，但增加的速度会不断有所减慢，到一定的程度以后，由于边际实物报酬递减法则发挥作用，生产的效率会下降。这时，随着产量的提高，总变动成本会急剧上升。总变动成本的变动趋势如图 5.1 中的曲线所示，对于不同的厂商，曲线的形状会有所不同。

当然，这里的变动成本与固定成本总是相对而言的，有些很难加以区别，因此又有准固定成本的说法。它介于变动成本和固定成本之间，它并不完全随产量的变动而变动，厂商不生产时可以不支付，但厂商一旦进行生产就必须支付，且随着产量的变动也有某种变动，如厂商的照明用电就是准固定成本。

3. 短期总成本。短期总成本（Short Total Cost，STC）是总固定成本与总变动成本之和，即：

$$STC = TFC + TVC$$

总固定成本是不随产量变动的常数，可以常数 b 来表示，总变动成本是产量的函数，以 $f(Q)$ 来表示，则：

$$STC = f(Q) + b \tag{5.7}$$

在图 5.1 中，总成本曲线 *STC* 是将 *TVC* 曲线向上平移，平移的距离等于总固定成本，说明短期总成本与总变动成本的变动规律相同。

4. 平均成本。从总固定成本、总变动成本和总成本函数中可以很容易导出四个成本函数。

（1）平均固定成本。平均固定成本（Average Fixed Cost，AFC）是以总固定成本除以产量，即：

$$AFC = \frac{TFC}{Q} = \frac{b}{Q} \tag{5.8}$$

从图 5.2 可以看出 *AFC* 随着产量的增加而不断下降，这是一定量的总固定成本分摊到越来越大的产量上，平均数就必然越来越小（见图 5.1）。在图 5.1 中，*AFC* 在数值上等于坐标原点到曲线 *TFC* 相应点的射线的斜率。显然，随着产量的增加，射线的斜率也就越来越小，但总大于零，这说明平均固定成本曲线是一条以横轴为渐近线的曲线。其经济意义在于：要获取规模经济效应，产量必须非常大，每单位固定要素投入才能发挥其最大效率。

（2）平均变动成本。平均变动成本（Average Variable Cost，AVC）是以总变动成本除以产量，即：

$$AVC = \frac{TVC}{Q} = \frac{f(Q)}{Q} \tag{5.9}$$

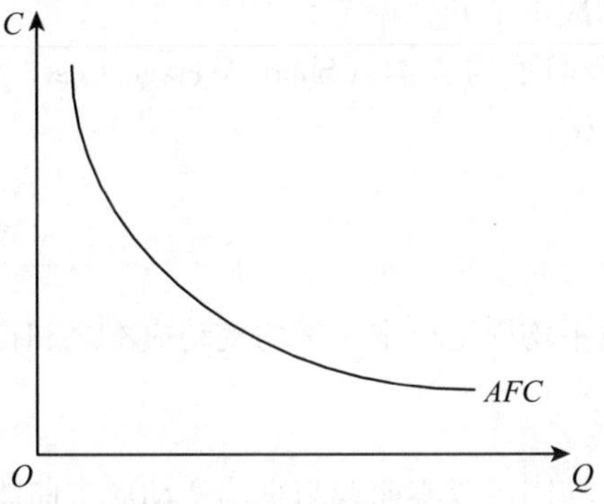

图 5.2　平均固定成本曲线

从图 5.3（b）可以看到，平均变动成本曲线呈“U”形。起初平均变动成本随着产量的增加，投入要素的效率逐渐得到发挥而不断减少。但产量增加到一定程度后，由于边际报酬递减法则显著的起作用，平均变动成本会随产量的增加而增加。

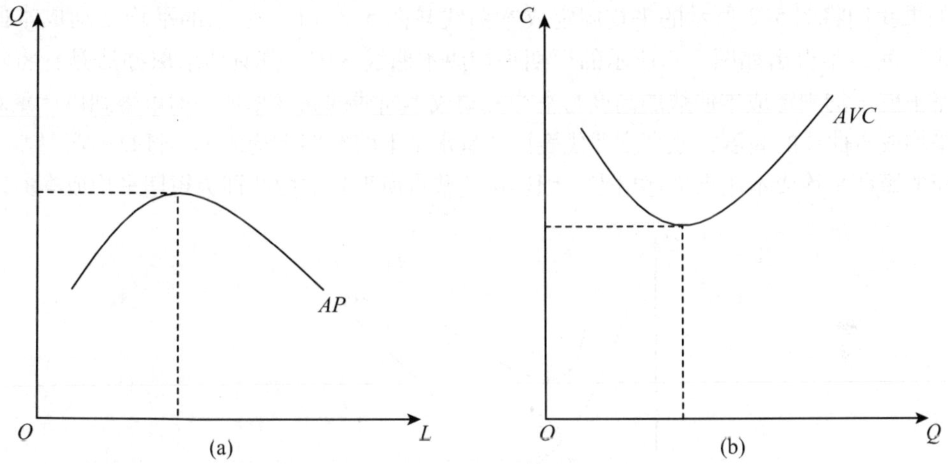

图 5.3　平均产量曲线与平均变动成本曲线

从图 5.1 中也可以知道，某产量下的平均变动成本是原点 O 到总变动成本曲线相应点射线的斜率。当自原点的射线与 TVC 相切时，相应的平均变动成本也就处于平均变动成本曲线最低处。在切点以前，射线的斜率随着产量的增加越来越小，切点以后，射线的斜率随着产量的增加越来越大。这也说明了平均变动成本曲线呈“U”形。

由于总变动成本等于可变要素投入量与可变要素价格的乘积，即 $TVC=wL$，故有：

$$AVC=\frac{wL}{Q}=\frac{w}{\frac{Q}{L}}=\frac{w}{AP_L} \tag{5.10}$$

（5.10）式表明，平均变动成本等于可变要素的价格除以可变要素的平均产量。由于我们假定生产要素的价格是不变的，所以平均变动成本与平均产量呈反向变动关系。即当平均产量上升时，平均变动成本下降；当平均产量达到最大值时，平均变动成本达到最小值；当平均产量下降时，平均变动成本上升，见图 5.3。

（3）短期平均成本。短期平均成本（Short Average Cost，SAC）是短期总成本除以产量，因此也称平均总成本 ATC。

$$SAC=\frac{STC}{Q}=\frac{f(Q)+b}{Q} \tag{5.11}$$

短期平均成本也可以由平均固定成本与平均变动成本之和得到：

$$SAC=AVC+AFC \tag{5.12}$$

由于平均成本曲线是平均固定成本曲线与平均变动成本曲线之和得出，因而短期平均成本曲线通常也呈“U”形，而且随着产量的增加，SAC 曲线也与 AVC 曲线不断接近。

短期平均成本是原点 O 到总成本曲线上相应点射线的斜率。当自原点的射线与 TC 相切时，相应的平均成本也就处于平均成本曲线 AC 最低处。同样，在切点以前，射线的斜率随着产量的增加越来越小；在切点以后，射线的斜率随着产量的增加越来越大。这说明了平均成本曲线也呈“U”形。

如果我们将图 5.2 所示的平均固定成本曲线与图 5.3（b）所示的平均变动成本曲线叠加起来，就不难得出如图 5.4 所示的短期平均成本曲线 SAC。其具体求取办法是：将每个产量水平下的平均固定成本曲线的高度与平均变动成本曲线的高度相加，即可得到该产量水平下短期平均成本曲线的高度，该高度即代表该产量水平下的短期平均成本。将每一产量水平及其相对应的短期平均成本用点描述出来，则连接这些点所得到的曲线即为短期平均成本曲线。

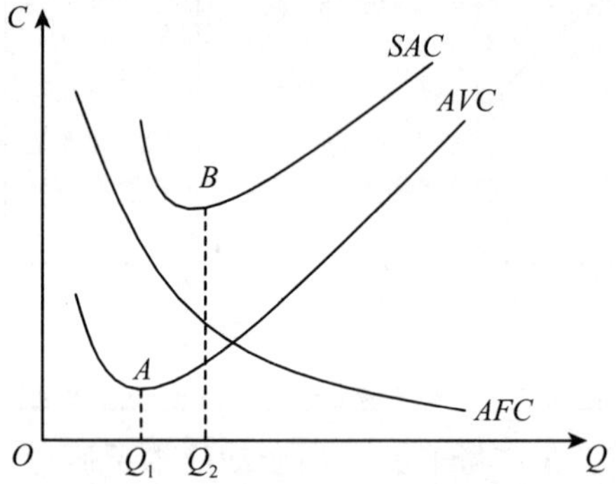

图 5.4 短期平均成本曲线的求取

从图 5.4 中可看出这样几个特点：（1）AVC 曲线与 SAC 曲线都是先下降后上升的“U”形曲线，AVC 曲线的最低点 A 位于 SAC 曲线最低点 B 的左下边，这说明 AVC 的最小值在较小产量水平 OQ_1 上达到，而 SAC 的最小值在较大产量水平 OQ_2 上达到。（2）在产量处于 OQ_1 之前，AFC 与 AVC 都是下降的，故 SAC 下降较快；在 $OQ_1<Q<OQ_2$ 时，AFC 是下降的，AVC 是上升的，但 AFC 下降的幅度大于 AVC 上升的幅度，故 SAC 继续下降；当 $Q=OQ_2$ 时，AFC 下降的幅度等于 AVC 上升的幅度，SAC 处于最低点；当 $Q>OQ_2$ 时，AFC 下降的幅度小于 AVC 上升的幅度，故 SAC 上升。（3）当产量很小时，AFC 很大，越来越趋近于 SAC；当产量很大时，AFC 很小，越来越趋远离 SAC，而 AVC 却越来越趋近于 SAC。这是因为，TFC 是不变的，产量很小时，平均每单位产品所摊固定成本大，而所摊可变成本相对较小；随着产量的增加，平均单位产品所摊固定成本就日益变小，而所摊可变成本却相应增大。

（4）短期边际成本。短期边际成本（Short Marginal Cost，SMC）是每增加 1 个单位产量所增加的总成本。即：

$$SMC=\frac{dSTC}{dQ}=\frac{d}{dQ}[b+f(Q)] \tag{5.13}$$

由于 $TFC=b$ 是不变的，所以边际成本不受固定成本的影响，因而有：

$$SMC=\frac{d}{dQ}[f(Q)]=\frac{d}{dQ}(w\cdot L)=w\cdot\frac{dL}{dQ}=\frac{w}{MP_L} \tag{5.14}$$

式（5.14）表明，短期边际成本等于可变要素的价格除以该可变要素的边际产量，由于假定要素价格是不变的，所以短期边际成本与边际产量呈反向变动关系。即当边际产量上升时，边际成本下降；当边际产量达到最大值时，边际成本达到最小值；当边际产量下降时，边际成本上升。根据这种关系，不难得出短期边际成本曲线 SMC，如图 5.5 所示。

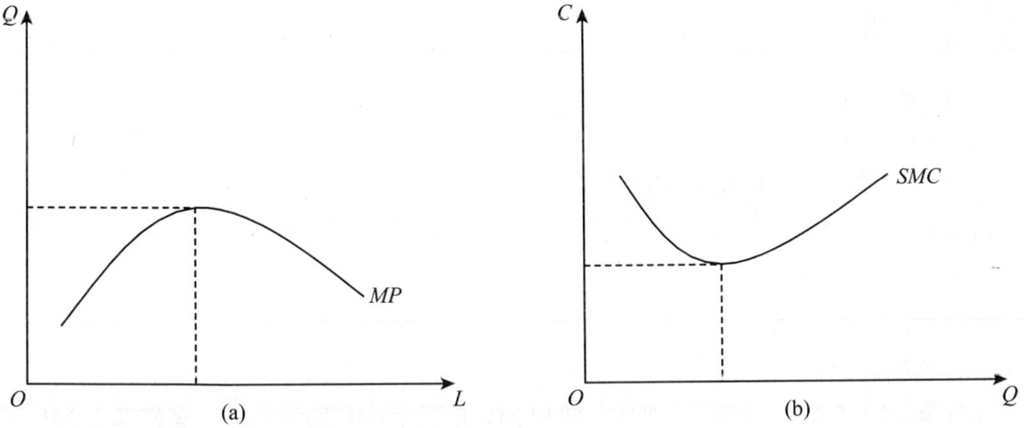

图 5.5 边际产量曲线与短期边际成本曲线

5. 短期边际成本与短期平均成本、短期平均变动成本的关系。先来看短期边际成本与短期平均成本的关系。从图 5.6 中可以看出，短期边际成本曲线 SMC 与短期平均成本曲线 SAC 相交于 SAC 的最低点 N。在 N 点上，$SMC=SAC$。在 N 点之左，SAC 在 SMC 之上，SAC 一直递减，$SAC>SMC$。在 N 点之右，SAC 在 SMC 之下，SAC 一直递增，$SAC<SMC$。

可以用数学方法证明这一结论：

SAC 曲线最低点的必要条件为：

$$\frac{dSAC}{dQ}=\frac{d}{dQ}\left(\frac{STC}{Q}\right)=\frac{1}{Q^2}\left[Q\frac{d(STC)}{dQ}-STC\frac{d}{dQ}\right]=0$$

$$Q\frac{d(STC)}{dQ}-STC\frac{d}{dQ}=0$$

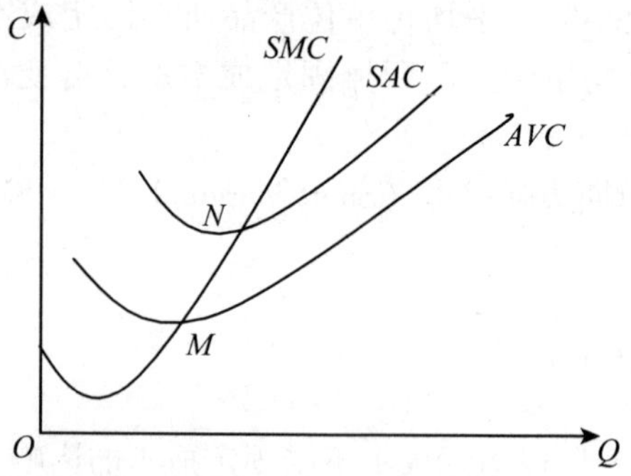

图 5.6　短期边际成本、短期平均成本和平均可变成本的关系

$$\frac{d(STC)}{dQ}=\frac{STC}{Q}$$

$$SMC=SAC=SAC_{\min}$$

因此，SAC 曲线最低点的充分条件为：

当 Q 小于对应于 SAC 最小点的 Q 时，

$$\frac{d(STC)}{dQ}<0$$

所以 $SMC-SAC<0$

或者 $SMC<SAC$

当 Q 大于对应于 SAC 最小点的 Q 时，

$$\frac{d(STC)}{dQ}>0$$

所以 $SMC-SAC>0$

或者 $SMC>SAC$

充分条件的含义是，SMC 必须从下面和 SAC 相交于 SAC 的最低点，然后处于 SAC 之上。SMC 和 SAC 相交的 N 点被称为收支相抵点，即在这一点上，$SMC=SAC_{\min}=P$，表明这时价格为平均成本的最小值，厂商的成本（包括正常利润）与收益相等。

短期边际成本与短期平均变动成本的关系和短期平均成本的关系相同。这就是说，SMC 与 AVC 相交于 AVC 的最低点 M。在 M 点上，$SMC=AVC_{\min}$。在 M 点之左，AVC 在 SMC 之上，AVC 一直递减，$AVC>SMC$。在 M 点之右，AVC 在 SMC 之下，AVC 一直递增，$AVC<SMC$。M 点被称为停止营业点，即在这一点上，$SMC=AVC_{\min}=P$，这表明价格只能弥补平均可变成本，这时所损失的是不生产也要支付的平均不变成本。如低于这一点，不能弥补可变成本，则厂商无论如何也不能生产了。

二、长期成本分析

在长期内，厂商可以根据它所要达到的产量调整所有生产要素的投入量，所以，没有固定成本与可变成本之分，所有的成本均是可变成本。所谓长期成本函数（Long-run Cost Function），是指在生产技术条件保持不变的情况下，所有生产要素投入量均可改变时成本与产量之间的依存关系。长期成本也可分为长期总成本、长期平均成本和长期边际成本，下面我们逐一加以分析。

1. 长期总成本。长期中所有生产要素的投入量均可变动，这给企业以极大的灵活性，使得企业可以根据计划产量来设计自己的生产规模，从而以比短期中更低的平均成本进行生产，我们用等产量线图来对比进行阐述。

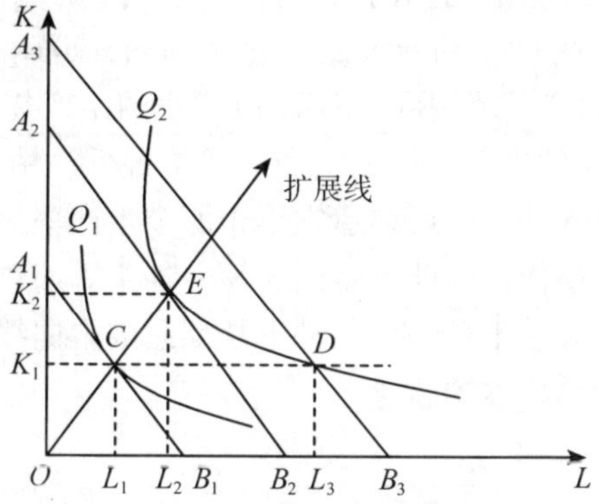

图 5.7　长期生产的经济性

图 5.7 中的 Q_1、Q_2 是某厂商的等产量线图，假定短期内其资本投入量固定在 K_1 水平。对该厂商而言，要生产 Q_1 数量的产品，其可变要素劳动的最优投入量为 L_1 单位，此时等成本线 A_1B_1 与等产量线 Q_1 相切因而成本最小。假设市场对产品的需求增大，因此决定增产至 Q_2。短期之内，受固定要素资本的限制，要达到增产的目的，厂商只有将可变要素劳动的投入量增加到 L_3，在 D 点进行生产，这令其生产成本上升到等成本线 A_3B_3 所代表的水平。在长期，情况就大不一样了，厂商可以在增加劳动投入的同时增加资本的投入，用最优的要素组合（L_2，K_2）在 E 点进行生产，这也是生产 Q_2 成本最低的方法（其等成本线 A_2B_2 与等产量线 Q_2 相切），比较一下等成本线 A_2B_2 与等成本线 A_3B_3，显然前者代表的成本更低，这说明相对于短期而言，长期内的生产更具经济性。

长期总成本（Long-Run Total Cost，LTC）是指在长期中，所有生产要素均可变动从而厂商可以调整生产规模时生产一定数量的某种产品所需耗费的最低成本总额。长期总成本函数反映的是各种产量水平与最低总成本之间的依存关系，即：

$$LTC = F(Q) \tag{5.15}$$

显然，长期总成本函数 $LTC = F(Q)$ 与短期总成本函数 $STC = b + f(Q)$ 是有明显区别的：(1) 短期总成本函数中的固定成本 b 不是产量的函数，而长期总成本实则是长期总可变成本，均为产量的函数。(2) 当产量为零时，短期总成本 $STC = TFC = b$，而长期总成本 $LTC = 0$。(3) 长期总成本曲线是指厂商在长期中调整生产规模，生产各种产量所需的最低总成本点的轨迹。这意味着厂商在长期中可根据需要调整所有生产要素的投入量，使生产要素组合达到最优状态，即任一产量水平所对应的长期总成本均是最优生产要素组合下的最低成本，而短期总成本曲线是指厂商在某一特定生产规模条件下各种产量水平上最小成本的轨迹。这意味着企业在短期内无法调整固定要素投入量以使生产要素组合达到最优状态，机器设备等固定要素常常出现过剩或不足，因而对于既定固定要素投入的短期生产而言，只有在最佳的产量水平下，短期总成本才等于长期总成本，而在其他产量水平下，短期总成本总是高于长期总成本。

下面结合图示说明长期总成本曲线的形成过程。在图 5.8 中，绘出了 4 条短期总成本曲线 STC_1、STC_2、STC_3 和 STC_4，分别表示厂商可供选择的 4 种不同的生产规模。这 4 种生产规模各有一个生产率最高的产量范围。例如，在 O 到 OQ_1 的产量范围内，STC_1 所代表的生产规模下生产总成本最低；在 OQ_1 到 OQ_2 的产量范围内，STC_2 所代表的生产规模下生产总成本最低；在 OQ_2 到 OQ_3 的产量范围内，STC_3 所代表的生产规模下生产总成本最低；在产量超过 OQ_3 时，STC_4 所代表的生产规模下生产总成本最低。由于假定厂商只有 4 种生产规模可供选择，给定一个产量水平，就可知道它属于那个生产率最高的产量范围，从而确定一个最佳的生产规模使总成本最低。因此，将图 5.8 中各条短期总成本线曲线的实线部分连接而成的不规则曲线即为生产规模不可细分条件下长期总成本曲线，表示厂商调整生产规模生产各种不同产量水平的长期总成本的轨迹。

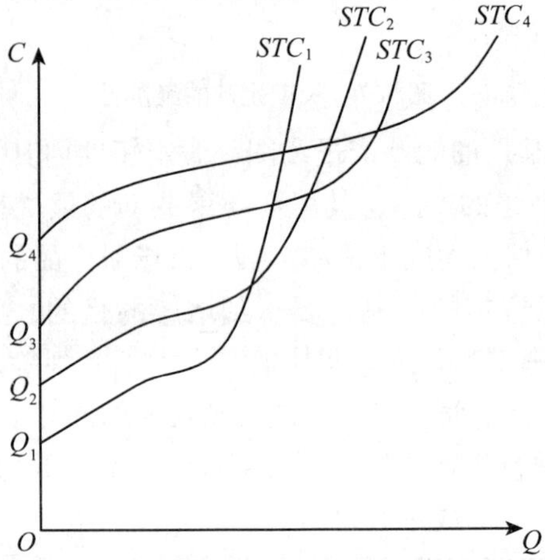

图 5.8　生产规模不可细分的短期总成本曲线

以上分析假定可供选择的生产规模仅有 4 种，如果假定厂商的生产规模可以无限细分，则任意给定一种产量水平，就有一个最适度的生产规模，从而可找到一个最佳的短期总成本点，把各种产量水平下对应的所有最佳短期总成本点用平滑的曲线连接起来，便可得到一条规模可无限细分的长期总成本曲线，如图 5.9 所示。长期总成本曲线 LTC 是由无数条成本最小的短期总成本曲线综合而成，长期总成本曲线上的任何一点均是与各条短期总成本曲线相切的切点，该切点即代表特定产量水平下的最低总成本点。故长期总成本曲线又称为各种短期总成本曲线的包络曲线。不难看出，长期总成本是产量的函数，它从原点出发，其形状与短期成本曲线的形状相似，即随着产量的增加，长期总成本起初以递减的增长率上升，然后以递增的增长率上升。

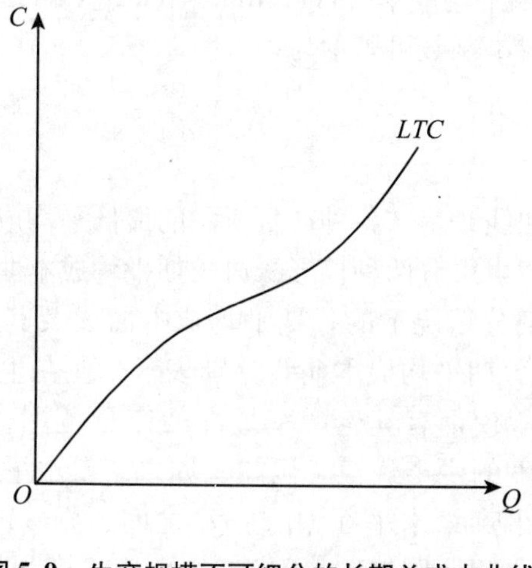

图 5.9　生产规模不可细分的长期总成本曲线

生产同一产量，长期成本之所以会低于短期成本，是因为厂商在长期可以沿着扩展线（Expension Path）用最优的投入要素组合进行生产。找出投入要素的最优投入量，结合其价格，我们就能求出生产一定产量所需的最低长期总成本。用此方法，即可由扩展线推导出企业的长期总成本曲线。

图 5. 10（a）显示了企业的扩展线 OE。OE 上的 A 点是生产 Q_1 的最优投入组合点，资本和劳动投入量各为 3 个单位。假设资本租金率 r 与劳动工资率 w 均等于 10 元，那么，生产 Q_1 的最低长期总成本就等于 60 元（$LTC = wL + rK = 3 \times 10 + 3 \times 10 = 60$）。把它描绘在长期总成本一产量图 5. 10（b）上，得到点 A'，同理可以得到长期总成本曲线上的其余各点。由于在长期不存在固定成本，因而产量为零时，长期总成本也为零，长期总成本曲线经过原点。需要强调的是，长期总成本曲线上的任何一点均代表长期内生产一定产量的最低总成本。

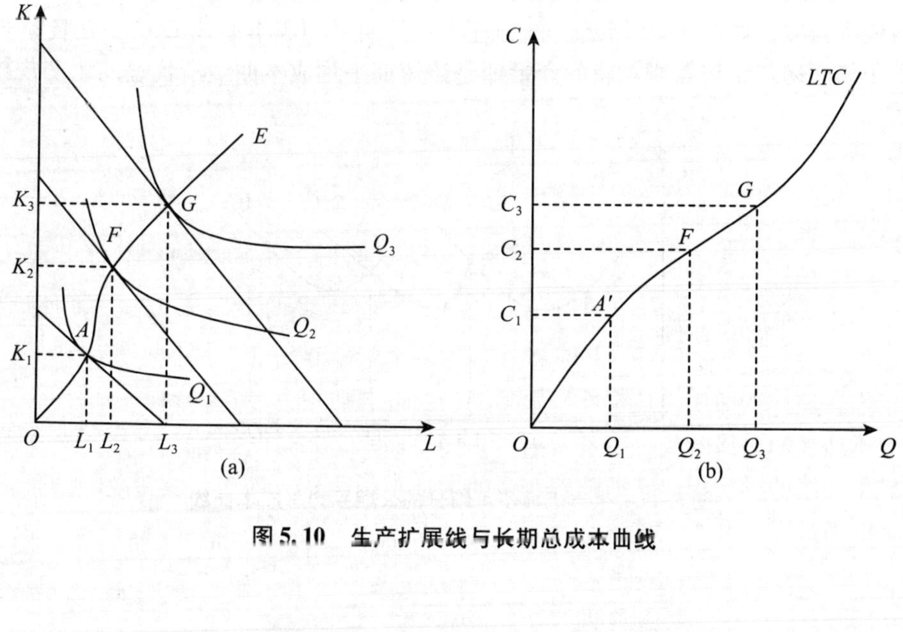

图 5.10　生产扩展线与长期总成本曲线

2. 长期平均成本。长期平均成本（Long-Run Average Cost，LAC）是指单位产量所分摊的长期总成本。长期平均成本函数可表示为：

$$LAC = \frac{LTC}{Q} = \frac{F(Q)}{Q} \tag{5.16}$$

显然，长期平均成本曲线是生产各种产量所需的最低平均成本点的轨迹。同长期总成本曲线的形成过程一样，我们也可分两种情形探讨长期平均成本曲线的形成。

第一，生产规模不可细分情况下的长期平均成本曲线及其形成。在图5.11中，SAC_1、SAC_2、SAC_3、SAC_4等4条短期平均成本曲线分别表示企业在生产不同产量时可供选择的4种生产规模，每一种生产规模都有其生产率最高的产量范围，因而厂商可以根据不同的产量水平来选择一个最适度的生产规模。例如，如果产量水平小于Q_1，则SAC_1所代表的生产规模为最优选择；如果产量水平在Q_1与Q_2之间，则SAC_2所代表的生产规模最佳；如果产量水平在Q_2与Q_3之间，则SAC_3所代表的生产规模为最优选择；如果产量水平大于Q_3，则企业将选择SAC_4所代表的生产规模；如果产量水平为4条短期平均成本曲线交点所对应的产量（如Q_2），此时是选择SAC_2所代表的生产规模还是SAC_3所代表的生产规模，取决于企业对该产品市场需求状况的预期，若预期市场需求会持续扩大，则选择SAC_2所代表的较小的生产规模。可见，在生产规模不可细分的情况下，任意给定一个产量水平，均可以根据该产量所处的范围找到一个最适度的生产规模。显然，各种短期平均成本曲线交点以下用实线连接而成的不规则曲线即为生产规模不可细分情况下的长期平均成本曲线。

第二，生产规模可无限细分情况下的长期平均成本曲线及其形成。由于假定厂商可供选择的生产规模可以无限细分，从而SAC曲线的数目趋近于无穷大，不难想象，由相邻两条SAC曲线交点以下部分形成的LAC部分之间的距离会趋近于零。这意味着，任意给定一个产量水平，就会有且只有一个以某一最低平均成本点所代表的最优生产规模与之对应，将各种不同产量时的最低平均成本点用平滑的曲线连接起来，即得到生产规模可无限细分情况下长期平均成本曲线，如图5.12所示。不难理解，长期平均成本曲线LAC也是各条短期平均成本曲线相切的切点，切点所对应的产量即是该短期平均成本曲线所代表的生产规模下的最佳产量。

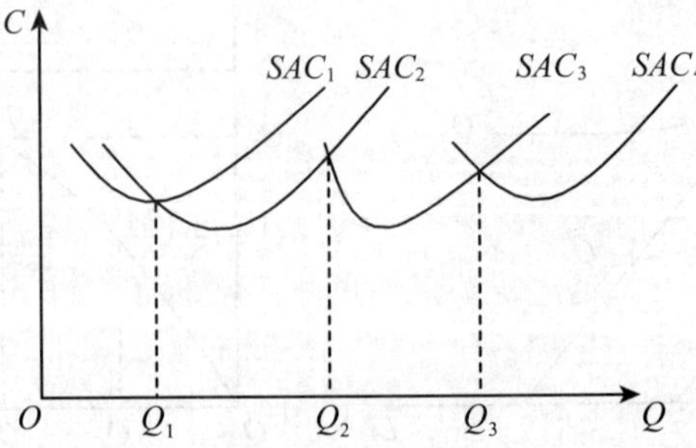

图5.11　生产规模不可细分的长期平均总成本曲线

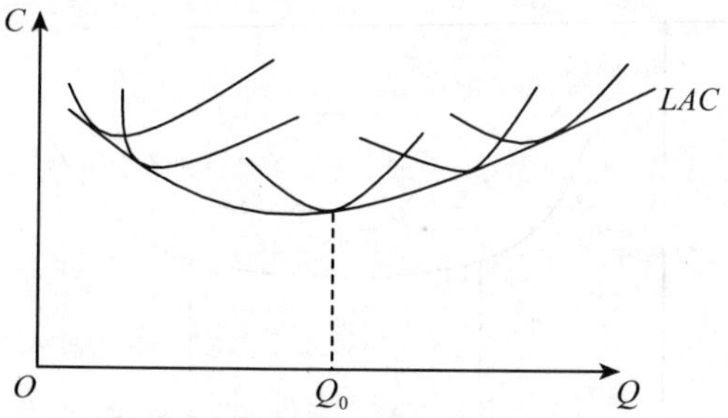

图 5.12　生产规模可细分的长期平均总成本曲线

从图 5.12 中可以看出，*LAC* 曲线的形状与 *SAC* 相似，也是一条先下降后上升的“U”形曲线。它表明在某一产量水平（如图中的 Q_0）之前，*LAC* 随产量的增加而递减；而达到该产量之后，*LAC* 则随产量的增加而递增。不过，*LAC* 曲线下降或上升的坡度较为平缓，表明在长期中，平均成本的变动较为缓慢。而且，*LAC* 曲线形状的成因不同于 *SAC* 曲线。*SAC* 曲线先降后升，是由于短期内边际报酬递减规律的作用，而长期内，边际报酬递减规律失去了存在的前提，*LAC* 不受该规律的约束，*LAC* 曲线先降后升则是由于规模报酬变动所引起的。尤其要强调的是，尽管作为 *SAC* 曲线包络曲线的 *LAC* 曲线的每一点，都是与某一既定的 *SAC* 曲线的相切之点，但每个切点大都不是该 *SAC* 曲线的最低切点。当 *LAC* 曲线处于递减阶段时，*LAC* 曲线的切点必然位于 *SAC* 曲线最低点的右上方；只有在 *LAC* 曲线本身处于最低点时，*LAC* 曲线与相应的 *SAC* 曲线的切点才是该 *SAC* 曲线的最低点。

长期平均成本曲线的变动规律与规模报酬变动的三个阶段有着极为密切的关系。规模报酬递增意味着厂商扩大经营规模时单位成本的下降，因而使生产效率提高及总体成本下降；规模报酬不变意味着厂商生产规模的扩大对单位成本的影响不大；规模报酬递减意味着厂商扩大经营规模时单位成本的上升，使得生产效益下降及总成本上升。规模报酬变动的上述特征可以用长期平均成本这一先降后升的“U”形曲线极为直观地表达出来。

图 5.13 中的 *LAC* 曲线就是一个典型的例子。在厂商发展最初阶段，随着生产规模的扩大和产量的增加，长期平均成本曲线处于下降的阶段，表明生产过程止呈现规模报酬递增的情形，如图 5.13 中 Q_1 段所示。这种情况在许多厂商中存在，如电话、电力等部门的厂商，服务的客户越多，平均成本就越低。随着厂商生产规模的不断扩大和产量的不断增加，规模经济的优势减弱，而规模不经济的影响增大，当两种影响力处于相持阶段时，长期平均成本曲线的变动相当平缓，说明生产规模的扩大对单位成本的影响不大，生产过程就呈现出规模报酬不变的现象，如图 5.13 中的 Q_1Q_2 所示。大部分厂商在规模较为适度时，增加或减少部分生产，平均成本几乎没有什么变化。如果厂商生产规模进一步扩大，产量增加到非常高的水平，规模不经济因素的影响力占据主导地位，长期平均成本曲线就处于上升阶段，生产过程相应的呈现出规模报酬递减的情况，如图 5.13 中 Q_2 以后的范围。显然，任何理性的决策者为了克服规模的不经济，应千方百计地延续 *LAC* 曲线变动的相对平坦阶段，即尽可能地使生产过程中规模报酬不变阶段持续更长的时间。

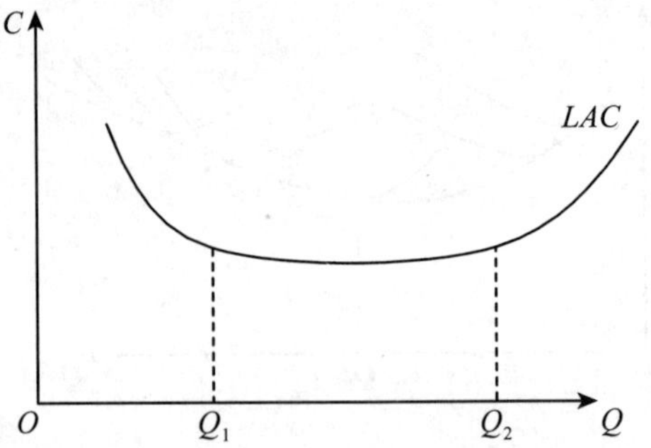

图 5.13 U 形长期平均成本曲线与规模报酬变动

3. 长期边际成本。长期边际成本是长期中每增加 1 单位产量所增加的总成本。如果用 ΔQ 表示产量的增加，ΔLAC 表示长期总成本的增加量，则有：

$$LMC = \Delta LAC/\Delta Q \tag{5.17}$$

如果长期总成本函数为连续函数，则长期边际成本函数即为长期总成本函数的一阶导数，即：

$$LMC = \frac{\mathrm{d}LTC}{\mathrm{d}Q} \tag{5.18}$$

与 LTC 曲线和 LAC 曲线分别是无数条 STC 曲线和 SAC 曲线的包络曲线不同，LMC 曲线并不是无数条 SMC 曲线的包络曲线。LAC 曲线是每一条 SAC 曲线与 LAC 曲线相切之点所对应的产量水平下各条 SAC 曲线上点的轨迹。这意味着 LMC 曲线上的任何一点总是与某一特定的 SMC 曲线的相交之点，该交点所代表的产量水平是 LAC 曲线与相应的 SAC 曲线相切之点对应的产量。这是因为，代表各种生产规模的 SAC 曲线与 LAC 曲线相切于最佳产量点，在该切点处它们的斜率必相等，则有：

$$\frac{\mathrm{d}}{\mathrm{d}Q}\left(\frac{STC}{Q}\right) = \frac{\mathrm{d}}{\mathrm{d}Q}\left(\frac{LTC}{Q}\right)$$

$$\frac{\mathrm{d}}{\mathrm{d}Q}\left(\frac{STC}{Q}\right) = \frac{\mathrm{d}STC}{\mathrm{d}Q}\cdot\frac{1}{Q} - \frac{STC}{Q^2} = \frac{SMC}{Q} - \frac{STC}{Q^2}$$

$$\frac{\mathrm{d}}{\mathrm{d}Q}\left(\frac{LTC}{Q}\right) = \frac{LMC}{Q} - \frac{LTC}{Q^2}$$

$$\frac{SMC}{Q} - \frac{STC}{Q^2} = \frac{LMC}{Q} - \frac{LTC}{Q^2}$$

又因为 SAC 曲线与 LAC 曲线相切于最佳产量点，此时 $SAC = LAC$，故 $STC = LTC$，代入上式可得 $SMC = LMC$。

可见，在 SAC 曲线与 LAC 曲线切点所对应的最佳产量水平下，SMC 曲线上的点即为 LMC 曲线上的点。而且由于 SMC 只受短期可变成本的影响，而 LMC 要受全部成本的影响，故在产量未达到最佳产量之前，$SMC < LMC$；在产量达到最佳产量水平以后，由于 SMC 只能在既定的生产规模下增加产量，必然会受到边际报酬递减规模的制约，因而 $SMC > LMC$。

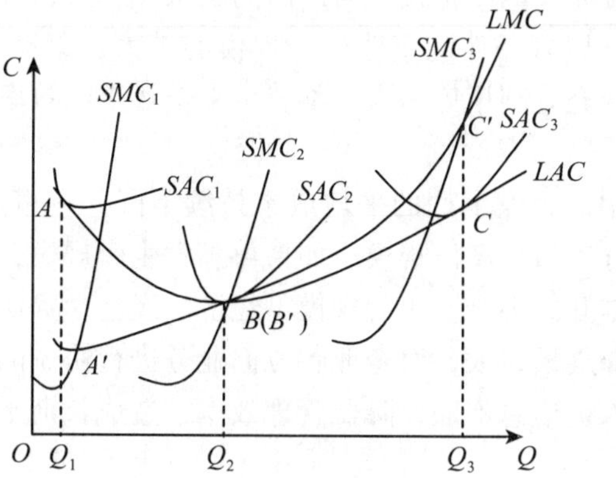

图 5.14 长期边际成本曲线

根据上述基本特征，我们可利用 *LAC* 曲线与 *SAC* 曲线的关系以及 *SAC* 曲线与 *SMC* 曲线的关系，画出 *LMC* 曲线。如图 5.14 所示，SAC_1、SAC_2 和 SAC_3 为 3 条不同生产规模的短期平均成本曲线，SMC_1、SMC_2 和 SMC_3 分别为上述短期平均成本曲线相对应的短期边际成本曲线。SAC_1 曲线与 *LAC* 曲线相切于 *A* 点，*A* 点所对应的产量为 Q_1，在 Q_1 的产量水平下，SMC_1 曲线上的点 *A* 即为 *LMC* 曲线上的点；SAC_2 曲线与 *LAC* 曲线相切于 *LAC* 曲线的最低点 *B*，此时产量水平为 Q_2，相应的，SMC_2 曲线上的 *B* 点为 *LMC* 曲线上的点；SAC_3 曲线与 *LAC* 曲线相切于 *C* 点，*C* 点所对应的产量水平为 Q_3，此时 SMC_3 曲线上的 *C* 点亦为 *LMC* 曲线上的点。用平滑的曲线将 *A*、*B* 和 *C* 点连接起来，即得到 *LMC* 曲线。

由此可见，长期边际成本曲线是由无数条短期边际成本曲线密集而成，它也是一条先下降后上升的“U”形曲线。*LMC* 曲线在 *LAC* 曲线到达最低点之前领先到最低点，且在上升过程中一定相交于 *LAC* 曲线的最低点。在相交之前，*LAC* 曲线是下降的，但 $LAC > LMC$；在相交时，*LAC* 曲线处于最低点，且 $LAC = LMC$；在相交之后，*LAC* 曲线是上升的，但 $LAC < LMC$。同 *LAC* 曲线表示长期内各种产量水平下最低的短期平均成本点的轨迹一样，*LMC* 曲线亦表示长期内各种产量水平下最低的短期边际成本点的轨迹。

至于长期总成本、长期平均成本和长期边际成本之间的关系，与前面论述的短期总成本、短期平均成本和短期边际成本的关系相似，在此不再赘述。

第三节 影响长期平均成本变化的因素

一、规模经济与规模不经济

规模经济（Economics of Scope）是指随着生产规模的扩大而出现长期平均成本下降的情况。规模不经济（Diseconomics of Scope）是指随着生产规模的扩大而出现长期平均成本上升的情况。规模经济与规模不经济是长期平均成本曲线呈“U”形的原因。

值得注意的是，规模经济与规模报酬是两个不同的概念。规模经济涉及的是规模大小与成本的关系，而规模报酬涉及的则是投入与产出的关系。不过，规模报酬递增是产生规模经济的主要原因之一。除此以外，伴随企业生产规模的扩大，劳动分工更细，专业化程度更高，投入的生产要素得到充分利用等因素，都会带来企业生产效率的提高，从而降低企业的长期平均成本。

由于规模经济的作用，企业生产的平均成本持续下降，一直达到长期平均成本的最小值。此时的生产规模就称为最优经济规模。如果再扩大生产规模，就会受到规模报酬递减作用的影响，长期平均成本开始上升，出现规模不经济。经济学家认为，导致规模不经济的主要原因是管理问题。企业规模越大，对企业各方面业务进行协调的难度就越大，而且中间环节过多会造成企业管理人员信息不通，降低管理效率，造成长期平均成本的上升。

二、范围经济

许多厂商并不仅仅生产一种产品，而是同时进行两种以上产品的生产。一个企业同时进行多种产品的生产被称为联合生产。例如，航空公司既运送旅客也发送货物，汽车公司生产小汽车、卡车与摩托车，高校兼顾教育与科研等。这些例子中的厂商通常在联合生产多种产品时拥有技术和成本的优势，包括资源和信息的共享、联合市场计划、可提高效率降低成本的统一经营管理等。还有一种联合生产的情况则是有些企业在生产主要产品的过程中会产生一些副产品，而对之加以利用对于企业是有利的。冶炼厂就是这种情况的典型，它们在电解主要金属产品时会得到大量的阳极泥，从中可以提炼出多种贵重金属（如黄金、白银等），这些贵金属是其利润的重要组成部分。

如果多种产品的联合生产比单独生产这些产品成本更低，我们就说存在范围经济；反之，若联合生产比单独生产成本更高，则是范围不经济。某农场主在其果林中套种经济作物，由于果树与作物相互发生不利影响，最终导致两头歉收，成本大增，经营失败，失败原因在于果树与经济作物的联合生产在技术上不可行。

范围经济与规模经济是两个不同的概念，它们之间没有直接联系。范围经济一般是同时生产多种产品而形成的经济，规模经济则是由于大规模的生产同种产品而形成的经济。厂商既可以在规模不经济的条件下获得范围经济，也可以在范围不经济时却享有规模经济的好处。例如，家具业属劳动较密集的行业，仅生产一种家具并不具有规模经济的优势，但是，同时生产沙发、衣柜、卧床等多种产品既可提高原料的利用率，又可扩大市场销路，比单独生产一种产品平均成本更低，因而拥有范围经济的利益。而一个跨行业的企业集团，由于其下属厂商各自独立在一个产品领域生产经营，因而享有规模经济。但就其单个厂商而言并未获得范围经济。

范围经济的程度可以通过研究厂商的成本来确定。要计量范围经济的程度，我们应该问一下：当两种（或更多）产品被联合生产出来时，而不是各自独立生产，节约生产成本的百分比是多少？可以用（5.19）式来计量这种成本节约的范围经济程度（SC）：

$$SC=\frac{C(Q_1,Q_2)}{C(Q_1)+C(Q_2)-C(Q_1,Q_2)} \tag{5.19}$$

（5.19）式中 $C(Q_1)$ 表示生产 Q_1 的产出所耗费的成本；$C(Q_2)$ 表示生产 Q_2 的产出所耗费的成本；$C(Q_1, Q_2)$ 是生产两种产出所耗费的联合生产成本。

若产出的物质单位可加，如同汽车和卡车的例子那样，就可以表示为 $C(Q_1+Q_2)$。

当 $SC>0$ 时，联合成本低于各自单独成本之和，存在范围经济，且 SC 的值越大，范围经济的程度就越高。

当 $SC<0$ 时，联合成本高于各自单独成本之和，存在范围不经济。

厂商的经营管理者必须对获取范围经济的可能性保持高度的敏感，充分挖掘本厂商的生产潜力，大胆开拓，以利用每一个可以创造利润的生产机会。

三、学习效应

前面，我们把厂商长期平均成本的下降归因于规模报酬递增，前提是厂商的生产规模可随产量的增长而变动。但是，如果厂商的生产规模并未发生变化，而其平均生产成本却长时期地连续下降，那又该如何解释呢？

事实上，这种现象非常普遍。在生产过程中，厂商不断获取有关经验，提高生产效率，从而导致其长期平均成本随厂商累积产出的增长而下降的现象，称为学习效应。形成学习效应的具体原因包括以下几个方面：

（1）工人对设备和生产技术有一个学习与熟悉的过程，生产实践越多，他们的经验就越丰富，技术就越熟练，完成一定生产任务所需的时间也就越短。例如，一名新工人第一次装配自行车也许要花费 10 个小时，而到他第一百次装配的时候，可能就只要 3 个小时了。

（2）厂商的产品设计、生产工艺、生产组织会在长期的生产过程中得到完善，走向成熟，这将使产品的成本降低。

（3）厂商的协作者（如原料供应厂家）与厂商合作的时间越长，他们对厂商的了解越全面，其提供的协作就可能越及时、有效，从而可以降低厂商的平均生产成本。

总之，企业通过“干中学”（Learning by Doing），可在一定限度内降低自己的平均生产成本。学习效应通常用学习曲线（Learning Curve）来表示。学习曲线描绘了厂商平均生产成本随累积产出的上升而下降的关系。图 5.15 是学习曲线的一般形状，横轴表示某时刻厂商累积生产的产品数量，纵轴表示相应的平均生产成本。在图 5.15 中的 A 点，厂商已产出了 1 000 单位产品，其平均成本为 160 元；到 B 点，产出达到 2 000 单位，平均成本降至 180 元，到 C 点，累积产出增至 3 000 单位，平均成本进一步降到 100 元。注意，平均成本下降的速度越来越慢，因而学习曲线凸向原点。

学习曲线的函数形式可表达为：

$$AC = aQ^{-b} \tag{5.20}$$

式中，AC 是累积产量为 Q 时厂商的平均生产成本；a、b 乃是大于零的常数。a 的经济含义是第一单位产出的平均成本，b 则反映厂商学习效应的大小：b 越大，平均成本下降的速度越快（即学习曲线越陡），学习效应越显著；反之，平均成本下降越慢，学习曲线比较平缓，学习效应越不显著。

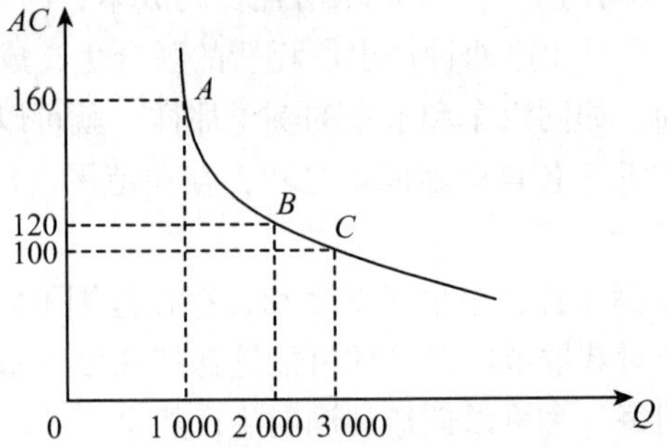

图 5.15 学习曲线

学习曲线对厂商的经营管理决策具有重要意义。它不但可以用来估计厂商未来对工人、设备、原料等生产要素的需求量，而且可以用来预测新产品的生产成本，从而决定该新产品的产出数量和价格，它甚至还可用来估计供应商的价格行情等。例如，在得出学习曲线之后，厂商就能知道每一累积产出水平下的平均生产成本，判断学习效应是否显著。据此，结合其他信息（如市场需求状况），厂商可以确定累积产出应该达到的数量、产品价格应定在什么水平等。

一般来说，不同的厂商，其平均生产成本随累积产量的下降速度（即学习曲线的斜率）也不同，各行各业的学习曲线之间存在着一定的差异。从厂商内部考察，职工队伍越稳定，素质越高，它的学习效应就越显著，因而学习曲线更为陡峭。相反，如果厂商频繁更换职工，并且聘用的人员素质偏低，那么它的学习效应就会很小，学习曲线也就比较平缓。典型的经验数据显示，大多数厂商的累积产量每增长 1 倍，其平均成本下降 20% ~30%。

第四节 成本函数的估计与预测

一、成本数据收集

在厂商进行短期和长期决策时，要做定量分析估计，成本函数起着十分重要的作用。为估计成本函数，需要有必要的成本数据，收集成本数据是成本估计的第一步。数据收集适当与否决定着能否合理的反映成本—产量之间的关系，这中间需要注意如下四个问题：

1. 成本含义。由于估计成本函数的最主要目的是为了管理决策，决策是相对未做而又要做的事情而言的，关心的是未来的成本，而不是历史成本或当前成本。因此，首先要对会计成本进行修正，以反映可能的变动；其次，要考虑机会成本、通常的情况下，厂商只有会计成本的数据，传统的会计成本不能正确的反映机会成本。如原材料的库存是以历史成本计值的，就必须以现行市场价格计值来做必要的调整，以便能够比较接近机会成本。机会成本的估计是 ·件困难的事，只能尽量调整好。

2. 考察期的选取问题。对厂商而言，所要考察的时期应当是一个典型的正常时期，这样才能得到一个足以合理反映成本—产量之间关系的成本函数。例如，大修和产量往往是错位的，大修期间的产量会很低，投入的费用却很高，而在生产期间，投入费用不高，但产量可较高。这一时期要足够长，以包含一定的产量变动范围，能提供足够的观察量，便于进行回归分析。但又不能过长，以维持投入要素的价格，厂商整体的技术水平大体上保持不变。究竟最佳的时间单位和最佳的考察时期应当如何来确定并无一般性的规定，只能是具体问题具体分析，又是一个说来容易做起来难的问题。

3. 成本分摊问题。成本在产品上也有一个分摊问题，单一产品生产时，总成本要合理地分摊到各个生产期和每个产品上；多产品生产时，总成本要分摊到各种产品的产量上。固定资产的折旧也要尽可能准确地反映资产价值的变化，并要在各种不同产品之间分配。典型的折旧方法是直线法或余额递减法。但一般很难反映长期资产的真实折旧情况，需要对数据资料作必要的调整，这种调整同样有一定的难度。

4. 数据序列问题。成本函数可采用时间序列数据或截面序列数据来估计。在估计短期成本函数时，较多的采用时间序列数据估计。时间序列数据是从一家厂商收集的各期成本数据，应用这些数据来估计描述该厂商的成本与产量之间关系的短期成本函数。以时间序列数据作回归分析，需要有一定的时间长度，以便对数据作大量的观察，但又要注意时间也不能太长，因为成本函数通常假定了投入要素价格和生产技术是不变的前提条件。有的专家建议，以 1 个月为一次取样时间单位，36 个月为一个考察的周期。

在估计长期成本函数时，较多的采用截面序列数据。截面数据是在某一个时点上对大量的厂商收集数据，这一时点上，生产技术水平的改变可以不予考虑，大量的厂商要包含不同规模的厂商，以此来反映不同规模下成本的变动。

二、短期成本函数的估计

1. 短期成本函数数据的选择。短期成本函数有固定成本和变动成本之分，短期成本函数一般只估计总变动成本函数 *TVC*，而不是估计总成本函数，这是因为固定成本不随产量的变化而变化，它的大小对短期决策影响小。在有了 *TVC* 以后，*AVC* 和 *MC* 随即可以确定。这样收集数据时，除要注意考虑机会成本，要对会计账户上记录的会计成本进行修正外，还要特别注意区别随产量变动的变动成本和不随产量变动的固定成本。

2. 短期成本函数的形式。

（1）线性成本函数。若所收集的总变动成本函数数据大体与产量基本呈线性关系，就可以用线性函数来回归，标准的函数形式为：

$$TVC = b_0 + b_1 Q \qquad (5.21)$$

式中，b_0 和 b_1 通常是用最小二乘法回归分析得到的参数，这里 b_0 不能被看做是固定成本，仅代表曲线的截距，这里讨论的仅是短期变动成本，不包含固定成本。

（2）二次成本函数。若所收集的总变动成本数据大体随产量的增长，呈不断加速增长的趋势，这时最好用二次成本函数的形式来回归。

标准的二次成本函数形式为：

$$TVC = C_0 + C_1 Q + C_2 Q^2 \qquad (5.22)$$

式中，C_0、C_1、C_2 是回归分析所得的参数。

(3) 三次成本函数。二次成本函数虽其平均变动成本曲线呈“U”形，但其边际成本曲线是一条直线，这与理论上的分析有差异。总变动成本与产量之间的变化趋势，先是以递减的速率增长，后转为以递增的速率增长，这时总变动成本函数最好用三次成本函数来回归。

标准的三次成本函数形式为：

$$TVC = d_0 + d_1Q + d_2Q^2 + d_3Q^3 \tag{5.23}$$

式中，d_0、d_1、d_2、d_3 是回归分析所得的参数。

3. 短期成本函数的经验估计。尽管理论上三次成本函数应比较接近实际情况，但对于短期成本函数估计的经验表明，在市场竞争的条件下，产品成本与产量之间的关系更多的呈线性关系，在所观察的产量范围内，边际成本往往不变。对此有许多解释和说明，比较合理的解释是：在理论分析时，强调的是短期内生产的固定投入不变，而只有变动投入是不断变化的。但在实际生产系统中采集到的数据，一般都是在固定要素投入量和变动要素投入量大体保持一定比例关系下采集的。例如，机器加工厂为扩大产量，在增加生产技术工人投入时，也必然配置相应的机加工设备。正是在我们所观察的范围内，技术工人和设备装备之间的比例是大体一定的，从而在产量变动时，边际成本保持大体不变。

固定要素在短期内固定不变，但并不意味着它们在任何产量水平下都被全部投入生产使用。实际情况通常是，在产量较低时，一部分固定要素将闲置起来不被使用，只有等到产量增加了，这部分固定要素才会逐步地投入生产。于是，在一定的产量范围内，固定要素的使用量与可变要素的使用量保持着一个较为稳定的比率，边际报酬递减规律并不发生作用。相应的，厂商的平均可变成本和边际成本也保持恒定。

三、长期成本函数估计

估计长期成本函数的基本方法仍是回归分析法。但是，在某些情况下，由于数据的收集存在困难，因而难以用统计方法估计长期成本；而在另外一些场合，或许又要求对用统计方法估计的长期成本进行检验，有鉴于此，经济学家又提出了两种常用的分析方法——横截面数据回归分析法与适存技术法来处理这两类情形。下面我们对这两种方法分别予以介绍。

1. 横截面数据回归分析法。就使用统计方法而言，估计长期成本曲线与估计短期成本曲线在很多方面彼此类似，但前者更为复杂。从理论上讲，时间序列数据和横截面数据都可用来估计长期成本曲线，但实际上，如果采用时间序列数据，就必须对厂商进行足够长时间的观察，以使厂商在观察期内得以多次改变生产规模。这样一来，又很难保证厂商的生产技术及产品种类不发生变化，而这两个条件恰恰是长期成本函数成立的前提。所以，我们一般使用横截面数据代替时间序列数据进行长期成本的回归分析。

用横截面数据回归分析法估计长期成本函数，可以避免一些使用时间序列分析法会遇到的问题，但同时也会产生一些新的困难。例如，由于横截面数据是通过对众多厂商在同一时点进行观察得来的，因而不需考虑通货膨胀对要素价格的影响问题。然而，由于各个厂商分布的地域很可能不同，而不同地域的要素价格又极可能存在差异，因此，必须在回归模型中添加有关投入要素价格的独立变量，否则就可能导致分析结果失真。更加难以处理的问题是各样本厂商的会计政策及经营策略并不一致，这使得成本数据的调整工作非常复杂。例如，一些厂商与另一些厂商相比，其支付给职工的工资较低，但提供的福利待遇却更好，除非把福利待遇也折算进劳动成本，不然就会得出前者的劳动成本低于后者的错误结论。又如，各样本厂商采取的固定资产折旧方法不同，它们计入产品的折旧成本也会不同，因而需要予以调整。

运用横截面数据估计长期成本的另一个难题是，我们很难判断各个样本厂商是否在其最优生产规模的最低长期平均成本点上（即短期平均成本曲线与长期平均成本曲线的切点）生产。

2. 适存技术法。适存技术法由约翰·斯图亚特·穆勒在 18 世纪 30 年代首先提出。其基本思路是：如果某一行业中大企业与小企业同时共存，那么从长期来看该行业的规模经济不变或者近似不变；如果某个行业在很大的产量范围内存在着规模经济，那么效率更高的大企业（其长期平均成本更低）将把效率低的小企业排挤出去，从而在长期该行业只有大企业才能生存。一个世纪之后，乔治·斯蒂格勒对适存技术法进行了完善与发展，使之更适于操作。斯蒂格勒认为，可以按照生产规模对一个行业的企业进行分类，然后计算出每类企业的产量在长期内占该行业总产量的份额，如果期间小企业的生产份额下降而大企业的生产份额上升，则证明该行业存在着规模经济；反之，则存在着规模不经济。

斯蒂格勒考察了 1930 年、1938 年和 1951 年美国各种生产规模的钢铁企业钢产量的份额。他发现，在考察期间，规模小的企业与规模大的企业所占的生产份额均有下降，而中等规模企业所占的生产份额却有所上升。于是，他推断钢铁行业的长期成本曲线呈“U”形，并且在很大产量范围内其底部较平，如图 5.16 所示。斯蒂格勒还用适存技术法考察了汽车行业的长期平均成本，得出汽车行业的长期成本曲线是“L”形的结论。

尽管适存技术法易于应用，但使用时应注意其存在的局限性。首先，这种方法隐含地假定企业面临的市场结构是高度竞争的，只有依靠经济效益才能够在其中生存。如果这个条件不能满足，那么适存原则将遭到扭曲。其次，由于所要分析的长期成本的长期性，技术变化特别容易对适存技术法的分析结果产生歪曲影响。最后，适存技术法只为我们提供了一种定性的分析方法，却没有给我们提供计量规模经济（或规模不经济）程度的手段。

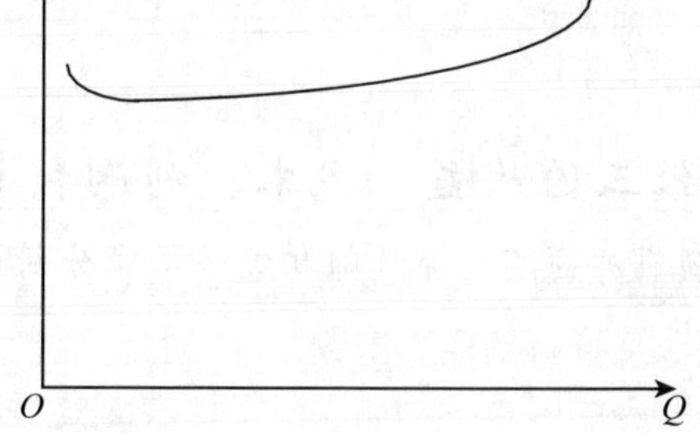

图 5.16　用适存技术法测定的钢铁行业的长期平均成本曲线

四、成本预测

当决策包含未来时期的成本水平（如投标订立合同）时，就需要进行成本预测。预测未来时期各种产量水平的变动水平，要求对物质生产过程中效益的可能变化，以及包含在生产过程中的要素的价格变化作出估计。

1. 对要素生产率变化的预测。在考虑未来时期生产过程的实际效益时，应预期至少有些生产要素的生产率会有所变化。例如，要把技术进步带到机器设备中来，应预期机器设备按小时产量（或其他标准）计算的效益会越来越高。越来越多地使用电脑来控制工厂与设备，固定设备的生产率会大为增加。随着工人教育水平的提高和越来越熟悉机械生产过程，也可预期劳动生产率会提高。另一方面，在发达国家，由于人们对工作的态度或其他社会因素的变化，人们预测将来的劳动生产率可能要降低。

如果生产要素的生产率的变化趋势已表现得很明显，那么，就可用这种趋势来估计实际生产过程效益的未来变化。这个生产率趋势的外推应当根据要素生产率的变化来修正，而这种变化可认为是伴随着某种带有不规则性质的预见事件而发生的。

2. 对要素价格变化的预测。如果所有投入要素的成本按同一比例增加，那么，虽然成本金额提高了，但原先对特定产量水平来说为最好的要素结合将保持最佳。这一点回顾一下等产量—等成本分析就能很好理解了。实际上，所有的等成本曲线会平行地移向左方，因为要素价格比例没有变，这样，投入要素的结合相同。现在无非是一条新的（价值较高的）等成本曲线与给定的等产量曲线相切。未来时期的成本将等于现在的成本加上所有成本预期增加的百分数。

如果预期要素市场上一个要素的价格相对于其他要素的价格有所提高，我们应认为厂商会用其他要素（它们的价格变得相对低廉了）来替代这个要素。因此，如果预期未来劳动力成本增加比资金成本增加要快，应认为厂商会用资本代替劳动力，使特定产量水平的成本最小化。生产过程不断机械化、自动化的事实就证明了这是一般情况。

预测要素价格的变化，或者更为一般地说，预测通货膨胀率，它的方法与前面介绍的需求预测相类似。除了预测生产成本在未来时期增长的比率外，可能影响价格的事件，如供应短缺或禁止出口等，也必须结合到成本预测中去。设一个与未来成本水平有关的概率分布为已知，为了使定价或其他决策问题取得对未来成本水平的充分预测，我们可以根据未来成本水平的“期望值”来对其进行预测。

案例 1　张三的收益、成本、利润核算

张三拥有一家出售缝纫机的商店。会计师和经济学家分别计算了他的收益、成本和利润。具体如表 1 所示：

表 1　　张三的收益、成本、利润核算　　单位：元

会计师的算法		经济学家的算法	
项　目	金额	项　目	金额
销售收益	300 000	销售收益	300 000
成本		成本	
缝纫机批发成本	150 000	缝纫机批发成本	150 000
其他服务	20 000	其他服务	20 000
工资	50 000	工资	50 000
		张三本人的工资①	45 000
固定资产折旧	22 000	资产市场价值的减少②	10 000
银行利息	12 000	银行利息	12 000
		张三的资金的利息③	11 500
总成本	254 000	总成本	293 500
会计利润	46 000	经济利润	6 500

说明：①为张三在其他地方工作的每小时工资为 45 元，他在经营自己的商店中工作了 1 000 小时，所以，这 1 000 工作小时的机会成本是 45 000 元。

②为企业资产市场价值减少是指在一年前未出售这些资产的机会成本，也就是使用这些资产一年的部分机会成本。

③为张三在自己的商店投资了 115 000 元，如果现在的年利率为 10%，这些资金的机会成本为 11 500 元。

张三经营自己的商店，每年销售缝纫机的总收益为 300 000 元。按照会计师的核算方法，张三开店的总成本为 254 000 元，故利润为 46 000 元（300 000 – 254 000）。按照经济学家的核算方法，张三的总成本则为 293 500 元，利润仅为 6 500 元（300 000 – 293 500）。

分析：

从表 1 可以看出，缝纫机的批发价共为 150 000 元，其他服务（仓储、运输、装配等）用了 20 000 元，给员工支付了 50 000 元的工资，还向银行缴纳了 12 000 元的利息。所有以上这些成本项目在两种计算方法中都包括了，然而其余的项目就是两种衡量方法的差别。经济学家的方法中包括的各种机会成本：张三应该支付给自己的工资、资产的贬值，以及张三自己投资的资金的利息，在会计成本中是不包括的。

从会计师的角度来看，唯一可以增加的成本是固定资产折旧，会计师是按照张三资产的一个固定百分比来计算这一项的。经济学家则把张三投入经营中的时间和资金也考虑在内，并作为经济折旧来计算。按照会计师的计算，张三的商店经营一年的成本为 254 000 元，利润为 46 000 元。与此相对照，张三的商店经营一年的机会成本为 293 000 元，他的经济利润是 65 000 元，很可能张三将商店转让他人在经济上更为划算。

总结起来，会计成本方法在成本中只包括实际的货币支出，经济学家的机会成本方法还

包括了并没有实际支出，但所放弃了的货币收入。这就是会计利润和经济利润出现差别的原因。

资料来源：范家骧、刘文忻：《微观经济学》，东北财经大学出版社2002年版，第144～146页。

案例2 不可思议的网上购物

1994年，著名的《经济学家》杂志中有一篇名为“未来购物”的文章，设想了2005年人们购物的新模式：一个繁忙的行政主管坐在起居室的电视荧屏前，握着鼠标，找到百货清单。她删除了上周购买的蟹味塘养鲽鱼片（它们实在是没味）；她敲入一种包含放射性钴酶的新皂粉（她在屏幕上表明自己有优惠券）；并加上注释表明想要未熟透的香蕉。再敲几个键将订单发送到地区家庭百货总店（联合速递，凯洛格和克罗夫特的合作企业，由一个破产超市发展而来），所订货物将在1小时之内送抵她家中。她又敲出另一屏幕清单，找到打真空吸尘器目录，她察看了一个有激光制导的、靠一般动力推动的样品，当发现其价格比她镇上唯一留存的一家百货商店的价格低30%时，她就订购了它。换另一屏幕清单，她为自己订购了1条牛仔裤，并为她的男朋友订购了6双短袜。她买完了东西，拿一张报纸在沙发上阅读起来。这种不可思议的购物经历在多年前仅仅是多媒体迷对未来购物的设想。而如今，“网上购物”已经为越来越多的人所接受和利用，不论是腰缠万贯的大富翁、时尚的白领丽人还是普通的工薪阶层，很多人都有过网上购物的经历，其中，有的人也许仅仅想拥有这种体验的感觉，有的可能将此作为一种“知识人士”的标志，有的则可能已将网上购物作为自己日常生活的重要组成部分。互联网络购物已经部分取代了传统上街购物的方式，成为21世纪购物的新选择。

分析：

互联网络购物的风行及其对传统零售模式的强烈冲击，有着深刻的社会根源，如人们生活节奏的加快、技术水平的进步、生活模式的改变等，但更重要的是其经济根源。互联网络购物比起传统零售模式更节约时间，同时往往价格更优惠，无论对于商家还是消费者而言都极具吸引力。

在传统的购物方式下，商家为租用或购买销售场所、装修华丽的店铺、支付售货员的工资，必须花费巨额的成本；在网络购物模式下，商家的成本仅仅包括互联网络技术费用和运送货物的费用，随着网络技术和货运物流的飞速发展，其成本远远低于传统购物方式，尤其是对于大宗、低值品来说更是如此。低成本吸引大量商家加入电子商务。

对于消费者来说，好处也是不言而喻的。轻轻的一点鼠标，就可以免去在商场筋疲力尽的寻觅几小时甚至是几天，大大地节约了时间和运输费用，同时往往还能享受到更低的价格、避免现金丢失或遭到抢劫。然而情况也并非如此简单，交易对象认定的模糊性、知情权难以保证、交货延迟、退货困难、大量的网上欺诈与虚假广告、无人问津的售后服务等，也潜在的增加了消费者网络购物的成本。这也是制约网络购物发展的重要原因。

资料来源：部分摘自“未来的购物”，载《经济学家》1994年8月20日，有修改。

［关键概念］

机会成本　私人成本　社会成本　显性成本　隐性成本　固定成本　可变成本　成本函数　短期总成本　总固定成本　总可变成本　短期平均成本　平均固定成本　短期边际成本　长期总成本　长期平均成本　长期边际成本　总收益　平均收益　边际收益

［复 习 题］

1. 结合图示说明 *STC* 曲线、*SAC* 曲线和 *SMC* 曲线三者之间的关系，并用边际报酬递减规律解释 *STC*、*SAC* 和 *SMC* 变动的规律。

2. 结合图示说明短期内总可变成本曲线与总产品曲线、平均可变成本曲线与平均产品曲线、短期边际成本曲线与边际产品曲线之间的关系。

3. 简述最优扩张线与长期总成本曲线之间的关系。

4. 简述长期平均成本的变动与规模报酬变动之间的关系；如果长期平均成本曲线在较大的产量范围内具有一个平坦的底部，是否意味着企业不存在最优生产规模？

5. 试根据 *LAC* 曲线与 *SAC* 曲线之间的关系、*SAC* 与 *SMC* 曲线之间的关系，作出 *LMC* 曲线的图形。

6. 假定某椅子制造商发现其生产过程中资本对劳动的边际替代率实际上大于机器租金与工人工资率的比率。他会如何改变资本和劳动的使用来使成本最小化？

7. 若某企业在达到一定产出水平前的规模报酬递增，然后规模报酬不变，那么你能说出该企业的长期平均成本曲线的形状吗？

8. 假定某计算机公司的边际生产成本为常数，且为每台计算机 1 000 美元，而且，产品的固定成本亦为 1 000 美元。

（1）计算该公司的平均可变成本与平均总成本曲线。

（2）若该公司打算使其平均总成本最小，它会选择的产量是非常大，还是非常小？请解释。

9. 假定经济处于衰退期，且劳动力的成本下降了 5%，人们预期劳动力成本将在目前水平上保持较长的时间。试用图表表示劳动和资本的相对价格变动对企业扩展线的影响。

10. 如果生产函数为 $Q=\dfrac{10LK}{L+K}$，劳动 L 和资本 K 的价格分别为 w、r。

（1）试推导出长期总成本、长期平均成本、长期边际成本作为 Q、w、r 的函数。

（2）如果 $w=1$，$r=4$，且在短期内 $K=4$，试推导出短期总成本、总可变成本、短期平均成本、短期边际成本作为 Q 的函数。

11. 假定某公司的短期平均成本函数为 $SAC=3+4Q$。

（1）求 *STC* 函数。

（2）该公司有固定成本吗？为什么？

（3）如果该公司产品的价格为 2，该公司将获得利润吗？为什么？

12. 某公司的短期总成本函数由等式 $C=190+35Q$ 给出，式中，C 是总成本；Q 是总产出的数量；两者均以为计。

（1）该公司的固定成本是多少？

（2）如果该公司生产了 100 000 单位的产品，它的平均可变成本是多少？

（3）其所生产的单位产品的边际成本是多少？

（4）其平均固定成本是多少？

（5）假定该公司通过贷款扩大生产规模，其固定成本增至 50 000 美元，但其可变成本降至每 1 万单位产品 45 000 美元。写出新的成本函数。

[补充阅读材料]

1. ［美］平狄克、鲁宾费尔德：《微观经济学》（第 4 版），中国人民大学出版社 2000 年版。

2. 李健、唐五湘：《微观经济学》，机械工业出版社 2001 年版。

3. 范家骧、刘文忻：《微观经济学》，东北财经大学出版社 2002 年版。

4. ［美］瓦尔特·尼科尔森著，朱宝宪、宁向东译：《微观经济理论》，中国经济出版社 1998 年版。

5. 吴易风、刘凤良、吴汉洪：《西方经济学》，中国人民大学出版社 1998 年版。

6. 李洋：《西方经济学》，四川大学出版社 2002 年版。

7. ［美］约翰·K·尚克著，李宏明等译：《汤姆森成本管理经典案例》（第 2 版），中国时代经济出版社 2001 年版。

8. Knight, F. H. "Cost of Production and Price over Long and Short Periods." Journal of Political Economy 29 (April 1921): pp. 304 – 335.

第六章

完全竞争市场

【学习目的和要求】

本章的学习目的是通过介绍完全竞争市场的概念以及特征，确立完全竞争行业中厂商的产量和价格决定的基本原则，然后根据这一基本原则和方法，分析完全竞争厂商的短期、长期行为，在此基础上推导出短期、长期内完全竞争厂商和完全竞争市场的供给曲线。完全竞争市场是最有经济效益的市场形式，本章最后利用生产者剩余、消费者剩余分析了政府管制的效率损失。

【内容提要】

1. 完全竞争是指由无数的买者和卖者组成的、无任何外在力量控制或人为因素干扰的市场结构，其特征包括产品同质、厂商无数、要素自由进出、信息充分。

2. 在完全竞争的市场条件下，厂商的边际收益等于平均收益等于产品的销售价格。故单个厂商面临的是一条水平的需求曲线，该曲线与边际收益曲线、平均收益曲线重合。

3. 在通常情况下，厂商利润最大化的必要条件是边际收益等于边际成本，这也是厂商均衡的条件。这一均衡条件不仅适用于完全竞争，而且适用于完全垄断、垄断竞争、寡头垄断。

4. 在短期均衡状态下，厂商的利润水平取决于产品价格和成本的相对高低。产品价格高于平均成本时，厂商获得超额利润；产品价格等于平均成本时，经济利润为零，厂商只获得正常利润；产品价格低于短期平均成本而高于平均可变成本时，厂商蒙受经济损失，但厂商在短期内将继续生产；产品价格等于或低于平均可变成本时，厂商停业。故此，短期内厂商的供给曲线为边际成本曲线在平均可变成本曲线以上的部分。

5. 在长期中，完全竞争行业的调整表现为两个方面：一方面是厂商生产规模（或工厂规模）的变化；另一方面是厂商数量的变化。长期中成本递增行业的供给曲线斜率为正，成本递减行业的供给曲线斜率为负，成本不变行业的供给相曲线斜率为零。

6. 政府的各项市场干预政策（如价格管制、进口配额与关税、税收或补贴等）都会造成一定的效率损失。

第一节 完全竞争的市场特征及厂商的收益规律

一、完全竞争的市场

所谓完全竞争（Perfect Compitition）是指由无数的买者和卖者组成的、无任何外在力量控制或人为因素干扰的市场结构。完全竞争市场是一种自由竞争的市场、古典的市场，是一种非人格化（Impersonality）的市场。在这种市场上，既没有政府的直接干预和控制，也没有厂商的相互勾结或集体行动。因此，它又被称为纯粹竞争的市场（Completely Competitive Market）。严格地说，完全竞争的市场应该具备以下四个条件：

（1）产品同质（Product Homogeneity）。在完全竞争的市场上，各个厂商提供的产品完全相同，没有任何差别。各厂商提供的产品，从原材料、加工工艺到包装、服务，都完全一样，可以相互替代。如果消费者购买不同厂商的产品，不会给消费者产生效用上的差别。

（2）厂商无数（Numerous Firms）。在完全竞争的市场上，有无数多个买者和卖者。每个买者的购买量和每个卖者的销售量只占市场交易量的很少一部分。个体的行为不可能影响市场的供求关系和价格。产品的价格是由市场供求关系决定的。买者和卖者只能接受既定的市场价格，是价格的接受者（Price Taker），而不是价格的决定者。

（3）要素自由进出（Free Entry and Exit）。在完全竞争的条件下，生产要素不受任何限制，可以自由地流动，即厂商可以自由地进入或者退出完全竞争行业，不会遇到任何行业壁垒或人为因素的干扰。厂商的自由进出给整个行业带来巨大的竞争压力，因此，竞争非常激烈。

（4）信息充分（Enough Information）。在完全竞争市场上，所有的顾客和厂商都掌握了充分的市场信息（包括产品价格、生产成本、工资利息以及市场需求等）。也就是说，消费者完全知道所有厂商提供产品的现在和未来的市场价格，厂商掌握了各种生产技术和有关要素、产品的价格信息，要素的所有者知道要素的各种用途及其相应的收益。任何买者都不可能以高于或低于市场的价格购买自己所需要的产品，任何卖者也不可能以高于市场的价格销售自己的产品。总之，消费者和厂商掌握了最优化决策所需要的各种信息，没有信息不对称的情况。

显然，完全符合上述条件的完全竞争市场是一种理想的市场状态，是一种极端的市场情况，在现实经济中是不存在的。只有金融市场和农副产品市场接近于完全竞争市场。但是，在这种理想化的市场状态下展开研究，可以使我们所研究的问题得以简化。实际上，在我们前面已经讨论过的供求理论、消费者行为理论、生产者行为理论和后面将要讨论的一般均衡理论中都暗含着完全竞争的假设。虽然在现实经济中并不存在完全竞争的市场，但是完全竞争的理论分析框架及其结论可以作为我们观察和分析现实经济问题的一个参照系。

二、完全竞争厂商的收益规律

在完全竞争的市场上，产品的价格由市场供求关系决定。厂商只能接受既定的市场价格，并可以按既定的市场价格销售全部产品。在既定的价格下，市场对单个厂商产品的需求量相当于无穷大，因此，厂商的需求曲线是一条水平线，如图 6.1（b）中 dd'所示。这一需求特征决定了完全竞争厂商的收益规律。

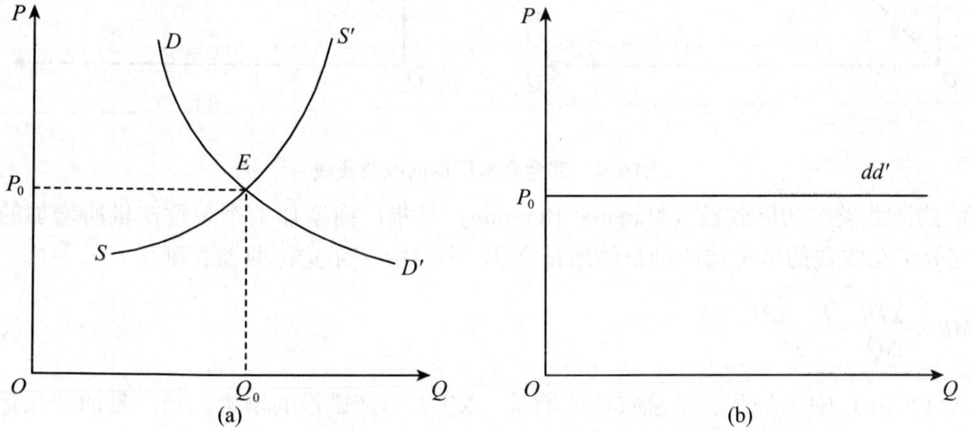

图 6.1　完全竞争市场的价格决定和厂商的需求曲线

1. 总收益。总收益（Total Revenue）是指市场上出售一定数量产品或提供一定的服务所获得的收益总额。它等于产品的销售量与价格的乘积。如果用 TR 表示总收益，则

$$TR = P \cdot Q = R(Q) \tag{6.1}$$

（6.1）式中，P 表示产品的价格；Q 表示产品的销售量。由于在完全竞争条件下，产品价格是既定的，即 P 是一个常数，所以完全竞争厂商的总收益是产销量（Q）的函数，与销售量成正比。在几何图形中，厂商的总收益曲线是一条通过原点的射线，如图 6.2（a）中所示，如果用纵坐标表示总收益或价值量，横坐标表示产量，则总收益曲线就是射线 TR，其斜率等于商品的价格（P）。它表明完全竞争厂商的总收益随着产销量的增加而不断上升。

2. 平均收益。平均收益（Average Revenue）是指厂商出售每单位产品所获得的收益。它等于总收益除以产销量。如果用 AR 表示平均收益，则

$$AR = \frac{TR}{Q} = \frac{P \cdot Q}{Q} = P \tag{6.2}$$

由（6.2）式可知，厂商的平均收益恒等于价格。由于完全竞争的市场价格不受单个厂商产量的影响，所以完全竞争厂商的平均收益不随自身产量变化，只要市场价格不变，其平均收益就是一个常数，因此，完全竞争厂商的平均收益曲线是一条水平线，与厂商的需求曲线重合，如图 6.2（b）中所示。

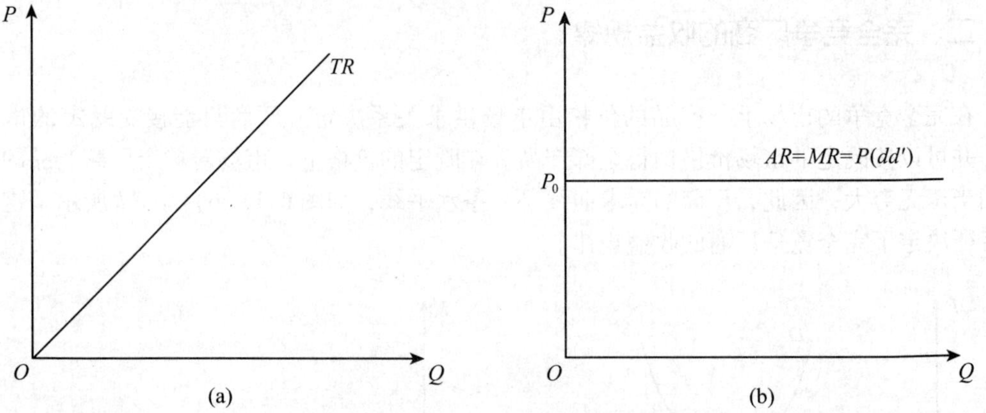

图 6.2　完全竞争厂商的收益曲线

3. 边际收益。边际收益（Marginal Revenue）是指厂商增加 1 个单位产量所增加的总收益。它等于总收益的增量与产销量的增量之比。用 *MR* 表示边际收益，则

$$MR = \frac{\Delta TR}{\Delta Q} = \frac{P \cdot \Delta Q}{\Delta Q} = P \tag{6.3a}$$

式（6.3a）中，ΔTR 表示总收益的增量；ΔQ 表示产销量的增量。当产量的变化量趋近于无穷小时，边际收益又可以用微分的形式来表示如下：

$$MR = \lim_{\Delta Q \to 0} \frac{\Delta TR}{\Delta Q} = \frac{\mathrm{d}TR}{\mathrm{d}Q} = \frac{\mathrm{d}(P \cdot Q)}{\mathrm{d}Q} = P \tag{6.3b}$$

由式（6.3）可知，在完全竞争的市场条件下，厂商的边际收益等于产品的销售价格。对于单个厂商来说，产品价格是既定的，不随厂商产量变化。因此，完全竞争厂商的边际收益曲线 *MR* 也是一条水平线，且与厂商的平均收益曲线 *AR* 和需求曲线 *dd'* 重合，如图 6.2（b）所示。它们与横轴的距离等于价格 OP_0。

三、厂商决定产量的原则

按照完全理性假说，我们始终假定厂商追求利润最大化。这里所说的利润是指经济利润（Exonomic Profit），它等于总收益与总成本之差。由于平均利润（或正常利润）算作经济成本的一部分，所以，经济利润实际上是超过正常利润的利润，即超额利润。用 π 表示经济利润，则：

$$\pi = TR - TC = R(Q) - C(Q) \tag{6.4}$$

若 $TR > TC$，则经济利润为正值（$\pi > 0$），厂商获得超额利润；若 $TR < TC$，则经济利润为负数（$\pi < 0$），厂商蒙受经济损失（Economic Loss）；若 $TR = TC$，则经济利润为零，意味着厂商只获得正常利润（Normal Profit）。

厂商要想取得最大利润，就必须使利润函数式（6.4）取得极大值。根据高等数学原

理，目标函数取得极大值的前提条件是其一阶导数等于零，即：

$$\frac{\mathrm{d}\pi}{\mathrm{d}Q}=\frac{\mathrm{d}(TR-TC)}{\mathrm{d}Q}=\frac{\mathrm{d}TR}{\mathrm{d}Q}-\frac{\mathrm{d}TC}{\mathrm{d}Q}=MR-MC=0$$

故 $MR=MC$ （6.5）

等式（6.5）只是厂商利润最大化的必要条件，而不是充分条件。

如图6.3所示。在图6.3（a）中，边际收益曲线 MR 和边际成本曲线 MC 相交于 A、B 两点，意味着在 A、B 两点处，边际收益和边际成本都相等。但是，在 A 点对应的产量水平 Q_1，总成本 TC 大于总收益 TR，经济利润为负数（$\pi<0$），如图6.3（b）中所示，而在 B 点对应的产量水平 Q^*，总收益大于总成本，经济利润为正数，明显高于 Q_1 产量下的利润水平。由此可见，满足条件 $MR=MC$ 的函数值并不都是极大值。

高等数学原理告诉我们，厂商要想取得最大利润，还必须满足第二个条件，即利润函数的二阶导数必须小于零。用公式表示如下：

$$\frac{\mathrm{d}^2\pi}{\mathrm{d}Q^2}=\frac{\mathrm{d}MR}{\mathrm{d}Q}-\frac{\mathrm{d}MC}{\mathrm{d}Q}<0 \quad (6.6)$$

或 $$\frac{\mathrm{d}MR}{\mathrm{d}Q}<\frac{\mathrm{d}MC}{\mathrm{d}Q} \quad (6.7)$$

不等式（6.7）是利润函数取得极大值的充分条件。它表明只有当边际收益函数的一阶导数（即边际收益曲线的斜率）小于边际成本函数的一阶导数（即边际成本曲线的斜率）时，厂商才能实现最大利润。如图6.3（a）中所示，在 A 点处，边际收益曲线的斜率（为零）大于边际成本曲线的斜率（边际成本曲线的斜率 <0），因此在该点对应的产量水平（Q_1），厂商的利润最小；在 B 点处，边际收益曲线的斜率（为零）小于边际成本曲线的斜率（边际成本曲线的斜率 >0），满足利润最大化的条件，所以对应于 B 点的产量 Q^* 为最优产量。总之，只要边际成本曲线从边际收益曲线的下方向上与边际收益曲线相交，交点对应的产量就是利润最大化的产量。在我们后面的几何图形分析中，这一条件能够自然满足，因此不作特别强调。

在通常情况下，主要强调厂商利润最大化的必要条件（即 $MR=MC$）。当边际收益等于边际成本时，厂商获得最大利润或者亏损最少。如果 $MR>MC$，就意味着厂商每增加1个单位产销量所增加的收益大于所增加的成本，厂商增加产量是有利可图的，所以厂商会不断增加产量；如果 $MR<MC$，那么厂商每减少1个单位的产量所减少的收益小于所减少的成本，显然，这时厂商减少产量可以提高利润水平，厂商会不断减少产量，直到边际收益等于边际成本为止。当 $MR=MC$ 时，厂商增加或减少产量，已不可能增加利润，意味着厂商已经达到了最大利润水平，因而也就没有必要调整产量。因此我们说，$MR=MC$ 是厂商均衡的条件。这一均衡条件不仅适用于完全竞争，而且适用于完全垄断、垄断竞争、寡头垄断，故被称为 $MR=MC$ 定理。以下将运用这一原理，分析完全竞争厂商的短期行为和长期行为，讨论完全竞争厂商如何选择产量，从而推导短期供给曲线和长期供给曲线。

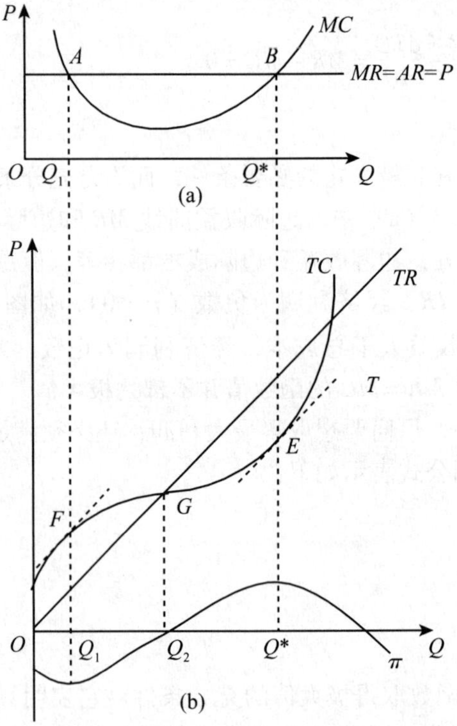

图 6.3　厂商在产品市场上的利润最大化条件

第二节　完全竞争厂商的短期行为

一、完全竞争厂商短期产量的决定及其变动

在短期内，厂商只能调整部分生产要素的投入量，而不能改变固定投入，换句话说，厂商只能在既定规模的工厂条件下，通过调整可变投入和产量来适应市场需求和价格的变化，因此，厂商的各种成本沿着给定的短期成本曲线（*SAC*、*SMC* 等）变化（如图 6.4 所示）。

根据厂商利润最大化原则，追求利润最大化的厂商在短期内应该将产量调整到边际收益等于短期边际成本（$MR=SMC$）的水平。由于在完全竞争的市场条件下，厂商的边际收益恒等于产品价格，且产品价格是既定的，所以完全竞争厂商短期均衡的条件是：$SMC=MR=P$。也就是说，厂商只有将产量调整到短期边际成本等于市场价格（$SMC=P$），才能实现利润最大化，达到短期均衡。所谓厂商的短期均衡就是指厂商在市场需求状况和工厂规模给定的条件下，按照利润最大化原则确定的产量进行生产，从而在短期内不再改变资源配置结构和产量水平的最优状态。

在短期均衡状态下，厂商的利润水平取决于产品价格和成本的相对高低。而短期的成本曲线（函数）是已知既定的，因此厂商短期的最大利润水平主要受市场价格的影响。厂商短期均衡状态可能因市场价格的不同而出现四种不同的结果，现分述如下：

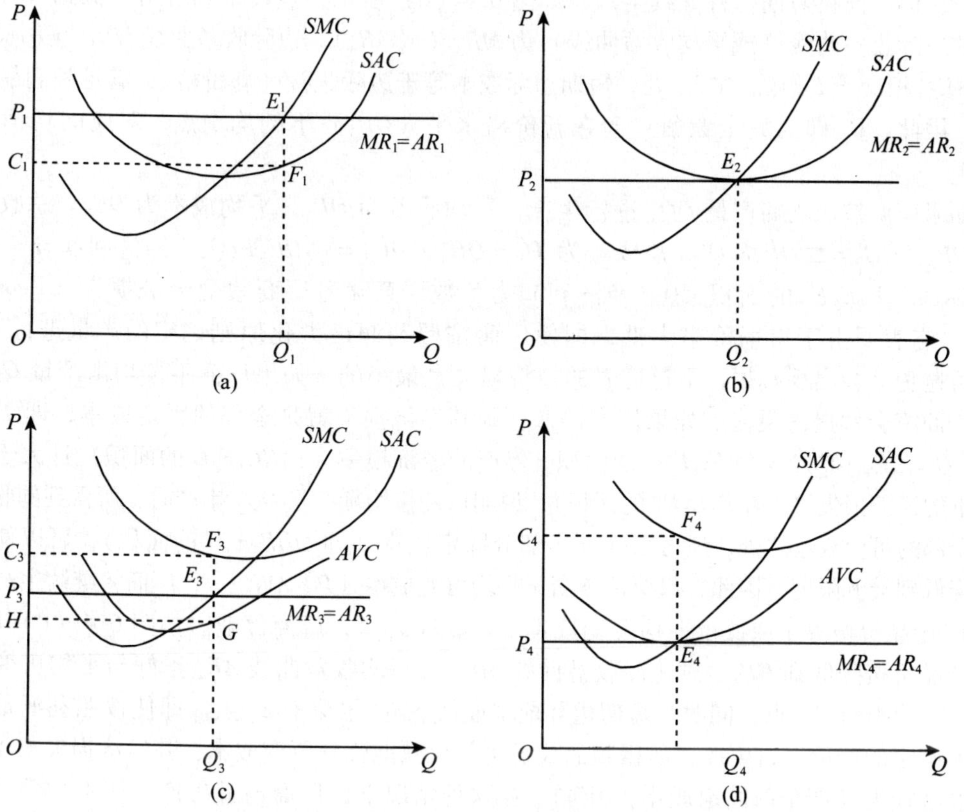

图 6.4　完全竞争厂商的短期均衡

1. 产品价格高于平均成本（$P>SAC$），厂商获得超额利润（$\pi>0$）。如图 6.4（a）所示，假定市场价格为 OP_1，则边际收益曲线和平均收益曲线分别为 MR_1 和 AR_1。边际收益曲线 MR_1 与短期边际成本曲线 SMC 相交于 E_1 点。在 E_1 处，短期边际成本等于边际收益（或价格），满足厂商短期均衡条件，所以，E_1 就是厂商的一个短期均衡点，与之对应的产量 OQ_1 即为 OP_1 价格下的厂商均衡产量。在 OP_1 的市场价格下，厂商按照产量 OQ_1 生产，就可以实现最大利润。

在均衡产量 OQ_1 下，厂商的平均收益和平均成本分别为 OP_1 和 OC_1，厂商的总收益为：$TR=OP_1\cdot OQ_1=\square OP_1E_1Q_1$ 的面积，总成本为 $TC=OC_1\cdot OQ_1=\square OC_1F_1Q_1$ 的面积。厂商的最大利润为 $\pi=TR-TC=\square C_1P_1E_1F_1$ 的面积 >0。

2. 产品价格等于平均成本（$P=SAC$），经济利润为零，厂商只获得正常利润。如图 6.4（b）所示，假设市场价格下降到 OP_2，正好等于短期最低的平均成本（$P=SAC_{\min}$）。厂商的边际收益曲线 MR_2 与短期平均成本曲线 SAC 相切于 E_2，同时，与短期边际成本曲线 SMC 相交于 E_2 点。根据短期均衡条件，我们知道，E_2 即为短期均衡点，与之对应的产量 OQ_2 就是厂商在价格 OP_2 下的均衡产量。由于在均衡产量 OQ_2 下，厂商的平均收益等于平均成本，所以，厂商的经济利润为零（$\pi=0$），意味着厂商只获得正常利润。

3. 产品价格低于短期平均成本，而高于平均可变成本，即 $AVC < P < SAC$，厂商蒙受经济损失，但厂商在短期内将继续生产。如图 6.4（c）所示，假设市场价格降低到 OP_3，则厂商的边际收益曲线（或平均收益曲线）为 MR_3（或 AR_3）。边际收益曲线 MR_3 与边际成本曲线 SMC 相交于 E_3 点。在 E_3 处，短期边际成本等于边际收益（即价格），满足利润最大化条件，因此，E_3 即为完全竞争厂商在新价格水平（OP_3）下的均衡点，对应的均衡产量为 OQ_3。

如果厂商按照均衡产量 OQ_3 进行生产，平均收益为 OP_3，平均成本为 OC_3。总收益为 $TR = OP_3 \cdot OQ_3 = \square OP_3E_3Q_3$，总成本为 $TC = OC_3 \cdot OQ_3 = \square OC_3F_3Q_3$，经济利润 $\pi = TR - TC = -\square C_3P_3E_3F_3$ 的面积 <0。经济利润为负数，意味着厂商蒙受经济损失（Economic Loss）。它表明由于市场价格太低，即使厂商按照利润最大化原则确定的产量进行生产，也不可避免地会出现亏损，不过这时的经济损失是最小的。如果厂商不按均衡产量 OQ_3 生产，厂商将会亏损得更多。如果厂商停产，则其经济损失就是全部的固定成本，即 $TFC = AFC \cdot Q = GF_3 \cdot OQ_3 = \square HC_3F_3G$ 的面积。停产的经济损失（$\square HC_3F_3G$ 的面积）远大于均衡产量下的经济损失（$\square C_3P_3E_3F_3$ 的面积），说明厂商按均衡产量 OQ_3 生产时，所得到的收益除弥补全部的可变成本之外，还可以弥补一部分固定成本（即 $\square HP_3E_3G$ 的面积），可以使经济损失降低到最低限度，因此，只要价格高于平均可变成本（$P > AVC_{min}$），厂商将继续生产。

4. 产品价格等于或低于平均可变成本（$P \leqslant AVC_{min}$），厂商停业。如图 6.4（d）所示，假设产品价格降低到 OP_4，则边际收益曲线 MR_4 或平均收益曲线 AR_4 正好与平均可变成本曲线 AVC 相切于 E_4 点，同时与短期边际成本曲线 SMC 相交于 E_4 点。即使按照利润最大化原则所确定的产量进行生产，所得到的收益也仅仅只能弥补可变成本，其经济损失与不生产时的经济损失（即全部固定成本）相同。在这种情况下，厂商与其生产，还不如停产。如果市场价格低于厂商的平均可变成本（$P < AVC_{min}$），则厂商生产得越多，亏损越多。显然，在这种情况下，厂商也不会生产。由此可知，E_4 点是完全竞争厂商的停业点（Shut-down Point）。停产的原则是价格低于平均可变成本。

二、完全竞争厂商的短期供给曲线

从以上的分析我们了解到，在完全竞争的市场条件下，追求利润最大化的厂商在短期内主要通过调整可变投入和产量来适应市场价格的变化。在不同的市场价格下，完全竞争厂商有不同的均衡产量，并且两者存在一一对应关系，如图 6.5 中的 E_1、E_2、E_3、E_4 点。只要市场价格高于 P_4，厂商就有唯一一个与之相对应的均衡产量。当价格上升时，厂商的产量沿着短期边际成本曲线 SMC 上升；反之，价格下降时，产量沿着短期边际成本曲线下降。当价格下降到 E_4 点以下时，厂商的产量减少为零。由此可见，完全竞争厂商的短期供给曲线（The Competitve Firm's Short-Run Supply Curve）就是位于平均可变成本 AVC 曲线以上的那一部分短期边际成本曲线，如图 6.5 中粗实线段所示。由于 AVC 曲线之上的边际成本曲线的斜率为正值，所以完全竞争厂商的短期供给曲线是一条向右上方倾斜的曲线。它表明在短期内，完全竞争厂商的供给量随着市场价格上升而上升，并且每一价格下的供给量都是厂商实现最大利润（或亏损最小化）的产量。

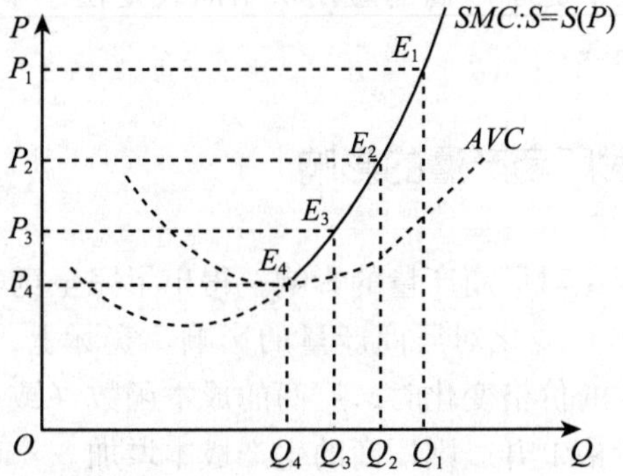

图 6.5　完全竞争厂商的短期供给曲线

我们可以用一个简单的例子来说明上述的分析①。例如，已知某完全竞争企业的短期总成本函数为：$STC=1\ 000+150q-20q^2+q^3$。试求：（1）该企业的短期供给函数；（2）当价格是550时，该企业的产量和利润各是多少？（3）当价格是102时，其产量和利润又各是多少？（4）当价格时40时，其产量和利润又各是多少？

解：（1）由企业的总成本函数的表达式可知，总可变成本为 $TVC=150q-20q^2+q^3$，因此，平均可变成本 $AVC=TVC/q=150-20q+q^2$，短期边际成本为：

$SMC=150-40q+3q^2$

令 $AVC=SMC$ 即 $150q-20q^2+q^3=150-40q+3q^2$，可求得平均可成本 AVC 曲线的最低点相对应的产量为 $q_1=10$（另一个解 $q=0$ 舍去），此时，平均可变成本 $AVC_{\min}=150-20\times10+10^2=50$。

因此，根据利润最大化的条件 $P=SMC$ 可得到该企业的短期供给函数为：

$3q^2-40q+150=P$（$P>AVC_{\min}=50$）

即　$3q^2-40q+150-P=0$（$P>50$）

（2）价格 $P=550$ 时，由 $P=SMC$ 有 $150-40q+3q^2=550$，求得该方程的解为 $q=20$（另一个解 $q=-20/3$ 舍去），这时，总收益 $TR=pq=550\times20=11\ 000$，总成本 $STC=1\ 000+150\times20-20\times20^2+20^3=4\ 000$，利润 $\pi=TR-STC=7\ 000$。

（3）价格 $P=102$ 时，由 $P=SMC$ 有 $150-40q+3q^2=102$，求得该方程的解为 $q=12$。此时，总收益 $TR=102\times12=1\ 224$，总成本 $STC=1\ 000+150\times12-20\times12^2+12^3=1\ 648$，利润 $\pi=1\ 224-1\ 648=424$，即亏损424。若停产，则企业的亏损为总不变成本，等于1 000。所以，此时企业应继续生产，产量为12，企业应继续生产的结果也可以根据 $P=102>AVC_{\min}=50$ 而得到。

（4）价格 $P=40$ 时，由于 $P<AVC_{\min}$，企业不得不停产，因此产量为零，亏损为1 000。

从这个例子我们可以看出，短期中决定完全竞争厂商生产的基本原则为 $MR=MC$，在此原则下，完全竞争厂商获得经济利润最大化或者亏损最小，而一旦 $P<AVC_{\min}$，完全竞争厂

① 李健、唐五湘：《微观经济学》，机械工业出版社2001年版，第183页。

商将停止生产，故短期中完全竞争厂商的短期供给曲线是位于平均可变成本 AVC 曲线以上的那一部分短期边际成本曲线。

三、投入价格变动对厂商产量的影响

前面分析了产品价格变化对厂商产量的影响，得出了完全竞争厂商的短期供给曲线，但没有考虑投入价格（或成本）变化对厂商产量的影响。实际上，投入的价格也随市场行情的变化而变化。当生产要素的价格变化时，厂商的成本函数（或曲线）将发生相应的变化。如原材料价格上涨或石油价格上升，则厂商的生产成本增加。

如图 6.6 所示，假设产品的价格不变（为 P_0），只是一种可变投入的价格上升，厂商的生产成本增加，成本曲线向上方移动，厂商的边际成本曲线从 MC_1 移动到 MC_2。成本变化以前，在 E_1 点处，厂商的边际成本等于价格，对应的最优产量为 Q_1；成本上升后，边际成本曲线 MC_2 与边际收益曲线相交于 E_2 点，对应的最优产量为 Q_2。在新的投入价格水平，厂商按照产量 Q_2 生产，就可以实现最大利润。如果厂商将产量从 Q_2 增加到 Q_1，厂商的利润就会减少，利润的减少量就是多边形 GE_1E_2 的面积。显然，投入的价格上升后，追求利润最大化的厂商不会按原有产量 Q_1 生产，它会相应的降低产量。反之，投入价格下降，厂商将增加产量。由此可知，投入价格变化将引起厂商的成本曲线和厂商的供给曲线发生位移。一般来说，投入价格上升，厂商的边际成本曲线或完全竞争厂商的短期供给曲线向左上方移动（如图 6.6 所示）；投入价格下降，厂商的边际成本曲线或完全竞争厂商的短期供给曲线向右下方移动。

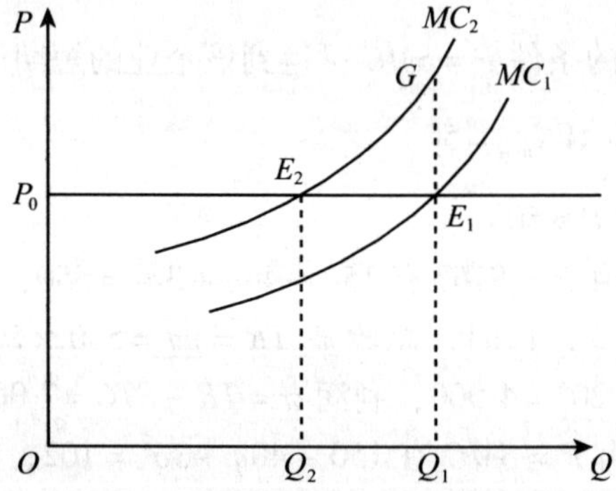

图 6.6　厂商对投入价格变化的反应

四、完全竞争市场的短期供给曲线

短期市场供给曲线（The Short-Run Market Supply Curve）表示在各种可能的价格下整个行业在短期的总产量，它反映短期内整个行业的总产量与产品价格之间的关系。整个行业的总产量等于该行业所有厂商供给量的总和。因此，在完全竞争市场条件下，短期市场供给曲线等于该行业所有厂商供给曲线的水平叠加。如图 6.7 所示，假设某行业有三个厂商，其短

期供给曲线分别为 MC_1、MC_2、MC_3。在 P_1 的价格以下，整个行业的供给为零（因为没有厂商愿意生产）；价格在 P_1 与 P_2 之间，只有第三个厂商愿意生产，行业的供给曲线为 MC_3 的一部分（如粗实线段 AB 所示）；在 P_2 的价格水平上，三个厂商都愿意生产，供给量沿水平线段 BF 变动，意味着在价格不变的条件下总产量可以从 Q_5 增加到 Q_7，其中 $Q_7 = Q_1 + Q_2 + Q_5$；价格在 P_3 以上，三个厂商的供给量沿着各自的供给曲线 MC_1、MC_2、MC_3 变动。如在 P_3 的价格水平上，市场供给量等于三个厂商供给量之和，即 $Q_8 = Q_3 + Q_4 + Q_6$。依此类推，我们可以计算出各种价格下的市场供给量及其所对应的点。如果用一条平滑的曲线将各价格下的市场供给量所对应的点连接起来，就可以得出整个行业的供给曲线，即粗实线 $ABFS$。

在要素价格不变的情况下，我们可以用所有厂商的短期供给曲线水平叠加得到整个市场的短期供给曲线。但是在现实经济中，投入的价格往往是变化的。在投入价格变化的情况下，就不可能用上述简单的办法得到市场供给曲线，而要对厂商的供给曲线作适当的调整。

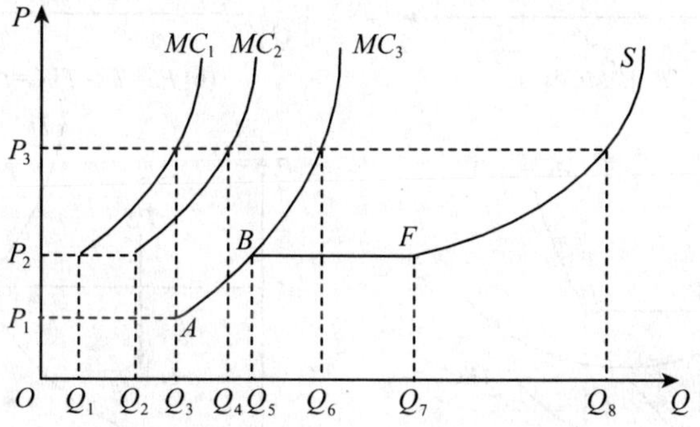

图 6.7 完全竞争行业的短期供给曲线

五、生产者剩余

生产者剩余（Producer's Surplus）是指厂商生产和销售一定数量的产品时实际得到的收益与厂商愿意接受的最低收益之差。厂商每销售一个单位产品所愿意接受的最低收益就是厂商生产该产品的边际成本，因此，1 个单位产品的生产者剩余就等于该产品的售价减去其边际成本。当厂商生产和销售一定数量产品时，其生产者剩余等于每 1 单位产品的生产者剩余之和，即 $\sum_{i=1}^{q^*}(p^* - MC_i)$。假设市场均衡价格为 p^*，边际成本函数为连续函数 $MC = c(q)$，则厂商按均衡产量 q^* 生产时，生产者剩余 PS 为：

$$PS = \int_0^{q^*}(p^* - MC)\mathrm{d}q = p^* \cdot q^* - \int_0^{q^*} c(q)\mathrm{d}q$$
$$= TR - \int_0^{q^*} c(q)\mathrm{d}q \qquad (6.8)$$

式(6.8)中右边第一项 $p^* \cdot q^*$ 是销售总收益 TR，它等于 $\square Op^*Eq^*$ 的面积，如图6.8(a)所示；第二项 $\int_0^{q^*} c(q)\,\mathrm{d}q$ 是厂商将产量从0增加到 q^* 时边际成本的累计和，它等于不规则多边形 $OMEq^*$ 的面积，两者之差（即消费者剩余 PS）等于边际成本曲线 MC 以上和价格水平线 p^*E 以下阴影部分的面积。

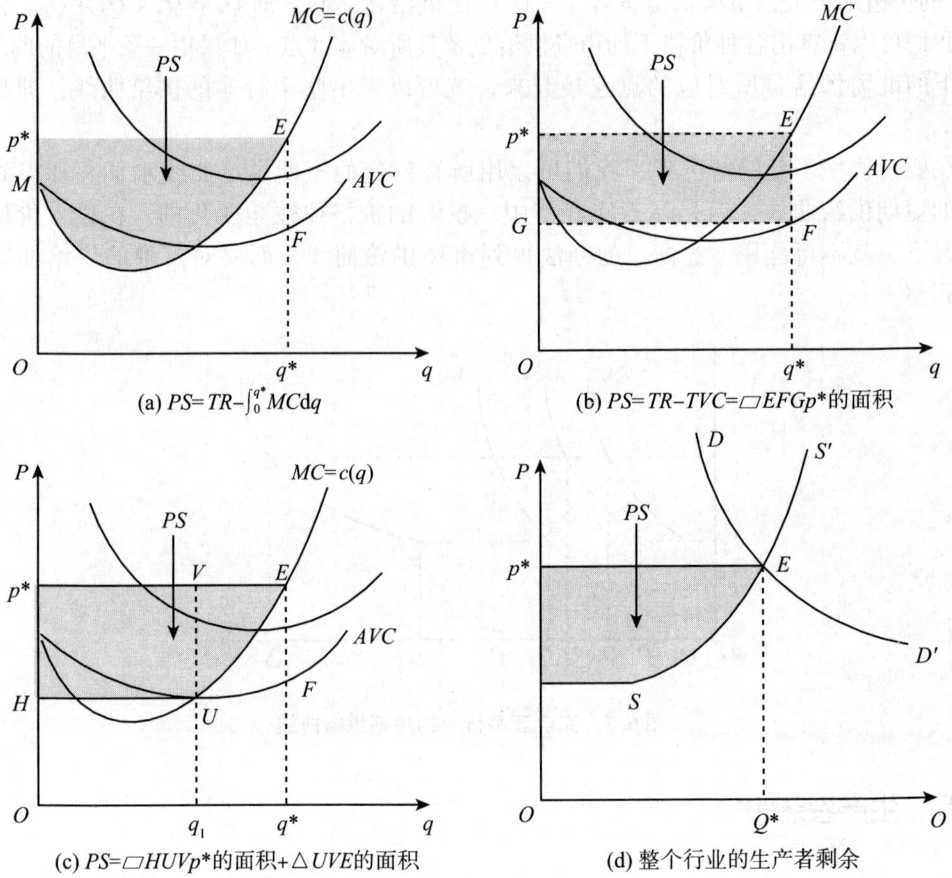

(a) $PS=TR-\int_0^{q^*}MC\mathrm{d}q$

(b) $PS=TR-TVC=\square EFGp^*$的面积

(c) $PS=\square HUVp^*$的面积+$\triangle UVE$的面积

(d) 整个行业的生产者剩余

图 6.8　生产者剩余

根据边际成本的计算公式 $MC = \dfrac{\mathrm{d}TVC}{\mathrm{d}q}$，可知代入式(6.8)，得

$$PS = TR - \int_0^{q^*} c(q)\,\mathrm{d}q = TR - TVC = TR - (TC - TFC) = \pi + TFC \tag{6.9}$$

从式(6.9)可知，生产者剩余等于厂商的销售收益与总可变成本之差，因为厂商生产 q^* 产量实际得到的收益就是厂商的销售收益，他愿意接受的最低收益就是总可变成本（否则厂商就会停产）。如图6.8(b)所示，厂商的总收益为 $\square Op^*Eq^*$ 的面积，总可变成本为 $\square OGFq^*$ 的面积，两者之差即生产者剩余为 $\square EFGp^*$ 的面积。生产者剩余还等于厂商的经济利润(π)与总固定成本(TFC)之和。也就是说，厂商的生产者剩余由两部分构成：一部分是经济利润；另一部分是总固定成本。

根据式(6.8)可得

$$PS = p^*(Oq_1 + q_1q^*) - \left[\int_0^{q_1} c(q)\mathrm{d}q + \int_{q_1}^{q^*} c(q)\mathrm{d}q\right]$$
$$= \left[p^* Oq_1 - \int_0^{q_1} c(q)\mathrm{d}q\right] + \left[p^* q_1q^* - \int_{q_1}^{q^*} c(q)\mathrm{d}q\right]$$
$$= [TR(q_1) - TVC(q_1)] + \triangle UVE \text{ 的面积}$$
$$= \square HUVp^* \text{ 的面积} + \triangle UVE \text{ 的面积} \tag{6.10}$$

(6.10)式告诉我们，生产者剩余又等于边际成本曲线左边阴影部分的面积，如图6.8(c)图所示，即为纵轴、最低平均可变成本水平线、价格水平线、边际成本曲线等4条线所围成的不规则$\square HUEp^*$的面积。这种表示生产者剩余的方法具有广泛的应用。

就整个行业来说，生产者剩余等于所有厂商的销售收益与他们愿意接受的最低收益之差。假设短期的市场供给曲线为SS'，市场均衡价格为p^*，如图6.8(d)所示，整个行业的生产者剩余就是价格水平线p^*E以下和供给曲线SS'以左阴影部分的面积。同消费者剩余一样，生产者剩余也是用来衡量经济效益和社会福利的指标。一般来说，生产者剩余越多，社会经济效率和福利越大。

第三节　完全竞争厂商的长期行为

一、完全竞争厂商长期产量和价格的决定

在长期中，厂商可以调整所有的生产要素。厂商不仅能够调整可变要素投入量，而且可以调整固定要素的投入量。也就是说，厂商能够根据市场需求和价格水平对工厂规模进行调整，以期获得最好的经济效益。在完全竞争的市场条件下，厂商还可以根据自身的经营状况，决定进入或者退出完全竞争行业。因此，在长期中，完全竞争行业的调整表现为两个方面：一方面是厂商生产规模（或工厂规模）的变化；另一方面是厂商数量的变化。以下分两种情况来讨论：单个厂商的长期均衡和整个行业的长期均衡。

1. 厂商最优生产规模的选择。假设在某完全竞争行业只有一个厂商调整生产规模，而其他厂商保持原有的产量和工厂规模。在完全竞争的市场条件下，个别厂商调整产量不会影响市场的供求关系和价格。在单个厂商调整生产规模的过程中，市场价格保持不变。

如图6.9所示，假设市场价格为P_1；厂商最初的生产规模比较小，其短期平均成本曲线和边际成本曲线分别为SAC_1和SMC_1；长期的平均成本曲线和边际成本曲线分别为LAC和LMC。在短期内，厂商只能在既定规模的工厂条件下进行生产，因此，厂商调整产量时，平均成本沿SAC_1变动，边际成本沿SMC_1变动。根据完全竞争厂商短期均衡的条件：$SMC = P$，厂商短期的最优产量为Q_1，经济利润为$\square C_1P_1E_1F_1$。但是从长期来看，原有的生产规模太小，不能满足长期利润最大化的条件。

厂商长期利润最大化的条件之一是边际收益等于长期的边际成本，即：

$$LMC = MR = P$$

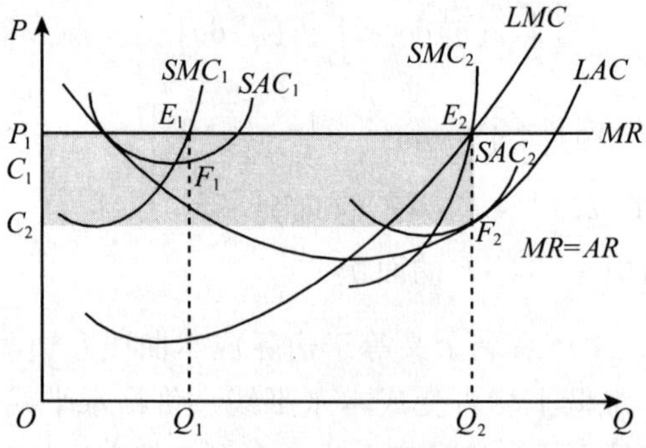

图 6.9 厂商最优工厂规模的选择

如果市场价格长期保持在 P_1 的水平不变，厂商就应该将产量提高到 Q_2 的水平。因为在 Q_2 的产量下，厂商的边际收益等于长期边际成本，满足利润最大化的条件，所以产量 Q_2 就是完全竞争厂商在价格 P_1 下的长期最优产量。

一旦确定了长期最优产量，厂商就应该对工厂规模进行调整，将工厂调整到最优状态，实现在一定产量下的成本最小化。以满足厂商长期利润最大化的第二个条件：短期边际成本等于长期边际成本，或短期平均成本等于长期平均成本。

总之，完全竞争厂商长期利润最大化的条件是：短期边际成本、长期边际成本和产品价格均等，用公式表示如下：

$$SMC = LMC = MR = P$$

如图 6.9 所示，短期边际成本曲线 SMC_2、长期边际成本曲线 LMC 与边际收益曲线 MR 相交于 E_2 点，意味着在 E_2 对应的产量（Q_2）水平下，短期边际成本、长期边际成本和边际收益均等。厂商只有将产量调整到 Q_2，将工厂调整到短期平均成本曲线 SAC_2 和边际成本曲线 SMC_2 所代表的工厂规模水平，才能实现长期利润的最大化。在 Q_2 的最优产量下，厂商的长期最大利润为$\square E_2F_2C_2P_1$ 的面积。

2. 完全竞争厂商的长期均衡。前面的分析假定个别厂商调整，而其他厂商保持原有生产格局（或工厂规模），这显然不符合客观经济现实。事实上，在完全竞争的市场条件下，当一个厂商通过调整产量和工厂规模可以获得超额利润（即经济利润）时，不仅同行的厂商会如法炮制，追随效仿，而且丰厚利润（$\pi > 0$）还会吸引新厂商进入该行业。虽然单个厂商调整产量和工厂规模不会影响市场价格，但是所有厂商同时调整就会影响市场供求关系和价格。

如图 6.10 所示，在价格 P_1 下，厂商通过调整产量和工厂规模就可以获得超额利润（相当于$\square E_2F_2C_2P_1$ 的面积 >0）。从长期来看，只要完全竞争行业的经济利润大于零（$\pi > 0$），就会有新厂商不断进入。新厂商的进入会使整个行业生产规模扩大，产品供给增加，导致市场价格下降，直到经济利润消失为止。

反之，如果市场价格为 P_3，低于平均成本，厂商即使调整到最优生产规模，也不可避免地会出现经济损失。如图 6.10 所示，厂商将产量调整到 Q_3，工厂调整到 SAC_3 和 SMC_3 所代表的最优工厂规模水平，经济利润 $\pi = \square E_3F_3C_3P_3 < 0$。如果某完全竞争行业长期亏损，

就会有一部分厂商退出该行业。厂商的退出将缩小整个行业的生产规模，减少供给，导致市场价格上升，直到经济损失消失为止。总之，厂商的进入或退出使整个行业达到经济利润为零（Zero Economic Profit）的状态（即 $\pi=0$），整个行业停止扩张或收缩，处于一种相对稳定的发展状态。

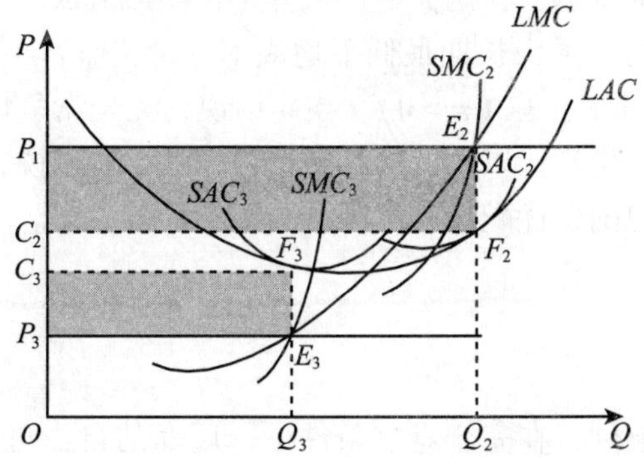

图 6.10　厂商进入或者退出完全竞争行业

综上所述，市场价格高于或低于平均成本，都不可能长期稳定下来。只有价格等于长期的最低平均成本（$\pi=0$），与此同时，厂商将生产规模（包括产量和工厂规模）调整到最优水平，才可能达到长期均衡。由此可知，完全竞争厂商长期均衡的条件是：

$$P=MR=AR=LMC=SMC=LAC=SAC \tag{6.11}$$

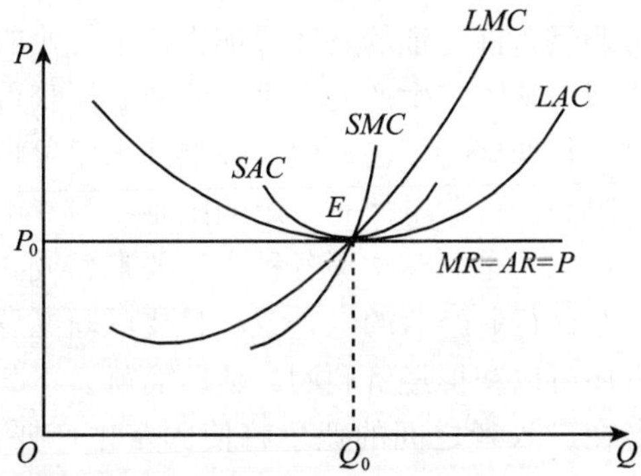

图 6.11　完全竞争厂商的长期均衡

如图 6.11 所示，当市场价格下降到 P_0 时，边际收益曲线 MR（或平均收益曲线 AR）与长期平均成本曲线 LAC 相切于最低点 E，与长期边际成本曲线 LMC 相交于 E 点，E 点所对应的产量 Q_0 就是完全竞争厂商长期的最优产量。如果厂商将产量调整到 Q_0，将工厂规模调整到短期边际成本曲线 SAC 和短期平均成本曲线 SMC 所代表的最优工厂规模水平，那么厂商就达到了长期均衡。因为在 E 点处，满足完全竞争厂商长期均衡的条件（既满足长期利润最大化的基本条件 $LMC=MR=P$，又满足短期利润最大化的条件 $SMC=MR=P$，同时还满足经济利润为零的条件 $P=LAC=SAC$，所以各条曲线的交汇点 E 是完全竞争厂商的长期均衡点。

在完全竞争行业，所有厂商最终都必须将产量、产品售价、生产成本调整到 E 点所规定的水平，任何偏离 E 点的厂商都有继续调整的必要。当所有厂商都达到 E 点的长期均衡状态时，既没有新厂商进入，又没有老厂商退出，整个行业的生产就处于一种相对稳定的状态。只要要素的价格或成本不变，完全竞争厂商的最终产量为 Q_0，最终价格为 P_0。

在完全竞争的长期均衡状态下，厂商的产量等于长期最低成本点的产量（Q_0），也是长期最优的产量，单位产品的成本为长期最低平均成本，价格（P_0）等于长期最低平均成本（即 $P_0 = LAC_{\min}$），经济利润等于零（$\pi = 0$）。换句话说，完全竞争将驱使厂商以最优的生产规模、最低的生产成本进行生产，以最低的价格销售产品。所以说，完全竞争是一种理想的市场结构，它能够促进资源的最优配置，实现社会福利的最大化。

二、经济租金

从前面的分析我们了解到，在完全竞争条件下，厂商的自由进入（Free Entry）将使整个行业的经济利润降低到零的水平。在某些行业，厂商并不能自由的进入，整个行业厂商的数量是固定的，并且各厂商获得较高的利润，其原因就在于某些固定生产要素的供给是有限的、稀缺的，新厂商无法得到这些稀缺的固定生产要素，如土地、自然资源、企业家才能或其他创造性才能（像球星、影星、歌星等）。

要素的稀缺性来自于两个方面：一是要素的供给受到自然的限制，如石油、煤炭、天然气、贵重金属以及土地等其他自然资源是自然造就的，其总量是固定的，是人类无法改变的；二是要素的供给受到法律的限制，如某些行业的生产和经营需要政府颁发的营业执照或许可证，如果政府控制某行业经营许可证的发放，那么这个行业的厂商数量就是固定的。

在某些行业，如果厂商因为某固定生产要素供给的限制而获得经济利润（$\pi > 0$），表面上看，这种经济利润似乎可以长期保持下去，但实际上外来竞争将使这种经济利润最终下降到零的水平。新厂商进入受限制的行业虽然有一定的困难，但并不是绝对不能进入。新厂商进入一个行业通常有两个途径：一是厂商购买各种生产要素，成立一家新的公司，建立一个新的工厂；二是直接购买已在该行业经营的老企业。只要厂商愿意出高价购买，厂商总是可以进入的。如果新厂商进入还可以获得经济利润，新厂商就会不断地进入。如果某些生产要素的供给是固定的，那么潜在进入者之间的竞争将使固定生产要素的价格上升（例如，在美国纽约，出租车的营业执照已经被炒卖到 10 万美元），固定生产要素的价格将上升到经济利润消失为止。也就是说，厂商之间的竞争将使行业的经济利润最终全部转化为固定生产要素的高额报酬。

经济租金（Economic Rent）是指要素所有者出卖一定数量的某种生产要素时实际得到的报酬与他愿意接受的最低报酬之差。要素所有者愿意接受的最低报酬实际上相当于要素的机会成本，它是厂商诱使要素所有者向某项生产提供服务最低报酬，否则要素所有者将把生产要素投向其他生产领域。由于要素的稀缺性，厂商付给要素所有者的报酬往往高于他愿意接受的最低收益。

例如，石油是一种稀缺资源，地下的储量是有限的。假设某厂商拥有一口油井，将石油从地底下抽上来，每桶的生产成本为 1 美元，而每桶的售价高达 20 多美元，超过成本的部分就是石油的经济租金。

又如，土地是一种固定生产要素，无论土地的价格有多高，土地的总量是固定不变的。土地的价值（即支付给土地所有者的报酬）就是一种经济租金。从整个经济的角度来看，农产品的价格决定耕地的价值。但从农业生产者的角度来看，土地的价值（即地租）构成生产成本，包含在产品的价格中。

假设某农产品的生产中，除土地一种固定投入外，其他投入都是可变投入。如图 6.12 所示，AC 为平均生产成本曲线，AVC 为平均可变成本曲线。如果该农产品市场是完全竞争市场，则达到长期均衡时，激烈的竞争将使经济利润消失，价格为 p^*，产量为 q^*。

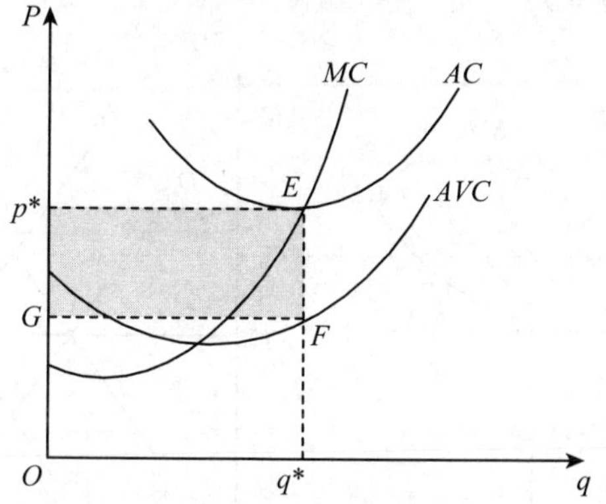

图 6.12 土地的租金即阴影部分面积

在长期均衡状态下，地租（即总固定成本）为：

$$
\begin{aligned}
(AC-AVC)\times q^* &= p^*\times q^* - FQ_0\times q^* \\
&= \square Op^*Eq^* \text{的面积} - \square OGFq^* \text{的面积} \\
&= \square EFGp^* \text{的面积} \\
&= TFC
\end{aligned}
$$

在这种长期均衡状态下，经济租金等于生产者剩余。实际上，经济租金和生产者剩余是同一概念，只不过从不同的角度，衡量生产者的收益，解释不同企业或者不同部门的收益差别。某些厂商或行业之所以获得较高的经济利润或经济租金是因为他们拥有某种稀缺的固定生产要素。

三、完全竞争行业的长期供给曲线

前面的长期均衡分析在假定生产要素价格不变的条件下，着重考察厂商的产量和产品价格的决定，没有考察整个行业的供给量与价格之间的长期关系，也没有讨论完全竞争行业的长期供给曲线。在现实经济中，整个行业生产规模的扩大可能会影响要素的价格。要素价格的变动反过来又会影响企业的生产成本，乃至厂商的均衡产量和价格。以下分成本不变、成本递增和成本递减等三种情况来讨论完全竞争行业的长期供给曲线。

1. 成本不变行业的长期供给曲线。成本不变行业（Constant-Cost Industry）是指整个行业生产规模的扩大不会引起它所使用的投入的价格（或生产成本）变化的行业。在成本不变行业生产规模扩大过程中，该行业所使用的各种生产要素的价格保持不变，生产成本也不变。前面几节的分析实际上是以成本不变为前提展开的。

如图 6.13 所示，左图（a）显示厂商的长短期成本曲线；右图（b）显示整个行业或市场供求曲线，其中 D 为最初的市场需求曲线，S 为最初的市场供给曲线。假设整个行业原来处于长期均衡状态（即处于 A 点），市场均衡价格为 P_0，价格水平线与厂商的长期平均成本曲线 LAC 的最低点相切，厂商的长期均衡产量为 q_0。假设市场需求上升，市场需求曲线从 D 移动到 D_1。短期内，市场价格将上升到 P_1，厂商将产量从 q_0 提高到 q_1。在价格 P_1 下，老厂商获得经济利润（即 $\pi>0$）。

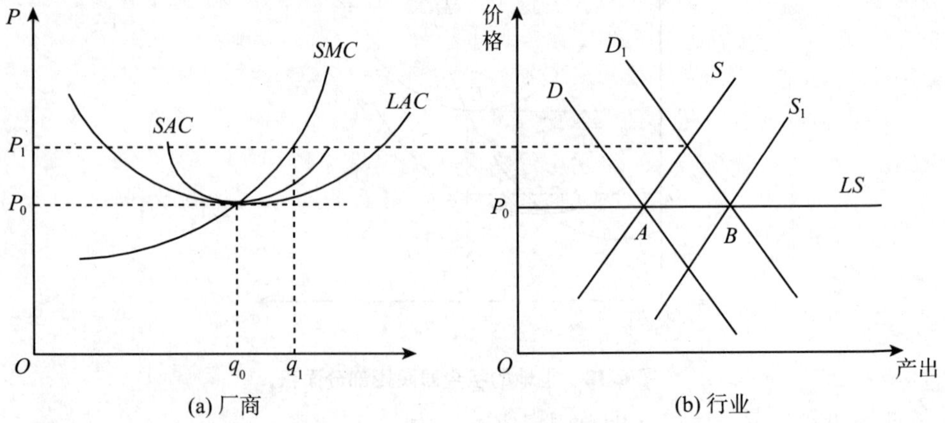

图 6.13 成本不变行业的长期供给曲线

从长期来看，该行业的经济利润（即超额利润）将吸引新厂商进入。新厂商的进入一方面将增加产品的供给，使供给曲线向右方移动；另一方面将增加要素的需求。在成本不变行业，要素需求的增加不会引起要素价格上涨，因此，厂商长短期成本曲线的位置保持不变。只要市场价格高于厂商的平均生产成本，厂商的经济利润大于零，就会有新厂商不断地进入，供给也会随之而不断地增加，直到供给曲线移动到 S_1，市场价格恢复到 P_0 的水平，新老厂商的产量回到 q_0，整个行业的经济利润消失为止。这时，市场的长期均衡位于 B 点。整个行业的长期均衡点 A、B 位于同一条水平线上。连接 A、B 点的水平线 LS 即为成本不变行业的长期供给曲线。

从上可知，成本不变行业有一条水平的长期供给曲线（A Horizontal Long-Run Supply Curve）。它表明该行业的产量可以在既定的价格下无限增加。价格高于 P_0 就会有新厂商进入；价格低于 P_0 就会有老厂商退出。供给量随新厂商进入或老厂商退出而变化，而价格可以基本稳定在 P_0 的水平。

2. 成本递增行业的长期供给曲线。在现实经济中，成本不变的行业毕竟是少数，更多的则是成本递增行业。所谓成本递增行业（Increasing-Cost Industry）是指整个行业生产规模的扩大导致要素的价格上涨和厂商的成本曲线上移的行业。

如图 6.14 所示，该行业的初始状态与图 6.13 所示的情况相同，左图（a）显示厂商的长短期成本曲线和长期均衡点，其中 LAC 为完全竞争厂商最初的长期平均成本曲线，SAC 和 *SMC* 分别为厂商最初的短期平均成本曲线和短期边际成本曲线；右图（b）反映整个行业的供求曲线和长期均衡点，其中 *D* 为最初的市场需求曲线，*S* 为最初的市场供给曲线。最初整个行业处于 *A* 点的均衡状态，市场均衡价格为 P_0；厂商处于长期均衡点 E_0，均衡产量为 q_0。

现假设市场需求增加，需求曲线从 *D* 移动到 D_1。在短期内，市场价格将上升到 P_1，厂商也随之将产量沿短期边际成本曲线 *SMC* 提高到 q_1。价格上升后，厂商的平均收益大于平均成本，厂商的经济利润或超额利润大于零。该行业丰厚的利润会吸引新厂商进入。

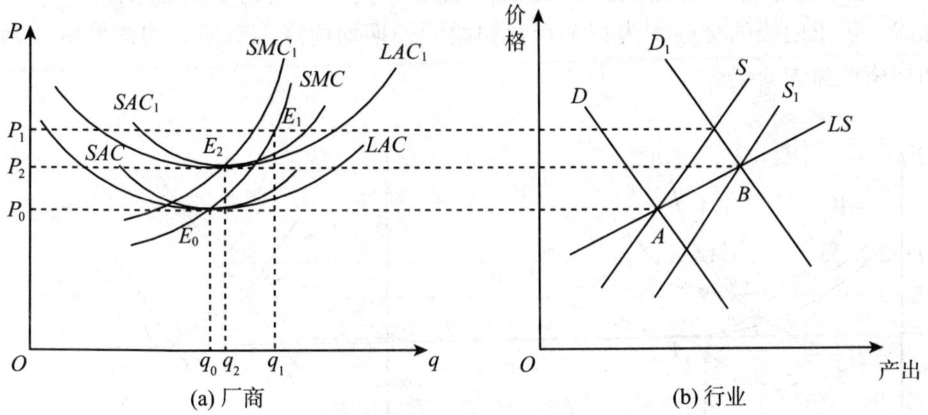

图 6.14　成本递增行业的长期供给曲线

新厂商的进入，扩大了整个行业的生产规模，一方面将增加产品的供给，使得市场供给曲线向右下方移动；另一方面将增加要素的需求，使得要素价格乃至企业的生产成本上升，产生外部不经济（External Diseconomies），在图 6.14 中表现为厂商的长期平均成本曲线向上移动，从 *LAC* 移动到 LAC_1。成本曲线的上移意味着厂商的供给减少，但是新厂商进入所产生的供给增加效应大于它所产生的供给减少效应（否则就不会有新厂商进入），两者抵消之后的净效应表现为供给增加，供给曲线向右移动。这一调整过程将一直持续到新的供给曲线与新的需求曲线的交点所确定的价格水平线与厂商不断上升的长期平均成本曲线相切为止。如图 6.14 所示，新的供求曲线 S_1 和 D_1 相交于 *B* 点（*B* 即为整个行业的长期均衡点），对应的均衡价格为 P_2，价格水平线 P_2 与新的长期平均成本曲线 LAC_1 相切于 LAC_1 的最低点 E_2。E_2 点就是完全竞争厂商新的长期均衡点，对应的均衡产量为 q_2。这时的长期均衡产量 q_2 既有可能高于原来的长期均衡产量 q_1，也有可能低于 q_1。其相对大小主要取决于长期平均成本函数变化的特点。

在图 6.14（b）中，*A*、*B* 两点都是整个行业的长期均衡点，连接 *A*、*B* 两点的曲线 *LS* 就是成本递增行业的长期供给曲线。从图 6.13 中我们可以看到，成本递增行业的长期供给曲线是一条自左下方向右上方倾斜的曲线（A Positively Sloped Long-Run Supply Curve）。它表明该行业的供给量随价格上升而增加。由于绝大多数资源都具有稀缺性，所以正斜率的长期供给曲线在现实经济中是非常普遍的。

3. 成本递减行业的长期供给曲线。成本递减行业（Decreasing-Cost Industry）是指整个行业生产规模的扩大导致与之相关的投入价格下降，生产成本也随之而下降的行业。许多新兴产业，特别是高新技术产业，往往就属于这一类型，如计算机、电视机、计算器、电子表等生产领域。整个行业生产规模扩大过程中出现的外部经济效应（External Economies）是成本递减的主要原因。整个行业规模扩大后给单个厂商带来的交通、通信、人才、信息等方面的便利条件，使得厂商的生产成本下降，厂商的成本曲线向下移动。

如图 6.15（a）所示反映厂商的长短期成本曲线和长期均衡，其中 *LAC* 和 *SAC* 分别表示完全竞争厂商初始状态下的长短期平均成本曲线，*SMC* 为厂商初始的边际成本曲线；图 6.15（b）表示整个行业的供求曲线和长期均衡点，其中 *D* 为初始的需求曲线，*S* 为初始的供给曲线，供求曲线的交点 *A* 为整个行业初始的长期均衡点。对应的均衡价格为 P_0，厂商的长期均衡产量为 q_0。

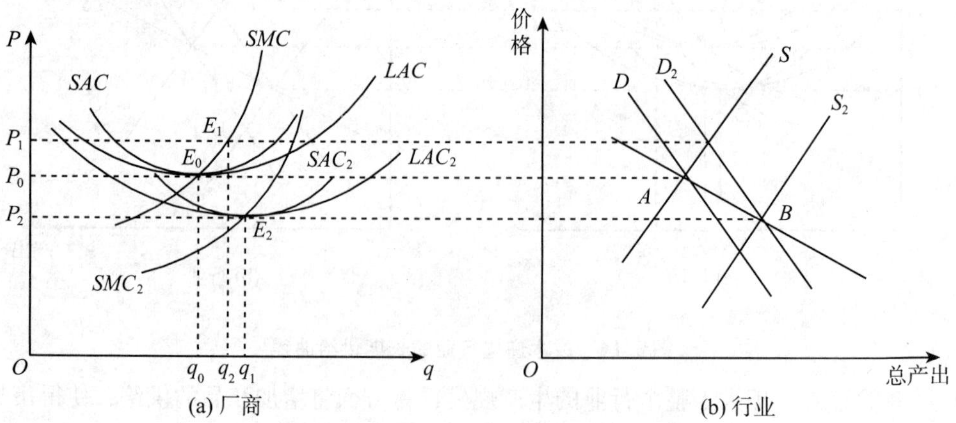

图 6.15　成本递减行业的长期供给曲线

现假设市场需求增加，需求曲线从 *D* 移动到 D_2。短期内，在供给相对稳定的条件下，产品价格将上升到 P_1，厂商的产量沿短期边际成本曲线 *SMC* 上升到 q_1。由于在 q_1 的产量水平，厂商的平均收益高于平均成本，该行业厂商短期获得经济利润，所以在长期中新厂商将不断进入该行业，直到经济利润消失为止。

新厂商的进入，一方面导致整个行业的生产规模和产量扩大，供给增加；另一方面整个行业生产规模的扩大带来外在经济效应，降低与本行业相关的各种投入的价格乃至厂商生产成本，以致厂商的成本曲线向下移动，成本的下降又会刺激厂商增加产量和供给。两方面共同作用的结果必然是供给大幅度增加，供给曲线向右下方移动，产品价格下降。这一调整过程直到不断下降的价格水平线和长期平均成本曲线相切为止。如图 6.15 所示，当短期供给曲线移动到 S_2，与需求曲线 D_2 相交于 *B* 点，对应的市场均衡价格 P_2 所决定的水平线正好与厂商新的长期平均成本曲线 LAC_2 相切于 E_2 点时，整个行业便达到了长期均衡。E_2 点为厂商新的长期均衡点，q_2 为厂商新的长期均衡产量。*B* 点为整个行业的长期均衡点，对应的供给量就是整个行业在 P_2 价格下的长期供给量。

连接 *A*、*B* 两点的曲线 *LS* 就是成本递减行业的长期供给曲线。从图 6.15（b）中我们可以看到，成本递减行业的长期供给曲线是一条向右下方倾斜的曲线（a Negatively Sloped Long-Run Supply Curve），其斜率为负值。它表明该行业的供给量与价格在长期中呈负相关关系。

大多数西方经济学家认为，在现实经济中比较常见的是成本递增行业，最不常见的是成本递减行业。

第四节　完全竞争市场的分析

从第三节的分析我们了解到，完全竞争能够促使场上实现资源的最优配置，实现社会福利（包括消费者剩余和生产者剩余）的最大化。本节将以完全竞争市场的均衡状态作为基准，运用消费者剩余和生产者剩余等概念，分析评价政府的各项市场干预政策的得失。

一、价格管制

在市场经济条件下，政府为了实现一定的社会目标，有时也对价格进行管制。价格管制（Price Controls）无非是制定限制价格或支持价格。这里首先讨论限制价格，然后讨论支持价格。

1. 限制价格。限制价格是指政府为了稳定人们的生活而规定的某些生活必需品的最高售价。这一价格往往低于市场结清的价格（或均衡价格）。

如图6.16所示，假设某商品的需求曲线为 D，供给曲线为 S，则均衡价格为 P_0，均衡交易量为 Q_0。如果政府制定一个限制价格为 P_{max}（低于均衡价格 P_0），市场的实际交易量（或产量）将从 Q_0 减少到 Q_1，而此时市场的需求量增加到 Q_2，出现商品短缺（Q_1Q_2）。消费者剩余变化量由两部分构成：一部分是消费者购买 Q_1 单位的商品时只需按较低的价格 P_{max} 购买，而不须按均衡价格 P_0 成交，消费者因此而增加的剩余为四边形 A 的面积；另一部分是消费者因为产量下降而减少的剩余，即三角形 B 的面积。用 ΔCS 表示消费者剩余的变化量，则：

$$\Delta CS = A - B$$

从图6.16中来看，四边形 A 的面积大于三角形 B 的面积，所以消费者剩余的增量大于零，这意味着价格限制提高了消费者的福利水平。

生产者剩余的变化也有两部分构成：一部分是厂商按规定的限制价格 P_{max} 销售 Q_1 数量的产品所减少的剩余，为四边形 A 的面积；另一部分是产量下降而减少的生产者剩余，为三角形 C 的面积。两者之和为生产者剩余的总的变化量，用 ΔPS 表示，则

$$\Delta PS = -A - C$$

显然，生产者剩余的增量为负数，也就是说生产者总的剩余减少，表明生产者的福利水平下降。

社会总体的福利水平可以用生产者剩余和消费者剩余之和来衡量。价格限制所产生的福

利效应（Welfare Effects），即社会福利的变化，就等于消费者剩余的变化量加上生产者剩余的变化量。用 ΔW 表示社会福利的变化，则

$$\Delta W = \Delta CS + \Delta PS = A - B - A - C = -B - C$$

由于消费者剩余的增加量小于生产者剩余的减少量，所以社会福利的变化量为负数，即价格限制产生了社会福利净损失（Deadweight Loss）。这里，价格限制造成的社会福利净损失为两个三角形 B 和 C 的面积之和。

由此可见，价格限制有损社会福利，降低资源配置效率。

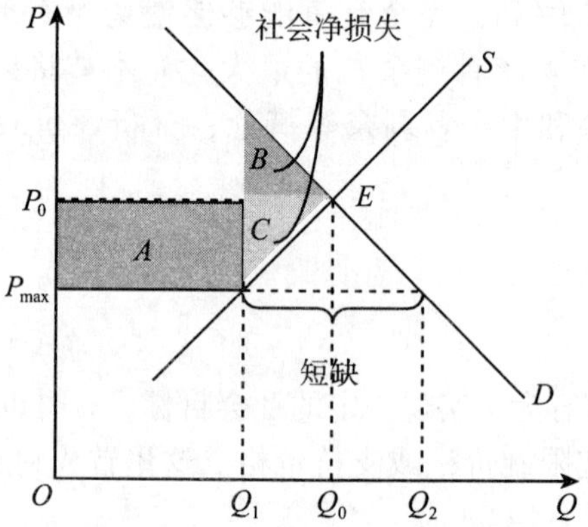

图 6.16　限制价格引起的消费者和生产者剩余的变化

2. 最低限价。最低限价是指政府为了保护某些团体的利益而规定的某些产品（或服务）的最低交易价格（Minimum Price），其价格往往高于市场的均衡价格。如民航部门限制机票打折的政策、电信部门禁止手机单项收费的政策、各国的农业保护政策以及最低工资法等措施无不是为了提高产品或服务的价格，以保护生产者的利益。

如图 6.17 所示，假设某产品的需求曲线为 D，供给曲线为 S，则均衡价格为 P_0，均衡交易量为 Q_0。如果政府规定一个高于均衡价格 P_0 的最低限价 $P_{\min}$，那么，市场的需求量（即实际交易量）为 Q_3，市场的供给量为 Q_4，在 $P_{\min}$ 的价格下出现了商品过剩。

由于人为地抬高商品价格，致使消费者的需求量减少，消费者剩余的变化量由两部分构成：一是因需求量减少而减少的消费者剩余，等于三角形 B 的面积；二是消费者购买 Q_3 数量的商品时因价格提高而多支付的部分，相当于四边形 A 的面积。消费者剩余总的变化量为这两项之和，即

$$\Delta CS = -A - B$$

生产者剩余的变化由三部分构成：一是生产者可以较高的价格 $P_{\min}$ 销售产品，厂商销售 Q_3 单位的产品时因价格上升而多得的收益，即四边形 A 的面积。二是因销量下降而减少的生产者剩余，它等于三角形 C 的面积。三是价格上升误导厂商多生产所造成的成本损失，其数额相当于梯形 G 的面积。生产者剩余的变化总额等于上述三项之和，即

$$\Delta PS = A - C - G$$

如果政府人为地提高产品价格，同时又不采取任何限制生产的措施，那么，最低限价所带来的社会福利的变化（ΔW）等于消费者剩余的变化量（ΔCS）与生产者剩余的变化量（ΔPS）之和，即

$$\Delta W = \Delta CS + \Delta PS = -A - B + A - C - G = -B - C - G < 0$$

从上式可知，政府采取限价的措施将产生巨大的社会福利损失。社会福利的净损失为两个三角形 B 和 C 以及梯形 G 的面积之和，即 $B + C + G$。

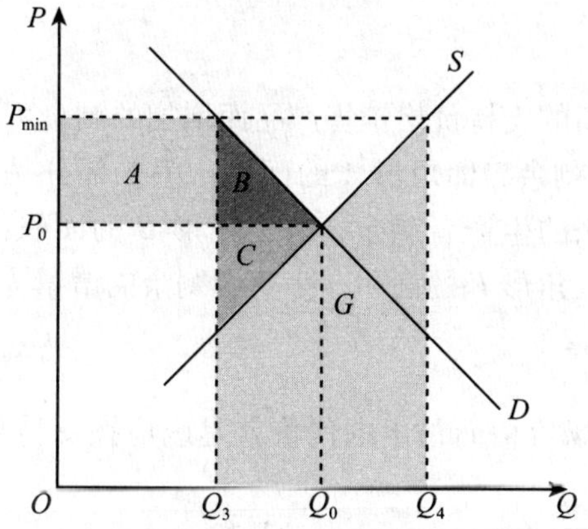

图 6.17 最低限价的福利效应

3. 价格支持和生产配额。

（1）支持价格。支持价格是指政府为了扶持某行业的生产而规定的该行业产品的最低售价。支持价格同最低限价一样，高于市场均衡价格。为了维持较高的市场价格，政府将不得不购买过剩的产品。价格支持是指政府在制定一个最低限价的同时，采取相应的措施购买过剩的产品，以支持该行业的生产和稳定发展。在美国农业部门，价格支持的目标就是提高乳制品、烟草、玉米、花生等农产品的价格。

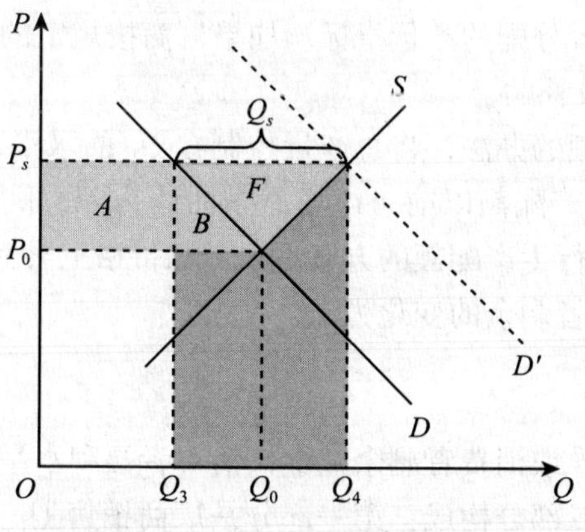

图 6.18 价格支持的福利效应

如图 6.18 所示，假设某产品的需求曲线为 D，供给曲线为 S，则均衡价格为 P_0，均衡

交易量为 Q_0。如果政府制定一个高于均衡价格 P_0 的支持价格 P_s，则市场的需求量为 Q_3，供给量为 Q_4，过剩的产量为 $Q_s=(Q_4-Q_3)$。倘若政府为了维持高价，将过剩的产品全部购买下来，实际上增加了社会总需求，相当于将需求曲线从 D 移动到 D'，则社会福利的变化如下：

消费者剩余的变化可以分为两部分：一部分是消费量下降所减少的剩余，即三角形 B 的面积；另一部分是消费者购买 Q_3 单位的产品时因价格上升而多支出的费用，它等于矩形 A 的面积。消费者剩余总的变化为

$$\Delta CS=-A-B$$

生产者因为可以用较高的支持价格销售产品而增加的剩余可以分为三部分：第一部分是销售 Q_3 单位产品所增加的剩余，即矩形 A 的面积；第二部分是销售 Q_3Q_0 单位的产品时由原来的消费者剩余转换过来的生产者剩余，为三角形 B 的面积；第三部分是新增的生产者剩余，为供求曲线上方的三角形 F 的面积。生产者剩余的增量为

$$\Delta PS=A+B+F$$

政府为支持较高的市场价格而付出的代价就是政府按支持价格购买剩余产品的总支出（即整个阴影部分的面积）：

$$P_s\times Q_s=P_s\times(Q_4-Q_3)$$

整个社会的福利变化为：

$$\begin{aligned}\Delta W&=\Delta CS+\Delta PS-P_s\times Q_s=-A-B+A+B+F-P_s\times(Q_4-Q_3)\\&=F-P_s(Q_4-Q_3)<0\end{aligned}$$

从上式可知，社会福利损失等于阴影部分矩形的面积减去供求曲线上方三角形 F 的面积。这一计算结果表明：政府推行价格支持的政策导致整个社会福利的下降。

（2）生产配额。生产者配额是指政府为了控制总产量，维持较高的产品价格，维护生产者的利益而给每个生产者分配的产量指标。如果厂商按规定的产量指标生产，就可以获得政府的奖励（Incentive）或补贴。

假设政府实行生产配额的办法，将总产量控制在 Q_1 的水平，则新的供给曲线位 S'，如图 6.19 所示。假设实行生产配额以前，市场需求曲线为 D，供给曲线为 S，则均衡价格为 P_0，均衡交易量为 Q_0。实行生产配额的方案后，产品价格上升到 P_s 的水平，市场交易量减少到 Q_1。由此引起的消费者剩余的变化为

$$\Delta CS=-A-B<0$$

上式表明，生产配额导致消费者剩余减少，消费者福利水平下降。

生产者剩余的变化由三部分构成：第一部分是厂商销售 Q_1 单位的产品时因价格上升而增加的剩余，等于矩形 A 的面积；第二部分是厂商因产量缩减而减少的剩余，等于三角形 C 的面积；第三部分是厂商遵守生产配额而获得的政府奖励或补贴，用 TR 表示。生产者剩余总的变化量为：

$$\Delta PS = A - C + TR$$

政府奖励（或补贴）的金额 TR 必须足以使厂商放弃多生产想法，因此不得少于厂商按 P_s 的价格将产量从 Q_1 扩大到 Q_2 所增加的生产者剩余，即不得少于三个三角形 B、C 和 F 的面积之和。按最低的补贴标准计算，$TR = B + C + F$ 代入上式，得生产者剩余总的变化量为

$$\Delta PS = A - C + B + C + F = A + B + F > 0$$

从上式可知，生产者剩余因生产配额的实施而大幅度增加，厂商是生产配额制度的最大受惠者。

政府为实施生产配额制度而付出的代价是 $TR = B + C + F$。

推行生产配额制度后，社会福利的变化（ΔW）包括消费者剩余的变化（ΔCS）、生产者剩余的变化（ΔPS）以及政府为此付出的成本（TR），即

$$\Delta W = \Delta CS + \Delta PS - TR = -A - B + A + B + F - B - C - F = -B - C < 0$$

从以上的计算结果来看，社会的净损失（Deadweight Loss）为两个三角形 B 和 C 的面积之和。它表明实行生产配额制度后，虽然生产者的剩余增加，但是消费者的剩余减少，政府的支出增加，增加的社会福利和减少的社会福利相互抵消后，社会整体的经济效益和福利水平下降。如果政府不考虑其他社会经济目标，直接给予生产者补贴 $A + B + F$，政府付出 $A + B + F$ 的代价，总体的社会福利水平不变，其社会经济效率比实行生产配额制度的效率更高。

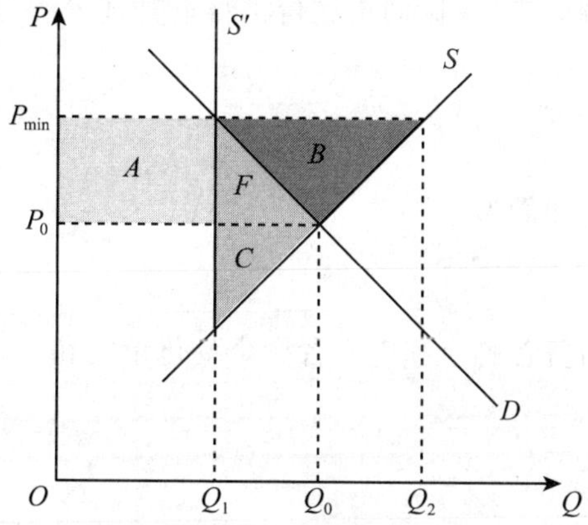

图 6.19　生产配额的福利效应

二、进口配额与关税

在国际贸易中，几乎所有的国家都利用进口配额和关税等手段限制国外产品进口，以保持国内市场的高价，维护国内生产者的利益。

所谓进口配额（Import Quota）就是指一个国家政府规定的从其他国家进口某种产品的数量。关税（Tariffs）是指政府对进口商品征收的税。进口配额和关税的作用相同，都会提高国内市场产品价格。

1. 不进口的福利效应。如图 6.20 所示，假设某产品的国内市场需求曲线为 D，没有任何进口（即进口配额为零）的情况下，国内市场供给曲线为 S，则国内市场的均衡价格为 P_0，均衡交易量为 Q_0；假设国际市场的价格为 P_w，低于国内市场价格。

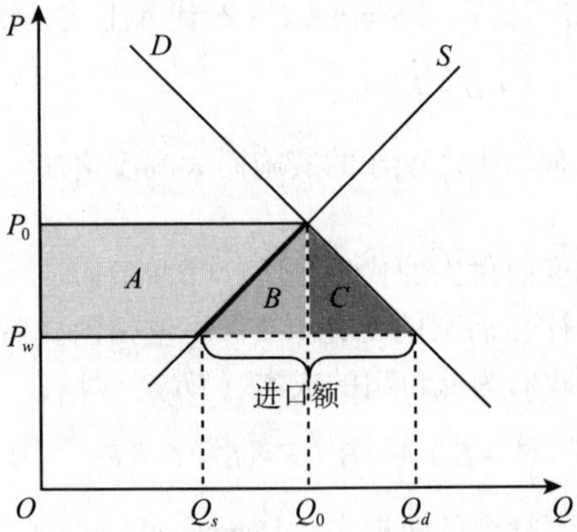

图 6.20　禁止进口的福利效应

如果自由贸易，国内市场价格将下降到国际市场价格 P_w 的水平，国内市场的需求量将达到 Q_d，而国内产量将下降到 Q_s，国内产量不能满足国内市场需求，需要从国外进口（$Q_d - Q_s$）。

如果禁止进口（或配额为零），国内市场价格将上升到 P_0。当市场价格从 P_w 上升到 P_0 时，消费者剩余减少，即

$$\Delta CS = -A - B - C$$

生产者剩余增加，其增加额为

$$\Delta PS = A$$

社会福利的变化等与消费者剩余和生产者剩余变化量之和，即

$$\begin{aligned}\Delta W &= \Delta CS + \Delta PS \\ &= -A - B - C + A \\ &= -B - C\end{aligned}$$

社会净损失为三角形 B 和 C 的面积之和，其中三角形 B 的面积表示禁止进口后国内厂商过度生产造成的损失；三角形 C 的面积表示消费者因价格上升而压缩消费所带来的剩余损失。整个社会福利水平因禁止进口而下降。

政府征收关税也可以提高国内的价格水平。假设政府对每单位进口产品征收的关税 $T = P_0 - P_w$，则进口量也为零，政府从中获得的关税收益也为零。征收关税 T 的福利效应与禁止进口的结果一样。

完全不进口是一种极端的情况，在现实生活中很少见。一般情况下，政府只是利用关税或进口配额适当限制进口，而不是杜绝进口。

2. 限制进口的福利效应。如图 6.21 所示，假设某产品的需求曲线为 D，供给曲线为 S；

国际市场价格为 P_w。

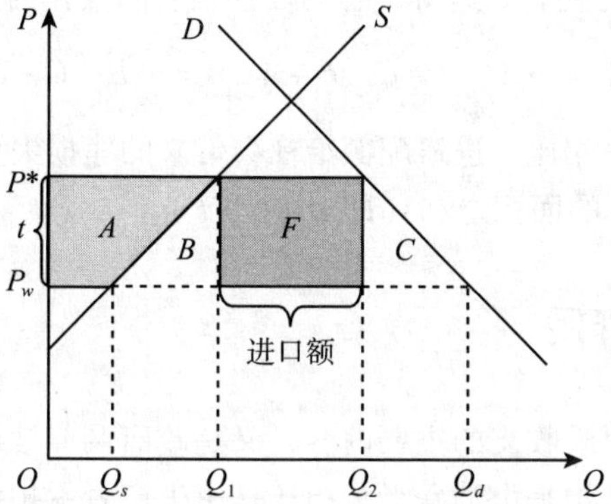

图 6.21 进口关税或配额的福利效应

如果实行自由贸易，则国内外价格将统一为 P_w。在 P_w 的价格下，国内产量为 Q_s，需求量为 Q_d，需要进口（Q_d-Q_s），从图 6.21 中来看，国内市场的供应将主要依赖进口。

如果政府采用关税或进口配额等措施，适当地限制进口，则可以提高国内市场价格。假定政府对每单位产品征收 t 元的关税，使国内市场的价格上升到 P^*，则国内的产量就可以上升到 Q_1，需求量减少为 Q_2，供求的缺口（Q_2-Q_1）可以通过进口来满足，此时的进口额为 Q_2-Q_1。

征收进口关税后，由于价格上升，消费者剩余减少，而生产者剩余增加。消费者剩余的变化量为

$$\Delta CS=-A-B-C-F$$

生产者剩余的增量为梯形 A 的面积，即

$$\Delta PS=A$$

政府通过征收关税而增加的税收 ΔTA 等于矩形 F 的面积，即

$$\Delta TA=t\times(Q_2-Q_1)=F$$

社会福利的变化等于上述三项之和，即

$$\begin{aligned}\Delta W&=\Delta CS+\Delta PS+\Delta TA\\&=-A-B-C-F+A+F\\&=-B-C\end{aligned}$$

征收关税后，社会福利的增量为负数，表明进口限制措施给社会带来了净损失，社会净损失等于两个三角形 B 和 C 的面积之和，其中 B 厂商扩大生产（同进口的成本相比）给社会增加的成本，C 是消费量下降所减少的消费者剩余。

如果政府不是征收关税，而是通过进口配额来限制进口，则国内市场价格也会上升。假设进口配额为 Q_2-Q_1，国内市场价格将上升到 P^*。在此情况下，消费者剩余和生产者剩余的变化与前面的相同，与前面不同的是政府不再有关税收益（即 $\Delta TA=0$）。在实行进口配

额时，外国生产者可以按进口国的高价销售产品，从而获得高额利润。原来由政府征收的关税 F 现在变成了外国企业的利润。这时，总的社会福利的变化为

$$\Delta W = \Delta CS + \Delta PS + \Delta TA = -A - B - C - F + A + 0 = -B - C - F$$

同征收进口关税的办法相比，进口配额给社会带来的净损失更大，其损失相当于两个三角形 B、C 的面积与矩形 F 的面积之和（即 $B + C + F$）。

三、税收或补贴的作用

税收和补贴既是政府财政收支的主要内容，又是政府调节社会生产和利益关系的重要手段。当政府收税时，税收负担是由消费者承担还是由生产者承担？如果是由消费者和生产者共同承担的话，是消费者负担得多呢？还是生产者负担得多？以下运用生产者剩余和消费者剩余的概念分析税收和补贴对社会福利的影响。

1. 税收的福利效应。假定政府对某产品征税（如产品税、消费税、营业税等），税率是对每单位产品征收 t 元钱；征税以前，该产品的市场需求曲线为 D，供给曲线为 S，均衡价格为 P_0，均衡产量为 Q_0，如图 6.22 所示。

政府对每单位产品征收 t 元税收后，产品的交易价格上升到 P_b，而厂商实际得到的价格是 $P_s = P_b - t$，产量下降到 Q_1。

因此，消费者剩余减少，即

$$\Delta CS = -A - B$$

生产者剩余也减少，其变化量为

$$\Delta PS = -F - C$$

消费者剩余和生产者剩余的增量都是负数，表明税收由生产者和消费者共同负担。如果需求弹性非常小，小于供给价格弹性，则消费者负担的税收得多，生产者负担的税收少；反之，生产者负担得多，消费者负担得少。

政府增加的税收为

$$\Delta TA = tQ_1 = A + F$$

征税给整个社会带来的福利变化为

$$\Delta W = \Delta CS + \Delta PS + \Delta TA = -A - B - F - C + A + F = -B - C$$

从上式我们知道，征税导致社会福利水平下降。征税造成的社会福利净损失为两个三角形 B 和 C 的面积之和。

2. 补贴的福利效应。补贴（Subsidy）是政府扶持某行业的生产而给予企业的资助，相当于一种负税（a Negative Tax），实际上是政府的一项转移支付（Transfer Payment）。

假设政府给生产某种产品的厂商发放补贴，补贴的标准是每单位产品 tr 元钱。

如图 6.23 所示，该产品的市场需求曲线为 D，供给曲线为 S，均衡价格为 P_0，均衡产

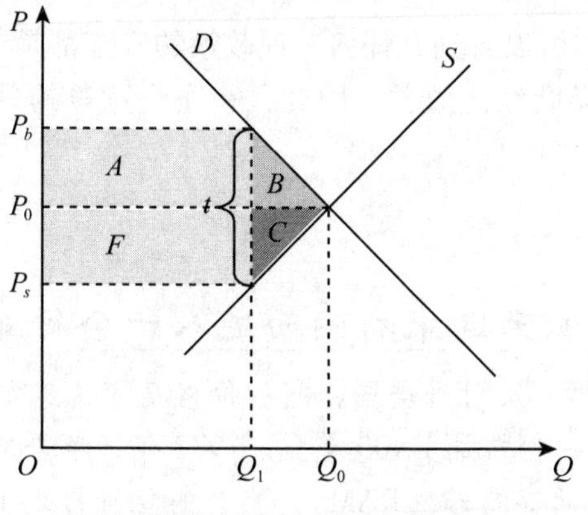

图 6.22　征税的福利效应

量为 Q_0。政府实施补贴政策后，假设市场的交易价格为 P_b，低于原来的市场均衡价格 P_0，则市场需求量（或产量）从 Q_0 增加到 Q_2，厂商实际得到的价格（即厂商每销售一个单位产品实际得到的收益）为

$$P_s = P_b + tr$$

或　$P_s - P_b = tr$

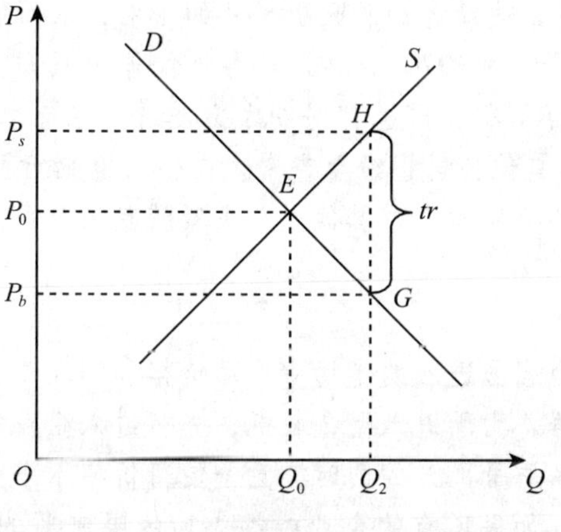

图 6.23　征税的福利效应

补贴使消费者剩余和生产者剩余增加。消费者剩余的增量（ΔCS）为梯形 P_bP_0EG 的面积；生产者剩余的增量（ΔPS）为梯形 P_0P_sHE 的面积。这表明实行补贴政策后，消费者和生产者的福利水平得到提高。

但是，政府的支出增加。政府支出的增加额（ΔTR）为 $tr \times Q_2 = \square P_bP_sHG$ 的面积。

综合考虑消费者、生产者和政府的得失后，社会福利的变化量为：

$$\Delta W = \Delta CS + \Delta PS + \Delta TR = \text{梯形 } P_bP_0EG \text{ 的面积} + \text{梯形 } P_0P_sHE \text{ 的面积} - \square P_bP_sHG \text{ 的面积}$$
$$= -\triangle GHE \text{ 的面积} < 0$$

政府补贴刺激该行业过度生产，以致社会为扩大生产付出的成本大于社会的收益，造成社会整体福利水平下降。

从以上的分析结果我们可以看到，任何一项政策的实施都是要付出一定代价的，都是一种利益关系的调整，都会降低经济效益。因此，在完全竞争的条件下，政府应尽量减少干预，让市场自动调节。

案例 1 当企业为追求利润而进入一个行业时，会发生什么？

1969 年，掌上计算器第一次引进美国，它的价格是 395 美元。1975 年，索尼公司第一次推出盒式录像机（VCR），价格是 1 400 美元。1977 年，苹果电脑公司推出了第一代个人电脑，它只有 4K 的随机访问存储器（RAM），当时的售价接近 1 300 美元。2000 年，这三种产品的价格无论是名义价格还是实际价格都大大下降，而且它们的质量都远远好于以前的产品。比 1969 年那款掌上计算器质量更高的掌上计算器的价格大约是 10 美元，比 1975 年的那些盒式录像机质量更好的盒式录像机大约 250 美元，比 1977 年生产的个人电脑质量更优的个人电脑也只卖 600 美元，是什么原因导致这些产品在质量上升的同时，价格大幅度下降？

部分原因是因为新的企业进入了这些行业，而且，这些行业的进入壁垒较低，如“典型”的生产者进入微机市场，仅需要 6 万美元的启动资金，苹果公司最初的启动资金则更少。在这些行业中，第一代企业实现正的经济利润吸引了新的企业，从而使商品的供给增加，价格下降。第一代掌上计算器出现后的 1970 年，美国得州仪器公司进入这个行业，很快，佳能、惠普、国民半导体公司和西尔斯公司也都纷纷加入这个行业。在 VCR 行业，继索尼之后，RCA、通用电气、Zenith 等其他公司也纷至沓来。在个人电脑行业，Tandy、施乐、IBM、日本电气、卡西欧、数据设备公司和大量其他企业也紧随苹果公司进入了这个行业。

分析：

这个例子说明了在一个容易进入的市场中产品价格和利润变化的情况。案例中美国的个人电脑行业近似于完全竞争，由于进入壁垒较低，先行进入企业的高价导致的利润吸引大量新的企业不断加入，在产品质量上升的同时，竞争使得价格水平大幅度下降并逐渐接近边际成本。这个例子也暗示着，如果现有的企业能够成功的限制新的企业进入（非完全竞争），它们就能够享受由高价带来的超额利润。

资料来源：[美] 罗杰·A·阿诺德的《经济学》（第 5 版），中信出版社 2004 年版，第 578 页。

案例 2 在香港为什么少见乞丐？

到过香港的人士，可能会有种感觉：香港作为一个国际大都市，尤其非常特别的一面，即很少见到乞丐。这与其他大城市的地铁口、天桥和地下通道中乞丐云集的现象形成对比。按理说，香港有钱人比比皆是，上街乞讨，不说发财就算稍有所得也会收获不小，这对乞丐来说，是相当有吸引力的。但是，在香港，你上街找到哪怕是一个乞丐也是十分困难的事，到底是什么原因呢？一是香港与其他城市不同，它是一个人口“隔离区”，即任何人都不可能随便进入香港，而许多城市中的乞丐实际上是外来的。在香港鲜见乞丐的还有另外一个原因，即香港的生存成本太高，使得做乞丐在香港基本上不是一个可以使人得以生存的方式。

如果乞丐乞讨的预期收入大于或等于生存成本，并且对于面子问题不太关注，那么，做乞丐当街要钱似乎是一个有利可图的营生。但是香港还有一个重要的区域经济特征是其高度竞争的自由经济。香港的经济模式类似于亚当·斯密《国富论》中提及的维多利亚自由竞争时代的经济模式，其经济竞争的激烈程度为世间罕见。我们知道，在充分竞争的经济环境中，如果没有创新或者一定程度的品牌垄断，则在长期均衡时经济主体的利润趋于零。这就是教科书上所说的完全竞争经济长期均衡中的利润消散原理。所以，在香港这个高度竞争环境中，那些没有创新或者不能造成市场分割的品牌效应的完全竞争性企业是没有前途的，其下场通常是关门破产或被收购兼并。

按照这种理论，可以直接得出的推论就是：在香港，接近于完全竞争的行业可能无法生存下去。事实的确如此。由于完全竞争行业在长期均衡下利润趋于零，所以收入恰好被成本所抵消。如果把乞讨作为一个“乞丐”行业的话，那么，这个行业永远也脱不了“完全竞争”的。因为“扮苦”是容易被竞争对手模仿的，哪一种可怜相会博得路人的怜悯，就马上有更多的其他乞丐模仿之，则收入就会下降。乞丐的流动性也很强，一般不会形成地域垄断。这样，如果当乞丐成为一些人的生存方式，则这种行业会因完全竞争而使其收入等于成本。但是，在香港当乞丐的成本是很高的。为逃避警察干预需要不断的变动乞讨地段，又因香港的法律严禁露宿街头，使得每天出门回家的交通费也很高。同样，相当高的食品价格也使上街混饭吃颇费开支。最后，香港的房租之高令人咂舌。这样，在香港当乞丐的前提就是必须能够讨到较多的钱补偿高成本。我们根据经济学中的一个基本定律即高收益伴随高风险知道，高收入只能来自高风险的经济活动。但是，对于在香港当乞丐来说，由于颇高的生存成本，高风险的收入实际上与生存成本水平存在着区间较差。这就是说，在香港当乞丐因生存成本较高要求有更高的稳定收入水平才行，但更高的稳定收入不会存在于低收入的“乞丐行业”，因而风险收入水平不会超过生存成本，所以乞丐们只能在厌恶风险的收入水平上获得风险收入，这将导致他们退出这一“行业”。

分析：

由于进出容易、而“扮苦”又极易被其他乞丐模仿，在香港，“乞丐行业”为完全竞争行业，完全竞争市场长期均衡的超额利润趋于零，故乞讨者的收入水平不会超过其生存成本，加上高额的风险，导致乞丐们纷纷退出这一“行业”，这就是在香港少见乞丐的原因。通过这个案例也引发另一个问题：如果有类似武侠小说中所描写的实力强大、组织严密、进出困难的丐帮，香港的“乞丐行业”会发生怎样的变化呢？

资料来源：蒲勇健的“在香港（地区）为什么少见乞丐”，载《经济学家茶座》2002 年第 4 期。

[关键概念]

完全竞争　总收益　平均收益　边际收益　停业点　厂商的短期均衡　经济利润　经济损失　正常利润　成本递增行业　成本递减行业　成本不变行业　厂商的长期均衡　生产者剩余

[复习题]

1. 为什么完全竞争厂商的需求曲线、平均收益曲线和边际收益曲线是重合的?

2. 为什么完全竞争厂商的短期供给曲线是一条向右上方倾斜的曲线?行业的长期供给曲线是否也一定是向右上方倾斜的曲线?

3. 用图分析说明完全竞争厂商短期均衡的形成及其条件。

4. 简述完全竞争市场长期均衡的实现过程。

5. 为什么说完全竞争有利于资源的最优配置?

[补充阅读材料]

1. 张维迎:《博弈论与信息经济学》,上海人民出版社 1996 年版。

2. [美] 罗伯特·E·霍尔,马克·利伯曼:《微观经济学原理与应用》,赵伟译,东北财经大学出版社 2004 年版。

3. [美] 曼昆:《经济学原理微观经济学分册》,梁小民译,北京大学出版社 2006 年版。

4. [美] 罗杰·A·阿诺德:《经济学》(第 5 版),中信出版社 2004 年版。

5. [美] 平狄克、鲁宾费尔德:《微观经济学》(第四版),中国人民大学出版社 2000 年版。

6. 李健、唐五湘:《微观经济学》,机械工业出版社 2001 年版。

7. 范家骧、刘文忻:《微观经济学》,东北财经大学出版社 2002 年版。

8. [美] 瓦尔特·尼科尔森:《微观经济理论》,朱宝宪,宁向东译,中国经济出版社 1998 年版。

9. 吴易风、刘凤良、吴汉洪:《西方经济学》,中国人民大学出版社 1998 年版。

10. 李洋:《西方经济学》,四川大学出版社 2002 年版。

第七章

不完全竞争市场

【学习目的和要求】

本章的学习目的和要求是掌握三种不完全竞争市场（完全垄断、垄断竞争、寡头垄断）的基本特点、均衡条件、均衡价格和产量的决定，并在此基础上理解垄断等不完全竞争所带来的社会成本和价格歧视等相关问题，学会运用非完全竞争理论，分析不同市场的结构及其经济效率。

【内容提要】

1. 完全垄断是指一种产品的生产和销售完全由一家厂商所控制的市场结构，具有独家经营、产品不能替代、独自决定价格、实现差别定价或价格歧视、要素不能自由流动等特征。形成完全垄断的原因往往在于原材料控制、自然垄断、技术专利权和特许专营权。

2. 垄断厂商的短期均衡条件是：$MR=SMC$；垄断厂商的长期均衡条件是：$MR=LMC=SMC$。与完全竞争的长期均衡不同，完全垄断行业达到长期均衡时，厂商的经济利润$\pi \geqslant 0$。

3. 垄断厂商的定价原则包括成本加定价原则、价格歧视原则等，其中价格歧视包括一级价格歧视、二级价格歧视和三级价格歧视。

4. 垄断企业根据$MR=MC$的原则来确定产品的数量和价格，这种情况下，资源的配置是没有效率的，因此政府可以采取价格管制、税收等政策措施对垄断市场进行管制，减少由于垄断而造成的社会福利的无谓损失。

5. 垄断竞争是指由众多厂商组成的、既有垄断又有竞争、既不是完全垄断又不是完全竞争的市场结构。它是介于完全竞争和完全垄断之间的一种市场结构，是一种现实经济中常见的市场结构。

6. 垄断竞争厂商的短期均衡条件为$MR=SMC$，以及预期的最优产量=实际的产销量；垄断竞争厂商的长期均衡条件为$MR=LMC=SMC$和$P=LAC=SAC$。

7. 寡头垄断是指一种商品的生产和销售为少数几家大厂商所控制的市场结构。寡头垄断理论包括古诺模型、张伯伦模型、博弈论、价格领袖制等理论模型。

8. 相对而言，完全竞争市场经济效率最高，垄断竞争其次，寡头垄断较低，完全垄断最低。

第一节 完全垄断

一、完全垄断的市场特点

完全垄断（Pure monopoly）简称垄断，又叫独占，它是指一种产品的生产和销售完全由一家厂商所控制的市场结构。美国经济学家张伯伦（Edward Hastings Chamberlin）曾经说："垄断的本质就是对供给的控制。"① 如果一个厂商能够控制或影响整个市场的供给，那么它就构成了垄断。具体来说，完全垄断具有以下特征：

（1）独家经营。在完全垄断市场上，只有一个厂商。该厂商的产量就是整个行业的产量或供给量。实际上，该厂商就代表整个行业。

（2）产品不能替代。完全垄断厂商提供的产品没有相近的替代品，它与其他产品的交叉价格弹性为零。否则，替代品之间的相互竞争就会打破完全垄断的市场格局。

（3）独自决定价格。由于完全垄断厂商控制着整个行业的生产和产品供给，所以垄断者可以通过调整产量来直接影响市场供求关系，从而达到控制或决定市场价格的目的，因此我们说，完全垄断厂商是价格的决定者（Price Maker or Setter），而不是价格的接受者（Price Taker）。它可以独自决定产品价格。

（4）实现差别定价或价格歧视。完全垄断者为了最大限度地攫取利润，往往根据销售条件的不同，在不同地区或针对不同的收入阶层，实行不同的销售价格，即实行价格歧视（Price discrimination）。

（5）要素不能自由流动。由于受行业壁垒的阻碍或限制，新厂商很难或不可能进入完全垄断行业。正因为如此，完全垄断者可以长期保持其垄断地位。

从上述的完全垄断特征我们可以了解到，完全垄断与完全竞争正好相反，代表着另一种极端的市场情况。完全符合上述特征的市场或行业在现实经济中是比较罕见的。在现实生活中，只有一些接近于完全垄断的行业或市场，如铁路运输、邮政服务、供水、供电、供气等行业。西方经济学家提出了一个具有可操作性的判断标准，即只要某个厂商的产销量占整个行业总产量的70%以上就可以算作完全垄断。

二、完全垄断形成的原因

造成垄断的原因是多方面的，但主要原因还是各种"行业壁垒"阻碍了其他厂商进入而形成的，具体来说，有以下几方面：

（1）原材料控制（Material Controls）。如果一个厂商控制了生产某种产品所必需的基本原材料的供给，且该原材料没有相近的替代品，这个厂商实际上也就控制了使用该原材料生产的产品的供给而形成垄断。例如，美国铝公司（Alcoa）的垄断地位就是建立在控制生产

① 张伯伦：《垄断竞争理论》，三联书店1958年版，第64页。

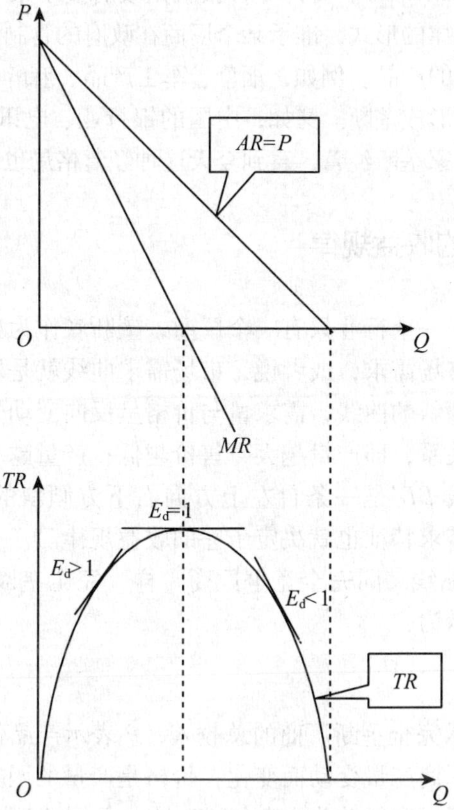

图 7.1　垄断者的收入曲线

率材料所需的铝土矿的基础上的，该公司从 19 世纪末到 20 世纪 30 年代控制了全美铝土矿的开采，厂商对资源的垄断带来了产品的垄断。又如，加拿大的国际制镍公司具有镍合金产品市场的垄断地位就是因为它控制了世界镍矿藏的 90%。

（2）自然垄断（Natural Monopoly）。某些行业因客观技术条件的限制，需要进行一次性大规模固定资本设备的投资，只有实现大规模生产经营，才能充分发挥各种生产要素的作用，取得规模经济效益，才能将生产成本降低到可以盈利的水平，而这种高效率的生产规模相对于整个市场来说非常之大，以至于只需一家厂商的生产就可以满足整个市场需求。若多家厂商参与竞争，就会面临需求不足，厂商陷入开工不足和亏损的境地。这种因市场需求和社会化大生产技术等非人为因素造成的垄断就叫做自然垄断。例如，铁路运输、邮政服务、供水、供电、供气等产业都是典型的自然垄断行业。

（3）技术专利权（Patents）。专利权就是政府授予某个厂商或个人独自使用自己创造发明的生产某产品的技术或享受相应经济利益的权利。如果一个厂商拥有某项产品或生产某项产品的基本加工工艺技术的发明专利权，就会受到法律的保护，其他厂商则不得生产该项产品或使用该项工艺技术。这种技术垄断往往导致产品市场的垄断。例如，美国施乐公司（Xerox）最先发明"静电复印技术"，在最初的十几年一直受到法律的保护而成为静电复印机市场的垄断者。

(4) 特许专营权 (Franchise)。特许专营权就是政府授予某个厂商独家生产或经营某种产品的权利。政府往往以法律的形式，准予某个厂商在政府的管制下独家经营与公共福利、财政收入或国家安全密切相关的产品。例如，烟草、军工产品、麻醉品等专营产品的生产和销售往往因特许专营权的限制而形成垄断。又如，中国的银行业、电讯业都实行了市场准入制度，过去很长一段时间一直是国家垄断经营，直到今天这种经营格局也没有发生根本性的改变。

三、完全垄断厂商的收益规律

在完全垄断的条件下，一个行业只有一个厂商，垄断者作为独家买主占有整个市场。垄断者面临的需求就是整个市场需求，或者说，市场需求曲线就是厂商的需求曲线。市场需求曲线一般是一条向右下方倾斜的曲线，需求量与价格呈反向变动的关系，因此，厂商的产销量与价格也呈反向变动的关系，即产量越大，售价越低；产量越小，售价越高。为了简单起见，我们假设市场需求曲线 DD' 是一条自左上方向右下方倾斜的直线，如图 7.1 上图中所示。完全垄断厂商的这一需求特征也就决定了它的收益规律。

1. 垄断厂商的总收入曲线。同完全竞争厂商一样，完全垄断厂商的总收入等于其产销量与售价之积。用公式表示为：

$$TR = P \cdot Q \tag{7.1}$$

式 (7.1) 中，TR 表示完全垄断厂商的总收入，P 表示产品价格，Q 表示产量。在完全垄断条件下，产品价格随厂商产量变动而变化，价格是产量的函数，所以垄断厂商的总收入是产量的非线性函数。垄断厂商的总收入曲线 TR 是一条倒“U”的曲线，如图 7.1 中下图所示。它表明，当产量为零时，总收入为零；最初，当产量增加时，总收入增加；产量增加到一定程度，总收入到最高水平；当产量增加到无穷大时，总收入趋近于零。即随着产量的不断增加，垄断者的总收入先上升，而后下降。

2. 垄断厂商的平均收入曲线。厂商的平均收入就是厂商每销售一个单位产品所获得的收入。它等于总收入除以产销量。用公式表示为：

$$AR = \frac{TR}{Q} = \frac{T \cdot Q}{Q} = P \tag{7.2}$$

式 (7.2) 表明厂商的平均收入恒等于产品售价。可见，平均收入曲线 AR 与需求曲线 DD' 重合。它表明厂商的产量不断增加时，平均收入随价格不断下降。

3. 垄断厂商的边际收入曲线。垄断厂商的边际收入就是指垄断者每增加一个单位产品的销售量所增加的收入。用公式表示为：

$$\begin{aligned} MR &= \frac{\mathrm{d}TR}{\mathrm{d}Q} = \frac{\mathrm{d}\ (P \cdot Q)}{\mathrm{d}Q} \\ &= P + Q\frac{\mathrm{d}P}{\mathrm{d}Q} \\ &= P\ (1 - \frac{1}{E_{dp}}) \end{aligned} \tag{7.3}$$

式（7.3）中，dP/dQ 为价格随产量变化的变化率，即需求曲线的斜率。我们知道，垄断厂商的需求曲线的斜率小于零。公式（7.3）表明垄断厂商的边际收入等于在平均收入（P）的基础上减去一个正数，意味着垄断厂商的边际收入小于平均收入，因此垄断厂商的边际收入曲线 MR 位于平均收入 AR 之下，并且是一条自左上方向右下方倾斜的直线，表明其边际收入随产量增加而不断下降，如图 7.1 中上图所示。

从式（7.3）中我们还可以知道，垄断厂商的边际收入与需求价格弹性有关。当 $E_{dp}>1$ 时，$MR>0$，总收入随产量不断上升；当 $E_{dp}=1$ 时，$MR=0$，总收入达到最大值；当 $E_{dp}<1$ 时，$MR<0$，总收入随产量不断下降，如图 7.1 所示。

四、完全垄断厂商的短期均衡

同完全竞争厂商一样，如果边际收入大于或小于短期边际成本，垄断厂商都可以通过调整产量提高利润水平，因而厂商会继续调整。只要当边际收入等于短期边际成本，垄断厂商实现了最大利润，才会在短期内停止调整，达到短期均衡状态，所以垄断厂商的短期均衡条件是：$MR=SMC$。

在短期内，垄断者只能在既定规模的工厂条件下进行生产，因此，各种成本沿短期成本曲线变化。如图 7.2 所示，SAC 为垄断厂商的短期平均成本，SMC 为垄断厂商的短期边际成本。

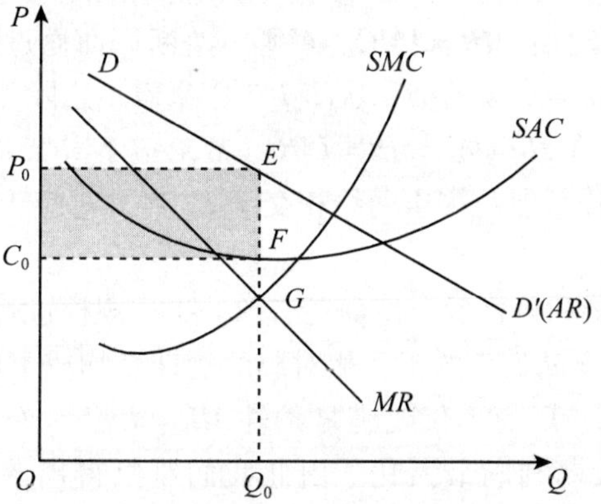

图 7.2　垄断厂商的短期均衡

假设市场需求曲线为 DD'，对应的边际收入曲线为 MR。边际收入曲线 MR 与短期边际成本曲线 SMC 相交于 G 点。在 G 点处，$MR=SMC$，满足厂商利润最大化的条件，所以对应于 G 点的产量 Q_0 即为垄断厂商的短期均衡产量。过 G 点向上作垂线与需求曲线相交于 E 点，对应于 E 点的价格 P_0 即为垄断厂商的短期均衡价格。换句话说，垄断厂商按照产量 Q_0 进行生产，按照价格 P_0 销售产品，就可以实现短期利润最大化。在均衡产量 Q_0 下，厂商的平均成本为 C_0，低于平均收入 P_0，因此垄断厂商在短期内获得经济利润，如图 7.2 所示，阴影部分 EFC_0P_0 的面积为厂商的经济利润。

垄断厂商虽然能够控制供给，但并不能控制市场需求。当市场需求下降或出现严重不足时，垄断厂商在短期内也有可能只获得正常利润（即 $\pi=0$）或蒙受经济损失（即 $\pi<0$），

甚至停产。垄断厂商的经营状况主要受市场需求的影响。

五、完全垄断厂商的长期均衡

在完全垄断的条件下，由于客观技术条件和人为制度因素所形成的行业壁垒阻碍了其他厂商进入垄断行业，所以，在长期内即使垄断厂商获得丰厚的利润，也不会有新厂商进入，与其分享市场和利润。因此，在长期内，垄断行业只有厂商规模的调整，不会有厂商数量的变化。

在长期中，垄断厂商将根据市场需求状况，调整各种生产要素（包括机器设备等短期固定生产要素）的投入量，建立一个高效率的工厂，以保证获得一个不低于正常利润的经济效益，否则垄断厂商就会因市场需求过低，无法消除经济损失而退出所在行业。

如图 7.3 所示，已知完全垄断厂商的长期平均成本曲线 LAC 和长期边际成本曲线 LMC。假设市场需求曲线为直线 DD'，并且长期稳定在这一水平。市场需求曲线同时也是垄断厂商的平均收入曲线，对应的边际收入曲线为 MR。若垄断厂商最初的工厂规模比较小，对应的短期平均成本曲线和边际成本曲线分别为 SAC_1 和 SMC_1，则短期的均衡产量为 Q_1，短期的均衡价格为 P_1，短期的最大利润为$\square C_1P_1E_1F_1$ 的面积（即浅紫色阴影部分），但它不是长期的最大利润。

厂商要想实现长期利润最大化，就必须将产量调整到边际收入等于长期边际成本，即必须满足长期利润最大化的条件：$MR=LMC$。否则，垄断厂商通过调整产量和工厂规模就可以提高利润水平，因而厂商会继续调整。从图 7.3 中来看，边际收入曲线 MR 与长期边际成本曲线 LMC 相交于 H 点。在 H 点处，$MR=LMC$，故对应于 H 点的产量 Q_2 为长期最优产量或均衡产量。过 H 点向上作垂线与需求曲线相交于 E_2 点，对应于 E_2 点的价格 P_2 便是长期均衡价格。

确定了长期的最优产量和价格后，厂商还必须对工厂规模进行调整，以一个最有效率的工厂来生产产量 Q_2。与这个高效率的工厂相对应的短期平均成本曲线为 SAC_2、短期边际成本曲线为 SMC_2。也就是说，厂商不仅要满足条件 $MR=LMC$，而且要满足条件 $SMC=LMC$ 或 $SAC=LAC$，才能实现长期利润最大化。由此我们可以得出垄断厂商的长期均衡条件：$MR=LMC=SMC$。

如果垄断厂商用短期平均成本曲线 SAC_2 和短期边际成本曲线 SMC_2 所代表的工厂生产 Q_2，并按价格 P_2 销售产品，则厂商就可以获得最大利润，即$\square C_2P_2E_2F_2$ 的面积，如图 7.3 中矩形阴影所示。由于其他厂商难以进入完全垄断行业，所以垄断者可以长期保持获得经济利润。与完全竞争的长期均衡不同，完全垄断行业达到长期均衡时，厂商的经济利润 $\pi \geqslant 0$。

六、多工厂企业的产量分配

前面主要分析了单工场企业的市场行为。然而在现实的经济中，人型的垄断企业或跨国公司往往拥有许多工厂，遍布全国乃至世界各地，虽然这些工厂受到总公司的同意经营和管理，采用相同或相似的生产技术，但由于受到地域限制，在材料、燃料、劳动成本、交通运

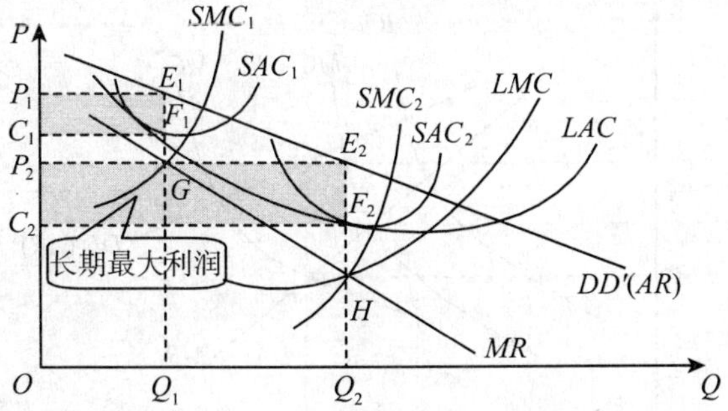

图 7.3　完全垄断厂商的长期均衡

输、通讯、法律法规等方面存在差异，所以各个工厂的生产成本存在差异。拥有多个工厂的企业如何决定生产和销售的总产量呢？如何在各个厂商之间分配产量呢？这里以拥有两个工厂的企业为例分析说明此问题。

假设：（1）某个企业拥有两个工厂，工厂 1 的产量为 q_1，工厂 2 的产量为 q_2，总产量 Q 等于二者之和，即 $Q=q_1+q_2$。

（2）两个工厂的生产成本各不相同：工厂 1 的总成本函数为 $C_1=C_1(q_1)$，边际成本函数为 $MC_1=\frac{\partial C_1(q_1)}{\partial q_1}$；工厂 2 的总成本函数为 $C_2=C_2(q_2)$，边际成本函数为 $MC_2=\frac{\partial C_2(q_2)}{\partial q_2}$，用 TC 表示企业的总成本，则 $TC=C_1+C_2$。

（3）企业的总收入是总产量的函数，用 TR 表示总收入，则边际收入 $MR=\frac{\partial TR}{\partial Q}$。

企业的经济利润为：$\pi=TR-TC=TR(Q)-C_1(q_1)-C_2(q_2)$

我们假设企业追求利润最大化，也就是企业的利润函数取得极大值，根据高等数学原理，函数取得极大值的一阶条件为：

$$\frac{\partial \pi}{\partial q_1}=\frac{\partial TR}{\partial q_1}-\frac{\partial C_1}{\partial q_1}=\frac{\partial TR}{\partial Q}\cdot\frac{\partial Q}{\partial q_1}-\frac{\partial C_1}{\partial q_1}=MR-MC_1=0$$

$$\frac{\partial \pi}{\partial q_2}=\frac{\partial TR}{\partial q_2}-\frac{\partial C_2}{\partial q_2}=\frac{\partial TR}{\partial Q}\cdot\frac{\partial Q}{\partial q_2}-\frac{\partial C_2}{\partial q_2}=MR-MC_2=0$$

由上述两个一阶条件可得企业利润最大化条件：$MR=MC_1=MC_2$。也就是说，企业应该将两个工厂的产量调整到各个工厂的边际成本均等于共同的边际收入。

如图 7－4 所示，DD' 为企业的需求曲线，MR 为企业的边际收入曲线，MC_1 为工厂 1 的边际成本曲线，MC_2 为工厂 2 的边际成本曲线，MC_T 为整个企业的边际成本曲线，它是两个工厂的边际成本曲线水平叠加得到的。根据厂商利润最大化原则（即 $MR=MC_T$），确定最优产量为 Q^*，均衡价格为 P^*。

确定的最优总产量 Q^* 如何在两个工厂之间分配呢？根据前面讨论得到的产量配置原则 $MR=MC_1=MC_2$，可以将两工厂的产量调整到各自的边际成本等于 MR^*，因此得到工厂 1 的最优产量为 q_1^*，工厂 2 的最优产量为 q_2^*，且 $=q_1^*+q_2^*=Q^*$。

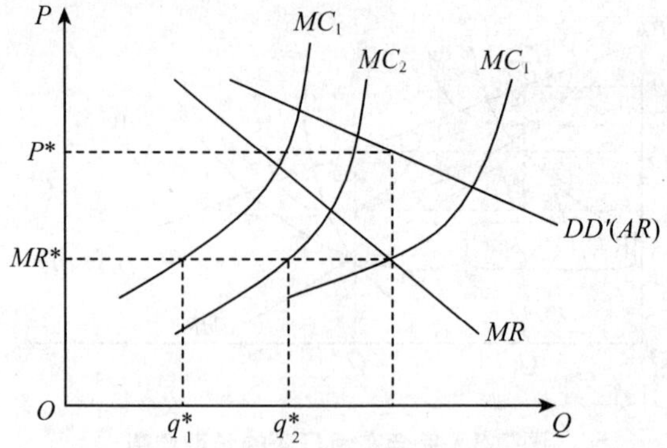

图 7.4 多工厂企业的产量的决定和分配

七、垄断厂商的定价原则

在完全的竞争市场中，厂商只能接受市场给定的价格，而不能控制和操纵市场价格。垄断市场则不同，垄断厂商作为市场价格的制定者，可以根据市场需求曲线和自己的短期或长期成本曲线，在利润最大化原则下，来选择最优的垄断产量和价格。从前面的均衡分析我们可以看到，完全竞争厂商的均衡价格等于边际成本（即 $P=MC$），而完全垄断厂商的均衡价格高于边际成本（即 $P>MC$）。在垄断行业，厂商垄断势力（Monopoly Power）的大小可以通过价格高出边际成本的程度反映出来。但实际上，垄断厂商往往难以确定自己的边际收益曲线，这样，纯粹按照边际收益等于边际成本的法则就难以确定最优价格。本节将在分析成本加成定价这一简单定价法则的基础上，讨论垄断厂商进行差别定价的若干策略。

1. 成本加成定价。西方经济学家勒纳（Abba Lerner）1934 年提出一个衡量垄断势力的指数（简称勒纳指数 Lerner Index）。该指数等于价格超出边际成本的部分占价格的比例。用 L 表示垄断势力，则计算公式如下：

$$L=\frac{P-MC}{P} \tag{7.4}$$

式（7.4）计算的 L 值越大，意味着垄断势力越大；反之，L 值越小，垄断势力越弱。根据厂商利润最大化的条件（$MR=MC$）和式（7.3）可以得出如下公式：

$$L=\frac{P-MC}{P}=\frac{1}{E_{dp}} \tag{7.5}$$

从式（7.5）我们知道，追求利润最大化的厂商在制定价格时，价格相对于边际成本的升水（$P-MC$）占价格的比例，即（$P-MC$）/P，与市场需求价格弹性成反比。将式（7.5）作适当变换可以得到：

$$P=\frac{MC}{1-1/E_{dp}}=\left(1+\frac{1}{E_{dp-1}}\right)MC \tag{7.6}$$

在完全竞争条件下，厂商的产品售价等于边际成本。而在完全垄断条件下，厂商通常采用加成定价法，即在成本的基础加上一定的边际利润（Margin）来确定产品价格。垄断厂商的这样一条经验定价法则（The Rule of Thumb for Pricing）在现实经济活动中得到了广泛的应用，其理论依据可以用公式（7.6）加以说明。从公式（7.6）我们可以知道，垄断厂商的最优价格应该等于边际成本加上一定的升水（Markup），升水幅度等于需求价格弹性和1的差的倒数，即 $1/(E_{dp}-1)$。需求价格弹性越大，价格越接近于边际成本，市场也越接近于完全竞争市场；反之，需求价格弹性越小，价格与边际成本的差额越大，市场垄断的程度也就越高。

如图7.5所示，假设有两个垄断厂商，它们有相同的生产技术和成本曲线，只是面临的市场需求不同。左图需求曲线比较平坦，需求价格弹性大，均衡价格（P^*）与边际成本（MC）的差额较小；右图需求曲线比较陡峭，需求价格弹性小，均衡价格（P^*）与边际成本（MC）的差额较大。当市场需求价格弹性非常大时，即使垄断行业只有一个厂商，我们也可以把它当作一个竞争性的市场。

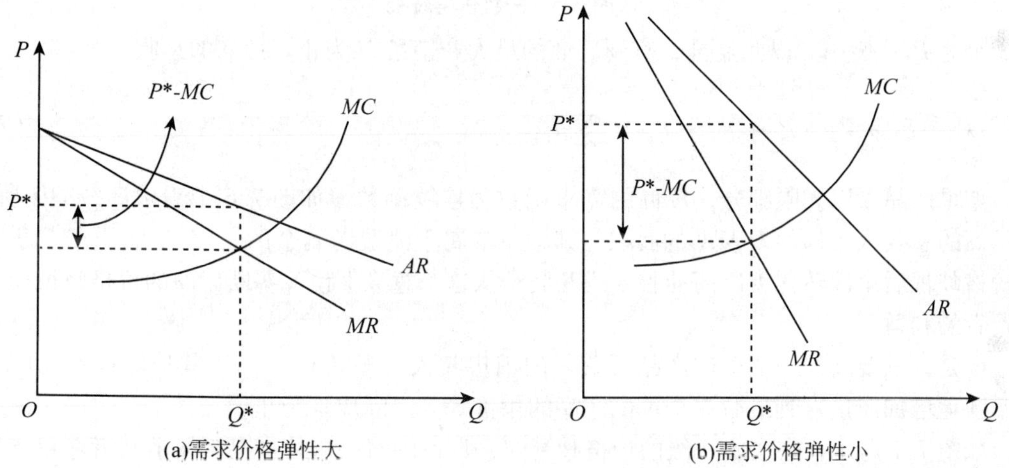

图7.5　需求弹性对厂商定价的影响

2. 价格歧视（Price Discrimination）。价格歧视在垄断行业是常见的现象。所谓价格歧视即差别定价法是指垄断者在销售同一种产品或提供同一种服务时，针对市场需求或销售对象的不同索取不同的价格。例如，电力公司分时段计算电费、电话公司分时段计量话费、铁路运输公司在客流高峰期提高票价、航空公司对不同的顾客给予不同的票价折扣等。价格歧视一般可以分为三类：一级、二级、三级价格歧视。

（1）一级价格歧视。一级价格歧视（First - degree Price Discrimination）是指厂商对每一单位产品都按消费者所愿意支付的最高价格出售。这种差别定价法将消费者的剩余几乎搜刮的干干净净，因此又叫做完全的价格歧视。实施一级价格歧视有两个前提条件：一是垄断者知道每一个消费者对每一单位产品愿意支付的最高价格；二是垄断者销售的产品不能被倒卖。

如图7.6所示，假设每个消费者之购买一个单位的产品，并且垄断者也知道每个消费者愿意支付的最高价格。厂商卖出的第1个商品的价格为 P_1；卖出的第2个商品的价格为 P_2；

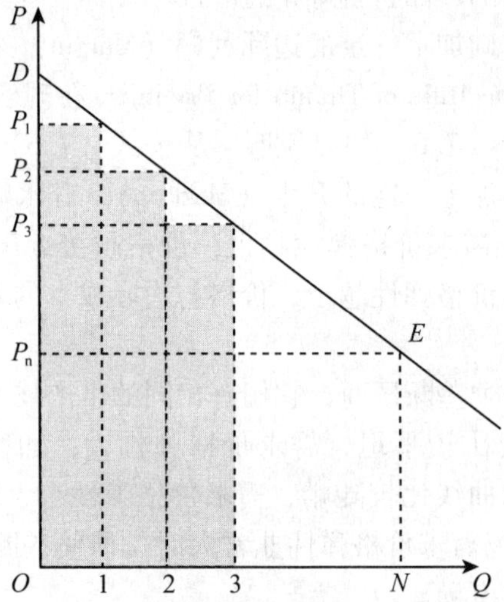

图 7.6　一级价格歧视

第 3 个为 P_3；……。以此类推，直到厂商的最大产销量 N 为止。厂商的总收入为：

$$TP = P_1 + P_2 + P_3 + \cdots + P_n = \sum_{i=1}^{N} P_i \tag{7.7}$$

如果产品可以无限细分，厂商的需求函数为连续函数，如图 7.6 中需求曲线 DD' 所示，则厂商的总收入为梯形 $ODEN$ 的面积，其中原本属于消费者剩余的△DEP_n 面积在垄断者实行价格歧视后全部转化为厂商的收入或利润。从这个意义上说，垄断厂商的价格歧视损害了消费者的利益。

但是，只要增加一个单位产品所获得的销售收入（即价格）高于其边际成本，厂商就将不断地增加产量直到最后一个单位产品的售价等于边际成本为止。

如图 7.7 所示，在实施一级的价格歧视时，厂商的每一单位产品都按消费者愿意支付的最高价格销售。随着产量增加，消费者愿意支付的最高价格（即需求价格）沿需求曲线 DD' 变动。当厂商将产量从 Q_m 增加到 Q_c 时，每增加一个单位的产品所获得的收入（即价格）都高于边际成本，所以增加产量对垄断厂商有利，追求利润最大化的厂商必然会将产量提高到 Q_c 为止。由此可知，实行一级价格歧视的垄断厂商最终将达到竞争性厂商的产量水平，从这个意义上说，一级价格歧视有利于提高垄断行业的资源配置效率，但它剥夺了全部消费者剩余。

在现实经济中，实行一级价格歧视是很困难的，它要求厂商了解每一个买者的情况，一般只有在买者很少的行业才有可能实施。现实中较常见的是二级和三级价格歧视。

（2）二级价格歧视。二级价格歧视（Second-degree Price Discrimination）是指垄断厂商针对消费者不同的购买数量段规定不同的价格。一般来说，厂商根据不同的购买量规定不同的折扣，一次性购买量越大，折扣越大，价格越低。

如图 7.8 所示，DD' 为市场需求曲线。假设厂商规定了三个不同的购买量区间［0，X］、［X，Y］、［Y，Z］。当消费者的购买量低于 X 时，厂商所取得价格为 P_0；当消费者的购买

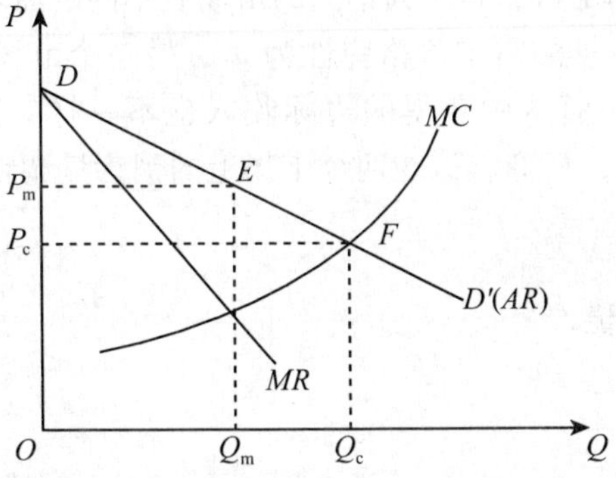

图 7.7　一级价格歧视与资源配置效率

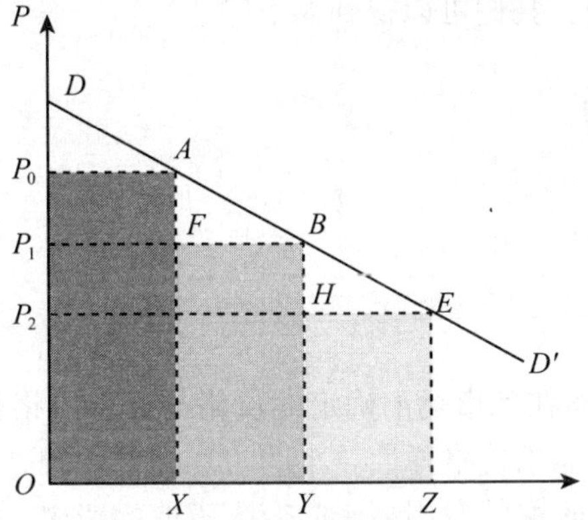

图 7.8　二级价格歧视

量高于 X，而低于 Y 时，相当于 X 数量的产品按原价格 P_0 交易，超过 X 的部分按价格 P_1 交易；当购买量超过 Y，而低于 Z 时，超过 Y 的部分按价格 P_2 成交。如果消费者的购买量为 Z，则消费者支付的总价格或厂商的总收入为：$\square OP_0AX$ 的面积 + $\square XFBY$ 的面积 + $\square YHEZ$ 的面积，即天蓝色阴影部分的面积。垄断厂商通过二级价格歧视剥夺了部分消费者剩余，被剥夺的消费者剩余为 $\square P_1P_0AF$ 的面积加上 $\square P_2P_1BH$ 的面积。最后剩下的消费者剩余为：$\triangle ADP_0$ 的面积 + $\triangle ABF$ 的面积 + $\triangle BEH$ 的面积。

从以上的分析我们了解到，垄断厂商通过二级价格歧视可以占有部分消费者剩余，增加垄断利润。受经济利益的驱使，垄断厂商有可能将产量提高到 $P = MC$ 的水平，实现资源的有效配置。

（3）三级价格歧视。三级价格歧视（Third-degree Price Discrimination）是指垄断厂商在不同的市场（或针对不同的消费群体）收取不同的价格。在不同的国家或地区，人们的收入水平、生活习惯、消费偏好存在较大的差异，即使在同一地区也存在穷人和富人之分，因此，不同特征的人群对同一种产品的需求存在较大的差异。垄断厂商可以利用人们需求的差异，规定不同的价格。例如，学生乘火车的票价低于普通乘客的票价；在许多地方，白天的电价高于晚上的电价；许多产品在国内的销售价格高于国外的销售价格，如此等等，类似的情况不胜枚举。

厂商之所以要实现差别定价，是因为不同的市场有不同的需求价格弹性。假设垄断厂商面临两个市场，其中一个市场的需求价格弹性为 n_1，另一个市场的需求价格弹性为 n_2。由于两个市场的需求不同，厂商从中获得的边际收入也不一样，其边际收入分别为 MR_1 和 MR_2。根据利润最大化原则，厂商应该在两个市场上的销售量调整到满足等式：

$$MR_1 = MR_2 = MC$$

根据式（7.3）我们知道，

$$MR_1 = P_1\left(1 - \frac{1}{n_1}\right)$$

$$MR_2 = P_2\left(1 - \frac{1}{n_2}\right)$$

根据 $MR_1 = MR_2$ 的原则，我们可以得到如下等式：

$$P_1\left(1 - \frac{1}{n_1}\right) = P_2\left(1 - \frac{1}{n_2}\right)$$

整理得，

$$\frac{P_1}{P_2} = \frac{1 - 1/n_2}{1 - 1/n_1} \tag{7.8}$$

从（7.8）式可知，厂商在各市场上确定的价格与需求价格弹性密切相关。需求价格弹性较大的市场，价格较低；需求价格弹性较小的市场，价格较高。难怪美国乡村医生在提供同一种医疗服务时，向富人收取的费用高于向穷人索取的费用，因为富人愿意并能够承担高额医疗费用。

垄断厂商声称在不同市场上实现差别定价，可以用高价市场获得的收入弥补低价市场所获收入的不足，避免因整体市场需求的限制而损害整个行业的生产。

八、垄断与政府管制

1. 垄断的社会成本。从以上的分析我们可以了解到，完全垄断厂商和完全竞争厂商在决定产品产量和价格方面存在巨大差异。在完全竞争市场，价格等于边际成本；而在完全垄断市场上，价格高于边际成本。为了进一步认清垄断给社会造成的经济损失，下面就完全垄断和完全竞争市场进行比较分析。

如图 7.9 所示，假设垄断和竞争厂商有相同的生产技术和成本函数，其边际成本曲线都是 MC，并且面临相同的市场需求，市场需求曲线为 DD'。垄断厂商的边际收入曲线为 MR。垄断厂商按边际收入等于边际成本的利润最大化原则所确定的最优产量为 Q_m、最优价格为 P_m。竞争厂商达到均衡状态时，产品价格等于边际成本，因此竞争性价格为 P_c，产量为 Q_c。同完全竞争相比，垄断提高了产品价格，降低了产量，因此，消费者剩余减少，消费者损失的剩余为梯形 P_cP_mEF 的面积，其中，□P_cPmEH 的面积用 a 来表示，△EFH 的面积用 b 来表示。a 所代表的消费者剩余损失转化为生产者的收入，因为购买 Q_m 数量的产品，在竞争条件下消费者只需支付价格 P_c，而在垄断条件下消费者必须支付价格 P_m，比竞争性价格水平高出 EH，消费者因此多支出 a。

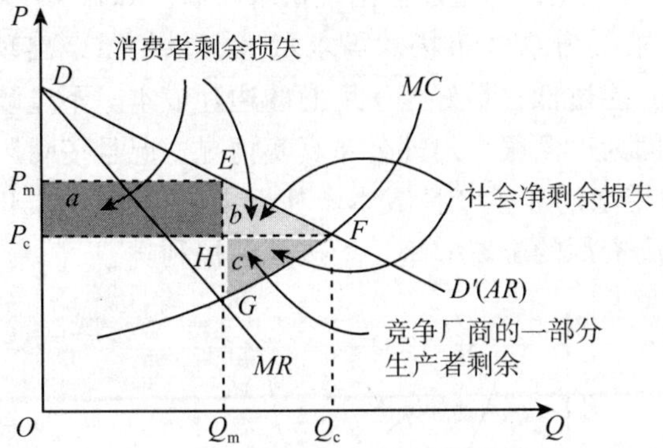

图 7.9　垄断市场的资源配置效率

如果垄断厂商将产量从 Q_m 提高到 Q_c，社会的总收益（按消费者的评价计算）将增加梯形 Q_mEFQ_c 的面积，厂商增加的总成本为多边形为 Q_mGFQ_c 的面积，显然社会的总收益大于总成本，两者之差为△EFG 的面积，其中△FGH 的面积相当于完全竞争厂商的一部分生产者剩余，用 c 来表示。尽管垄断厂商提高产量可以增加社会的收益和福利，但是提高产量会降低产品价格，减少垄断厂商的利润，所以垄断厂商从自身利益出发，不会将产量从 Q_m 提高到 Q_c。整个社会因垄断而蒙受的净损失（Deadweight Loss）为△EFG 的面积，即 $(b+c)$，如图 7.9 所示。$(b+c)$ 就是垄断给社会造成的直接经济损失或成本。

此外，垄断厂商为了维护其垄断地位，还从事寻租活动（Rent Seeking），把大量的经济资源或金钱投入到非生产性（Socially Unproductive）的活动中。例如，垄断企业通过院外游说活动，争取政府制定保护性的政策或法律法规，排斥潜在的竞争对手；有时还运用广告宣传和法律手段努力避免政府的反垄断调查；有时故意建造多余的工厂，人为制造开工不足的假象，使潜在竞争者望而却步。垄断厂商将资源投入到这样一些非生产性的活动中，并不增加任何社会收益，只是增加社会成本，浪费稀缺资源。

因此，政府应该对垄断进行适当的干预。政府可以采取价格调节（Price Regulation）、利润率调节（Rate－of－Return Regulation），或制定并实施反垄断法（Antitrust Act），对垄断厂商的行为进行限制或制裁。

如图 7.10 所示，DD' 为厂商的需求曲线，MR 为垄断厂商的边际收入曲线，MC 为厂商的边际成本曲线，垄断厂商的均衡产量为 Q_m，均衡价格为 P_m；在同样的条件下，如果让竞争厂商来经营，其均衡产量和价格分别为 Q_c 和 P_c。

现假设政府规定垄断厂商产品售价不得超过 P_1，且价格 P_1 低于垄断厂商的最优价格 P_m，而高于竞争性价格（即 $P_c<P_1<P_m$）。价格 P_1 对于垄断厂商来说是既定的。在产量 Q_1 以下，垄断厂商如同竞争厂商一样，只能接受既定的价格，因此，垄断厂商的需求曲线或平均收入曲线为 P_1KD'（即由水平线段 P_1K 和斜线段 KD' 组成），边际收入曲线为 P_1KRR'。在规定的价格水平（P_1），边际收入曲线与平均收入曲线重合。如图 7.10 中所示，新的边际收入曲线 P_1KRR' 与边际成本曲线 MC 相交于 G 点，对应于 G 点的产量 Q_1 为新的最优产量。

由此可知，规定一个较低的价格后，垄断厂商的产量有所提高。规定的价格越接近于竞争价格 P_c，垄断厂商的产量越接近于竞争产量 Q_c。但是，当规定的价格（如 P_2）低于竞争性价格 P_c 时，价格越低，产量越低，并且还会出现供求矛盾。如在 P_2 的价格水平，垄断厂商的产量为 Q_2，而市场的需求量为 Q'，市场的需求量大于供给量，出现了过剩的需求或短缺。因此，政府的调节价格不能过低，最好等于厂商的边际成本。不过政府要想获得厂商真实成本的记录是很困难的，因为厂商很少对外公布真实情况，况且垄断厂商的成本中还包括许多寻租活动（非 X 效率）带来的非生产性成本。从以上的分析我们知道，政府对垄断行业适当的价格管制有利于提高资源的配置效率，增进社会福利。

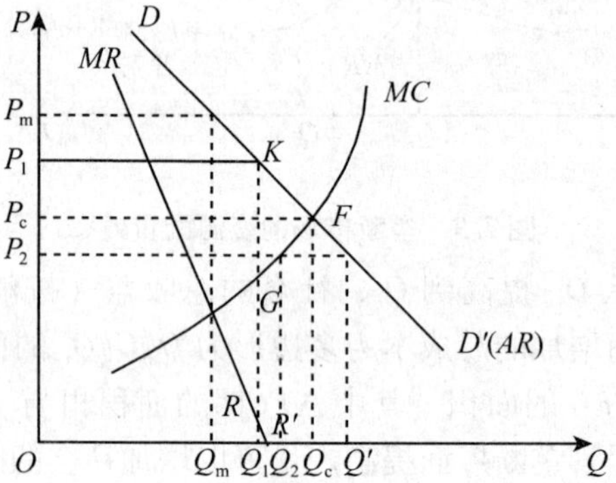

图 7.10 对垄断厂商的价格管制

2. 政府对垄断的管制。在完全竞争市场中，我们已经讨论了如果政府对完全竞争市场进行调节的话，必然会破坏资源的有效配置，导致社会福利的无谓损失。但是垄断市场则不一样，对于完全垄断市场，如果政府不对其加以管制，垄断企业根据 $MR=MC$ 的原则来确定产品的数量和价格，这种情况下，资源的配置是没有效率的，因此政府如果能采取合理的政策措施对垄断市场进行管制，那么就可以改进资源的有效配置，减少由于垄断而造成的社会福利的无谓损失。一般来说，政府对垄断企业的管制有以下几种可供选择的政策。

（1）价格管制。价格管制就是政府对垄断企业的产品实行最高限价政策，使得垄断商品的市场价格低于垄断价格。如图 7.11 所示，在没有管制的条件下，产品的数量和价格分别为 OQ_B 和 OP_B。假定政府对垄断企业实行价格管制，规定价格不得超过 OP_A（OP_A 是根据的原则确定的），那么，垄断企业所面临的需求曲线（也是平均收益曲线）就变成 P_AAD，它的边际收益曲线就变成 P_AAFH，它的最佳产量为 OQ_A，它收取的最大价格为 OP_A。由图 7.11 可知，根据 $D=MC$ 来确定管制价格 OP_A 会使得消费支付的价格变得更低，而得到的产品的数量更多。这时，消费者剩余的大小由三角形 GBP_B 的面积变为三角形 GAP_A 的面积。同时，垄断所带来的无谓损失（类三角形 BAE 的面积）已经消失。

$$TC_1=TC+t$$

$$TC_1=TC/Q+T/Q=AC_0+T/Q$$

$$MC_1=\frac{\partial TC}{\partial Q}=MC_0$$

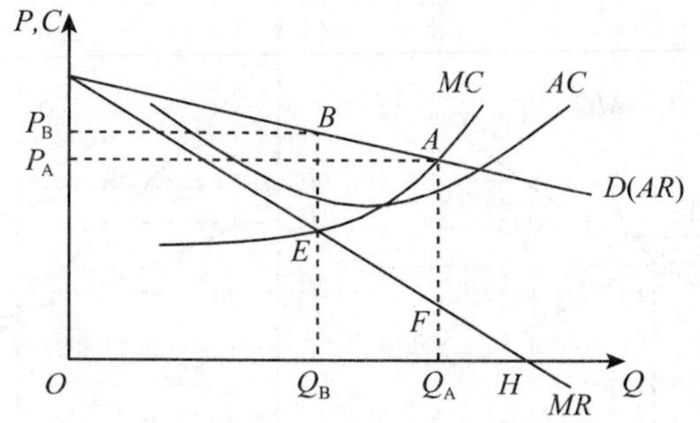

图 7.11　对垄断企业规定最高价格——根据 $D=MC$ 来确定最高价格的情况

我们将根据 $D=MC$ 来确定管制价格的方法称为边际成本定价法。在图 7.11 中，边际成本定价法是适用的。但是在图 7.12 中，这种方法是不可行的。

在图 7.12a 中，平均成本 AC 曲线和边际成本 MC 曲线都呈 U 形，如果政府确定管制价格为 OP_B，则当 $OP_B=MC$ 时，垄断企业会处于长期亏损的状态，除非政府对垄断企业进行补贴，否则，它会退出这个行业，使得该行业无法进行生产。为了既能使垄断企业弥补平均成本，又尽可能减少社会福利的无谓损失，政府应把管制价格定为 OP_A 的水平，此时 $D(AR)=AC$，相应地这种确定管制价格的方法叫做平均定价法。

在自然垄断行业，由于规模经济的作用，平均成本 AC 曲线和边际成本 MC 曲线可能不是 U 形，而是递减的，见图 7.12b。此时，也不能采用边际成本定价法，而只能采用平均成本定价法。

（2）税收政策。政府也可以利用税收政策对垄断企业进行管制。在这里我们以从量税（SpecificTaxes）和一次性税收（Lump－sunTaxes）为例讨论税收政策对垄断企业确定产品的数量和价格产生的影响。

先来看对垄断企业征收从量税产生的影响。从量税是指对生产者所生产的每一单位产品征收某一固定数量的税收。征税前，企业的总成本为 $TC_0=TC$，平均成本 $AC_0=TC/Q$，$MC_0=\partial TC/\partial Q$；假定从量税的税率为 t，则征税后，企业的成本为：$TC_1=TC+Q_t$

$$AC_1=TC/Q+t=AC_0+t$$

$$MC_1=\frac{\partial TC}{\partial Q}+t=MC_0+t$$

可见，征收从量税之后，企业平均成本曲线和边际成本曲线都会因从量税而提高税率 t 的高度。

在图 7.13 中，征收从量税之前，垄断企业利润最大化的垄断价格为 P_0，垄断产量为 Q_0。由于垄断企业的平均成本 AC 低于平均收益 AR，所以，垄断企业获得超额利润。征收从量税之后，企业平均成本曲线和边际成本曲线都因从量税而提高税率 t 的高度，即提高为 AC_1 和 MC_1，相应地垄断企业利润最大化地垄断价格为 P_1，垄断产量 Q_1。此例中，在垄断价格 P_1，垄断产量下 Q_1，平均成本 AC 刚好等于平均收益 AR，所以，政府征收的税收刚好使垄断企业的超额利润消失。虽然政府恰当地征收从量税可以使垄断企业的超额利润减少甚至消失，但是，垄断企业往往会通过提高产品价格、减少产量将一部分税收转嫁给消费者，使

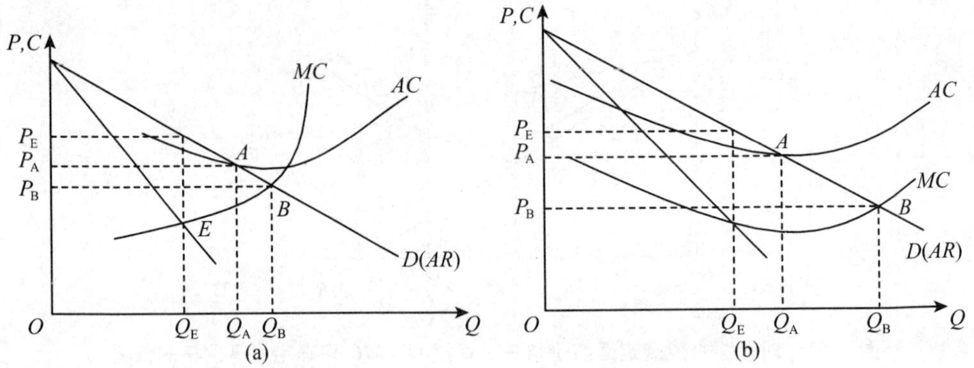

图 7.12　对垄断企业规定最高价格——根据 $D = MC$ 来确定最高价格的情况

消费者付出更高的价格，消费更少的产品。所以，从资源配置的角度看，对垄断企业征收从量税不仅不能提高资源配置的效率，反而会使资源配置效率进一步降低，使社会福利的无谓损失进一步增大。

再来看一次性税收对垄断企业的影响。征税前，企业的总成本为 $TC_0 = TC$，平均成本 $AC_0 = TC/Q$，$MC_0 = \partial TC/\partial Q$；假设税额为，征税后，企业的成本为：

$$TC_1 = TC + t$$

$$AC_1 = TC/Q + T/Q = AC_0 + T/Q$$

$$MC_1 = \frac{\partial TC}{\partial Q} = MC_0$$

可见，征收一次性税收前后，总成本和平均成本发生了变化，但是边际成本没有发生任何变化。图 7.13 说明了对垄断企业征收一次性税收的影响。

图 7.13 中，由于对垄断企业征收一次性税收，平均成本曲线从 AC_0 提高到 AC_1，边际成本曲线不发生任何变化，因此，边际成本曲线与边际收益曲线的交点在征税前后没有变化（见图 7.13 中的 A 点），相应地，征税前后，垄断企业利润最大化地垄断价格 P_0，垄断产量 Q_0 也没有发生变化。可见，如果政府恰当地规定一次性税收的数额，使垄断企业在征税后的平均成本曲线和平均收益曲线相切（见图 7.13 中的 B 点），就可以使垄断企业的超额利润消失，而同时保持垄断价格和垄断产量不变。

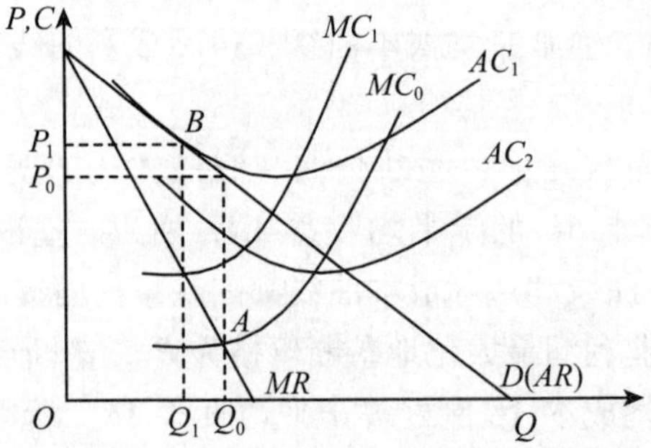

图 7.13　对垄断企业征收从量税的影响

九、自然垄断和政府管制

在供水、供电、供气和通讯等自然垄断行业，规模经济效应相当显著，其平均生产成本随着产量的增加而不断地下降。这样的行业有效率的生产规模相当大，以致只需一个厂商生产就足以满足整个市场需求。如果多家厂商共同参与市场竞争，每个厂商的需求都非常有限，厂商难以达到规模生产的水平，其结果往往是该行业所有厂商都陷入产量低、成本高、经营亏损的窘地。在现实经济中，这样的行业只能是独家垄断经营。

但是垄断经营造成效率损失。同完全竞争厂商相比，垄断厂商不仅产量低，而且价格高，损害消费者利益，因此政府应该对自然垄断行业进行适当的调节和管制。在许多发达国家，公用事业、交通运输业、通讯业等垄断经营的行业都在政府的管制之下运行。

政府对自然垄断行业的管制主要有两种手段：一是价格管制，二是收益率管制。

1. 价格管制。所谓价格管制就是指政府有关当局对自然垄断行业产品的价格限制，规定某些垄断行业的产品或服务的最高售价。根据前面的分析我们了解到，边际成本定价原则（即 $P=MC$）可以实现资源的最优配置。但是在某些行业，按边际成本制定的价格可能低于平均成本，厂商可能出现经营性亏损，生产难以为继。

如图 7.14 所示，AC 为厂商的平均收入曲线，MC 为厂商的边际成本曲线；AR 为厂商的平均收入曲线或市场需求曲线，MR 为厂商的边际收入曲线。在没有政府干预的情况下，厂商按 $MR=MC$ 定理确定的最优产量为 Q_m，最优价格为 P_m。如果按边际成本定价（$P=MC$），则产量应该为 Q_c，价格应为 P_c。由于规模效应比较明显，在现实的产量范围内，边际成本和平均成本都处于递减的阶段，并且边际成本低于平均成本，所以，在 Q_c 产量水平，厂商的平均收入（即 P_c）低于平均成本 AC，厂商将蒙受经济损失。在这种自然垄断的情况下，政府显然不能用边际成本定价法制定调节价格，只能用平均成本法制定调节价格（即 $P=AC$）。

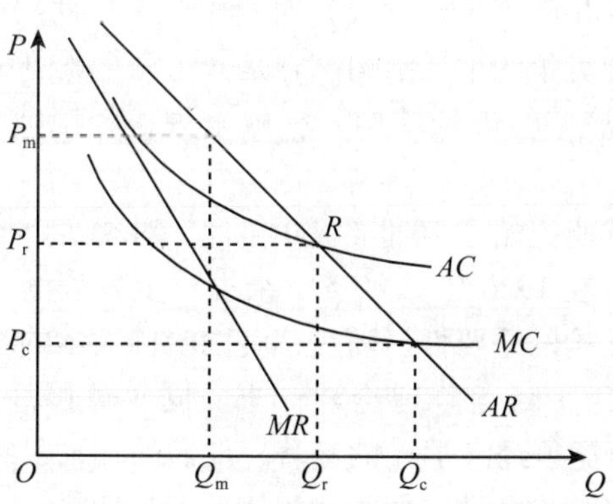

图 7.14　对自然垄断的价格调节

如图 7.14 所示，需求曲线（AR）与平均成本曲线（AC）相交于 R 点。在 R 点处，平均收入等于平均成本。如果以对应于 R 点的价格 P_r 作为政府调节价，就能够保证厂商获得正常利润。一旦政府规定了价格 P_r，厂商的最优产量就是 Q_r。由此可见，政府的价格调节可以迫使垄断企业增加产量或供给。平均成本定价法虽然不是一种最优选择，但仍不失为一种次优选择。

2. 资本回报率管制。政府干预垄断的另一项措施是回报率管制。所谓回报率管制（Rate - of - return regulation）就是指政府有关管理机构以一个合理的（或竞争性的）资本回报率为基础对垄断企业的产品制定一个最高限价。

不过，在确定合理回报率时，会遇到许多麻烦或困难。首先，很难对厂商的资本存量做出准确的估计；其次，“合理回报率”的计算依赖于厂商的实际成本，而厂商的实际成本受内部人控制，很少对外公开，政府部门很难得到厂商真实的成本资料，况且厂商的成本受政府管制措施的影响；第三，在计算合理回报率时，政府和厂商对有关数据往往各执一词，很难达成一致意见，以致干预措施久拖不决。当政府真正推行合理回报率时，厂商的成本和市场环境可能已经发生了变化。管制的滞后性使政府管制的效果大打折扣。这项措施的真正受益人可能既不是厂商也不是公众，而是律师、会计师或一些经济顾问。

正因为政府干预中的一些困难，美国政府在 20 世纪 80 年代 ~90 年代放松了对某些行业的管制。

第二节　垄断竞争

前面分析了完全竞争和完全垄断这两种极端的市场情况，然而在现实生活中比较常见的确是处于二者之间的中间情况，即垄断竞争和寡头垄断。本节和下一节将分别讨论厂商在垄断竞争和寡头垄断市场上的行为。

一、垄断竞争的市场特征

所谓垄断竞争（Monopolistic Competition）是指由众多厂商组成的、既有垄断又有竞争、既不是完全垄断又不是完全竞争的市场结构。它是介于完全竞争和完全垄断之间的一种市场结构，是一种现实经济中常见的市场结构。一般来说，轻工业、零售业都属于这种市场形态。

对这种中间市场形态的研究始于 20 世纪 30 年代。对现实市场的关注首推英国经济学家斯拉法（Piero Srafa），他早在 1926 年《经济学杂志》上发表的“竞争条件下的收益规律”一文中强调研究中间市场结构的重要性。随后，美国哈佛大学的教授张伯伦（Edward Chamberlin）于 1933 年发表了《垄断竞争理论》一书。同年英国经济学家琼 · 罗宾逊（Joan Robinson）出版了《不完全竞争经济学》的专著。他们的理论曾经轰动一时，被认为是价值理论的重大突破和发展。张伯伦和琼 · 罗宾逊也因此名扬四海。

张伯伦明确指出：垄断竞争的根本特征就是各厂商面临着密切相关但彼此又不完全相同的能够相互替代的厂商。具体讲，垄断竞争有如下特征：

（1）产品的差异性（Product Differentiation）。在垄断竞争市场上，各个厂商提供的产品彼此存在差别。其差别可能是产品本身质的差别，如产品的质量、规格、外形、包装的不同；也可能是销售条件的差别，如厂商销售的地理位置、服务态度、销售方式的不同；甚至可能是产品商标、公司形象、广告宣传作用在顾客主观心理上形成的印象上的差异。垄断竞争厂商就是通过创造产品差别，以适应和满足消费者的不同偏好，争取更大的市场份额。产品差别的存在使每个厂商都具有一定的垄断。产品差别越大，厂商的垄断程度越高；产品差别越小，替代性越强，厂商之间的竞争越激烈。

（2）厂商众多（Numerous Firms）。在垄断竞争市场上或在同一个产品集团内，有许许多多厂商，少则几十个，多则几百个。每个厂商采取任何行动，都不会对整个市场产生太大的影响，也不易被竞争对手觉察，也就是说，垄断竞争厂商不必担心其他厂商的报复，因此各个厂商相互独立，各行其是。

（3）厂商自由进出（Free entry and exit）。同完全竞争一样，厂商可以自由进入或退出垄断竞争市场。换句话说，在垄断竞争条件下，没有任何人为因素的阻挠和行业壁垒，要素可以自由流动。新厂商可以自由进入给老厂商构成了潜在的竞争压力。

二、垄断竞争厂商的需求曲线

在垄断竞争条件下，厂商面临着两条需求曲线：一条叫预期需求曲线（Expectant Demand Curve），它表示在其他厂商保持现行价格不变的情况下，个别厂商的预期产销量随价格变化的关系；另一条叫做比例需求曲线（Relevant Dmand Curve），它表示同一市场上的所有厂商同时等幅调整价格的情况下，单个厂商的实际产销量随价格变化的轨迹。如图 7. 15 所示，DD'为一个典型厂商的比例需求曲线，dd'为厂商的一条预期需求曲线。

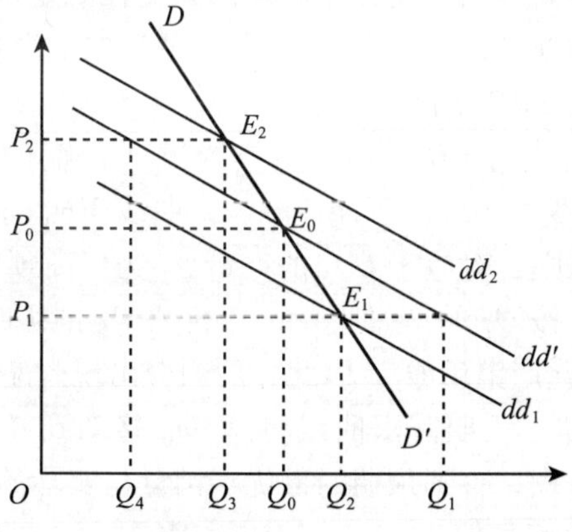

图 7. 15　垄断竞争厂商的需求曲线

假设现行的市场价格为 P_0，厂商的产销量为 Q_0。由于垄断竞争市场上各厂商提供的产品具有很强的替代性，而顾客对替代品价格变化的反应非常敏感，所以每个厂商都认为：自己调整价格不易被竞争对手觉察，只要自己独自降低价格，而其他厂商保持原有的价格不变，该厂商就可以把其他厂商的顾客吸引过来，其产销量将大幅度上升，反之，如果独自提高价格，其产销量将大幅度减少。也就是说，每个厂商都认为自己产品的需求弹性很大，其预期的需求量或产销量随价格变化而沿需求曲线 dd'变动，假设某厂商将价格从 P_0 降低到

P_1，该厂商预期产销量将沿需求曲线 dd' 变动，从 Q_0 增加到 Q_1。但实际上，同一市场上所有厂商处于相同的环境中，会形成相同的预期，采取同样的行动。如果不约而同地降价，那么，每个厂商都只能占有原来的市场份额，实际的销量沿着比例需求曲线 DD' 变动，从 Q_0 增加到 Q_2，而不是 Q_1，实际的产销量 Q_2 小于预期的产销量 Q_1。当整个市场价格降低到 P_1 时，厂商又会形成新的预期，与之对应的就有一条新的预期需求曲线 dd_1。反之，如果个别厂商预期提高价格有利可图，将价格从 P_0 提高到 P_2，预期的产销量沿 dd' 变动，从 Q_0 减少到 Q_4，但实际的销量沿 DD' 变动，从 Q_0 减少到 Q_3。当整个市场价格提高到 P_2 时，在 P_2 的价格水平厂商又会形成新的预期，因此也有一条与之对应的预期需求曲线 dd_2。

从以上的分析我们了解到，预期的需求弹性较大，实际的需求弹性较小。预期需求曲线随市场价格的变化，沿比例需求曲线移动。预期需求曲线反应厂商的主观预期，因而又被称为主观需求曲线（Subjective Demand Curve）；比例需求曲线反应实际产销量的变化，所以又被称为客观需求曲线（Objective Demand Curve）。如果说主观需求曲线反应厂商改变价格的动机，那么客观需求曲线反应厂商改变价格的结果。

三、垄断竞争厂商的短期均衡

由于各厂商提供的产品存在差异，很难将生产不同产品的厂商划归同一行业，所以，在分析垄断竞争厂商的行为时，往往将生产同一类产品的厂商划归为一个产品集团（Prduct group），用一个典型厂商或代表性厂商（A representative firm）的决策过程来说明整个产品集团内厂商如何决定产量和价格。

在短期内，垄断竞争厂商，同其他厂商一样，只能在既定规模的工厂条件下进行生产，其成本遵循短期成本变化的规律，如图 7.16 所示，平均成本沿短期成本曲线 SAC 变化，边际成本沿短期边际成本曲线 SMC 变化。

假设厂商的比例需求曲线为 DD'，市场价格为 P_0，厂商的预期需求曲线为 dd_0，则与 dd_0 对应的预期边际收入曲线为 MR_0。预期边际收入曲线 MR_0 与短期边际成本曲线相交于 G 点，根据厂商利润最大化原则，对应于 G 点的产量 Q_1 为厂商预期的最优产销量，P_1 则为厂商预期的最优价格。当厂商按 Q_1 的产量生产，以价格 P_1 销售时，实际销售量为 Q_2，实际的销售量 Q_2 小于预期的最优产销量 Q_1，因此，厂商会出现产品库存增加。在新的价格水平（P_1），厂商会形成新的预期，预期需求曲线将从 dd_0 移动到 dd_1。根据预期需求曲线 dd_1，厂商将重复上述决策调整过程，直到预期的最优产销量与实际的销售量相等为止。

垄断竞争厂商的短期均衡条件为：（1）$MR = SMC$；（2）预期的最优产量 = 实际的产销量。

如图 7.17 所示，当市场价格调整到 P_s，厂商的预期需求曲线移动到 dd_s，对应的边际收入曲线 MR_s 与短期边际成本曲线 SMC 相交于 H 点，H 点所对应的产量 Q_s 正好等于价格 P_s 下的需求量时，厂商便达到了短期均衡状态。产量 Q_s 即为垄断竞争厂商的短期均衡产量，价格 P_s 即为厂商的短期均衡价格。

如果厂商按照产量 Q_s 生产，按照价格 P_s 销售，就可以实现短期利润最大化。它的最大经济利润为□$CFEP_s$ 的面积。

在短期内，垄断竞争厂商，同完全竞争厂商一样，也有可能只获得正常利润、甚至亏损或停产。厂商在短期的经济利润取决于市场需求以及厂商在市场上所占的市场份额。

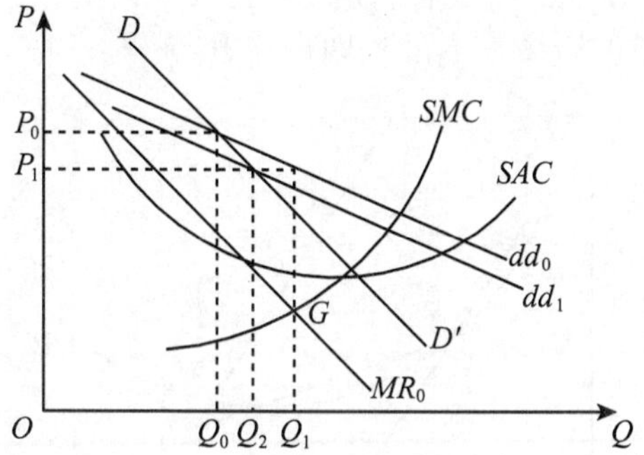

图 7.16　垄断竞争厂商非均衡状态下的自我调整过程

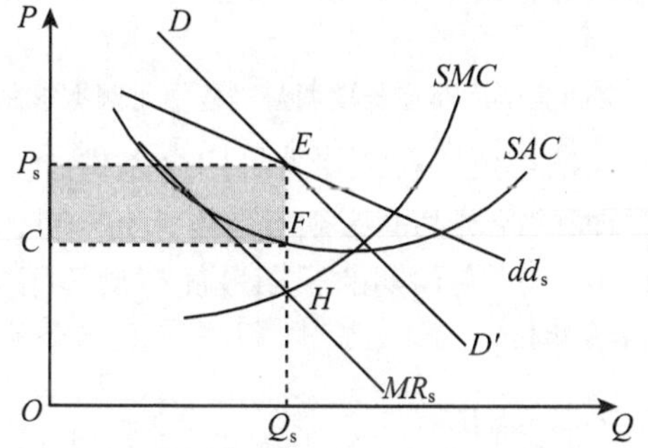

图 7.17　垄断竞争厂商的短期均衡

四、垄断竞争厂商的长期均衡

在长期中，垄断竞争厂商可以调整一切生产要素的投入量，也就是说，厂商可以根据长期生产的需要调整工厂规模，因此，厂商的成本沿着长期成本曲线变化。如图 7.18 所示，*LAC* 为厂商的长期平均成本曲线，*LMC* 为厂商的长期边际成本曲线。

在长期中，厂商不仅可以调整工厂规模，而且可以视自己经营的状况和市场需求的长期趋势，决定进入或者退出垄断竞争市场。无论是新厂商的进入，还是老厂商的退出，都意味着各厂商将重新瓜分市场，其市场份额将发生变化，厂商的比例需求曲线也相应地发生位移。如图 7.18 所示，DD_1 和 dd_1 分别为厂商最初的比例需求曲线和预期需求曲线，P_0 为初始的市场价格，*LAC* 为厂商的长期平均成本曲线。从图中可以看出，市场价格远高于平均成本，厂商通过适当调整就可以获得经济利润。只要垄断厂商在较长的时间内获得经济利润，就会有新厂商不断地进入该生产领域，直到该行业的经济利润消失为止。随着新厂商的不断涌入，各厂商的市场份额下降，厂商的需求曲线将向左下方移动。如图 7.18 所示，假设厂商的比例需求曲线从 DD_1 移动到 DD_2，预期需求曲线移动到 dd_2，且与比例需求曲线 DD_2、长期平均成本曲线相交于 *A* 点。表面上看，厂商按 *A* 点的产量和价格生产和销售，只获得正常利润，不再有新厂商进入，但是，实际上，厂商的预期需求曲线 dd_2 有一段位于长期平均成本曲线 LAC 上，意味着厂商预期的平均收入大于平均成本，厂商预计只要降低价格，就可以增加产销量，降低生产成本，进而提高利润水平，所以，在 A 点处厂商还有调整价格的动机。A 点不可能是垄断竞争厂商的长期均衡点。

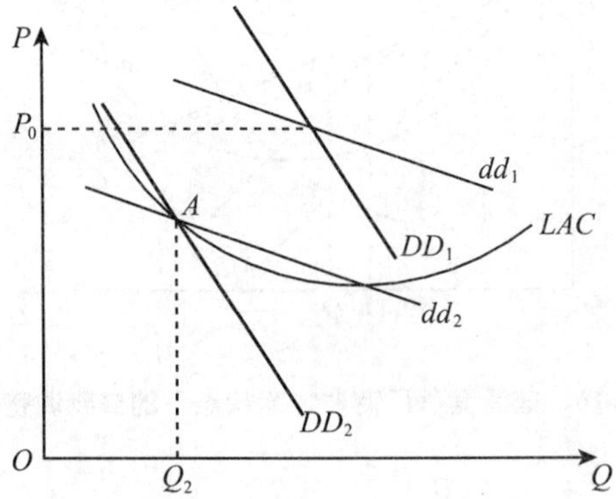

图 7.18　垄断竞争厂商在长期调整过程中比例需求曲线的位移

垄断竞争厂商要想达到长期均衡，就必须满足四个条件：（1）长期利润最大化的条件 $MR = LMC$；（2）垄断竞争厂商的经济利润必须等于零（$\pi = 0$），即 $P = LAC$；（3）厂商还必须将工厂调整到最优状态；（4）厂商预期的长期最优产量等于实际的产销量。由此我们得到垄断竞争厂商长期均衡的条件是：

$$MR = LMC = SMC \text{ 和 } P = LAC = SAC。\qquad (7.9)$$

如图 7.19 所示，当厂商的比例需求曲线移动到 DD_L，预期需求曲线 dd_L 与长期平均成本曲线 LAC 相切于 E 点，预期边际收入曲线 MR_L 与长期边际成本曲线 LMC 相交于 N 点。在 N 点处，$MR = LMC$，满足利润最大化的条件，对应于 N 点的产量 Q_L 为厂商长期最优产量。过 N 点向上作垂线与需求曲线正好相交于 E 点，对应于 E 点的价格 P_L 即为厂商的最优价格。确定了长期的最优产量和价格，厂商还必须将工厂调整到短期平均成本曲线 SAC 和边际成本曲线 SMC 所代表的最优工厂规模水平。由于在产量 Q_L 水平，价格 P_L 等于厂商的平均成本，所以经济利润为零，厂商获得正常利润，在此情况下，既没有新厂商进入，也没有老厂商退出。

综上所述，E 点是垄断厂商长期均衡点，对应的价格 P_L 为长期均衡价格，对应的产量 Q_L 为长期均衡产量。垄断竞争厂商同完全竞争厂商一样，在长期均衡状态下，经济利润为零（$\pi = 0$）。

下面我们以一个具体的例子说明垄断竞争厂商的长期均衡价格和均衡产量的决定①。假定某垄断竞争市场中一代表性厂商的长期总成本函数为：$LTC = 0.001q^3 - 0.425q^2 = 85q$。如果产品集团的所有厂商按同比例调整它们的价格，出售商品的比例需求曲线为：$q = 300 - 2.5p$。如何计算该垄断竞争厂商的长期均衡价格和均衡产量呢？

---

① 范家骧、刘文忻：《微观经济学》，东北财经大学出版社 2002 年版，第 254 页。

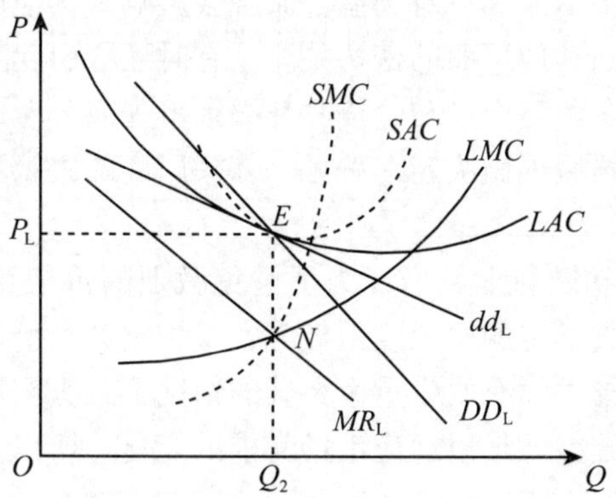

图 7.19 垄断竞争厂商的长期均衡

由厂商的长期总成本函数，我们可以分别写出该厂商的长期平均成本函数和长期边际成本函数为：

$LAC = 0.001q^2 - 0.425q + 85$ 和 $LMC = 0.003q^2 - 0.85q + 85$

根据垄断竞争厂商长期均衡条件可知，长期均衡点位于厂商的主观需求曲线和长期平均成本相切处，也即为比例需求曲线和长期平均成本曲线相交处。而比例需求函数的反函数为：$p = 120 - 0.4q$。这样，便可求得在两曲线的交点处有 $q = 200$，$p = 40$。

第三节 寡头垄断

寡头垄断，同垄断竞争一样，是介于完全竞争和完全垄断两种极端情况之间的中间市场结构，是一种在现实经济中比较常见的市场。如果说垄断竞争比较接近于完全竞争的话，那么寡头垄断更接近于完全垄断。本节将详细讨论寡头垄断的市场特征及其厂商行为。

一、寡头垄断市场特征

寡头垄断（Oligopoly）是指一种商品的生产和销售为少数几家大厂商所控制的市场结构。在寡头垄断条件下，少数几家大厂商供给整个行业的绝大部分产品，其中每一个大厂商在整个市场上都占有相当大的份额，足以影响市场供求关系和价格。在现实经济中，寡头垄断常见于重工业部门，如汽车、钢铁、造船、石油化工、有色冶金等工业。寡头垄断一般具有以下特征：

1. 厂商数量少。在寡头垄断市场上，只有少数几家厂商供给全部或绝大部分产品。由于厂商极少，所以每个大厂商都占有相当大的市场份额，对市场有举足轻重的影响，能够直接影响或控制市场供求关系和价格。因此，寡头垄断厂商既不是价格的接受者，也不是价格的决定者，而是价格的寻求者（Price seeker）。

2. 厂商相互依存。在寡头垄断市场上，各厂商相互影响，相互依赖。任何一家大厂商改变产量和价格，不仅直接牵涉到自身利益，而且会影响到其他厂商的产量和利润，因此每个厂商的一举一动都会受到其他厂商的密切关注，有时还会引起其他厂商的强烈反应，甚至招致报复。任何一家厂商在调整产量和价格时都必须事先充分考虑同行厂商将会作出何种反应及其可能产生的后果，然后再做决定。可见，寡头厂商的决策不是相互独立的，而是相互依存的。

3. 价格稳定。在寡头垄断行业，厂商为了避免激烈的价格竞争造成两败俱伤，往往通过有形或无形的勾结，形成不定的协议或默契等方式决定产品价格，价格一经确定，各厂商都不会轻易改变。在生产技术没有发生重大突破的情况下，寡头厂商一般不会因需求的变化而调整价格，而只是不断调整产量以适应市场需求的变化，所以，寡头垄断市场上，产品价格相对稳定。

4. 厂商进出不易。厂商进入或者退出寡头垄断行业比较困难，因为寡头垄断行业的有效工厂规模一般较大，外来厂商进入该行业往往需要一次性大规模投资而面临资金约束。即使新厂商有能力承担大量投资，在信誉、市场信息、原材料供给、专利技术等方面也很难与老厂商匹敌，最终不是被排挤出局，就是被吞并。不仅新厂商进入寡头行业障碍重重，而且老厂商退出也非易事。寡头厂商因为生产规模大、历史长，调整起来非常困难。

事实上，以上所述只不过是大多数寡头垄断行业的共同特征，不同寡头垄断行业存在着巨大差异，其市场情形相当复杂。寡头垄断既可以是两个厂商的双头垄断（Duopoly），也可能是有几十个厂商的多头垄断；既可以是产品无差别的纯粹寡头垄断（Pure Oligopoly），如石油化工行业，也可以是产品有差别的差别寡头垄断（Differentiated Oligopoly），如汽车行业；厂商既可以是彼此独立行动，也可以相互勾结（Collusion）；既可以采取价格竞争，也可能采取非价格竞争。所有这些不确定的情况，都不同地影响寡头厂商的需求和收入规律，以致难以形成统一完整的普遍适用的均衡理论模型。尽管如此，西方经济学家还是对这类市场进行了广泛的研究。从不同的角度和假设前提出发，提出了各种理论，以解释厂商产量和价格的决定。如古诺模型、张伯伦模型、博弈论、价格领袖制等。下面介绍几种有影响的理论模型。

二、古诺模型

古诺模型是由法国经济学家古诺（Augustin Cournot）在 1838 年出版的《财富理论的数学原理研究》一书中首先提出来的。古诺模型虽然非常简单，它却抓住了寡头垄断情形所蕴含的丰富内容，因此受到人们的广泛关注和引用。

为了分析的方便，古诺对所研究的对象作出了一系列的简化假设：（1）它研究的对象为双头垄断（Duopoly），只有甲、乙两个厂商；（2）两个厂商生产和销售同一种产品，即矿泉水；（3）它们的成本函数完全相同，并且边际成本为零（$MC=0$）；（4）每个厂商完全了解市场需求及对自己产品的需求，且需求曲线为直线；（5）厂商都追求利润最大化；（6）每个厂商独立行动，在决定自己的产量时，假定竞争对手的产量已经固定；（7）厂商轮换地调整产量，被动地适应需求和竞争对手产量的变化。

1. $MR=MC$ 求解法。如图 7.20 所示，DD' 为市场需求曲线。第一轮，假设厂商甲率先进入矿泉水生产领域。在厂商乙进入以前，厂商甲为垄断经营，占有整个市场，因此，厂商甲最初的需求曲线为 DD'，边际收入曲线为 $D'R$。由于边际成本恒等于零，即 $MC=0$，所以在边际收入曲线 $D'R$ 与横轴相交的 R 点处，$MR=MC=0$。根据利润最大化原则，甲确定的最优产量应该为 $OR=\frac{1}{2}OD$。

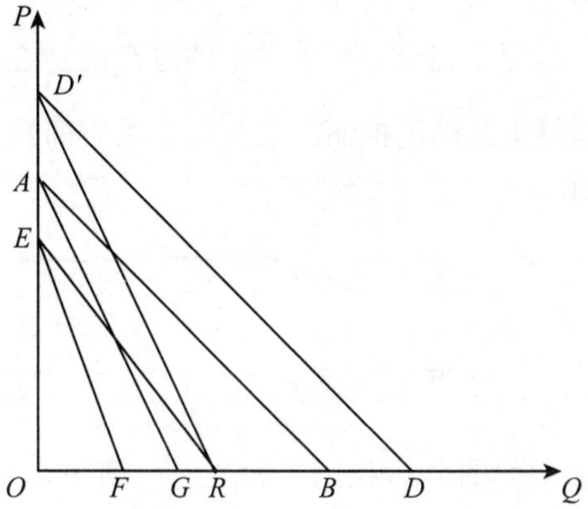

图 7.20　古诺模型

第二轮，在甲确定产量之后，轮到厂商乙调整产量。厂商乙决定产量时，认为甲保持已有的产量不变，自己则供给剩余的市场需求 $OD-OR=\frac{1}{2}OD$，其需求曲线为 ER，边际收入曲线为 EF。由于在 F 点处，乙的边际收入等于边际成本，所以乙的最优产量为 $OF=\frac{1}{2}(OD-OR)=\frac{1}{4}OD$。

第三轮，由甲调整产量，而乙保持产量不变。这时，甲的需求为整个市场需求减去乙的产量，需求曲线为 AB（如图 7.20 所示），边际收入曲线为 AG。在 G 点处，满足 $MR=MC$ 的条件，所以最优产量为：

$$OG=\frac{1}{2}(OD-OF)=\frac{1}{2}\left(OD-\frac{1}{4}OD\right)=\left(\frac{1}{2}-\frac{1}{8}\right)OD=\left[1-\frac{1}{2}\left(1+\frac{1}{4}\right)\right]OD$$

第四轮，由乙调整产量，而甲保持产量不变。根据最优化原则，乙的最优产量为：

$$OG=\frac{1}{2}(OD-OF)=\frac{1}{2}\left\{OD-\left[1-\frac{1}{2}\left(1+\frac{1}{4}\right)\right]OD\right\}=\left[\frac{1}{4}+\left(\frac{1}{4}\right)^2\right]OD$$

甲、乙两厂商轮流调整产量，以此类推，甲厂商的均衡产量将是：

$$\left\{1-\frac{1}{2}\left[1+\frac{1}{4}+\left(\frac{1}{4}\right)^2+\left(\frac{1}{4}\right)^3+\cdots\right]\right\}OD=\frac{1}{3}OD \tag{7.10}$$

乙厂商的均衡产量将是：

$$\frac{1}{4}\left[1+\frac{1}{4}+\left(\frac{1}{4}\right)^2+\left(\frac{1}{4}\right)^3+\cdots\right]OD=\frac{1}{3}OD \tag{7.11}$$

从以上计算的结果我们知道，甲、乙两厂商最终产量各占市场总容量的1/3。两厂商的总产量为：

$$\frac{1}{3}OD+\frac{1}{3}OD=\frac{2}{3}OD \tag{7.12}$$

从（7.12）式可知，双头垄断行业的总产量占市场总容量的2/3，其供给量低于完全竞争条件下的总产量（OD），但高于完全垄断条件下的总产量（$\frac{1}{2}OD$）。

根据上述双头垄断模型得出的结论推而广之。若寡头厂商数量为 m，且每个厂商有相同的生产技术和成本函数，则

$$\text{每个厂商的均衡产量为}\frac{1}{m+1}\cdot\text{整个市场容量} \tag{7.13}$$

$$\text{整个行业的均衡产量为}\frac{m}{m+1}\cdot\text{整个市场容量} \tag{7.14}$$

2. 反应函数求解法。从前面的分析我们了解到，厂商甲对厂商乙的生产行为会作出最优的反应。当乙的产量为零时，甲的产量为（1/2）OD；当乙的产量为（1/4）OD 时，甲的产量为（3/8）OD；当乙的产量为（1/2）OD，甲的产量为（1/4）OD，由此可见，厂商甲的产量随乙的产量变化而变化，是乙产量的函数。这一函数叫做甲的反应函数（Reaction Function）。如果用 Q_1 表示厂商甲的产量，用 Q_2 表示乙的产量，则甲的反应函数可以表示为 $Q_1=f(Q_2)$。同样的道理，我们可以得出乙厂商对甲厂商的反应函数：$Q_2=g(Q_1)$。假设市场需求函数为线性函数，相应地，甲乙两厂商的反应函数也为线性函数。如图 7.21 所示，甲厂商的反应曲线（Reaction Curve）为直线 FN，乙厂商的反应曲线为直线 GM，二者相交于 E 点。E 点即为古诺均衡点（Cournot Equilibrium），对应于 E 点的产量 Q_{10}、Q_{20}分别为甲、乙两厂商的均衡产量。

例如，假设市场需求函数为：

$$P=300-Q$$

式中 P 为市场价格，Q 为市场需求量；在均衡状态下，市场需求量等于全行业的总供给量，即 $Q=Q_1+Q_2$。与前面一样，假设两厂商的边际成本为零，即 $MC_1=MC_2=0$。

甲厂商的总收入 TR_1 为：

$$\begin{aligned}TR_1&=PQ_1=(300-Q)Q_1\\&=300Q_1-(Q_1+Q_2)Q_1\\&=300Q_1-Q_1^2-Q_2Q_1\end{aligned}$$

甲厂商的边际收入为：$MR_1=\frac{dTR_1}{dQ_1}=300-2Q_1-Q_2$

根据利润最大化原则：$MR_1-MC_1=0$，得甲厂商的反应函数为：

$$Q_1=150-\frac{1}{2}Q_2 \tag{7.15}$$

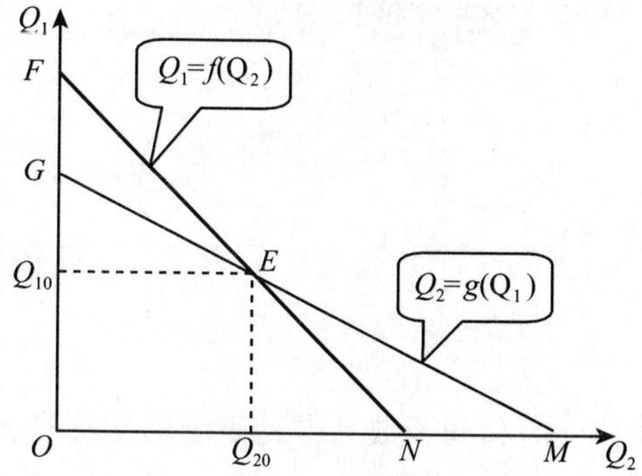

图 7.21　古诺均衡

用同样的方法，我们可以得到乙厂商的反应函数：

$$Q_2 = 150 - \frac{1}{2}Q_1 \tag{7.16}$$

联立方程式（7.15）、（7.16）求解，便可以得到厂商的均衡产量：

$Q_{10} = Q_{20} = 100$

整个行业的均衡产量为两寡头的均衡产量之和，即

$Q_0 = Q_{10} + Q_{20} = 200$

将其代入市场需求方程，得到市场均衡价格为：

$P = 300 - Q_0 = 300 - 200 = 100$

古诺模型假定两寡头彼此独立，相互竞争，其总产量高于完全垄断厂商的产量，而价格却低于完全垄断厂商的产品价格。但在现实经济中，两厂商也有可能相互勾结，共同控制市场，攫取垄断利润。对此，我们还必须用其他的理论模型来解释。

下面我们以一个具体的例子来说明寡头垄断的古诺解①。假定某商品市场只有两个生产者，厂商 1 和厂商 2，其市场需求函数为 $P = 100 - 0.5(q_1 + q_2)$，且厂商的成本函数分别为，$C_1 = 5q_1$，$C_2 = 0.5q_2^2$。求出古诺情况下，市场的均衡价格，厂商各自的均衡产量和利润。

解：两个厂商各自的利润函数分别为：

$\pi_1 = [100 - 0.5(q_1 + q_2)]q_1 - 5q_1$

$\pi_2 = [100 - 0.5(q_1 + q_2)]q_2 - 0.5q_2^2$

利润最大化的一阶条件分别为：

$$\frac{\partial \pi_1}{\partial q_1} = 100 - 0.5(q_1 + q_2) - 0.5q_1 - 5 = 0$$

$$\frac{\partial \pi_2}{\partial q_2} = 100 - 0.5(q_1 + q_2) - 0.5q_1 - q_2 = 0$$

① 范家骧、刘文忻：《微观经济学》，东北财经大学出版社 2002 年版，第 262 页。

由此可以得到两个厂商各自的反应函数：

$q_1 = 95 - 0.5q_2$

$q_2 = 50 - 0.25q_1$

联合以上两式，解得：

$q_1 = 80$

$q_2 = 30$

分别代入市场需求函数和厂商利润函数，得到市场均衡价格和厂商利润分别为：

$P = 45$，$\pi_1 = 3\,200$，$\pi_2 = 900$

三、斯威齐模型

斯威齐模型是由美国著名经济学家保罗·斯威齐（Paul Sweezy）于 1939 年提出来的，用以解释寡头垄断市场产品价格刚性（Price Rigidity）。完全竞争厂商的需求曲线是一条水平线，需求为完全弹性；完全垄断厂商的需求曲线为一条自左上方向右下方倾斜的曲线；垄断竞争厂商面临两条需求曲线：一条为比例需求曲线，需求弹性较小，另一条为预期需求曲线，需求弹性较大，其需求具有了二重性；而斯威齐认为寡头垄断厂商面临一条弯折的需求曲线（The Kinked Demand Curve）。

斯威齐认为：在产品无差别的寡头垄断市场上，如果某寡头降价，其竞争对手也会争先恐后地降低价格，每个寡头的产销量都不可能大幅度上升；但是他提价，其竞争对手却会保持原价不变，提价的厂商的产销量将大幅度下降，因此，寡头垄断厂商面临一条弯折的需求曲线，如图 7.19 中 DVD'所示。V 点为拐点，V 点以上的 DV 段的斜率大于 V 点以下的 VD'段的斜率。它表明 DV 段的需求价格弹性大于 DV'段的需求价格弹性。也就是说，厂商提高价格，需求弹性较大；厂商降低价格，需求弹性较小。

正因为寡头厂商面临的需求曲线由两段不同弹性的需求曲线所组成，所以，厂商的边际收入曲线为 $RABR'$，其中 RA 对应于需求曲线 DV，BR'对应于需求曲线 VD'。边际收入曲线 MR 在拐点 V 处出现了一个垂直线段 AB。

如图 7.22 所示，当边际成本曲线为 MC_1 时，根据厂商利润最大化原则所确定的均衡价格和产量分别为 P_0 和 Q_0。即使科学技术进步，生产成本有所下降，边际成本曲线从 MC_1 移动到 MC_2，最有利的产量和价格仍然为原有水平。正如在现实经济生活中，某些寡头垄断行业的价格在很长一段时间保持稳定不变，一般不随成本变化。

这一理论模型正好解释了出现于钢铁、汽车等寡头垄断市场的价格刚性问题，曾经一度被西方经济学家认为是分析寡头垄断厂商均衡的一般理论。然而，后来的研究证明其理论的通用性是值得怀疑的。如 1982 年诺贝尔经济学奖得主施蒂格勒（Gcorgc Stigler）研究发现：许多行业不存在弯折需求曲线。由此可见，斯威齐模型在解释价格决定方面仍存在一定的局限性。

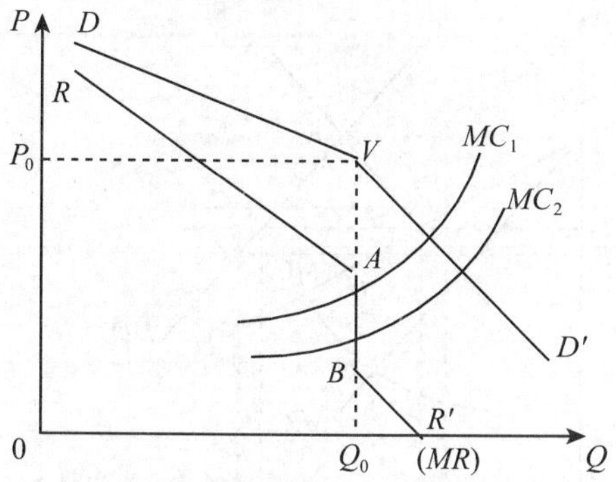

图 7.22　斯威齐模型：价格刚性的解释

四、价格领导制

价格领导制是西方经济学家在经验研究基础上提出来的，解释寡头厂商行为的又一理论假说。所谓价格领导制是指寡头垄断市场的产品价格由一家充当价格领袖的厂商确定，而其他厂商自觉追随效仿的定价方式。它常见于寡头垄断行业，如钢铁、合金冶炼，农机和汽车制造等行业。

价格领导制可以分为两种类型：一种是主导厂商型（Dominant Firm Model），它是指在一个由一家最大规模的厂商和许多小规模厂商所组成的寡头垄断行业中，最大规模厂商实力雄厚，处于统治支配地位，领导并决定整个行业的产品价格，而其他小厂商追随效仿的定价模式；另一种是"晴雨表"厂商型（Barometric Firm Model），它是指在某些寡头垄断行业，决定产品价格的并不是一家最大规模、最有影响的厂商，而是一家管理先进、掌握信息及时全面、对市场供求关系变动反应最敏感的厂商。当产品供过于求，产品库存积压时，该厂商总是率先降低价格，而其他厂商随之降低价格；当市场需求上升，供给不足时，该厂商往往最先提高价格而带动其他厂商提价。西方经济学家把这种厂商叫做晴雨表型厂商（Barometric Firm）。晴雨表型厂商能及时准确反映并传递市场信息，从而起到调整和制定价格的领导作用。

对于主导厂商型定价模式，我们可以用图 7.23 来分析说明。在主导厂商型寡头垄断行业，最大规模的厂商在技术、规模、信誉、成本、销售等诸多方面占绝对优势，处于统治支配地位，而小规模的厂商无力与最大厂商展开价格竞争，只能按照大厂商制定的价格销售自己的全部产品。因此，对小厂商来说价格是既定的，同完全竞争厂商一样。从完全竞争理论我们知道：小厂商依照价格等于边际成本的利润最大化原则确定产量。单个小厂商的供给曲线就是平均可变成本曲线以上部分的边际成本曲线。所有小厂商的供给曲线为全部小厂商边际成本曲线的水平叠加，如图 7.23 中 SS'所示。

对主导厂商来说，它所占的市场份额与整个市场需求和所有小厂商的供给有关。在每一价格下，主导厂商的产品需求量都等于整个市场需求量减去所有小厂商总供给量后的余额。由此我们可以推导出主导厂商的需求曲线 P_0U，如图 7.23 所示。

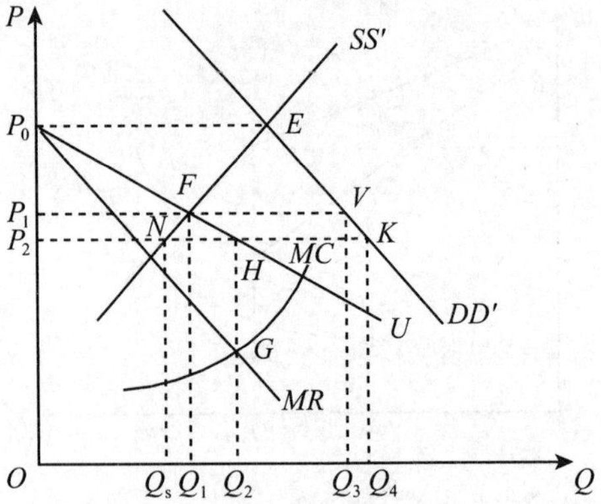

图 7.23　主导厂商定价模型

在图 7.23 中，市场需求曲线 DD' 与所有小厂商的供给曲线 SS' 相交于 E 点，对应于 E 点的价格为 P_0。当市场价格为 P_0 时，所有小厂商总供给量等于整个市场的需求量，因而主导厂商的产销量为零，如图 7.23 中 P_0 点所示。当市场价格为 P_1 时，全部小厂商的供给量为 Q_1，市场需求总量为 Q_3。主导厂商的供给量（即为买者对其产品的需求量）也为 Q_1（$=Q_3-Q_1$），即 $P_1F=FV$。这说明 F 点就是主导厂商的需求曲线上的一点。连接 P_0 点和 F 点的直线 P_0U 便是主导厂商的需求曲线。根据主导厂商的需求曲线，我们可以作出对应的边际收入曲线 MR，即直线 P_0G。

假设主导厂商边际成本曲线为 MC。根据均衡原则，主导厂商的均衡产量为 MR 曲线与 MC 曲线的交点 G 所确定的产量 Q_2。过 G 点向上作垂线，与主导厂商的需求曲线相交于 H 点，对应于 H 点的价格 P_2 为主导厂商的均衡价格。其他小厂商则遵循这一价格，并根据价格 P_2 组织安排生产，满足剩余的市场需求 $HK=Q_4-Q_2=P_2K-P_2H=P_2N=Q_s$。

从上面的分析我们可以知道，价格领导制实质上是寡头垄断厂商之间达成的一种默契，无论以何种形式出现，其目的都是为了避免价格竞争。寡头厂商一般多采用非价格竞争手段来争取更大的市场份额和更高的利润水平，如改进服务态度、提高产品质量、扩大广告宣传等。

有时，寡头厂商为了避免价格竞争，自觉结成价格联盟，形成卡特尔（Cartel）组织（如 OPEC、IBA 等国际垄断组织），共同垄断市场，控制或左右市场价格。

在分析寡头厂商的行为时，除了采用传统的均衡分析方法之外，我们还可以运用博弈论来分析说明寡头垄断厂商之间的相互依存关系。有关博弈理论的知识留待后面介绍，在此从略。

第四节　各类市场比较

通过前面几节对完全竞争、完全垄断、垄断竞争和寡头垄断四种基本市场的研究，我们对这四种基本市场各自的基本特点、均衡条件、均衡价格和均衡产量的决定及其效率等都有所了解。一般来说，完全竞争市场经济效率最高，垄断竞争其次，寡头垄断较低，完全垄断最低。但在产品多样化、技术进步等方面，其他几种市场形式又有一定的优势。下面，我们将从需求曲线、垄断力度和经济效率等三个方面对这个四类市场进行对比分析。

1. 需求曲线。厂商所面临的市场需求曲线，集中体现了该市场的基本特征，包括市场内厂商数目、商品质量、厂商进入市场的难易程度，以及厂商对市场价格的影响能力，等等。

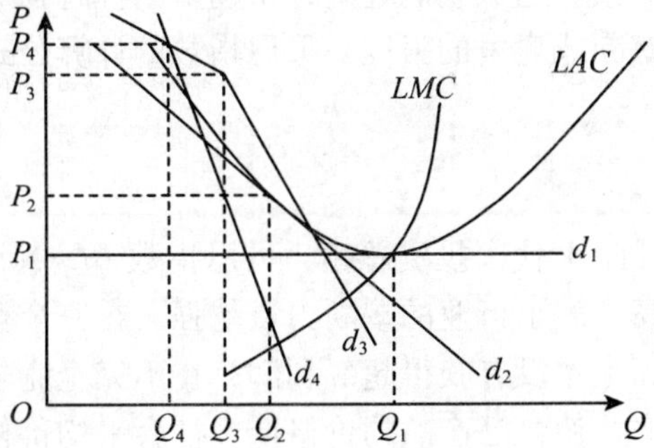

图 7.24　各类市场中厂商的长期需求曲线

图 7.24 描绘了四类市场上厂商面临的市场需求曲线。d_1、d_2、d_3、d_4 分别代表完全竞争厂商、垄断竞争厂商、寡头厂商和完全垄断厂商面临的市场需求曲线。显然，完全垄断厂商的需求曲线 d_4 最陡，寡头厂商其次，垄断竞争厂商则比较平坦，而完全竞争厂商的需求曲线则是一条水平线。一般来说，需求曲线的斜率（绝对值）与市场的垄断程度呈正相关，垄断程度越高，斜率越大，需求曲线也就表现为越陡，反映了厂商对价格影响能力也越大。

2. 垄断力度（Monopoly Power）。当非完全竞争厂商在一定程度上控制和操纵市场价格，并通过制定高于边际成本的价格获得利润时，该市场就存在垄断。在对垄断力度的测定进行定量分析时，常见的指标包括勒纳指数、贝恩指数、赫芬达尔指数等。下面我们逐一简单介绍如何使用各种指数来测定市场的垄断力度。

（1）勒纳指数（Lerner index），是由美国经济学家阿巴·勒纳（Abba. Lerner）在 1934 年首先提出的。该指数等于价格超出边际成本的部分占价格的比例。用 L 表示垄断势力，则计算公式如下：

$$L=\frac{P-MC}{P} \tag{7.17}$$

式（7.17）计算的 L 值越大，意味着垄断势力越大；反之，L 值越小，垄断势力越弱。根据厂商利润最大化的条件 $MR=MC$ 和垄断市场边际收益与需求价格弹性之间的关系 $MR=P\left(1-\frac{1}{E_{dp}}\right)$，可以得出如下公式：

$$L=\frac{P-MC}{P}=\frac{1}{E_{dp}} \tag{7.18}$$

从式（7.18）可知，垄断势力等于需求价格弹性的倒数，与需求价格弹性成反比。它表明需求价格弹性越大，垄断势力越小；需求价格弹性越小，垄断势力越大。不同垄断行业的产品需求价格弹性不同，厂商的垄断势力也相去甚远。由图 7.24，显然可知，完全垄断厂商的需求价格弹性最小，寡头垄断其次，垄断竞争较大，这就表明，完全垄断厂商的垄断力度最大，寡头垄断其次，垄断竞争较小，而完全竞争厂商则没有垄断。

（2）贝恩指数（Bain Index），是由现代产业组织理论的先驱之一乔・S・贝恩所提出。它主要通过考察利润来确立垄断力度的大小。贝恩指出，在一个市场中，若持续存在超额利润，一般就反映了垄断的因素。超额利润越高，市场垄断性越强。因此，贝恩通过对企业超额利润的衡量来判断市场垄断或竞争的强度。贝恩指数的计算公式为：

$$BI = \frac{\pi_e}{V} \tag{7.19}$$

其中，π_e 代表超额利润，V 代表投资总额，贝恩指数 BI 实际上代表的是行业的超额利润率。显然，贝恩指数越高，表示行业的垄断力量越强。在完全竞争条件下，市场实现长期均衡时经济利润为零，厂商根本没有获得超额利润；在不完全竞争市场，个别厂商率先采用先进技术，提高劳动生产率，使自己产品的价格低于社会平均价格，从而获得超额利润。

（3）赫芬达尔指数（Herfindahl Index），是从市场集中度的角度衡量垄断力度的重要指数。一般来说，市场越集中，垄断的可能性和垄断力度都越大。赫芬达尔指数是衡量产业集中状况的重要综合指标，它等于某行业内所有厂商的市场份额的平方和：

$$H = \sum_{i=1}^{n} S_i^2 \tag{7.20}$$

其中，H 为赫芬达尔指数，S_i 代表第 i 个厂商的市场份额。若市场份额按 0 到 100 的百分比值计算，H 值范围则从最小到 10 000。H 指数越大，说明市场集中度越高，此时，垄断力度也越大；反之，H 指数越小，市场集中度越低，则垄断力度也较小。从完全竞争市场、垄断竞争市场、寡头垄断市场到完全垄断市场，厂商的个数逐渐减少，相应地，单个厂商市场份额也逐渐提高，市场集中度更高，垄断力度也在相应提高。

3. 经济效率①。经济效率是指资源配置的优劣情况。经济效率高表示资源利用充分，经济效率低表示资源利用不充分。一般而言，市场竞争程度越高，经济效率就越高；市场垄断程度越高，经济效率就越低。故此，在长期均衡条件下有这样一个结论：完全竞争市场效率最高，垄断竞争市场较高，寡头垄断市场较低，而完全垄断市场则最低。

在这里，我们主要介绍两个对于经济效率的判断条件。首先，在长期均衡条件下，价格是否等于长期平均成本。如果 $P = LAC$，表示厂商现有的生产规模得到了充分利用；如果 $P > LAC$，则表示厂商的生产规模没有充分利用。如图 7.24 所示，完全竞争厂商在长期均衡时，水平的需求曲线相切于 LAC 曲线的最低点，满足 $P = LAC$，说明此时厂商的生产规模得到了充分利用，厂商长期利润为零，均衡价格最低，均衡产量很高。垄断竞争厂商在长期均衡时，向下方倾斜，且相对比较平坦的主观需求曲线相切于 LAC 曲线的左边，同样满足 $P = LAC$ 的条件，厂商的长期利润也为零，且均衡价格较低，均衡产量较高。而寡头厂商和完全

① 范家骧、刘文忻：《微观经济学》，东北财经大学出版社 2002 年版，第 272 页。

垄断厂商在长期均衡时，都是 $P>LAC$，存在不为零的长期利润，因此它们都没有充分利用生产规模，且两者相比，完全垄断厂商的均衡价格更高，均衡产量则更低。

另一个判断经济效率的条件是：在长期均衡条件下，价格是否等于长期边际成本。商品的价格 P 通常被看成是商品的边际社会价值，商品的长期边际成本 LMC 通常被看成是边际社会成本。如果 $P=LMC$，表示商品的社会边际价值等于商品的社会边际成本，说明资源充分利用，得到了最有效的配置；如果 $P>LMC$，表示商品的社会边际价值大于商品的社会边际成本，这意味着厂商扩大生产对增加社会福利是有利的，或者说相对于消费者的需求而言，厂商目前的供给是不足的。在这种情况下，社会资源没有得到最优配置，经济是没有效率的，而且 P 与 LMC 之间的差距越大，经济无效率的程度也就高。如图 7.24 所示，长期均衡时，完全竞争市场满足 $P=LMC$ 的条件，而垄断竞争市场、寡头垄断市场和完全垄断市场均是 $P>LMC$。至于 P 与 LMC 之间的差距，完全垄断市场最大，寡头垄断市场其次，垄断竞争市场最小。显然，依据这个条件，完全竞争市场效率最高，垄断竞争其次，寡头垄断较低，完全垄断最低。

尽管以上的分析得出了垄断无效率这样一个结论，但对于垄断是否真的“一无是处”这个问题，经济学家们又有不同的观点。这主要涉及以下几个方面：

垄断与规模经济。有些行业在客观上要求大规模的生长，如钢铁、汽车、石油炼制等，这些行业只有大规模的生产，才能获得规模经济的好处。一般来说，垄断厂商都是大型企业，基本存在规模经济，因而价格和成本都较低；而完全竞争厂商则往往是小型企业，缺乏规模经济，因而价格和成本都较高。

表 7.1　　　　长期均衡时各类市场比较

市场类型	完全竞争	垄断竞争	寡头垄断	完全垄断
需求曲线	水平	略斜	较斜	最斜
均衡价格	最低	较低	较高	最高
均衡产量	最大	较大	较小	最小
长期利润	无	无	有	有
经济效率	最高	较高	较小	最小
规模经济	缺乏	存在	存在	存在
技术进步	较快	最快	较慢	最慢

垄断与技术进步。一般认为，垄断厂商可以通过垄断力量获得长期利润，从而缺乏技术创新的动力，甚至还有可能为了防止潜在的竞争对手利用新技术或新产品威胁自己的垄断地位，而通过各种方式具结和压制技术进步。但事实上，大部分垄断厂商往往在研发部门投入大量的人力和财力，以鼓励技术进步。一方面是因为垄断拥有高额的长期利润，因此有条件进行技术创新。另一方面，垄断厂商为了长期保持自己的垄断地位，必须在技术上领先于其他厂商。

垄断与产品的差异。在垄断竞争中，我们已经提到，多样化的商品可以给消费者带来非常大的利益，这是因为多样化的产品使得消费者有更多的选择自由，可以满足他们不同的偏好。而在完全竞争市场条件下，所有厂商的商品都是完全相同的，消费者没有选择的可能，这样也就无法满足消费者的各种偏好。

案例 1 天下是否有“免费午餐”

在湖南长沙城南有一口水井，名曰：“白沙井”，其水质甘甜，清莹如镜，并含有多种微量元素，当属天然矿泉水。据说常饮此井水可以保健身心，延年益寿。据井边的碑文记载，该井有几百年历史，老百姓到此取水，从不收费，实乃“免费午餐”。据说新中国成立前因长沙城区狭小，此井位于当时的城区之外，故有贩夫在此取水运至城区销售。但新中国成立后长沙城区扩大至白沙井所在区域，此井现在位于一条繁华街道旁，交通十分便利，居民们可自己骑车到此取水。贩夫们发现做此生意无钱可赚了，于是井水就逐渐变成了无价的“免费午餐”，即使此井水稀缺之物，并且交通便利使其供给成本接近于零。但若商家购下其产权，然后垄断销售，或者直接由政府垄断销售，按理论说也不会是无价之物！同为长沙一景的岳麓山，也属天赐之物，游人上山游览的边际成本也接近于零，但为何进山却要买票？为何政府会作为一个垄断者，将岳麓山的美景圈起来进行有价经营，而没有将白沙井也圈起来进行有价经营呢？

分析：

垄断厂商的需求曲线是向右下方倾斜的，其边际收益曲线在需求曲线的下方。垄断厂商的利润最大化产量水平由边际收益曲线与边际成本曲线的交点决定。现在，假定白沙井井水和岳麓山游览的边际成本都为零，因此，根据 $MR=MC$，利润最大化时，$MR=MC=0$。

岳麓山景色与白沙井井水的最大不用在于它们各自的可替代物是不同的。岳麓山的美景天下独一无二，虽说自然美景各处都有，但各自然景观的特点是不一样的。观赏自然风光的游客们所要欣赏的正是这种不同之处。因此这就决定了岳麓山景色的需求曲线较陡，从而当 $MR=MC=0$ 时，垄断者可以得到较高的价格 P_1（见图 1）。

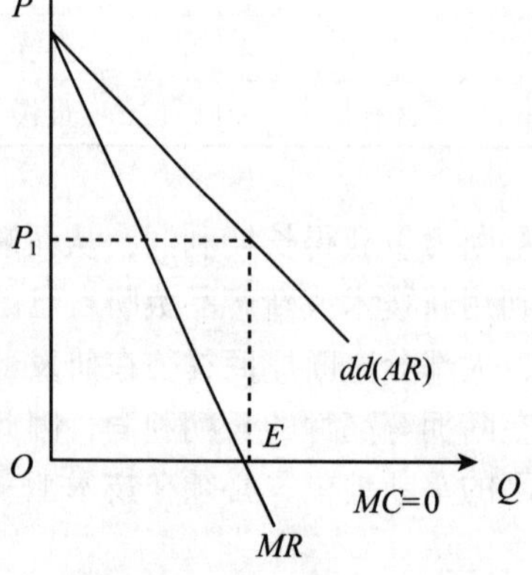

图 1　岳麓山景色的均衡价格

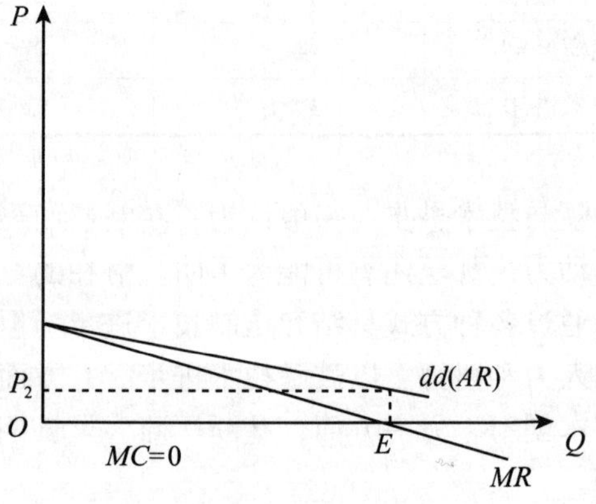

图 2　白沙井井水的均衡价格

虽说白沙井井水味道甘美，但饮水者很难区分与矿泉水的不同之处，加之人们对矿泉水与一般自来水的区分不是太在行，所以，白沙井井水的需求曲线非常平缓，这样，白沙井井水的垄断者的边际收益曲线尽管位于需求曲线的下方，但与需求曲线的距离非常近。几乎与需求曲线重合在一起。当 $MR = MC = 0$ 时，白沙井的垄断者只能得到接近于零的价格 P_2（见图 2）。况且，这种经营虽然边际成本接近于零，但其固定成本（如管理人员的薪酬等）总是大于零的，这样任何垄断经营白沙井井水的生意都是亏本的。所以，没有厂商或政府愿意垄断白沙井的产权经营进行商业经营，故而在长沙出现了白沙井井水任由公众自由索取的“免费午餐”现象。通过此案例我们进一步了解垄断厂商实施垄断的重要条件之一是其产品应该是没有想尽替代品的独特产品。

资料来源：陈建萍：《微观经济学——原理、案例与应用》，人民大学出版社 2006 年版，第 266 页。

案例 2　民营航空惨遭八大航空公司封杀的“鲶鱼效应”

武汉的东星航空公司是华中地区第一家、国内第四家民营航空公司，2006 年 5 月 19 日刚刚实现首飞，然而，就在东星航空开张大吉的时候，它却突然遭遇到一场冷战：八大航空公司联合封杀东星，对机票代理商出台了四条禁令，禁售东星航空的机票；东星航空公司的售票系统也被屏蔽，东星不仅查不了它们的信息，订不了它的票，更无法销售他们的票。东星公司被指责为“与所有武汉的航空公司为敌”。

显而易见，所谓“与所有武汉的航空公司为敌”，也就是“与消费者为善”，相对低廉的价格触犯了国有航空公司的既得利益，这才欲将其扼杀于摇篮之中。虽然东星公司规模相对较小，但对垄断利益来说，任何细微的触犯都是罪无可赦的大不敬，几乎每一家民营航空公司开张，都要遭遇类似的下马威。

其实也不仅航空业如此，但凡被垄断利益操纵的行业，圈外试图使用价格优势参与分羹者，都不会有好果子吃。比如，走平价路线的民营医院，生存异常艰难；民营医院要想在公立医院把持的市场上站稳脚跟，只能像某些“送子医院”那样向大佬们学习走“抢劫路线”。留给民营航空公司去选择的，实际上也只有两条路：“不识相的”继续在低价路线上痛并亏损着；“识相的”加入高价阵营，吃一口算一口。

由几家国有航空公司在高价位把持的航空市场犹如一潭死水，竞争的虚伪化让消费者没有选择的机会，机票自然也就没有降价的可能，不频繁涨价消费者已经阿弥陀佛了；以低价姿态进入市场的民营航空公司，正是这潭死水的搅局者，让消费者不仅真实看到了过去被秘而不宣的巨大利润空间，也真实看到了降价的可能。正因为如此，民营航空的起飞，被消费者寄予了深厚的“鲶鱼期待”：通过好动的鲶鱼让喜静的沙丁鱼活动起来。

事实证明，这样的“鲶鱼效应”在一个垄断市场上是很难真正得以发挥的。因为，鲶鱼如果想不被沙丁鱼驱逐或扼杀，只能妥协加入到沙丁鱼的队伍里，是强势的沙丁鱼改变了弱势的鲶鱼，而不是弱势的鲶鱼改变强势的沙丁鱼。让鲶鱼最终在垄断市场站稳脚跟的身份，不是不合作的搅局者，而只是合作的分羹者。“东星风波”的结果是，在湖北省民航安全监察办公室的牵线搭桥下，东星与八家航空公司达成和解。此中“和解”二字深意，尽人可知。

当然，真正扼杀鲶鱼的其实不是沙丁鱼，如果渔夫能够维持一个公正有序的市场竞争环境的话。鲶鱼加入竞争，必然做好了挑战沙丁鱼的准备；它没做好准备的，是挑战沙丁鱼背后的游戏规则以及掌司游戏规则的裁判——沙丁鱼的“近亲”。“东星风波”明显是一起违背市场竞争基本公平原则的行为，已经涉嫌违法。可是作为主管者的湖北民航部门，只是促成“和解”，却根本不欲追究违法者的责任；违法者的违法成本几乎为零，这才形成“破窗效应”，“联合封杀”之类的下马威不断，市场经济的基本原则被戳得千疮百孔。

分析：

我国民航业一直是高度集中、政企合一的行业。垄断形成的原因有两大方面：一是民航业因客观技术条件需要大规模的固定资本设备投资，相应地只有进行大规模经营，才能通过规模经济将生产成本降低到可以营利的水平。故此我国民航业的垄断具备自然垄断的特征。二是我国对民航票价实行严格控制，同时由中国航空油料总公司完全垄断油源和全国机场的储供油设施，实行高出国外市场50% ~100 %的垄断价格。故此我国民航业的垄断又是一种行政垄断。

民航业垄断的双重特征使对民航业现存问题的分析变得复杂。一方面，垄断维持了民航业内竞争的稳定性，也从某种程度上保证了民航业的运营。另一方面，垄断又使中国民航业的成本居高不下，为了转嫁成本和获取垄断利润，几家大的航空公司通过价格联盟等横向垄断，在进行价格歧视的同时，还凭借其垄断地位向消费者索取不合理的价格，损害了消费者的利益。同时，严格的行政审批使民航业的进入壁垒和退出壁垒非常高，新的航空公司加入，除了具备足够的资金、技术和效率要求外，还要通过国家的层层审批；而航空公司经营定期航班运输的航线，暂停、终止经营航线，也需要经民航总局批准。目前，存在于民航业的发展中的种种问题，严重违背市场原则，不仅有悖于社会福利最大化，而且更会影响民航业的继续发展。

资料来源：http：//review. wswire. com/htmlnews/2006/06/01/694695. htm。

[关键概念]

完全垄断　寡头垄断　垄断竞争　自然垄断　价格歧视　垄断势力　加成定价法　双头垄断　纯粹寡头垄断　差别寡头垄断　价格领袖制　一级价格歧视　二级价格歧视　三级价格歧视

[复 习 题]

1. 完全竞争厂商和垄断场上的需求曲线和边际收入曲线的形状有何区别？
2. 垄断形成的主要原因有哪些？
3. 试比较完全垄断市场和完全竞争市场的资源配置效率。
4. 完全垄断市场为什么要实行价格歧视？
5. 为什么寡头垄断市场产品价格具有一定的刚性？
6. 寡头垄断和垄断竞争有何区别和联系？
7. 试比较不同市场组织的经济效率。

［补充阅读材料］

1. 张维迎：《博弈论与信息经济学》，上海人民出版社 1996 年版。

2. ［美］平狄克·鲁宾费尔德：《微观经济学》（第五版），清华大学出版社 2001 年版。

3. ［英］张伯伦：《垄断竞争理论》，三联书店 1958 年版。

4. ［美］罗伯特·E·霍尔，马克·利伯曼：《微观经济学原理与应用》，赵伟译，东北财经大学出版社 2004 年版。

5. ［美］曼昆：《经济学原理微观经济学分册》，梁小民译，北京大学出版社 2006 年版。

6. ［美］瓦尔特·尼科尔森：《微观经济理论》，朱宝宪，宁向东译，中国经济出版社 1998 年版。

7. ［美］罗杰·A·阿诺德：《经济学》（第 5 版），中信出版社 2004 年版。

8. 李健，唐五湘：《微观经济学》，机械工业出版社 2001 年版。

9. 范家骧，刘文忻：《微观经济学》，东北财经大学出版社 2002 年版。

10. 吴易风，刘凤良，吴汉洪：《西方经济学》，中国人民大学出版社 1998 年版。

11. 李洋：《西方经济学》，四川大学出版社 2002 年版。

12. 陈建萍：《微观经济学——原理、案例与应用》，人民大学出版社 2006 年版，第 266 页。

第八章

博 弈 论

【学习目的和要求】

本章的学习目的和要求是了解博弈论的基本概念、基本类型和博弈中参与人决策的基本原则，同时掌握非合作博弈的四种情形：完全信息静态博弈、完全信息动态博弈、不完全信息静态博弈和不完全信息动态博弈。在此基础上，对博弈论的研究内容、方法和框架有一个初步的了解，并能够学会利用相关理论分析现实问题。

【内容提要】

1. 博弈论“是关于策略相互作用的理论”，研究两个或两个以上参加者在对抗性或竞争性局势下如何采取行动，如何做出有利于己方的决策及其均衡问题。博弈论的基本要素包括：参与人、策略和支付。

2. 根据博弈者选择的策略，博弈论主要分为合作博弈和非合作博弈；根据支付结构的不同，博弈可以分为常和博弈与变和博弈；根据参与人行动的先后顺序，可以将博弈分成静态博弈与动态博弈；根据参与人对其他参与人的了解程度，可以将博弈分成完全信息博弈和不完全信息博弈。

3. 最小最大原则要求局中人从可能的最小收益策略中选择出收益最大的策略，即从最小收益中实现最大收益，其合理性表现为不管对方采取何种策略，局中人至少可以获得这个最小值之中的最大值。

4. 在一些特殊的博弈中，一个参与人的最优策略可能并不依赖于其他参与人的策略选择，即不论其他参与人选择什么策略，其最优策略是唯一的，这样的最优策略被称为占优策略。

5. 纳什均衡是指这样一种均衡，博弈中的每个参与人都确信，在给定其他参与人策略给定的情况下，他选择了最优策略。

6. 子博弈精炼纳什均衡是纳什均衡概念的第一个重要改进，其目的是把动态博弈中的“合理纳什均衡”和“不合理的纳什均衡”区分开。

7. 重复博弈是一种特殊的动态博弈，指同样结构的博弈重复多次，而参与人在重复出现的相同环境中做出决策，其中的每次博弈也被称为阶段博弈，但是，重复博弈不是一次阶段博弈的简单重复。

8. 先动优势是指在博弈中首先做出选择并采取相应行动的参与人可以获得较多的利益。

9. 不完全信息博弈是指博弈参与人对其他参与人的信息不充分、不完全。不完全信息博弈分为不完全信息静态博弈和不完全信息动态博弈。

第一节 博弈问题概述

一、博弈论及其基本概念

博弈也叫做对策，译自英文的Game，字面意义可理解为游戏。博弈论“是关于策略相互作用的理论”，研究两个或两个以上参加者在对抗性或竞争性局势下如何采取行动，如何作出有利于己方的决策及其均衡问题。博弈论提供了一种研究人类理性行为的通用方法，运用这些方法可以更为清晰完整地分析各种社会力量冲突和合作的形势，具体分析人与人之间在利益相互制约下理性主体的策略选择行为及相应结局，其研究对象现在已扩展到人类生活的各个方面：政治、经济、军事、外交、犯罪、心理和生物演化等领域，它促进了包括经济学在内的各类社会科学的定量化和精细化。

严格地讲，博弈论是一种方法论，或者说是数学的一个分支，而不是一个经济学分支。博弈论在20世纪50年代由数学家约翰·冯·诺依曼和经济学家奥斯卡·摩根斯坦引入经济学，目前已经成为经济学的主要工具之一。博弈论能够与经济学很好地结合，主要是因为两者的研究模式相同，两者都强调个人理性，强调个人在服从既定约束下追求效用最大化。具体来说，随着经济研究的深入，经济学家发现信息对社会经济主体的行为有重要影响，因而信息问题成为经济学关注的焦点；另外，决策有一个时序问题，也就是说，当某个人做出决策时，他必须对在他决策的前后其他人决策有所考虑，他的决策受到他之前其他人决策的影响，而他的决策又影响他之后的其他人的决策和行为，于是，时序问题在经济学研究中变得极为重要。而博弈论正好为信息问题和时序问题提供了有力的研究工具。

在前面几章的分析中，除了寡头市场外，消费者和企业的最优决策是在简单环境下进行的，没有考虑各经济主体之间决策的相互影响。无论是消费者的个人效用，还是厂商的利润函数，都只依赖于他自己的选择，而与其他人的选择无关。各经济主体在决策时面临的似乎是一个非人格化的东西，经济主体既不需要考虑他人的选择对自己选择的影响，也无须考虑自己的选择对他人的影响。

而博弈论研究人与人之间相互“斗智”的形式和后果。由于人与人之间利益存在不一致的情况出现于几乎所有的人类活动中，各方一般只能控制部分局势或变量，有时也不排除部分参加者之间有所合作，各经济主体的最终目的是通过自己的选择以期实现一个对己方有利的结局。当人们的利益存在冲突时，每个人所获得的利益不仅取决于自己所采取的行动，也取决于其他人采取的行动或者对自己行动的反应，即某一经济主体的决策既受到其他经济主体决策的影响，而且该经济主体的相应决策又反过来影响到其他经济主体的决策。博弈论描述在这种形势下各方理性地选择自己的行动所实现的结果，分析决策各决策主体的行为发生相互作用时的决策以及这种决策的均衡问题。

博弈论的基本要素包括：参与人、策略和支付。

参与人（Player）也称为局中人，是指博弈中选择行动以最大化自身利益（效用、利润等）的决策主体，局中人可以是自然人，也可以是各种社会组织，如：企业、政府、社团等，博弈论中假定所有局中人都是机智和理性的。

策略（Strategy）是指参与人选择行动的计划或规则，它规定参与人如何对其他人的行动做出反应，即在每种情况下应该如何行动，因而代表着参与者的相机行动方案。而行动是指参与人的决策变量。例如，厂商在相互竞争时降价与不降价就是对应的可能的两个行动；在“锤子、剪刀和布”的游戏中锤子、剪刀和布就是参与人可能采取的行动。而“人不犯我、我不犯人；人若犯我、我必犯人”是一种策略。“犯”与“不犯”是两种不同的行动；策略规定了什么时候选择“犯”和什么时候选择“不犯”。可见，策略与行动是两个不同的概念，策略是行动的规则，而不是行动本身。博弈中参与人的信息对决策有重要影响，而信息（Information）是指参与人在博弈中的知识，特别是有关其他参与人（对手）的特征和行动的知识。在博弈论中，可以用数值表示各局中人从博弈中各自获益多少或相应的效用水平，这个数值称为支付（Payoff）；支付函数是所有参与人策略或行动的函数，是每个参与人真正关心的。博弈均衡是所有参与人的最优策略或行动的组合。

二、博弈的类型

博弈可以根据合作性、局中人的数目、支付结构、博弈的时间结构、策略空间的性质和局中人的信息状况等进行分类。

根据博弈者选择的策略，博弈论主要分为两大类：合作博弈（Cooperative Games）和非合作博弈（Non-Cooperative Games）。如果在一个博弈中，局中人的意愿表示（协议、承诺或威胁）具有完全的约束力并可被强制执行，则该博弈被称为合作博弈，如果意愿表示不可被强制执行，即使博弈者之间可以进行博弈前的磋商和交流，该博弈也是非合作博弈。换言之，如果人们之间的合作可以由博弈之外的其他因素决定，或者说由外生力量保证实施，例如，由法律、不可撤销合同等保证实施，那么就是合作博弈，如果合作只能是通过博弈过程中参与者出于自己利益的考虑来决定是否实施，那么就是非合作博弈。形式上可以把合作博弈看成是非合作博弈的特殊形式，即人们可以在非合作博弈中包括谈判与合作的强制实施过程描述合作的达成和结果。

根据支付结构的不同，博弈可以分为常和博弈（Constant-Sum Game）与变和博弈（Nonconstant-Sum Game）。前者是指局中人的支付总和为一个常数。特别地，当这一常数为零时，该博弈称为零和博弈。任何一个常和博弈可以通过适当的变换而化为一个零和博弈。变和博弈指局中人的支付之和不为常数的博弈。

根据参与人行动的先后顺序，可以将博弈分成静态博弈（Static Game）与动态博弈（Dynamic Game）。静态博弈是指博弈中参与人同时选择行动；或者虽非同时行动，但后行动者并不知道先行动者采取了什么具体的行动。而动态博弈是指参与人的行动有先后顺序，而且后行动者可以观察到先行动者的选择，并据此做出相应的选择。

根据参与人对其他参与人的了解程度，可以将博弈分成完全信息博弈（Games of Complete Information）和不完全信息博弈（Games of Incomplete Information）。完全信息博弈是指：每个参与人对所有其他参与人（对手）的特征、策略和支付函数都有精确了解的情况下所进行的博弈。如果了解得不够精确，或者不是对所有的参与人都有精确的了解，在这种情况下所进行的博弈就是不完全信息博弈。

三、最优策略与最大最小原理

1. "锤子、剪刀和布"游戏与支付矩阵。设两个局中人 A 和局中人 B 玩"锤子、剪刀与布"的游戏，每个局中人有三种选择：锤子、剪刀和布，分别用 1、2 和 3 来表示。参与人一般按照剪刀对应布，布对应锤子，锤子对应剪刀的策略分别选择自己的行动。假定参与人的支付结构为：胜者得 1，负者得 -1，我们用表 8.1 来表示：

表 8.1 "锤子、剪刀和布"游戏

		B		
		1	2	3
A	1	0	1	-1
	2	-1	0	1
	3	1	-1	0

表 8.1 中的元素是参与人 1 应得的支付值，以上表格称为博弈的支付矩阵。

博弈中参与人应该如何行动才能使自己的收益最大化呢？下面我们以一个更一般的两人博弈说明决策的最大最小原理。

2. 最大最小原理。设 2 人博弈的局中人分别为甲和乙，甲有 m 种可选策略 $\{x_1, x_2, x_3, \cdots, x_m\}$，乙有 n 种可选策略 $\{y_1, y_2, y_3, \cdots, y_m\}$，用 f 和 g 分别表示两者的收益函数，由于每个参与人的支付是博弈中所有参与人的策略的函数，记 $f_{ij}=f(x_i, y_j)$，$g_{ij}=g(x_i, y_j)$。两者的支付矩阵分别为：

$$f_{ij} = (f_{ij})_{m\times n} \quad g_{ij} = (g_{ij})_{m\times n} \tag{8.1}$$

当 $f_{ij}+g_{ij}=Constant$（常数）($i=1, 2, 3, \cdots, m$, $j=1, 2, 3, \cdots, n$) 时，该博弈为常和博弈，否则为非常和博弈。

该博弈的支付矩阵如表 8.2：第 行和第一列分别表示参与人的不同行动策略，而其他的有序对表示参与人的支付，其中的第一项和第二项分别表示参与人甲和乙在他们的对应策略下可获得的支付或收益，局中人的目标是选择使自己收益最大化的策略。

表 8.2 两人博弈的支付矩阵

	y_1	y_2	……	y_m
x_1	f_{11}, g_{11}	f_{12}, g_{12}	……	f_{1n}, g_{1n}
x_2	f_{21}, g_{21}	f_{22}, g_{22}	……	f_{2n}, g_{2n}
……	……	……	……	……
x_m	f_{m1}, g_{m1}	f_{m2}, g_{m2}	……	f_{mn}, g_{mn}

下面我们来分析局中人如何决策。假定双方彼此了解对方的支付函数，如果甲通过某种方式知道乙采用策略 y_j，甲必然会采取相应的某种策略以使自己的收益最大，即使下式成立：

$$f_{ij} = \max\{f_{1j}, f_{2j}, \cdots, f_{mj}\} \tag{8.2}$$

即对应乙的这一策略，甲会在自己的行动集合中选择一个使自己收益最大的行动方案。

当甲不知道乙会采取何种策略时，甲如何选择呢？由于不同选择带来的收益不同，有可能获得一个比较好的收益，但也可能获得一个比较差的收益，因而参与人选择时面临一定的风险，其风险态度对其决策有重要影响。如果甲是一个风险规避者，那么他将作最坏的打算，找出各种选择时可能出现的最坏的结果（支付最小），然后再在它们中间选择一个最好的结果。

首先，甲要从收益矩阵中找出自己的每一种策略下至少可以获得的收益（也即所能获得的最小收益），即先求解 $\min\{f_{i1}, f_{i2}, f_{i3}, \cdots, f_{in}\}$ $(i = 1, 2, \cdots, m)$；其次从这些最小收益策略中选择出收益最大的策略，即从最小收益中选择最大收益。从支付矩阵来看这个决策过程，即甲首先选出自己支付矩阵的各行的最小收益，然后从最小值中再选出最大值：

$$\max_i \min_j f_{ij} = \max_{1\leqslant i\leqslant m} \min_{1\leqslant j\leqslant n} f_{ij} \tag{8.3}$$

该方法的合理性表现为不管对方采取何种策略，甲至少可以获得这个最小值之中的最大值，因此称之为最小最大原理。

最大最小原理确保某种收益而不是最高的收益，因而是一种在最小利益中求最大利益的原则，可见这种策略相对比较“安全或保守”，参与者想确保他起码能够获得某种数量的收益，所以，参与人按照这种原则所确定的策略也叫做稳妥策略。

对于局中人乙来说，他的决策行为和决策过程与甲一样，只不过乙要考虑自己收益支付g。乙决策的最大最小原理是：先选出的各列的最小支付值，然后从这些最小值中选出最大值：

$$\max_j \min_i g_{ij} = \max_{1\leqslant i\leqslant n} \min_{1\leqslant j\leqslant m} g_{ij} \tag{8.4}$$

那么，局中人甲和乙的稳妥策略能否构成博弈的结果呢？从表 8.3（a）和表 8.3（b）可以得出结论：不一定。

表 8.3（a） 两人博弈的支付矩阵

		乙	
		y_1	y_2
甲	x_1	60，40	60，60
	x_2	20，50	80，60

表 8.3（b） 两人（不确定）博弈的支付矩阵

		乙	
		y_1	y_2
甲	x_1	4，-4	1，-1
	x_2	2，-2	3，-3

对于表8.3（a）的两人博弈来说，我们运用上面的最大最小原理很容易发现（x_1，y_2）是参与人的稳妥策略组合和博弈的均衡结果。如果乙是理性的，他肯定会选 y_2。如果甲相信乙是理性的，则甲必定会选 x_2，最终达到使甲和乙收益最大化的结果（80，60）。但甲的上述决策会面临风险：如果乙是以损害甲为目标，则乙知道甲会选择 x_2 时会故意选 y_1。甲如果估计到这一可能性，则会采取保守的策略：

甲先考虑，如选 x_1，则有 $\min\{60,60\}=60$；如选 x_2，则有 $\min\{20,80\}=20$。甲的选择是从两个坏结果中挑一个相对较好的结果，即：

$\mathrm{Max}\{\min\{60,\ 60\},\ \min\{20,80\}\} = \max\{60,20\} = 60$

因此，甲会选择 x_1。

这时乙便不能以损害甲为目标，他只能选 y_2。这样（x_1，y_2）是博弈的均衡结果。

但是，在表8.3（b）的两人博弈中，对于甲来说 $\max\limits_i \min\limits_j f_{ij} = 2$，而对于乙来说 $\max\limits_j \min\limits_i g_{ij} = -3$。

这说明甲的稳妥策略是 x_2，而乙的稳妥策略是 y_2。但是当甲采取 x_2 时，乙选择 y_2 的收益为 -3，小于选择 y_2 的收益 -2，因而乙要改用策略 y_1。但当乙改用策略 y_1 后，甲选择策略 x_2 的收益为2，小于选择 x_1 的收益4，因而甲也要改选策略 x_1，但当甲选用策略 x_1 后，乙采用策略 y_1 的收益为 -4，小于选择策略 y_2 的收益 -1，于是乙又要改回到 y_2，在乙改回到 y_2 后，甲也要改回到收益最大的策略 x_2，……如此不断循环，可见，博弈的结局是不确定的。

一般来说，要想一个两人博弈具有确定的结局，必须存在组合（x^*，y^*）满足以下条件：

$$f(x^*, y^*) = \max_x f(x, y^*) \tag{8.5}$$

$$g(x^*, y^*) = \max_y g(x^*, y) \tag{8.6}$$

满足以上条件的策略分别 x^*，y^* 为两者的均衡策略，该条件也称为博弈的均衡条件。

第二节 完全信息静态博弈

一、占优策略均衡

一般来说，由于每个参与人的效用（支付）是博弈中所有参与人的策略函数，因而每个参与人的最优策略选择依赖于所有其他参与人的策略选择。但在一些特殊的博弈中，一个参与人的最优策略可能并不依赖于其他参与人的策略选择。换句话说，不论其他参与人选择什么策略，他的最优策略是唯一的，这样的最优策略被称为“占优策略”（Dominant Strategies）。

例子：囚徒困境（Prisoner's Dilemma）

囚徒困境是博弈论中的经典例子，虽然具体的数据不同，但表达的思想基本一致。假定两个合伙作案的犯罪嫌疑人被抓住了，警方手中并没有他们作案的确切证据，因而对这两个犯罪嫌疑人犯罪事实的认定及相应的量刑取决于他们的口供。假定警方对两名犯罪嫌疑人实行隔离审讯，两者无法订立攻守同盟，同时警方明确地分别告诉这两名犯罪嫌疑人，他们面临着以下后果：如果犯罪嫌疑人与其同伙都供认其全部犯罪事实，那么，由于其罪行的严重性，两人各判 8 年徒刑；如果某一犯罪嫌疑人供认其全部犯罪事实，而其同伙抵赖，则供认者坦白从宽，从轻判处 1 年徒刑，而不供认者抗拒从严，从重判处 10 年徒刑。如果两个犯罪嫌疑人都不供认警方所不知道的犯罪事实。那么，根据已经掌握的证据，只能判处他们每人 2 年徒刑。

例子中两个犯罪嫌疑人所面临的后果可以用表 8.4 来表示。表中正数值表示参与人有所得，负数值表示参与人有所失。

表 8.4　　　　　　　　　　　　　　　　囚徒困境

		囚徒 B	
		坦白	抵赖
囚徒 A	坦白	-8，-8	-1，-10
	抵赖	-10，-1	-2，-2

在表 8.4 中，每个犯罪嫌疑人都有两种可供选择的策略：坦白或抵赖。但不论同伙选择什么策略，每个犯罪嫌疑人的最优策略是坦白。以犯罪嫌疑人 A 为例，当犯罪嫌疑人 B 选择坦白时，A 如也选择坦白，则被判处 8 年徒刑，A 如选择抵赖，则将被判处 10 年徒刑，因而 A 选择坦白比选择抵赖好；当犯罪嫌疑人 B 选择抵赖时，A 如选择坦白，则被判处 1 年徒刑，A 如选择抵赖，则将被判处 2 年徒刑，因而 A 选择坦白还是比选择抵赖好。因此，坦白是犯罪嫌疑人 A 的占优策略。对于犯罪嫌疑人 B 来说，坦白同样也是他的占优策略。

在博弈中，如果所有的参与人都有占优策略存在，因而博弈将在所有参与人的占优策略的基础上达到均衡，这种均衡称为占优策略均衡。在表 8.4 中，“A 坦白，B 也坦白”就是占优策略均衡。

应该指出的是，占优策略均衡只要求所有参与人是理性的，而并不要求每个参与人知道其他参与人也是理性的。因为，不论其他参与人是否理性，占优策略总是一个理性参与人的最优选择。

在囚徒困境是博弈中，如果每个犯罪嫌疑人都选择抵赖，则每人将被判处 2 年徒刑。对于两个犯罪嫌疑人来说，这显然比每人判处 8 年徒刑要好。但由于 A、B 两人均从个人角度出发，如果不存在某种约束，他们不可能在“A 和 B 一起抵赖”的基础上达到均衡。

据此，传统观点认为囚徒困境反映了一个令人深思的问题：个人理性与集体理性的冲突。在囚徒困境博弈中，局中人为了自己的利益进行理性选择的结果是双方各被判以 8 年徒刑，然而事实上他们可以得到更好的结局，即双方均不坦白而各自仅判 2 年徒刑。用经济学术语来说，个体理性选择的结果并非帕累托最优，因而不符合集体理性的要求，因为其中存在帕累托改进的机会，因此，传统的观点认为：市场机制这只“看不见的手”并不能通过在人人追求自身利益最大化而实现全社会资源的最优配置。

但是，针对囚徒困境模型，我们也可以对上述观点提出疑问：首先，个体理性与集体非理性的结果是在模型的既定结构（单人牢房或隔离关押、“坚定的警察或检察官”）下出现的。事实上，这种既定的结构或模型假设是一种相对较为苛刻的条件（古今中外犯人之间的相互串供或警匪合谋屡见不鲜）。那么，在囚徒困境模型中施加这些条件是由于概念或方法论方面的约束，还是更深层次上的实质需要呢？其次，在模型的既定条件下，囚徒的个人理性（选择坦白）导致了集体的非理性，即犯罪嫌疑人得到了相对更重或者说是其理应得到的惩罚。从犯罪嫌疑人的角度看，确实存在个体理性与（小）集体理性之间的冲突，但是，我们从更广的范围来分析这一问题，将犯罪的受害者和那些潜在的犯罪者考虑在内，由于犯罪得到了相对更合理的惩罚，一方面满足了被害者的愿望；另一方面对潜在的犯罪行为起到了一定的震慑作用，那么，我们是否可以得出结论，认为在一个更大的集体或整个社会的范围内实现了理性呢？也就是说，个人理性与（小）集体理性的冲突在一定条件下对整个社会有利。

当然，囚徒困境在现实生活中有着广泛的应用。例如，两家寡头企业在选择竞争策略（降价与不降价）的博弈，公共产品的生产、世界大国之间的军备竞赛等。

二、重复剔除的占优策略均衡

在绝大多数博弈中，占优策略均衡是不存在的。尽管如此，在有些博弈中我们仍然可以用占优的逻辑找出均衡，下面以博弈论中一个著名的博弈为例进行具体说明。

例子：智猪博弈（Boxed Pigs）

假定猪圈里有两头猪，大猪和小猪，猪圈的一头有一个猪食槽，另一头安装着一个控制着猪食供应的按钮，按一下按钮，将有 8 个单位的猪食进入猪食槽，供两头猪食用。大猪和小猪有两种策略选择：自己去按按钮，或者等待另一头猪去按按钮。如果某一头猪做出自己去按按钮的选择，它必须付出下列代价：第一，它需要支付相当于 2 个单位猪食的成本；第二，由于按钮远离猪食槽，它将成为猪食槽边的后到者，从而减少能够吃到的猪食数量。具体的博弈支付见表 8.5。

智猪博弈的后果如表 8.6 所示。表中的数字表示不同情况下每头猪所吃到的猪食数量减去按按钮的成本之后的净支付水平。

表 8.5　　按按钮对于吃食量的影响

按按钮的猪	吃到的猪食数量	
	大猪	小猪
大猪	4 单位	4 单位
小猪	7 单位	1 单位
两猪同时	5 单位	3 单位

表 8.6 智猪博弈

		小猪	
		按按钮	等待
大猪	按按钮	3，1	2，4
	等待	7，−1	0，0

表 8.6 表明，在这个博弈中，无论大猪选择什么策略，小猪的占优策略均为等待。而对大猪来说，其最优策略依赖于小猪的选择。如果小猪选择等待，大猪的最优策略是按按钮；如果小猪选择按按钮，则大猪的最优策略是等待。换句话说，大猪没有占优策略。

那么，什么是这一博弈的均衡解呢？假定小猪是理性的，它肯定会选择自己的占优策略——等待。再假定大猪知道小猪是理性的，则大猪会正确地预测到小猪会选择等待，根据小猪的这一选择，大猪选择了在此前提下自己的最优策略——按按钮。在这种情况下大猪和小猪的支付水平分别是 2 单位和 4 单位。这是一个多劳不多得、少劳不少得的均衡。

在寻找智猪博弈的均衡解时，我们所使用的方法可归纳如下：首先找出某一博弈参与人的严格劣策略，将它剔除掉，重新构造一个不包括已剔除策略的新的博弈；其次，继续剔除这个新的博弈中某一参与人的严格劣策略；重复进行这一过程，直到剩下唯一的参与人策略组合为止。这个唯一剩下的参与人策略组合，就是这个博弈的均衡解，称为“重复剔除的占优策略均衡”（Iterated Dominance Equilibrium）。

这里所说的劣策略（Dominated Strategies），是指在其他博弈参与人策略为既定的条件下，某一参与人可能采取的策略中对自己相对不利的策略。严格劣策略（Strictly Dominated Strategies）则是指：无论其他博弈参与人采取什么策略，某一参与人可能采取的策略中对自己相对不利的策略。

在智猪博弈中，我们首先剔除了小猪的严格劣策略“按按钮”。在剔除掉小猪的这一选择后的新的博弈中，小猪只有等待一个策略，而大猪有两个策略可供选择。我们再剔除新博弈中大猪的严格劣策略“等待”，从而达到重复剔除的占优策略均衡。

现实生活中有许多智猪博弈的例子。例如，在股份公司中，股东承担着监督经理的职能，但不同的股东从监督中得到的收益大小不一样。在监督成本相同的情况下，大股东从监督中得到的收益显然多于小股东。因此，股份公司中监督经理的责任往往由大股东承担，小股东则搭大股东的便车。

与前面讨论的占优策略均衡相比，重复剔除的占优策略均衡不仅要求博弈的所有参与人都是理性的，而且要求每个参与人都了解所有的其他参与人均是理性的。在智猪博弈中，如果大猪不能排除小猪按按钮的可能性，按按钮就不一定是大猪的最优选择。

三、纳什均衡

1. 纳什均衡与其他策略均衡的关系。纳什均衡（Nash Equilibrium）是指这样一种均衡，博弈中的每个参与人都确信，在其他参与人策略给定的情况下，他选择了最优策略。纳什均衡的思想其实很简单：博弈的理性结局是这样一种策略组合或状态，每个局中人选择的策略是对其他局中人所选策略的最佳反应，其中每一个局中人均不能因为单方面改变自己的策略而获益。

在囚徒困境博弈中，我们不难验证（坦白，坦白）是纳什均衡，没有人能够因为单方面改变自己的策略而获益。

在这里有必要概述一下纳什均衡与占优策略均衡及重复剔除的占优均衡之间的关系。

（1）每一个占优策略均衡、重复的占优均衡一定是纳什均衡。构成纳什均衡的策略组合一定是在重复剔除严格劣策略过程中无法被剔除的策略组合，占优策略均衡是比纳什均衡更强的一个均衡概念。在占优策略均衡中，无论所有其他参与人选择什么策略，一个参与人的占优策略都是他的最优策略，显然，这一占优策略也必定是所有其他参与人选择某一特定策略时该参与人的最优策略。占优策略均衡要求任何一个参与者对于其他参与者的任何策略来说，其选择的策略是最优的。而在重复剔除的占优策略均衡中，最后剩下的唯一策略组合，一定是在重复剔除严格劣策略过程中无法被剔除的策略组合。因此，重复剔除后的占优策略均衡一定是纳什均衡，占优策略均衡一定是纳什均衡。

（2）纳什均衡一定是在重复剔除严格劣策略过程中没有被剔除掉的策略组合（这一结论不适用于弱劣策略剔除的情形），但是，并非每一个纳什均衡都是占优策略均衡或重复剔除的占优均衡。纳什均衡只要求任何一个参与者在其他参与者的策略选择给定的条件下，其选择的策略是最优的。由于重复剔除严格劣策略并不经常只剩下唯一的战略组合，因而有可能有重复剔除严格劣策略无法剔除的策略组合不是纳什均衡，除非没有被剔除的策略是唯一的。这一点可以从表 8.7 得到说明：该博弈中没有任何策略被剔除，即什么结果都可能出现，但它存在一个纳什均衡（下，右）。

表 8.7　　**纳什均衡**

		乙		
		左	中	右
甲	上	0，4	4，0	5，3
	中	4，0	0，4	5，3
	下	3，5	3，5	6，6

纳什提出均衡概念之后，人们在对纳什均衡基本性质的研究方面做了大量工作，对纳什均衡的存在条件、唯一性和稳定性及其纳什均衡同行为过程的联系等问题得出了一些重要结论。下面我们运用一些例子作简要介绍。

例子：猜左右游戏

小孩之间经常玩一种游戏：一个人将一件物品藏于一只手中，另一个人猜是放于左手还是放于右手，猜中了赢，猜错了输。这种博弈中虽然存在行动上的先后，但由于后者不知道前者的具体选择，所以仍可利用完全信息静态博弈来描述，它可用矩阵形式表示（见表 8.8），在该博弈中不存在以上形式的纯策略纳什均衡。

表 8.8 **猜左右游戏**

		局中人 2	
		猜左	猜右
局中人 1	左	(−1, 1)	(1, −1)
	右	(1, −1)	(−1, 1)

但是，局中人可以通过随机地在各种选择之间进行变换而获得比较高的收益，这种在两个或多个可能的策略之间进行随机选择的策略就是混合策略（Mixed Strategies）。在以上的猜谜游戏中，局中人可以通过随机改变策略将输赢结果颠倒而获益，因而该博弈不存在纯策略纳什均衡，但存在混合策略纳什均衡。

这里我们以猜左右游戏为例，说明有些博弈不存在纯策略纳什均衡，但存在混合策略纳什均衡；而有些博弈既存在纯策略均衡，也存在并非纯策略的混合策略均衡。事实上，存在多个纯策略纳什均衡的博弈中肯定存在着非纯策略的混合策略纳什均衡。

2. 纳什均衡的存在性与唯一性。归结起来，纳什均衡是否一定存在呢？纳什证明了任何有限博弈（参与人数和他们的选择集都是有限的）中，都存在至少一个纳什均衡。纳什均衡的弱点在于，同一个博弈有时会出现多个纳什均衡，即一般情况下不能保证纳什均衡的唯一性；另外，有些纳什均衡并不合理。

下面先以性别战博弈为例分析纳什均衡的多重性问题。

例子：性别战博弈（Battle of the Sexes）。

该性别战博弈的传统表述是一男一女如何安排晚上的娱乐活动，通常是不愿意分开活动的。但对于晚上干什么，男女双方有着各自的偏好：男方喜欢看拳击比赛，女方喜欢看歌剧。不同选择下男女双方的得失见表 8.9。

表 8.9 **性别战**

		女方	
		看拳击	看歌剧
男方	看拳击	3，1	0，0
	看歌剧	0，0	1，3

分析表 8.9 博弈的支付矩阵就会发现，在这个博弈中存在着两个纳什均衡。男女双方或者一起去看拳击，或者一起去看歌剧。但是，如果没有进一步的信息，我们无法确定男女双方在上述博弈中会做出什么选择。这个例子说明，在现实生活中，两种互补的活动应配合，尽管配合的方式可能有多种。

正如以上所显示的，许多博弈中都存在着多个纳什均衡，有时甚至存在着无穷多个纳什均衡。当存在多个纳什均衡时，哪一个纳什均衡会成为局中人理性选择的最终结局呢，这是问题的关键，也是博弈论需要研究的一个重要课题。

纳什均衡是给定其他参与人的策略，任何人没有动力单方面改变自己的策略，也就是说，纳什均衡是局中人的关于博弈结局的一致性预测，这是纳什均衡的意义所在。如果所有局中人预测一个特定的纳什均衡会出现，那么这种均衡就会出现，这时不同参与人之间的预测没有矛盾，不会因为有局中人认为不符合自己的利益要求而出现其他的选择和结果。只有纳什均衡才能使每个局中人均认可这种结局，而且他们均知道其他局中人也认可这种结局。但是，当纳什均衡多于一个时，要所有局中人预测到同一个纳什均衡出现是很困难的，在实际生活中就往往会出现局中人预测不一致，从而最终出现了非纳什均衡的结果。

其实，我们从各种各样现实的博弈中抽象出最基本的组成要素构成参与人行为选择的一般性博弈分析框架，在这一过程中就省略了现实中许多对于博弈结局有实质性影响的其他因素，例如社会文化背景、局中人的习惯与嗜好等。但是，在实际生活中存在的但却被省略掉的这些因素对于参与人的选择具有重要影响。在多重纳什均衡存在时，这些被我们省略或忽视掉的因素有时直接决定博弈最终实现多重纳什均衡里面的某一特定均衡。这些由博弈论理论框架之外的因素形成的纳什均衡被称为聚点均衡（Focal Point）。

现实中有许多聚点均衡的例子。例如，给两个小孩分蛋糕，让他们各自提出自己的要求，规定如果两人的要求出现争执，那么谁也得不到。容易证明其中存在无数个纳什均衡，任何正好分割蛋糕的两人要求都是纳什均衡，博弈论不能解决其中的均衡选择问题。但在实际生活中，两人各得一半就是一个极有可能出现的聚点均衡，至少从表象上看比较公平。而当一大一小两个苹果分给兄弟俩时，哥哥得小的弟弟得大的也是一个极有可能出现的聚焦均衡。在我们上面的性别战博弈里，可能出现的聚点均衡是在某个特定节日（如生日等）照顾相应的参与人；另外夫妻双方一起轮流看歌剧和看拳击也是可能出现的结局（机会均等）。

另外，廉价磋商（Cheap Talk）也是解决纳什均衡多重性的一种方法，它是局中人在博弈开始前进行事前的、通过这种无成本或低成本的事前磋商（沟通信息与谈判），有时确实能够保证某种各方均能接受的纳什均衡出现，但这种方法也不是绝对的。最后，在多次重复一种博弈时，局中人通过对以前博弈的历史和经验的总结与学习，有可能使得某种特定均衡最终出现。

第三节　完全信息动态博弈

一、子博弈精练纳什均衡

在动态博弈中，参与人的行动有先后顺序，而且后行动的参与人在自己行动之前可以观测到先行动者的行动，并选择相应的策略。但是，先行动者也不是完全被动的，先行动者由于拥有后行动者可能选择策略的完全信息，因而先行动者在选择自己的策略时，就可以预先考虑自己的选择对后行动者选择的影响，并采取相应的对策。下面以一个生产选择博弈为例对有关概念进行说明。

例子：生产选择博弈

有 A 和 B 两家公司面对同一个市场生产同样的产品，由于市场容量限制，他们有生产与不生产两种策略，表 8.10 显示了静态条件下双方参与人的得失。

表 8.10　　企业生产博弈（静态）

		B	
		生产	不生产
A	生产	-3，-3	1，0
	不生产	0，1	0，0

现在假定 A 公司是先行动者。在行动之前 A 对竞争者 B 的策略进行了预测：在 A 看来，如果不计得失，B 有四种策略可供选择。

第一，无论 A 是否生产，B 都要生产。

第二，如果 A 生产，B 也生产；如果 A 不生产，B 也不生产。

第三，如果 A 生产，B 就不生产；如果 A 不生产，B 就生产。

第四，无论 A 是否生产，B 必定不生产。

因此，B 的策略可概括为：

{(生产，生产)
(生产，不生产)
(不生产，生产)
(不生产，不生产)

将 B 可能选择的策略与表 8.10 中博弈双方相应选择的得失结合起来，可以得出表 8.11。

表 8.11　　A 对 B 的预测

		策略一	策略二	策略三	策略四
		生产，生产	生产，不生产	不生产，生产	不生产，不生产
A	生产	-3，-3	-3，-3	1，0	1，0
	不生产	0，1	0，0	0，1	0，0

表 8.11 中，B 的每一列策略里，前一个策略与 A 的“上”相结合，后一策略与 A 的“下”相结合。例如，B 的生产与 A 的生产相结合，便有（-3，-3）这一结果；B 的生产与 A 的不生产相结合，就会有（0，1）的结果。

在表 8.11 中，存在着三个纳什均衡，分别是：（生产，{不生产，生产}）、（生产，{不生产，不生产}）和（不生产，{生产，生产}）。在每一个均衡中，给定对方的策略，自己的策略是最优的。前两个均衡的结果是（生产，不生产），即 A 生产，B 不生产；第三个均衡的结果是（不生产，生产），即 A 不生产，B 生产。

子博弈精练纳什均衡（Sub - game Perfect Nash Equilibrium）是纳什均衡概念的第一个重要改进，其目的是把动态博弈中的“合理纳什均衡”和“不合理的纳什均衡”区分开。正如纳什均衡是完全信息静态博弈解的基本概念一样，子博弈精练纳什均衡是完全信息动态博弈解的基本概念。

把表 8.11 中的博弈转化为扩展式博弈，可得到图 8.1。子博弈由三个要素构成：（1）一个决策点（节），如 A 点，该点代表某一个决策者的一个信息集；（2）该点（节）以后的所有的决策点（节）以及（3）在终极点上的支付。显然在图 8.1 中，整个原博弈可看做是一个子博弈，此外，还有两个子博弈：一个是以 B_1 点为始点的子博弈（简称为子博弈 b），另一个是以 B_2 点为始点的子博弈（简称为子博弈 c）。

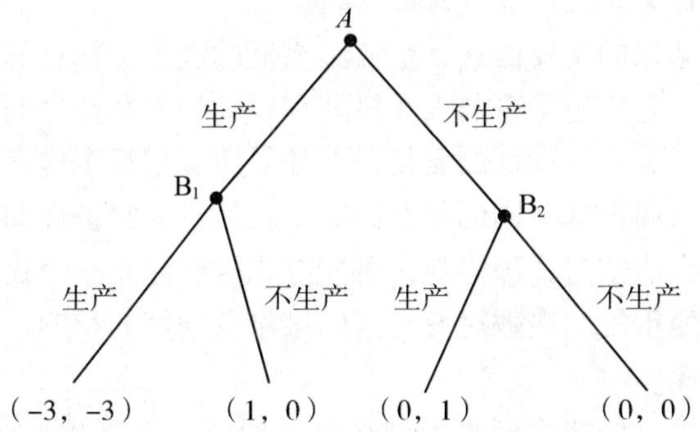

图 8.1　扩展式博弈

子博弈精练纳什均衡需满足以下两个条件：（1）对于整个博弈来说，它是一个纳什均衡；（2）对于任一个子博弈来说，它都是一个纳什均衡。

我们以表 8.11 和图 8.1 为例来说明子博弈精练纳什均衡的概念。上述例子中有三个纳什均衡，究竟哪一个满足子博弈精练纳什均衡的条件呢？在子博弈 b 中，B 的最优选择是不生产；在子博弈 c 中，B 的最优选择是生产。纳什均衡（不生产，{生产，生产}）中 B 的均衡策略 {生产，生产} 在子博弈 c 上构成纳什均衡，但在子博弈 b 上不构成纳什均衡，因此，（不生产，{生产，生产}）不是一个子博弈精练纳什均衡。类似地，纳什均衡（生产，{不生产，不生产}）中 B 的均衡策略 {不生产，不生产} 在子博弈 b 上构成纳什均衡，但子博弈 c 上不构成纳什均衡，因此，（生产，{不生产，不生产}）也不是一个子博弈精练纳什均衡。而在纳什均衡（生产，{不生产，生产}）中，B 的最优策略 {不生产，生产} 无论在子博弈 b 上还是在子博弈 c 上都构成纳什均衡（即如果 A 生产，B 不生产；如果 A 不生产，B 生产），因此，（生产，{不生产，生产}）是这个博弈中唯一的子博弈精练纳什均衡。可以预见，"A 生产 B 不生产"是这个博弈中唯一合理的均衡结果。

就特定情况而言，除了（生产，{不生产，生产}）之外，参与人也可以选择其他策略。在上述两个企业生产博弈中，在 A 选择生产时，无论 B 选择策略三还是策略四（即，无论 A 是否生产，B 必定不生产），其结果——A 生产，B 不生产——都是构成纳什均衡的。而子博弈精练纳什均衡方法所要剔除的，正是这种只在特定情况下是合理的，而在其他情况下不合理的策略组合。

二、重复博弈

以上讨论的动态博弈有一个特点，就是参与人在前一个阶段的选择将决定随后的子博弈的结构。在上述两个企业的生产博弈中，子博弈 b 不同于子博弈 c。当 A 选择了生产后，子博弈 c 就被排除了。这样的动态博弈称为序贯博弈（Sequential Games）。动态博弈中另外一类是所谓的重复博弈（Repeated Games），顾名思义，重复博弈是指同样结构的博弈重复许多次，其中的每次博弈称为阶段博弈（Stage Game）。

影响重复博弈均衡结果的主要因素，是博弈重复的次数和信息的完备性，重复次数对参与人的选择有重要影响，它决定了参与人在短期利益和长期利益之间的权衡。当博弈只进行一次时，每个参与人都只关心一次性的支付；但如果博弈重复多次，参与人可能会为了长远利益而牺牲眼前利益，从而选择不同的均衡策略。就信息的完备性而论，当一个参与人的支付函数还不为其他参与人所知时，该参与人可能有积极性建立一个良好的声誉以换取长远利益。下面我们只讨论博弈重复的次数对参与人的策略及均衡的影响。

例子：产品定价博弈

设两个企业面对同一市场并生产类似的产品，两者都有低价和高价两种策略，表 8.12 显示了这一定价博弈的有关情况。从该表的支付结构不难发现，在一次性的完全信息静态博弈中，两个参与人 A 与 B 均有占优策略，占优策略均衡为双方都定低价。从企业的角度看，（低价，低价）的均衡与前面的囚徒困境中的均衡一样，是一个并不理想的结局，存在着帕累托改进的机会。但是，由于博弈的一次性意味着没有人能够对其他参与人的行为进行奖励或报复，所以最后的均衡不是理想的均衡。

而在动态的重复博弈中，参与人面临的状况则不同，因为所有参与人过去的行为都是观测得到的，因而某一参与人可以通过自己在本阶段博弈中的选择，来回应其他参与人在以前的阶段博弈中的行为，所以存在参与人运用“合作”或“合谋”方式使所有的参与人福利提高的可能性。下面以产品定价博弈为例进行具体说明：如果上一次在阶段博弈中，B 选择了高价，使得也选择了高价的 A 得到了好处，那么 A 可以在本阶段博弈中继续选择高价作为对 B 的奖励。如果在上一次阶段博弈中，B 选择了低价，使得选择了高价的 A 受到了损失，那么 A 可以在本阶段博弈中选择低价作为对 B 的报复。

表 8.12　　产品定价博弈

		B	
		低价	高价
A	低价	24，24	40，8
	高价	8，40	32，32

博弈重复的次数对参与人的选择有什么样的影响呢？下面分析博弈重复次数无限时的情况。

在表 8.12 所举的产品定价博弈中，A 选择合作（高价）时，B 的不同选择会出现两种不同的结果：如果B选择与A合作维持产品高价，则B各阶段所得是（32，32，32，32，…）；如果B选择不与A合作，并在第一阶段通过选择低价使得选择高价的A受到损失，A则在以后各阶段的博弈中选择低价以报复，则B各阶段所得为（40，24，24，24，…）。换句话说，B在第一阶段的博弈中因不与A合作而得到的额外好处，将因为A在以后各阶段所采取的报复性选择而抵消，很明显，重复博弈若干次后，B的不合作行为将导致另外参与方的报复从而得不偿失。

在这里局中人A所采取的策略称为针锋相对策略。按照这种策略，A起初选择合作；但如果B在某一阶段博弈中选择不合作，A将永远选择不合作。A这样做的理由是：选择不合作（低价），他各阶段的所得是24；而选择合作（高价），他各阶段的所得少于24，因为B在某一阶段博弈中的不合作排除了双方合作获得双赢的可能。因此，A有坚持针锋相对策略的积极性。而B为了减少损失，也就只能一直不合作，因为在A报复（低价）的情况下，B只有不合作（B合作或高价的所得低于不合作或低价的支付）。换句话说，针锋相对策略意味着任何一个参与人的一次性不合作将触发永远的不合作。在这种情况下，重复博弈的所有参与人慑于针锋相对策略的严重后果，都会积极地维持合作，因为任何一方从一次不合作中得到的额外的收益不足以弥补以后对方采取不合作策略所造成的损失。

博弈重复次数有限时的情况。如果博弈重复次数有限，意味着存在所有参与人都可以预测到的“最后一次”。在最后的阶段博弈中，如果某一参与人选择了自己的占优策略（或不合作），并给其他参与人造成损失，则其他参与人不可能报复。但是，所有的参与人都是理性的或明白这一点，因而在最后一次阶段博弈中都会选择占优策略——给自己的产品定低价，从而构成与完全信息静态博弈相同的占优策略均衡。所有参与人在最后阶段博弈中都会不约而同地选择低价策略，这意味着无论B在倒数第二阶段——即最后阶段以前的那个阶段——博弈中采取什么策略，A在最后阶段都将采取低价策略。因此，在倒数第二阶段中，B就没有必要因为担心A的报复而采取高价策略。换句话说，在给定最后阶段所有参与人都会选择占优策略的前提下，所有的参与人在倒数第二阶段的博弈中也都会选择占优策略。

由此从博弈的最后阶段开始，逐个阶段进行推理的分析方法叫做逆向归纳法（Backward - induction）。通过以上分析，可以得出以下结论：在阶段博弈有唯一的纳什均衡时，n 次重复博弈的唯一子博弈精练纳什均衡结果，是阶段博弈的纳什均衡重复 n 次。这就是说，每个阶段博弈出现的都是一次性博弈的均衡结果。在这里，阶段博弈纳什均衡的唯一性是以上结论成立一个重要条件。如果纳什均衡不是唯一的，上述结论就不一定成立。

三、动态博弈战略行动

现实生活之中，企业在相互竞争时如何行动才能使企业获得市场优势？企业如何组织潜在竞争者的进入？如何使当前的竞争对手不降价或减少产量甚至离开该行业？如何同自己的竞争对手达成协议？通常应用比较多的方式之一是战略移动（Strategic Move）。它是参与人在动态博弈中为了使得其他参与人的选择对自己更有利而选择的一些行动，参与人选择的这些行动往往影响其他参与人对于自己行为的预期。

参与人以对自己最有利的方式选择某一行动，通过该行动影响其他参与人的选择或其他参与人对这个参与人行动的预期，从而给自己带来一定的优势。一般说来，参与人在采取这样的行动时限制了自己的行为，但同时也限制了其他参与人的行为。通过限制自己的行为获得优势地位，这种想法似乎自相矛盾，其实不然。中国有句谚语：置之死地而后生或破釜沉舟，它们都反映了同样的道理。在前面的性别战中，存在着两个纳什均衡，即两人一起看拳击比赛或看歌剧。男方偏好看拳击比赛，而女方偏好看歌剧。此时男方可以先采取行动，如先买好拳击票，从而使女方因感到“木已成舟”等类似理由而接受两人一起看拳击比赛的选择。

1. 先动优势。先动优势（First - mover Advantage），是指在博弈中首先做出选择并采取相应行动的参与人可以获得较多的利益。以下是产业组织理论中的一个经典例子，我们用它具体说明先动优势。

例子：斯塔克尔伯格（Stackelberg）模型

设有两个完全相同的厂商垄断着某个产品市场，两个厂商的边际成本为0，设市场的反需求函数为：$P=300-Q$，式中 P 为产品价格，Q 为两个厂商的总产量；在均衡状态下，市场需求量等于总供给量，即 $Q=Q_1+Q_2$。假设两厂商的边际成本为零，即 $MC_1=MC_2=0$。与古诺模型不同，我们假定厂商1先决定自己的产量，厂商2能够观察到厂商1的产量，并据此选择自己的产量。因此，这一模型与古诺模型中两个企业有同等的机会对竞争对手的行动做出反应不同，它是一个动态博弈问题，厂商1在决定自己的产量时必须考虑厂商2如何对他的产量做出反应。既然厂商2在厂商1采取行动之后采取行动，我们就要考虑厂商2对厂商1的行动反应。当厂商1选择产量时，厂商2的收益（利润）函数为：

$$TR_2=PQ_2=(30-Q)Q_2=30Q_2-(Q_1+Q_2)Q_2 \tag{8.7}$$

按照利润最大化原则，我们得到厂商2的反应函数为：$Q_2=15-\frac{1}{2}Q_1$

再看厂商1的行动。厂商1知道，当自己选择产量时，厂商2要选择产量 $Q_2=15-\frac{1}{2}Q_1$。于是，厂商1的收益函数为：

$$TR_1=PQ_1=(30-Q)Q_1=30Q_1-(Q_1+Q_2)Q_1 \tag{8.8}$$

厂商1的边际收益为 $15-Q_1$。根据边际成本等于边际收益的原则，对应的厂商1的最优产量为15，而厂商2的最优产量为7.5。这样就得到了该动态博弈的完全均衡（15，7.5）。

很明显，先行动的厂商1的市场占有率是厂商2的市场占有率的2倍，相应的利润也是后者的2倍。这就是先动优势。不难验证，在厂商1先行动选择15的产量后，厂商2选择其他的产量所能够获得的利润一定小于选择7.5所获得的利润。之所以厂商1能够获得比厂商2更多的利润或具有优势，是由于厂商1在厂商2之前先行动，厂商2“容忍”厂商1获取更多的利润或市场占有率也是因为厂商1先行动。

2. 可信威胁与承诺。以上的分析没有考虑后动者的威胁。在斯塔克尔伯格模型中为什么厂商1在先行动时敢于选择比较大的产量呢？或者说，厂商2是否可以向厂商1发出威胁，要求同厂商1一样的产量或分享同等数量的利润呢？我们说厂商2的威胁是不可信的。因为在厂商1先行动的情况下，厂商2选择其他的产量一定会低于选择该均衡产量时的利润。也就是说，厂商 2 威胁所要采取的行动并不能够为他带来更多的收益，相反，会带来一定的损失，因此，我们说厂商 2 的威胁是不可信的。而确实可信的威胁（Credible Threat），是指博弈的参与人通过某种行动改变自己的支付函数，从而使得自己的威胁显得可信。从另外一个意义上说，只有当局中人从实施某一威胁所能够获得的总收益大于不实施该威胁所获得的总收益时，该威胁才是可信的。

承诺（Commitment）也是参与人为改变博弈结果而采取的战略移动。

在两个企业生产博弈例子中，B 如果作出承诺：无论 A 是否生产 B 都要生产，即策略一（生产，生产），它不是子博弈精练纳什均衡，因为存在着如同表 8.10 和表 8.11 所表示的支付函数：在 A 选择生产时，B 选择生产获得的收益小于不生产时的收益。

但是，B 如果在 A 做出选择之前与某一客户签订合同，合同中有如下约定：B 在一定期限内必须向客户交付一定面积的住房，如果 B 不能按时履约，则赔偿客户 5 单位货币。有了这样一个承诺，表 8.10 就变成表 8.13。在完全信息静态博弈下，B 就有了占优策略——生产，因而 B 的第一种策略——无论 A 是否生产，我都要生产——就成为确实可信的威胁。而表 8.11 就变成表 8.14，因而这一博弈的子博弈精练纳什均衡，也就从原来的（生产，{不生产，生产}）变成现在的（不生产，{生产，生产}）。

表 8.13　两企业生产博弈（B 承诺后）

		B	
		生产	不生产
A	生产	-3，-3	1，-5
	不生产	0，1	0，-5

表 8.14　A 对 B 的预测（B 承诺后）

		B			
		生产，生产	生产，不生产	不生产，生产	不生产，不生产
A	生产	-3，-3	-3，-3	1，-5	1，-5
	不生产	0，1	0，-5	0，1	0，-5

特别说明的是，承诺是一种有效的策略，但也是有风险的，它需要参与人对信息和博弈支付结构的准确把握。

第四节　不完全信息博弈

前面介绍的博弈都包含一个基本假设，即完全信息假设。按照这一假设，每个参与人对所有其他参与人（对手）的类型、策略和支付函数都有精确的了解。但是，在许多情况下参与人对其他参与人的了解往往是不够精确的，这种情况下的博弈就是不完全信息博弈。不完全信息博弈分为不完全信息静态博弈和不完全信息动态博弈。

一、不完全信息静态博弈

在不完全信息博弈中，不是所有的人都知道相同的信息，除了公共信息外，还有局中人各自具有自己的私人信息。通常情况下，私人信息决定参与人的特征或类型。不完全信息加大了局中人决策的难度，他们需要对自己不能确知的信息做出主观判断，并在此基础上决定自己的行为。于是在进行策略选择时，局中人需要猜测其他局中人的私有信息，同时也需要猜测其他局中人对自己私有信息的猜测，这种序列猜测可以无限继续下去。

为了解决不完全信息带来的博弈问题，豪尔绍尼引进了一个新的“理想”的参与人——自然（也可以理解为上帝）。自然这一特殊的局中人在所有参与人的策略之间是无差异的（即自然在该博弈中没有自己的个人利益），由自然决定某局中人的类型并只告知该参与人。因而在引入自然这一参与人之后，所有参与人的真实类型都是给定的，其他参与人虽然不知道某一特定参与人的真实类型，但知道该参与人可能出现的概率，而且这种概率是公共知识。这就是豪尔绍尼转换。

豪尔绍尼转换（The Harsanyi Transformation）的关键是把每一个参与人关于其他参与人的所有不确定性归结为一个变量，即参与人的类型。通过豪尔绍尼转换，不完全信息变成了完全但不完美信息博弈。不完全信息包括参与人的能力、努力程度、对某一商品的价值判断、风险偏好的不确定性等；而不完美信息是指其他参与人只知道某一参与人某些方面（类型）的分布概率，但不知道该参与人在这些方面的类型。从另一种意义上说，豪尔绍尼转换是把不确定性条件下的选择转换为风险条件下的选择。在豪尔绍尼转换的基础上，豪尔绍尼提出了贝叶斯纳什均衡（Bayesian Nash Equilibrium）。

我们通过一个产业组织博弈为例来说明不完全信息静态博弈。

例子：市场进入博弈

某一市场原来被A企业所垄断，现在B企业考虑是否进入。B企业知道A企业是否允许它进入取决于A企业阻挠B企业进入所花费的成本，如果阻挠的成本低，那么，正如表8.15后两列所表示的，A企业的占优策略是阻挠，博弈有重复剔除的占优策略均衡（A阻挠，B不进入）。如果阻挠的成本高，那么，正如表8.15前两列所表示的，A企业的占优策略是默许而B进入，博弈有重复剔除的占优策略均衡（A默许，B进入）。但是，一般情况下B企业不知道A企业的阻挠成本是高是低。我们将博弈中某一参与人本人知道、其他参与人不知道的信息称为私人信息，某一参与人所拥有的全部私人信息称为他的类型。在上述例子中，阻挠成本就是A的私人信息，高阻挠成本和低阻挠成本则是对应的A的两种不同类型。

表8.15　　市场进入博弈

		A			
		高成本		低成本	
		默许	阻挠	默许	阻挠
B	进入	50，60	−20，0	30，100	−20，150
	不进入	0，200	0，200	0，500	0，500

显然，在这里B所遇到的是不确定性条件下的选择问题，因为B不知道A的类型（是高还是低）。

在市场进入博弈中，对于挑战者B来说，原垄断者A在阻挠成本方面存在着两种可能性：高成本或低成本。B不知道A的阻挠成本究竟是高是低，但他知道A在这两种不同阻挠成本下会作出的选择，以及不同阻挠成本（类型）的分布概率。假定高成本的概率为x，则低成本的概率为$(1-x)$。如果A的阻挠成本高，A将默许B进入市场；如果A的阻挠成本低，A将阻挠B进入市场。在这两种情况下，如表8.15所示，B进入的支付函数分别是得到50和失去20。因此，B选择进入所得到的期望利润为$50x+(-20)(1-x)$，选择不进入的期望利润为0。简单的计算表明，当A阻挠成本高的概率大于29%时，挑战者B选择进入得到的期望利润大于选择不进入的期望利润。此时，选择进入是B的最优选择。此时的贝叶斯纳什均衡为：挑战者B选择进入，高成本原垄断者选择默许，低成本原垄断者选择阻挠。

二、不完全信息动态博弈

在前面的讨论中，我们分别针对信息的完全性和博弈的时序进行了区分，实际上许多博弈是比较复杂的，既存在不完全信息，而参与人的行动又有先后之分，我们将此类的博弈称为不完全信息动态博弈。

在不完全信息动态博弈中，参与人的信息是不完全的，如前所述，每个局中人知道其他人从可能的类型集合中进行选择或自然决定其类型，但不知道其他参与人真正选择哪一个，但他有一个关于其他人不同类型的先验概率分布，所以，参与人决策时必须考虑所有可能的类型以及相应的概率。同时，博弈的行动次序有先后，后行动者通过观察先行动者的行为，来获得有关先行动者的信息，从而证实或修正自己对先行动者的判断。更进一步，我们还假设参与人调整其信念的方式是按照贝叶斯法则进行的。

贝叶斯法则是概率统计中运用所观察到的现象对有关概率分布的主观判断（即先验概率）进行修正的标准方法。运用以下的贝叶斯公式可以判断在某件事情B发生的情况下事件A发生的概率，其具体形式如下：

$$P(A/B)=\frac{P(A/B)\cdot P(A)}{P(B)} \tag{8.9}$$

下面我们用一国国民与政府的“博弈”来说明贝叶斯法则。

例子：国民与政府的诚信博弈

一般说来，国民根据自己对政府可信度的判断做出决策并调整其社会经济行为，但国民对政府政策的可信度是不一样的。假设一个好的或诚实的政府及其官员是不说假话的，而国民认为一个好的政府其政策是可信的，另外，国民还以为是否说假话作为判断一个政府官员好坏的标准。国民对政府的好坏或其政策的可执行性有一个先念概率，假定各为0.5。我们知道，诚实的政府及其官员是不说假话的，只有不诚实的政府及其官员才讲假话。假如国民发现政府及其官员讲假话，那么国民对其政府及其官员好坏的信念（先念概率）将会出现调整，由原来的0.5变为1。当然，如果政府及其官员在一段时间内讲真话，国民也许不会修正其对政府及其官员的看法，这依赖于政府及其官员讲真话的时间跨度、讲真话的成本或真话的程度以及国民的心态特征，因为一个不诚实的政府可能在一定的时期内也讲真话，如同坏人可能做好事伪装自己是好人一样。这也是在西方国家选民经常质疑政府官员言行的重要原因。

所以，从这个意义上讲，一个国家的政府需要取信于民可能需要一个较长的过程，或者说需要通过国民与政府官员的长期“博弈”来实现，这也是博弈中参与人为什么需要建立良好“声誉”的原因之一。

在不完全信息动态博弈中，参与人依据贝叶斯法则调整自己的信念并选择与之保持一致的策略。在不完全信息静态博弈中，我们通过豪尔绍尼转换，即假定其他参与人知道某一参与人的所属类型的分布概率，从而得出博弈的贝叶斯纳什均衡结果。对应于不完全信息动态博弈的均衡概念是精练贝叶斯均衡（Perfect Bayesian Equilibrium）。精练贝叶斯均衡是完全信息动态博弈的子博弈精练纳什均衡与不完全信息静态均衡的贝叶斯（纳什）均衡的结合。

具体来说，精练贝叶斯均衡是所有参与人策略和信念的一种结合，它满足如下条件：第一，在给定每个参与人有关其他参与人类型的信念的条件下，该参与人的策略选择是最优的。第二，每个参与人关于其他参与人所属类型的信念，是参与人利用贝叶斯法则从所观察到其他参与人的行为中得到的。贝叶斯法则是概率统计中运用所观察到的现象对有关概率分布的主观判断（即先验概率）进行修正的标准方法。

以上分析说明，在不完全信息动态博弈中，参与人可根据观察到其他参与人的行为而修正自己的信念，并相应调整自己的策略选择，所以，参与人通过自己的策略选择可谋求自身的利益最大化，同时，该行为客观上也具有向其他博弈方传递信息的作用。这样，参与人可利用这一机制通过自己的行动向对方传递适当的信息，影响对方的信念和行动而使自己的利益最大化。应该指出的是，传递信息的行为是需要成本的。假如这种行为没有成本，谁都可以效仿，那么，这种行为就达不到传递信息的目的。只有在行为需要相当大的成本，因而别人不敢轻易效仿时，这种行为才能起到传递信息的作用。

例子：产品质量博弈

由于生产厂商与消费者在关于产品质量等方面的信息是不对称的，在两者的博弈中厂商先行动。厂商除了在生产过程中对质量加以控制外，还可以在产品质量已经确定的情况下向消费者传递有关产品质量等方面的信息。但是生产低劣质量产品的厂商也可以采取适当的行动向消费者发送适当的信息谎称自己的产品质量高，所以，高质量的厂商如果想将自己与低质量的厂商区别开来，必须做出低劣质量的厂商无法模仿的行动，如在权威机构的鉴定或权威媒体发布广告，或在商品的维修等售后服务方面做出更有说服力的承诺：免费退货和维修、保修期更长，以至于低质量的厂商这样做的成本太高或根本没有办法做到这一点，从而实现将自己与低质量厂商区别开来的目的。如果高质量的厂商能够通过自己的策略选择实现这一目的，则该均衡是分离均衡（Separating Equilibrium）；如果两者不能区分开来，则最后的均衡就是混合均衡（Pooling Equilibrium）。

从以上分析可知，由于信息的不完全性，因而传递信息需要花费一定的成本，但是，我们不能因此断定不完全信息就一定是坏事。研究表明，在重复次数有限的囚徒困境博弈中，不完全信息可以导致博弈双方的合作。

在本章我们介绍了四个重要的均衡概念，即完全信息博弈中的纳什均衡、完全信息动态博弈中的子博弈精练纳什均衡、不完全信息静态博弈的贝叶斯纳什均衡和不完全信息动态博弈中的精练贝叶斯均衡。

三、小结

表面上看每一类型的博弈都有一个新均衡概念，实际上这些概念之间是密切相关的。随着我们讨论的博弈的复杂程度的增加，如果我们运用简单博弈的均衡概念，就无法区分复杂博弈中不合理或没有意义的均衡，但是随着我们对这些均衡概念的逐渐强化（即施加更强的约束条件），多数情况下可以剔除掉其中的一些不合理或没有意义的均衡。在每一种情况下，较强的均衡概念只在应用于复杂的博弈时才区别于较弱的均衡概念，而对于简单的博弈并没有区别。具体说来，精练贝叶斯纳什均衡在完全信息静态博弈中等同于纳什均衡，而在完全信息动态博弈中等同于子博弈精练纳什均衡。

在子博弈精练纳什均衡强化纳什均衡类似，引入精练贝叶斯均衡的目的是为了进一步强化贝叶斯纳什均衡。因为纳什均衡无法包含威胁和承诺应该是可信的这一思想，所以在完全信息动态博弈中加上了子博弈精练的条件：既是整个博弈的纳什均衡，同时还必须是其中每一个子博弈的纳什均衡。与此类似，贝叶斯纳什均衡存在同样的不足，所以我们局中人的策略要成为精练贝叶斯均衡，则要求他们既是整个博弈的贝叶斯纳什均衡，同时还必须是其中每一个后续子博弈的贝叶斯纳什均衡。

特别值得指出的是，现实世界的博弈大多是信息不完全的动态博弈，我们可以利用贝叶斯法则及精练贝叶斯均衡分析现实生活中许多问题。例如，国内外证券市场上不同程度的虚假信息或“劣质”均衡的出现等问题，选民对政府官员的竞选承诺的可信度问题，化学武器核查、核试验与裁军等。

博弈论是微观经济理论中发展最快的领域之一，它从信息和时序的角度关注理性的人如何实现自己的目标。美国经济学家纳什、德国经济学家泽尔腾和美国经济学家豪尔绍尼由于在博弈论研究上所做出的开创性贡献而共同获得 1994 年的诺贝尔经济学奖；2005 年的诺贝尔经济学家颁发给了以色列经济学家奥曼和美国经济学家谢林，以表彰他们通过博弈论的分析，促进了人们对冲突和合作的理解。本章只是简要介绍了一些基本原理和方法，许多概念和原理只是描述性的，也没有给出严格的数学形式，对此有兴趣的读者可以进一步阅读相关的文献。

[关键概念]

零和博弈　非常和博弈　最大最小原理　纳什均衡　支付　均衡　占优策略　重复博弈　战略移动　可信威胁　豪尔绍尼转换　精练贝叶斯均衡

[复 习 题]

1. 什么是囚徒困境，如何理解个体理性与集体非理性之间的关系？以符号代替囚徒困境中的数字，试导出在何种条件下双人策略型博弈构成一种囚徒困境局势。

2. 构造一个例子说明在博弈中有可能出现如下情况：一个局中人的选择空间越大，他的处境越糟。

3. 考察一种投票博弈：三个局中人，三种选择 A 、B 和 C ，局中人同时投票，不能弃权，得到最多选票的当选，如果没有一个人得到多数，则 A 当选。对应的支付函数如下：

$u_1(A) = u_2(B) = u_3(C) = 2$;

$u_1(B) = u_2(C) = u_3(A) = 1$;

$u_1(C) = u_2(A) = u_3(B) = 0$ 。

试求出这一局势中的所有的纳什均衡。

4. A、B 两家公司属于同一个行业，并都向 D 国出口自己的产品。现在 D 国认为两家公司低价倾销并立案调查，而 A、B 两家公司有应诉与不应诉两种策略，应诉与否取决于它们的应诉成本和收益，那么，A、B 之间的博弈是何种博弈？试构造相应的支付矩阵。

5. 试用博弈论来说明股份公司中大小股东与公司管理层结构之间的关系。

6. 截至目前，中国市场经济秩序还不够健全，许多地方的假冒伪劣商品比较严重，在“严打”之后通常又“死灰复燃”。试从信息传递的角度分析其中各参与方之间的博弈，并说明造成以上局面的原因。

[补充阅读材料]

1. 张维迎：《博弈论与信息经济学》，上海人民出版社 1996 年版。

2. [美] 平狄克·鲁宾费尔德：《微观经济学》（第五版），清华大学出版社 2001 年版。

3. 谢识予：《经济博弈论》（第二版），复旦大学出版社 2002 年版

4. [美] 罗伯特·吉本斯：《博弈论基础》（第一版），高峰译，中国社会科学出版社 1999 年版。

5. [美] 约翰·纳什：《纳什博弈论论文集》，张良桥，王晓刚译，首都经济贸易大学出版社 2000 年版。

6. Kreps，David，A Course in Microeconomics，Princeton University Press. 1990，

7. Kasmusen，Eric，Game and Information：An Introduction to Game Theory，Cambridge：Blackwell Publisher. 1994，

8. [美] 詹姆斯·米勒：《活学活用博弈论：如何利用博弈论在竞争中获胜》，李绍荣译，中国财政经济出版社 2006 年版。

9. [美] 西尔维娅·娜萨：《普林斯顿的幽灵———纳什传》，王尔山译，上海科技教育出版社 2000 年版。

10. 王建华：《对策论》（清华大学应用数学丛书第三卷），清华大学出版社 1986 年版。

11. [美] 平狄克·鲁宾费尔德：《微观经济学》（第五版），清华大学出版社 2001 年版。

12. Gibons Robert，A Primer in Game Theory，Harvester Wheatsheaf Publisher ，1992.

13. Kreps，A Course in Microeconomics，Harvester Wheatsheaf Publisher，1990.

14. Drew Fudenberg & Jean Tirole，Game theory，The MIT Publisher，1991.

第九章

生产要素市场及其价格的决定

【学习目的和要求】

本章的学习目的是通过生产要素的需求曲线和供给曲线的推导过程，得到生产要素价格决定的基本原理和方法，然后根据这一基本原理和方法，分析各个要素市场上（如劳动市场、土地市场和资本市场）的供求状况及其价格决定的具体表现形式。要求通过比较分析，掌握完全竞争条件下和不完全竞争条件下使用要素的一般原则和要素价格的决定，理解各种要素市场（劳动市场、土地市场和资本市场）上价格决定的特征，掌握欧拉定理、洛伦兹曲线和基尼系数的基本含义。

【内容提要】

1. 在完全竞争条件下，厂商使用生产要素的一般原则是要素的边际收益（边际产品价值）=要素的边际成本（要素价格），按此原则得到的要素需求曲线与边际产品价值曲线重合（在单要素投入条件下）。要素供给的原则是要素供给的边际效用=保留自用资源的边际效用。要素供给曲线为一条向右上方倾斜的曲线。要素的需求曲线和供给曲线共同决定了生产要素的均衡价格及其使用量。

2. 在买方垄断条件下，要素的需求曲线变为边际收益产量曲线；在卖方垄断条件下，要素的供给曲线位于要素投入的边际成本曲线之下。边际收益产量曲线和要素投入的边际成本曲线的交点决定了垄断条件下生产要素均衡价格和均衡数量。

3. 工资变化的替代效应和收入效应导致劳动供给曲线向后弯曲；土地市场的均衡价格（地租）由向下倾斜的需求曲线和垂直的供给曲线决定；在资本市场上，受消费者长期消费决策的影响，贷款供给曲线向后弯曲。

4. 欧拉定理说明，在完全竞争条件下，如果规模报酬不变，按要素的边际产品进行分配，恰好能分配完社会总产品。洛伦兹曲线和基尼系数都是衡量收入分配平等程度的常用工具和指标。洛伦兹曲线的弯曲程度越大或基尼系数越大，收入分配越不平等。

前面各章讨论了产品市场均衡价格和均衡数量的决定，但这一讨论是不完全的。例如，在根据消费者行为推导需求曲线时，假定消费者的收入水平为既定，并没有说明收入水平是如何决定的；在根据生产者行为推导产品供给曲线时，假定生产要素的价格为既定，没有说明要素价格是如何决定的。实际上，消费者的收入水平在很大程度上取决于其所拥有的要素价格和使用量，随着对生产要素使用量的变化，要素价格也会发生变化。因此，有必要研究要素市场及其价格的决定。

西方经济学家认为，生产要素的价格确定了，各生产要素所有者的收入及其在国民收入中的份额也就确定了，生产要素的价格决定与收入分配是在同一过程中实现的，因而生产要素价格的决定理论是传统西方经济学的一个重要组成部分。在西方经济学家看来，生产要素一般分为资本、劳动、土地和企业家才能，相应的，其所有者的收益或其价格分别为利息、工资、地租和利润等。

美国经济学家克拉克（J. B. Clark，1847—1938）在《财富的分配》（1899）一书中提出的边际生产力分配理论是生产要素价格决定理论的主要理论基础。克拉克认为，在其他条件不变和生产要素的边际生产力递减的前提下，在自由竞争的静态经济条件下，生产要素各自追求自己报酬的努力，必然使其停留在边际生产力水平上，即利息决定于资本的边际生产力，工资决定于劳动的边际生产力，地租决定于土地的边际生产力，利润决定于企业家才能的边际生产力。后来的西方经济学家对克拉克的理论进行了修改和补充，认为生产要素的价格不仅取决于其边际生产力，而且也取决于其他一些因素，如生产要素的边际成本、生产要素的供给等。

总之，生产要素价格的决定与商品的价格决定一样，也是由市场供求决定的，只不过在决定两者供求背后所包含的意义有所不同。消费者对商品的需求取决于商品的边际效用；厂商对生产要素的需求取决于生产要素的边际生产力。生产者对商品的供给取决于生产商品的成本与商品的价格；一般非劳动要素的供给与商品供给一样，也取决于其成本与价格，但劳动要素的供给却取决于劳动者对收入与闲暇的选择。当然，如果劳动者对于收入与闲暇的偏好是既定的，则其供给量也与其价格同方向变化。

生产要素价格决定理论是分配论的一个主要组成部分，但并不构成分配论的全面内容。分配论除了生产要素的价格决定以外，还包括收入分配的不平等程度以及收入差异产生的原因分析等。

第一节　生产要素价格决定的一般原则

生产要素的价格由生产要素供给与需求两个方面决定，其中生产要素的需求对于生产要素的定价尤为重要。

一、引致需求

生产要素的需求与商品的需求具有不同的性质。商品的需求是一种直接需求，而生产要素的需求是一种间接需求。因为，厂商购买生产要素不是为了自己的直接需要，而是为了生产和出售产品以获得收益。进一步地说，厂商通过购买生产要素进行生产并从中获益，部分地要取决于消费者对其所生产的产品的需求。例如，如果没有人购买面包，则不会有对面粉及面包工人等投入要素的需求。由此可见，厂商对生产要素的需求是从消费者对产品的直接需求中派生出来的。从这一意义上说，生产要素的需求又是一种“派生需求”或“引致需求”。“派生需求”或“引致需求”是指由于对某一最终产品的需求而引起的对生产它的某一生产要素的需求。

二、完全竞争条件下生产要素的需求

与完全竞争产品市场一样，完全竞争要素市场的前提条件有：要素市场上要素的供求双方人数相当多；生产要素是同质的、无差别的；要素供求双方都具有完全的信息；要素可以自由流动；要素单位具有可分性；各要素之间具有完全的替代性；等等。显然，完全满足这些条件的市场在现实生活中是不存在的。完全竞争厂商是指同时处于完全竞争产品市场和完全竞争要素市场中的厂商。

1. 生产要素使用原则。

（1）要素使用的一般原则。如前所述，追求利润最大化的厂商要求任何经济活动的“边际收益”和“边际成本”必须相等。因此，厂商使用生产要素的原则是要素的边际收益等于要素的边际成本，用公式表示如下：

$$MR_F = MC_F \tag{9.1}$$

在（9.1）式中，MR_F 是要素的边际收益（Marginal Revenue of Factor），它是指增加一单位要素所带来的总收益的增加量。可以用公式表示为：

$$MR_F = \frac{\Delta TR}{\Delta F} = \frac{\Delta TR}{\Delta TP} \times \frac{\Delta TP}{\Delta F} = MR_P \times MP_F \tag{9.2}$$

（9.2）式中，TR、TP、F 分别代表总收益、总产量和某种要素的使用量。$MR_P(=\frac{\Delta TR}{\Delta TP})$ 代表产品的边际收益，它是指增加一单位产量所带来的总收益的增加量；$MP_F(=\frac{\Delta TP}{\Delta F})$ 代表要素的边际产量，它是指增加一单位要素所带来的总产量的增加量。MR_F（$=MR_P \times MP_F$）通常被称为要素的边际产品收益（Revenue of Marginal Product of Factor，RMPF）。

在（9.1）式中，MC_F 代表要素的边际成本，它是指增加一单位要素投入所引起的总成本的增加量，可以用公式表示为：

$$MC_F = \frac{\Delta TC}{\Delta F} \tag{9.3}$$

（2）完全竞争厂商使用生产要素的原则。为了分析的方便，假设完全竞争厂商只使用一种生产要素、生产单一产品、追求最大限度的利润。完全竞争厂商对生产要素需求量的大小是由厂商追求最大化利润的行为决定的，它要求使用要素的边际收益等于要素的边际成本。

第一，厂商使用生产要素的边际收益——边际产品价值。在产品市场的分析中，假定生产要素的价格为既定，收益被看成与生产要素无关，而仅仅只是产量的函数，它等于产品产量与产品价格的乘积。在进一步讨论生产要素市场时，则应该认识到，产量本身又是生产要素的函数。假设厂商只使用一种生产要素如劳动（L）进行生产，厂商使用一定量的劳动将会创造出一定的产量，厂商使用的劳动这种生产要素与其所生产的产量之间存在一定的数量依存关系，这种依存关系就是生产函数。因此，我们可以得到收益复合函数：

$$R(L) = Q(L) \times P \tag{9.4}$$

对（9.4）式收益函数求关于劳动的一阶导数就可以得到下式：

$$\frac{\mathrm{d}R(L)}{\mathrm{d}L} = \frac{\mathrm{d}Q(L)}{\mathrm{d}L} \times P = MP \times P$$

MP 在这里是指劳动的边际产量。显然，要素的边际产量 *MP* 与既定产品价格 *P* 的乘积即 $MP \times P$，表示增加使用一单位要素所增加的收益，这也就是完全竞争厂商使用生产要素的“边际收益”。为了与前面章节中讨论过的产品的边际收益概念相区别，通常将使用要素的“边际收益”称作“边际产品价值”（Value of Marginal Product，VMP）。边际产品价值表示在完全竞争条件下，厂商增加使用一个单位要素所增加的收益，它也是生产要素的函数。用公式表示为：

$$VMP(L) = MP(L) \times P \tag{9.5}$$

显然，边际产品价值不同于边际产量。因为边际产量所反映的是投入与产出之间的实物关系。边际产品价值也不同于边际收益，因为边际收益反映的是收益与产量（或销售量）之间的关系。

在前面章节中已经介绍过，由于边际生产率递减规律的作用，要素的边际产量如 MP_L 最终会出现递减的趋势，要素的边际产量曲线 *MP* 是向右下方倾斜的。由于要素的边际产品价值 *VMP* 是要素的边际产量 *MP* 与既定产品价格 *P* 的乘积，而产品价格 *P* 为正的常数，因而边际产品价值 *VMP* 曲线也与 *MP* 曲线一样向右下方倾斜。

完全竞争条件下只使用劳动这一生产要素的厂商的 *MP*、*VMP*、*MR* 之间的关系，可以用表 9.1 来表示，图 9.1 则是根据表 9.1 中的数据而绘制的厂商的 *MP* 曲线、*VMP* 曲线。

表 9－1　　厂商的边际产量、边际产品价值和边际收益

要素数量 L (1)	总产量 Q (2)	边际产量 MP (3)	产品价格 P (4)	边际产品价值 VMP = MP · P (5)	总收益 TR (6)	边际收益 MR (7)	要素价格 W (8)
1	10	10	5	50	50	50	50
2	19	9	5	45	95	45	45
3	27	8	5	40	135	40	40
4	34	7	5	35	170	35	35
5	40	6	5	30	200	30	30
6	45	5	5	25	225	25	25
7	49	4	5	20	245	20	20
8	52	3	5	15	260	15	15
9	54	2	5	10	270	10	10
10	55	1	5	5	275	5	5

图 9.1 中，横轴表示劳动要素的数量 L，纵轴表示边际产量 MP 和边际产品价值 VMP。图中，边际产品价值曲线 VMP 与边际产量曲线 MP 一样，都向右下方倾斜，但二者的位置可能不同。一般来说，边际产品价值曲线 VMP 的位置取决于两个因素：一是要素的边际产量函数 $MP(L)$；二是产品价格 P。随着价格水平 P 的上升或要素的边际产量函数 $MP(L)$ 的上升，边际产品价值曲线 VMP 将向右上方移动；相反，则向右下方移动。

边际产品价值曲线 VMP 与边际产量曲线 MP 的相对位置关系取决于产品价格 P 的大小。如果产品价格大于 1（见表 9.1），则对于给定的某个要素数量，边际产品价值大于边际产量（$VMP > MP$），因而整个边际产品价值曲线 VMP 位于边际产量曲线 MP 的上方。如果产品价格小于 1，则整个边际产品价值曲线 VMP 位于边际产量曲线 MP 的下方。如果产品价格等于 1，则边际产品价值曲线 VMP 与边际产量曲线 MP 完全重合。

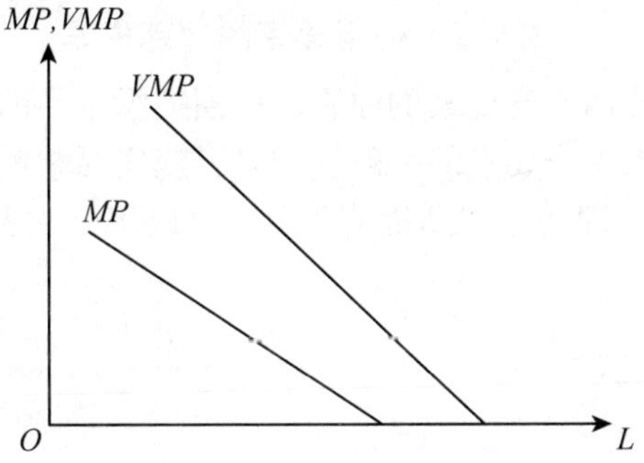

图 9.1 厂商的边际产量和边际产品价值

第二，厂商使用生产要素的“边际成本”——要素价格。在前面讨论厂商成本函数的章节中，成本仅仅被看成是产量的函数。在生产要素市场中，产量又是其所使用的生产要素的函数。假设厂商只使用一种生产要素如劳动（用 L 表示）进行生产，如果用 W 表示劳动的价格，则使用要素的成本可以表示为：

$$C = W \cdot L \tag{9.6}$$

可见，成本等于要素价格与要素数量的乘积。

在完全竞争条件下，由于要素买卖双方的数量很多且无差别，任何一个厂商单独增加或减少其要素购买量都不会影响要素的价格，因而要素价格为既定常数。这样，对成本函数求对劳动的一阶导数可得到使用要素的“边际成本”，为：

$$\frac{\mathrm{d}C}{\mathrm{d}L} = W \tag{9.7}$$

使用要素的“边际成本”表示完全竞争厂商增加使用一单位生产要素所增加的成本，它等于劳动的价格。

值得注意的是，在前面章节中，成本是作为产量的函数，边际成本是指增加一单位产量而增加的成本，是产品的边际成本；而在生产要素市场中，成本是作为生产要素的函数，边际成本是指增加一单位生产要素所增加的成本，是指要素的边际成本。

在生产要素市场中，由于成本是生产要素的函数，因而要素的边际成本也是生产要素的函数，在完全竞争条件下，它是一个常数。要素的边际成本曲线在图形上也就表现为一条水平直线，如图 9.2 所示。图 9.2 中，横轴为要素数量，纵轴为使用要素的边际成本。假设劳动价格即使用劳动的边际成本为 W_0，则 W_0 不随劳动使用数量的变化而变化。

图 9.2　使用要素的边际成本

第三，完全竞争厂商使用生产要素的原则。厂商组织生产的一般原则是利润最大化，在生产要素市场上，厂商使用生产要素的一般原则是：使用要素的“边际成本”即要素价格，与使用要素的“边际收益”即边际产品价值相等，可以用公式表示为：

$$VMP = W \tag{9.8}$$

或者，

$$MP \times P = W \tag{9.9}$$

当（9.8）式或（9.9）式的被满足时，完全竞争厂商实现了利润最大化，此时使用的要素数量为最优要素数量。因为，如果 $VMP \neq W$，如 $VMP > W$，厂商使用一单位要素所增加的收益大于所引起的成本，厂商会增加对要素的使用量以获得更多的利润。而随着要素使用量的增加，要素的边际产品价值将下降，并最终使 $VMP = W$。相反，如果 $VMP < W$，厂商使用一单位要素所增加的收益小于所引起的成本，厂商会减少对要素的使用量以减少利润的损失。随着要素使用量的减少，要素的边际产品价值将上升，并最终使 $VMP = W$。只有当 $VMP = W$ 时，厂商既不会增加要素的使用量，也不会减少要素的使用量，此时，厂商获得最大利润①。

2. 完全竞争厂商对生产要素的需求曲线。为了分析的方便，首先考虑单个厂商对生产要素的需求，然后再由单个厂商对生产要素的需求推广到多个厂商对生产要素的需求即市场需求。

（1）单要素投入下完全竞争厂商对生产要素的需求曲线。单要素投入是指厂商只使用一种生产要素进行生产。在其他条件不变时，完全竞争厂商对生产要素的需求量与要素价格之间存在一定的依存关系，这种依存关系可以用完全竞争厂商对生产要素的需求函数来表示。可用表 9.1 来进行说明。

如前所述，完全竞争厂商为了获得最大利润，在使用生产要素时，必定会使要素价格

---

① 完全竞争厂商使用生产要素的原则也可以用数学方法进行证明。假设完全竞争厂商的利润用 π 表示，则利润函数为：$\pi(L) = P \cdot Q(L) - W \cdot L$

就该式中的利润函数对要素投入量 L 求一阶导数并令导数值等于 0，有：$d\pi(L)/dL = P \cdot [dQ(L)/dL] - W = 0$

因此有：$P \cdot [dQ(L)/dL] = W$

即　$VMP = W$

（W）与要素的边际产品价值（VMP）相等。因此，表 9.1 中，第（5）列与第（7）列完全一样。实际上，可从（9.9）中推导出要素的需求函数，（9.9）式可写成：

$$P \times MP(L) = W \tag{9.10}$$

边际产品 MP（L）是要素的函数。因为产品价格 P 是既定的，于是上式确定了从要素价格 W 到要素使用量 L 的一个函数关系，也就是完全竞争厂商对要素的需求函数。

从（9.10）式可以看出，当 W 上升时，$P \times MP(L) < W$。为实现均衡，厂商必须调整要素 L 的使用量，使 MP（L）上升，从而 $P \times MP(L)$ 上升；根据边际生产力递减规律，只有减少要素 L 的使用量才能达到这一目的。于是我们便得到：随着要素价格的上升，厂商对要素的最佳使用量即需求量将下降。这正是要素需求函数的基本特征，同时表明，完全竞争厂商的要素需求曲线与其边际产品价值曲线一样向右下方倾斜。

由于边际产品价值（VMP）是要素使用量（L）的函数，因而要素价格（W）也是要素使用量（L）的函数。也就是说，完全竞争厂商的 VMP 曲线实际上就是厂商的要素需求曲线，该曲线从左上方向右下方倾斜。

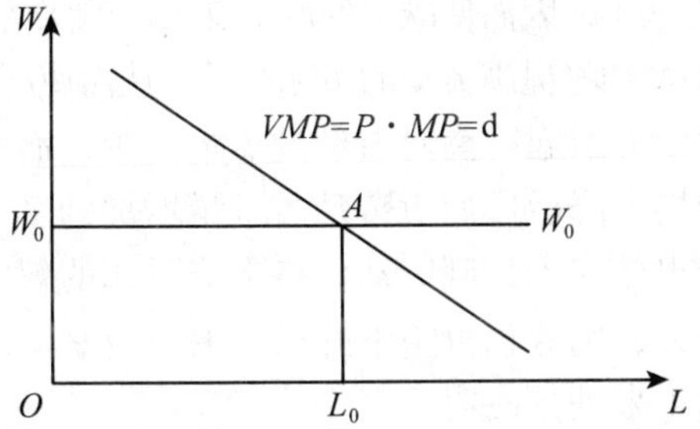

图 9.3　完全竞争单要素投入下厂商的要素需求曲线

从要素使用原则（9.10）式中，还可说明在完全竞争的条件下，厂商对单一要素的需求曲线与其边际产品价值曲线重合。如图 9.3，VMP 为厂商的边际产品价值曲线，在完全竞争条件下，要素价格 W 是一个常数。因此，给定一个要素价格如 W_0，就有一条水平直线。根据要素使用原则 $VMP = W$，当要素价格为 W_0 时，W_0 与 VMP 相交于 A 点，此时要素需求量为 L_0。A 点既在 VMP 曲线上，也在要素需求曲线上。如果给定另一个要素价格，则会有另一条水平直线与 VMP 曲线相交于另外一点，从而得到另外一个要素需求量。因此，完全竞争厂商的要素需求曲线与要素的边际产品价值曲线重合。

要素需求曲线与边际产品价值曲线重合意味着：当要素价格发生变化时，要素需求量沿着一条既定的边际产品价值曲线变化。这就要求，当要素价格变化时，要素的边际产品价值曲线不得随之改变，否则，要素需求曲线将不会与边际产品价值曲线重合。

应该注意的是，尽管要素的需求曲线与其边际产品价值曲线重合，但二者却具有不同的含义。边际产品价值曲线中的 L 为要素使用量，而要素需求曲线中的 L 却表示最优要素使用量或要素需求量；边际产品价值曲线中的要素使用量 L 为自变量，边际产品价值是要素使用量的函数，而要素需求曲线中的自变量却是要素价格 W，要素需求 L 是要素价格的函数。

要素需求曲线与边际产品曲线之所以重合，实际上取决于两个“潜在假定”：第一，要素的边际产品价值曲线不受要素价格变化的影响；第二，产品价格不受要素价格变化的影响。这两个潜在假定在只考虑使用一种生产要素、一个厂商的生产行为时，是存在的。如果考虑使用多种生产要素或者多个厂商的生产行为，则要素需求曲线就不再与边际产品价值曲线重合。

（2）多要素投入下完全竞争厂商对生产要素的需求曲线。多要素投入是指厂商使用两种或两种以上生产要素进行生产。当厂商使用多要素投入时，如果要素之间可以相互替代，则厂商对任何一种要素的需求曲线不再是边际产品价值（*VMP*）曲线。为了分析的方便，假定厂商所投入的是两种生产要素：资本 K 和劳动 L，资本与劳动可以相互替代。以厂商对劳动的需求为例，讨论完全竞争厂商多要素投入条件下对劳动这一生产要素的需求。

假设劳动价格下降，则会引起两种效应：一是产出效应（收入效应），二是替代效应。这两种效应都会对生产要素的需求产生影响，而且其影响的方向是相反的。

首先考虑劳动价格下降后替代效应对劳动这一要素需求的影响。劳动价格下降后，厂商可以用劳动去替代资本，在其他条件不变的情况下，厂商使用的劳动数量增加，使用的资本数量减少。这将使劳动的边际产量递减，从而会使厂商对劳动的需求量下降。

其次考虑劳动价格下降后产出效应对劳动这一要素需求的影响。劳动价格下降后，厂商用于购买劳动这一要素的支出随之减少，因而使既定的成本支出所购买的劳动与资本两种生产要素的数量都增加了。资本投入量的增加将提高劳动的边际产量，从而使厂商增加对劳动的需求。

劳动价格下降后，替代效应引起厂商对劳动的需求减少，而产出效应则引起厂商对劳动的需求增加。这样，劳动价格下降后厂商对劳动需求量增加的多少就取决于产出效应与替代效应绝对值的大小。如果产出效应大，则劳动价格下降后总的效应是使厂商对劳动的需求量增加；相反，如果替代效应大，则劳动价格下降后总的效应是使厂商对劳动的需求量增加得较少。这一变化可以用图 9.4 来进行说明。

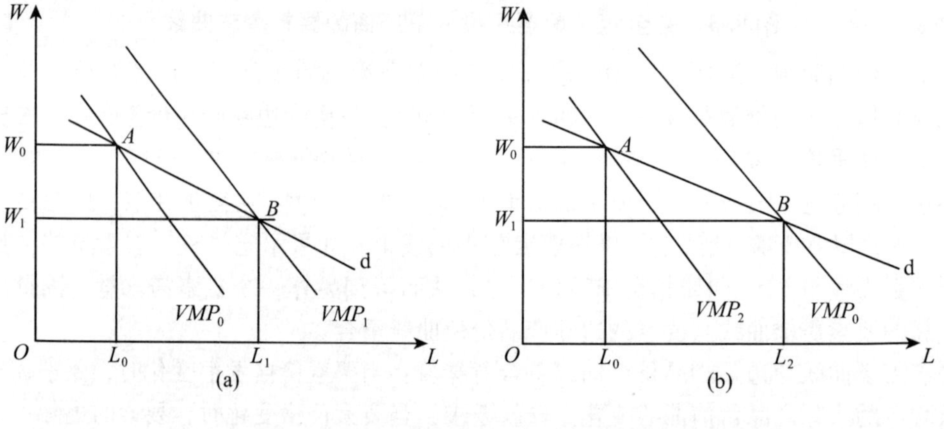

图 9.4　完全竞争多要素投入下厂商的要素需求曲线

劳动价格下降后完全竞争厂商对劳动的需求曲线不再是劳动的 *VMP* 曲线，但需求曲线仍可以由 *VMP* 曲线导出。劳动价格下降后，如从 W_0 下降到 W_1，产出效应与替代效应的作用将使 *VMP* 发生移动。劳动价格下降后，替代效应使劳动投入量增加，资本投入量减少，这将使劳动的 *VMP* 下降，而产出效应则使劳动的 *VMP* 上升。因此，如果产出效应的绝对值大于替代效应，则劳动价格下降后会使 *VMP* 增加，即 *VMP* 曲线向右移动，由 VMP_0 移动到

VMP_1，如图 9.4（a）所示。如果产出效应的绝对值小于替代效应，则劳动价格下降后会使 VMP 减少，即 VMP 曲线向左移动，由 VMP_0 移动到 VMP_2，如图 9.4（b）所示。连续变动劳动的价格，可以得到多条与不同劳动价格相对应的 VMP 曲线。对于劳动的每一种价格，都可以找到与这一价格相对应的 VMP 曲线上的一点，如图 9.4（a）中，与劳动价格 W_0 相对应的是 VMP_0 曲线上的 A 点，与劳动价格 W_1 相对应的是 VMP_1 曲线上的 B 点，等等。连接这些点就可以得到多要素投入下厂商对劳动这一要素的需求曲线，如图 9.4 中的 AB 线，AB 线向右下方倾斜。在劳动价格下降后，不管 VMP 是向左移动，还是向右移动，所导出的劳动的需求曲线都是向右下方倾斜的。

如果劳动价格上升，也可以用同样的方法得到一条向右下方倾斜的厂商对劳动这一要素的需求曲线。要素需求曲线向右下方倾斜，表明厂商对劳动这一要素的需求量与劳动的价格呈反方向变动。

（3）完全竞争下要素的市场需求曲线。如果考虑多个厂商的要素需求曲线，则单个厂商的边际产品价值曲线不再代表其要素需求曲线，因而不能通过对其进行简单加总来推导出整个市场的要素需求曲线。

为了分析的方便，假设只考虑使用一种生产要素如劳动 L 的多个厂商同时调整的情况，在此条件下研究某一厂商（m）对劳动的需求曲线。

在研究使用一种生产要素的完全竞争厂商 m 的要素需求曲线时，如果不考虑其他厂商的调整活动，则要素价格的变化不会影响产品的价格，从而不会改变要素的边际产品价值曲线，厂商 m 的要素需求曲线就是其边际产品价值曲线。这是因为：如果不考虑其他厂商的调整活动，要素价格发生变化后，只会引起厂商 m 的要素需求量和使用量的变化，进而使其产品的数量发生变化。在完全竞争条件下，单个厂商 m 产量的变化并不能改变产品的价格。如果考虑其他厂商的调整活动，则要素价格的变化不仅引起单个厂商 m 的要素需求量和使用量发生变化，而且引起市场上所有其他厂商的要素需求量和使用量发生变化，进而使产量发生变化。在完全竞争条件下，尽管单个厂商产量的变化不会影响产品价格，但全体厂商产量都发生变化则会改变产品的供给曲线，并使产品价格在产品市场需求量不变时发生变化。产品价格的变化反过来又会使每一个厂商，包括单个厂商 m 的边际产品价值曲线发生变化。这样，单个厂商 m 的要素需求曲线就不再是其边际产品价值曲线。

可以用图 9.5 来推导多个厂商同时调整情况下厂商 m 的要素需求曲线。

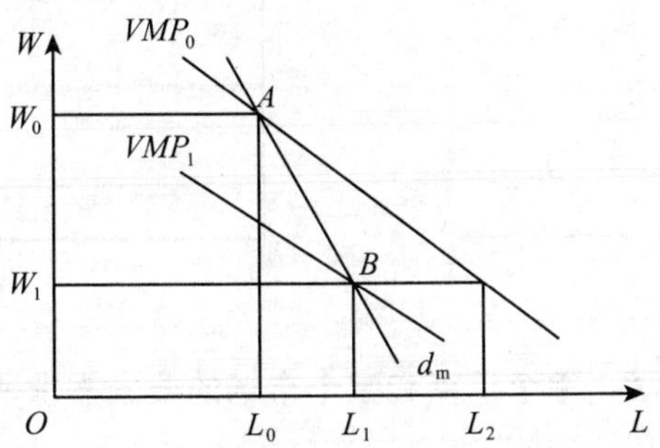

图 9.5 多个厂商调整时厂商 m 的要素需求曲线

图 9.5 中，假设给定初始要素价格为 W_0，与此相对应的边际产品价值曲线为 VMP_0，此时的要素需求量为 L_0，用 A 点表示。如果不考虑其他厂商的调整，则厂商 m 的要素需求曲线就是 VMP_0 曲线，当要素价格下降到 W_1 时，要素需求量应该增加到 L_2。如果考虑其他厂商同时调整的情况，则当要素价格下降到 W_1 时，劳动的边际产品价值曲线 VMP 向左下方移动到 VMP_1，与此相对应的劳动需求量为 L_1，用 B 点表示。连续变动劳动的价格，可以得到一系列与 A、B 性质相同的点。将这些点连接起来，就可以得到多个厂商调整情况下单个厂商 m 对要素 L 的需求曲线 d_m。它表示经过多个厂商同时调整，即经过行业调整后得到的第 m 个厂商的要素需求曲线，可以简称为行业调整曲线。一般来说，d_m 仍然向右下方倾斜，说明厂商对劳动这一要素的需求量与其价格呈反方向变动。

根据行业调整曲线 d_m，可以推导出整个市场的要素需求曲线。假设完全竞争要素市场中有 n 个厂商，每个厂商经过行业调整后的要素需求曲线分别为 d_1，d_2，…，d_n，整个市场的要素需求曲线 D 可以看成是所有这些厂商的要素需求曲线的简单水平的相加①。用公式表示如下：

$$D = \sum_{m=1}^{n} d_m \tag{9.11}$$

如果假设这 n 个厂商的情况均相同，即 $d_1 = d_2 = \cdots = d_n$

则市场的要素需求曲线可表示为：

$$D = \sum_{m=1}^{n} d_m = n \cdot d_m$$

d_m 可以是任何一个厂商的要素需求曲线。可以用图 9.6 来说明。

图 9.6（a）是某一单个厂商的要素需求曲线 d_m，当要素价格为 W_0 时，其对劳动这一要素的需求量为 L_0。图 9.6（b）是市场的要素需求曲线 D，当要素价格为 W_0 时，整个市场对劳动这一要素的需求量为 $n \cdot L_0$。

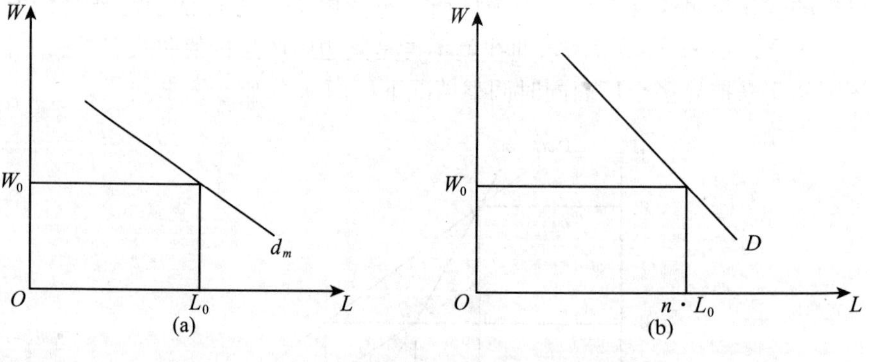

图 9.6　单个厂商和整个市场的要素需求曲线

---

① 在这里，被加总的是每个厂商在考虑了多个厂商共同行动所引起的全部调整之后得到的行业调整曲线 d_m，而不能是边际产品价值曲线 VMP。

三、完全竞争条件下生产要素的供给

生产要素的供给要由生产要素的所有者提供。生产要素的所有者既可以是生产者，也可以是消费者。如果生产要素的所有者是生产者，由于生产者要将其拥有的生产要素再次投入生产过程，因而其拥有的只是“中间产品”或“中间生产要素”，因而是中间要素的所有者。而消费者则向市场提供劳动等“原始生产要素”，因而是原始要素的所有者。由于要素所有者的身份不同，其行为目的也不相同。生产者的行为目的是追求利润最大化，消费者的行为目的则是追求效用最大化。要素所有者行为目的的不一致自然会影响到对要素供给的分析。因而对生产要素供给的分析也就需要分别分析中间要素的供给和原始要素的供给。

由于中间要素本身就是一般的产品，因此中间要素的供给与一般产品的供给没有任何区别，而关于一般产品的供给理论在产品市场的分析中已经详细讨论过，因此，本章关于要素供给的讨论可以局限在要素所有者为消费者、其行为目的为效用最大化这一范围之内进行。

当将要素供给的分析局限于消费者范围时，要素供给表现出一个明显的特点：即消费者拥有的要素数量（或资源）在一定时期内总是固定不变的。这样，消费者就只能将其拥有的全部既定资源的一部分作为生产要素来提供给市场。剩下的部分可称为“保留自用”（或“自用”）的资源。因此，要素供给问题就可以看成是：消费者在一定要素价格条件下，将其全部既定资源在“要素供给”与“保留自用”两种用途上进行分配，以获得最大效用。

1. 要素供给原则。根据消费者行为理论，作为消费者的要素所有者为了使其效用最大化，必须使“要素供给”的资源的边际效用与“保留自用”的资源的边际效用相等。

（1）要素供给的边际效用。消费者之所以供给生产要素是为了获得收入，由要素带来的收入具有效用，因此，要素供给的效用是一种“间接效用”：要素供给通过收入而与效用相联系。

以劳动要素为例，假设不考虑要素供给的“边际负效用”。用 L 表示劳动，Y 表示收入，U 表示效用，则可以得到如下函数关系式：

$$U = U(Y) \tag{9.12}$$

$$Y = Y(L) \tag{9.13}$$

根据式（9.12）和式（9.13），可以推导出劳动这一要素供给的边际效用：

$$\frac{\Delta U}{\Delta L} = \frac{\Delta U}{\Delta Y} \cdot \frac{\Delta Y}{\Delta L} \tag{9.14}$$

对（9.14）式取极限得到（9.15）式：

$$\frac{\mathrm{d}U}{\mathrm{d}L} = \frac{\mathrm{d}U}{\mathrm{d}Y} \cdot \frac{\mathrm{d}Y}{\mathrm{d}L} \tag{9.15}$$

(9.15) 式中，dU/dY 为收入的边际效用；dY/dL 为要素供给的边际收入；dU/dL 为要素供给的边际效用，它表示要素供给量增加一单位所带来的消费者效用的增加量，等于要素供给的边际收入与收入的边际效用的乘积。

在完全竞争要素市场上，单个厂商无论购买多少要素都不会对要素价格产生影响，同样，单个厂商无论供给多少要素也不会影响要素的价格。也就是说，单个厂商面临的需求曲线是完全有弹性的，它的要素供给也是完全有弹性的。在这种情况下，要素的边际收入等于要素的价格，即

$$\frac{dY}{dL} = W$$

因此，(9.15) 式可变为：

$$\frac{dU}{dL} = W \cdot \frac{dU}{dY} \tag{9.16}$$

(9.16) 式就是完全竞争条件下消费者要素供给的边际效用公式。

如果消费者不是要素市场上的完全竞争者，则要素供给的边际效用表达式仍为 (9.15) 式。

(2) 保留自用资源的边际效用。消费者保留自用资源既可以为消费者带来间接效用，也可以为消费者带来直接效用，其中，更重要的是直接效用。为了分析的方便，假设不考虑消费者保留自用的资源间接效用，其效用都是直接的。如果用 l 表示保留自用资源的数量，则保留自用资源的边际效用为 dU/dl，它表示增加一单位保留自用资源所带来的效用增加量。

(3) 要素供给的原则。如前所述，要素供给的原则①是使要素供给的资源的边际效用等于保留自用的资源的边际效用。用公式表示为：

---

① 要素供给原则的推导如下：假设消费者拥有的既定资源总量为 $\bar{L}$，资源价格为 W，消费者的效用为 U，消费者保留自用资源量为 l，从而要素供给量为 $\bar{L}-l$，要素供给的收入为 $Y = W \cdot (\bar{L}-l)$。据此可以得到要素所有者的效用函数为：

$$U = U(Y, l) \tag{1}$$

受到的限制条件为：

$$Y + W \cdot l = W \cdot \bar{L} \tag{2}$$

要素所有者受到限制下的效用最大化问题可以用拉格朗日乘数法来解决。相应的拉格朗日方程为：

$$f = U(Y, l) + \lambda(Y + W \cdot l - W \cdot \bar{L}) \tag{3}$$

(3) 式中，λ 为拉格朗日乘数。效用最大化的一阶条件为：

$$\partial f/\partial Y = \partial U/Y + \lambda = 0 \tag{4}$$

$$\partial f/\partial l = \partial U/\partial l + \lambda \cdot W = 0 \tag{5}$$

$$\partial f/\partial \lambda = Y + W \cdot l - W \cdot \bar{L} = 0 \tag{6}$$

假设二阶条件得到满足，由 (4) 式和 (5) 式可以得到 (9.18) 式。

$$\frac{\mathrm{d}U}{\mathrm{d}l} = W \cdot \frac{\mathrm{d}U}{\mathrm{d}Y} \tag{9.17}$$

或者，

$$\frac{\mathrm{d}U/\mathrm{d}l}{\mathrm{d}U/\mathrm{d}Y} = W \tag{9.18}$$

2. 无差异曲线分析。上述关于要素供给原则的讨论是以基数效用为基础的，该原则在序数效用条件下同样适应，可以借助无差异曲线分析工具来进行说明。

图 9.7 中，横轴 l 表示要素所有者保留自用的资源数量，纵轴 Y 表示要素供给所带来的收入。U_1、U_2、U_3 分别表示要素所有者效用不同的无差异曲线。由于要素供给的资源与保留自用的资源是可以相互替代的，而且都是“好商品”，因而无差异曲线向右下方倾斜，并凸向原点；此外，较高的无差异曲线代表较高的效用水平，即 $U_3 > U_2 > U_1$。

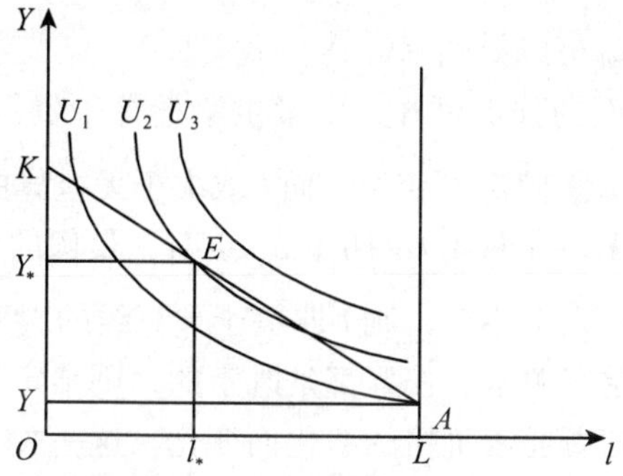

图 9.7　要素供给的原则：无差异曲线分析

假设要素所有者在初始时期所拥有的既定资源量为 $\bar{L}$，非要素收入（如财产收入）为 $\bar{Y}$，即要素所有者的初始位置在图中的 A 点。要素价格为 W，则要素所有者的全部收入为 $K = \bar{L} \cdot W + \bar{Y}$。这样，连接 A、K 两点的直线就是该要素所有者的预算线。

在预算约束条件下，使要素所有者效用最大化的点就是预算线与无差异曲线 U_2 的切点 E。在 E 点，相应的最优组合即使效用最大化的收入 Y 和保留自用资源 l 的组合为（Y_*，l_*）。也就是说，要素所有者的效用最大化行为是在初始的全部资源 L 中，保留自用资源的数量为 l_*，其余部分即 $\bar{L} - l_*$ 作为要素供给市场以获得收入，从而使其收入从初始的收入 $\bar{Y}$ 增加到 Y_*。

由图 9.7 可知，最优点 E 必须满足以下条件：无差异曲线的斜率等于预算线的斜率。

预算线的斜率为：

$$-\frac{K - \bar{Y}}{\bar{L}} = -\bar{L} \cdot \frac{W}{\bar{L}} = -W$$

无差异曲线的斜率可以表示为收入增加量与保留自用资源增加量的比值，或者表示为收入对保留自用资源的导数，记为 $\Delta Y/\Delta l$ 或者 $\mathrm{d}Y/\mathrm{d}l$。因此，最优点 E 点的必要条件可以用公式表示为：

$$\frac{dY}{dl} = -W$$

因而有：$-\frac{dY}{dl} = W$ (9.19)

(9.19) 式的左边是资源供给的边际替代率，它表示：要素所有者为增加一单位保留自用资源所需要减少的收入量；(9.19) 式右边的要素价格则可以看成是要素所有者为增加一单位保留自用资源所必须放弃的收入量。因此，(9.19) 式的含义是：要素所有者为增加一单位保留自用资源所愿意减少的收入量要等于必须减少的收入量。

如果效用可以用基数来衡量，则资源供给的边际替代率 dY/dl 可以表示为保留自用资源的边际效用与收入的边际效用之比，即

$$\frac{dY}{dl} = \frac{MU_l}{MU_Y}$$

将其代入 (9.19) 式，就可以得到 (9.18) 式。

3. 要素供给曲线。从前面的分析可知，要素供给量等于资源总量与最优保留自用资源之间的差额，即 $\bar{L}-l$。由于 $\bar{L}$ 是固定不变的，而 l 取决于无差异曲线与预算线的切点 E 的位置。例如，当预算线 AK_1 与无差异曲线 U_1 切于 E_1 点时，最优的保留自用资源数量为 l_1。如果假设无差异曲线、非要素收入 $\bar{Y}$ 不变，则 l 取决于预算线的斜率。也就是说，如果要素所有者的初始非要素收入、初始资源量、偏好都是既定的，则给定一个要素价格，就会有一个要素供给量，要素供给量会随着要素价格的变化而变化。这一关系可以用图 9.8 来说明。

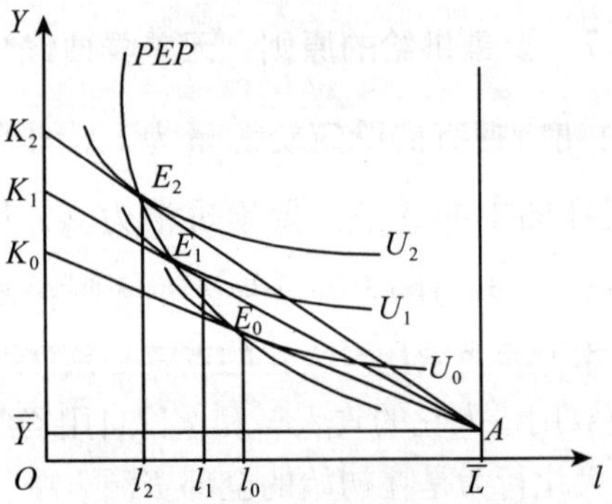

图 9.8 要素的价格扩展线

图 9.8 中，A 为要素所有者的初始状态，U_0、U_1、U_2 分别为三条不同效用水平的无差异曲线。如果要素价格为 W_0，则预算线为 AK_0，相应的最优点为 E_0 点。此时，要素所有者的最优保留自用的资源量为 l_0，要素供给量为 $(\bar{L}-l_0)$，要素供给所获得的收入为 Y_0。如果要素价格由 W_0 分别上升到 W_1 和 W_2，则相应的预算线分别为 AK_1、AK_2。AK_1、AK_2 分别与 U_1、U_2 相切，相应的切点分别为 E_1 点和 E_2 点。与切点 E_1 相对应的最优保留自用的资源量为 l_1，要素供给量为 $(\bar{L}-l_1)$，要素供给所获得的收入为 Y_1；与切点 E_2 相对应的最优保

留自用的资源量为 l_2，要素供给量为（$\bar{L}-l_2$），要素供给所获得的收入为 Y_2。将 E_0、E_1、E_2 点连接起来就得到了要素的价格扩展线（Price's Expansion Path，PEP）。价格扩展线反映了要素所有者保留自用的资源量 l（以及要素收入）如何随着要素价格的变化而变化，从而反映了要素供给量（$\bar{L}-l$）如何随着要素价格的变化而变化，即要素供给关系。因此，根据要素的价格扩展线，可以得到要素供给曲线，可以用图 9.9 表示。

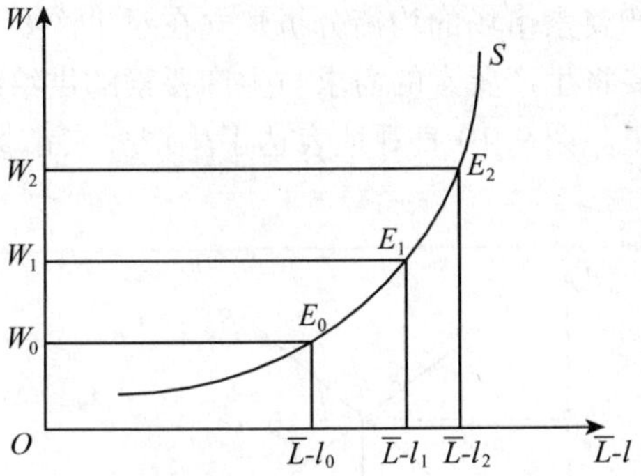

图 9.9　要素供给曲线

图 9.9 中，用横轴表示要素供给量（$\bar{L}-l$），纵轴表示要素价格 W。根据图 9.8 中要素供给量与要素价格之间的对应关系，即 E_0（$W_0, \bar{L}-l_0$）、E_1（$W_1, \bar{L}-l_1$）、E_2（$W_2, \bar{L}-l_2$）等，将 E_0、E_1、E_2 点所反映的要素价格与要素供给量之间的对应关系在图 9.9 中反映出来，便得到了要素的供给曲线。

图 9.8 与图 9.9 给出的要素供给曲线向右上方倾斜，这只是作为例子来说明要素供给曲线是如何从消费者行为理论中推导出来的，并不意味着要素供给曲线一定向右上方倾斜。实际上，要素供给曲线的形状要取决于无差异曲线的形状以及初始资源的情况，而无差异曲线的形状又取决于消费者的效用函数 $U=U(Y, l)$ 的特点。在消费者的效用函数中，消费者保留自用的资源由于性质不同而对消费者具有不同的影响。有些保留自用的资源可能为消费者带来效用，如时间资源；有些资源保留下来却不一定能为消费者增加效用，或者即使能增加效用，其效用也显得微不足道，如没有其他用途的土地资源；还有一些资源如果保留下来不仅不能为消费者增加效用，反而会减少效用，如收入。正因为不同的资源的使用具有不同的特点，因而在考虑要素供给曲线的形状时，要针对不同种类的资源分别进行讨论。

四、完全竞争条件下生产要素价格及其使用量的决定

从前面的分析可知，厂商对生产要素的需求曲线是向右下方倾斜的，说明要素价格与厂商对要素的需求量呈反方向变化，即随着要素价格的上升，厂商对要素的需求量减少，而随着要素价格的下降，厂商对要素的需求量上升。生产要素的供给曲线则向右上方倾斜，说明要素价格与要素供给量呈正方向变化，即随着要素价格的上升，要素供给量会增加，而随着

要素价格的下降，要素供给量会减少。尽管不同的要素价格与要素供给量之间的关系会呈现出不同的变化关系，也就是说，不同种类的要素供给曲线会有不同的形状，但在这里，当我们对生产要素价格及其使用量的决定进行一般分析的时候，只考虑要素供给曲线的一般形状，即要素供给曲线向右上方倾斜的情况。在以下的章节中，再根据不同种类要素的特点分析要素的不同供给状况及其价格和使用量的决定。

对完全竞争条件下生产要素价格及其使用量的决定问题的分析，实际上就是对生产要素市场均衡问题的分析。生产要素市场的均衡分析建立在对生产要素的需求与生产要素的供给分析的基础上。我们只需要将生产要素的需求与生产要素的供给结合起来就可以得到生产要素的均衡价格和均衡使用量。图 9.10 直观地表达了生产要素市场的均衡状况及均衡生产要素价格和使用量的决定。

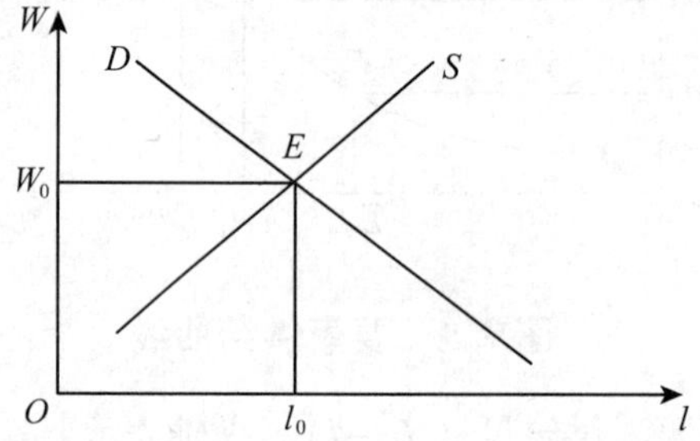

图9.10　生产要素均衡价格及其使用量的决定

图 9.10 中，D 为要素的需求曲线，S 为要素的供给曲线。需求曲线 D 与供给曲线 S 相交于 E 点，E 为市场均衡点。在均衡点 E，要素的均衡价格为 W_0，要素的均衡使用量为 l_0。在当要素的价格为 W_0 时，厂商对要素的需求量正好等于要素的供给量，都为 l_0。也可以反过来说，在要素的均衡使用量 l_0 的水平，厂商愿意支付的要素价格与要素所有者愿意接受的要素价格正好相等，都为 W_0。因此，E 点这样一种状态是一种使要素买卖双方都感到满意并愿意持续下去的均衡状态。可见，生产要素均衡价格及其使用量的决定与商品市场均衡价格及数量的决定没有什么本质区别，均衡点都是在供求曲线的交点。

生产要素市场的要素均衡价格表现为要素市场上要素需求和要素供给这两种相反的力量共同作用的结果，它是市场供求力量自发发挥作用的结果。当市场价格偏离均衡价格时，市场会出现要素需求量与供给量不相等的非均衡状态。一般来说，在完全竞争条件下，市场机制的自发调节会使这种要素供求不相等的非均衡状态逐步消失，并最终要素的需求量与供给量相等，要素的市场价格会自动地回复到均衡价格水平。

五、不完全竞争条件下生产要素的需求与供给

对不完全竞争条件下生产要素的需求与供给的分析，可以分两种情况进行。一种是产品市场是不完全竞争市场而生产要素市场是完全竞争市场的情况，例如，一家电力公司在供电市场上是一个垄断者，但在它购买所需要的煤、机器、劳动力等市场上是一个完全竞争者；另一种是产品市场与生产要素市场都是不完全竞争市场的情况，例如，位于某一农村地区唯

一的大规模的鸡蛋生产者是要素市场的垄断者，而它又把以鸡蛋为原料的产品运送到大城市去销售，此时它在产品市场上是一个完全竞争者。

1. 产品市场不完全而要素市场是完全竞争情况下生产要素的需求与供给。产品市场不完全竞争包括完全垄断、寡头垄断和垄断竞争等几种情况。为了使分析简化，本章所考察的不完全竞争的市场只限于完全垄断，即产品市场的卖方垄断。

（1）要素的需求曲线。如前所述，在产品市场为垄断的情况下，厂商所面临的需求曲线是向右下方倾斜的，表示产品价格随着销售量的变化而变化，因而产品的边际收益曲线也向右下方倾斜，而且在所有产量水平上，边际收益都会小于其价格或平均收益。在这种情况下，由于产品的边际收益不再等于产品的价格，个别厂商对产品的需求曲线也就不再是要素的边际产品价值曲线 *VMP*。

在生产要素市场是完全竞争市场而产品市场是卖方垄断的情况下，需要引入另一个概念，即边际收益产量（Marginal Revenue Product，MRP）的概念来讨论生产要素的需求。边际收益产量是生产要素投入的增加量所引起的总收益的增加量，它等于边际收益与边际产量的乘积。用公式表示为：

$$MRP = MR \cdot MP \tag{9.20}$$

从（9.20）式可以看出，边际收益产量与边际收益、边际产量之间存在着紧密的联系。但边际收益产量既不同于边际收益，也不同于边际产量。边际收益反映的是总收益与销售量之间的关系；边际产量反映的是产出与生产要素投入之间的关系；而边际收益产量反映的则是总收益与生产要素投入之间的关系。

在完全竞争条件下，边际收益产量曲线 *MRP* 与边际产品价值曲线 *VMP* 是重合的，而在不完全竞争条件下，它们是分离的，边际收益产量曲线 *MRP* 位于边际产品价值曲线 *VMP* 的下方，也向右下方倾斜，表明边际收益产量曲线也要随着要素投入量的增加而下降（如图 9.11 所示）。

表 9.2 直观地反映了要素投入量的变化怎样通过影响边际产量与边际收益而影响边际收益产量，以及边际收益产量与边际产品价值的关系。

表 9.2　　不完全竞争条件下要素的边际收益产量与边际产品价值

要素投入量	总产量 Q	边际产量 MP	产品价格 P	总收益 $R = P \cdot Q$	边际收益 $MR = \Delta R/\Delta Q$	边际收益产量 $MRP = MR \cdot MP$	边际产品价值 $VMP = MP \cdot P$
1	20	20	10	200	10	200	200
2	38	18	9.05	344	8	144	163
3	54	16	8.44	456	7	112	135
4	68	14	7.94	540	6	84	111
5	80	12	7.50	600	5	60	90
6	90	10	7.11	640	4	40	71

图 9.11 中的曲线是根据表 9.2 中的数据大体转换而成。

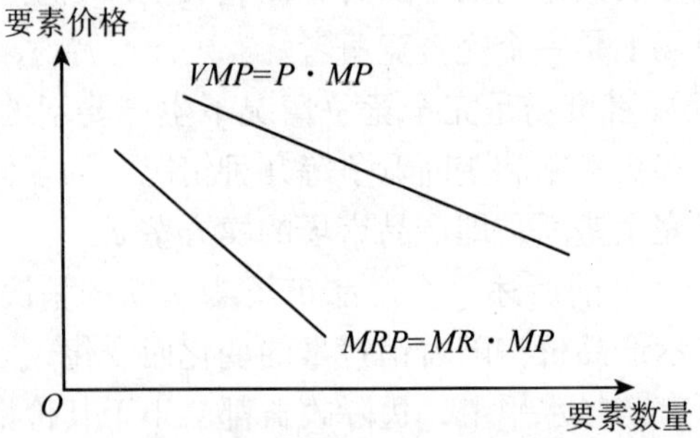

图9.11 不完全竞争条件下要素的边际收益产量和边际收益产品价值

在不完全竞争条件下，边际收益产量是影响厂商对生产要素需求的重要因素。像分析完全竞争条件下厂商对生产要素的需求那样，仍分别对单一要素投入与多要素投入等情况讨论不完全竞争条件下厂商对生产要素的需求。

在生产要素市场为完全竞争的条件下，对于单一要素投入的完全垄断者而言，要素的边际收益产量曲线 *MRP* 就是它的需求曲线。因为，垄断厂商也是根据利润最大化原则来组织生产的。对于垄断厂商而言，其利润最大化的条件为要素的边际收益产量等于要素的价格。由于厂商对于生产要素的需求曲线所反映的是要素需求量与要素价格之间的对应关系。边际收益产量曲线反映的是要素的使用量与要素的边际收益产量之间的关系。因此，在单一要素投入的情况下，要素的边际收益曲线就是厂商对于生产要素的需求曲线。

如果厂商在生产中使用多种生产要素，那么厂商对要素的需求曲线就不再是其边际收益产量曲线。假设厂商所使用的多种要素是可以相互替代的，则一种要素价格的变化将会引起生产要素之间的替代，替代效应与产出效应将改变要素的边际收益产量曲线。尽管如此，仍可以像分析完全竞争市场多要素投入的需求曲线那样分析不完全竞争市场多要素投入的需求曲线。为了分析的方便，假定厂商所投入的是两种生产要素：资本 K 和劳动 L，资本与劳动可以相互替代。以厂商对劳动的需求为例，讨论不完全竞争厂商多要素投入条件下对劳动这一生产要素的需求。分析结果如图 9. 12 所示。

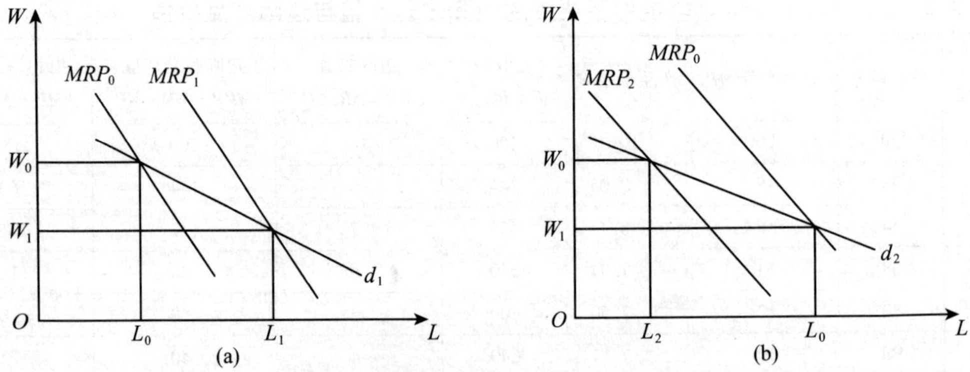

图 9. 12 不完全竞争多要素投入下厂商的要素需求曲线

图 9.12 中，当生产要素价格为 W_0、W_1 后，如果从绝对值上看，产出效应大于替代效应，则边际收益产量曲线向右移动：由 MRP_0 到 MRP_1，由此导出的需求曲线为 d_1（如图 9.12a 所示）；如果从绝对值上看，产出效应小于替代效应，则边际收益产量曲线向左移动：由 MRP_0 到 MRP_2，由此导出的需求曲线为 d_2，如图 9.12b 所示。

由图 9.12 可知，厂商对要素的需求曲线是向右下方倾斜的，表明要素的需求量与要素的价格呈反方向变化。

在根据单个厂商的要素需求曲线推导要素的市场需求曲线时，仍要像完全竞争条件下推导要素的市场需求曲线那样，首先考虑多个厂商在要素价格发生变化时同时调整的情况下推导出某一厂商的需求曲线，然后再将市场上单个厂商的要素需求进行加总。这样推导出的市场需求曲线仍然是向右下方倾斜的。

（2）要素的供给。根据前面的假设，厂商在产品市场上是完全垄断者，但在要素市场上是完全竞争者，因而其要素的价格是既定的，对单个厂商的要素供给具有完全弹性。这样，要素供给曲线就是一条平行于要素数量轴的水平线。

（3）产品市场不完全而要素市场是完全竞争情况下要素价格的决定。产品市场不完全而要素市场是完全竞争情况下要素价格的决定问题同样建立在对生产要素的需求与生产要素的供给分析的基础上。我们只需要将不完全竞争厂商对要素的需求与完全竞争厂商要素的供给结合起来就可以得到生产要素的均衡价格和均衡使用量。图 9.13 直观地显示了产品市场不完全竞争但生产要素市场是完全竞争的市场均衡状况及均衡生产要素价格和使用量的决定。

图 9.13 中，*MRP* 为要素的需求曲线，*S* 为要素的供给曲线。需求曲线 *MRP* 与供给曲线 *S* 相交于 *E* 点，*E* 为市场均衡点。在均衡点 *E*，要素的均衡价格为 W_0，要素的均衡使用量为 L_0。在完全竞争条件下，厂商对要素的需求曲线为要素的边际产品价值曲线 *VMP*。由于边际收益产量 *MRP* 小于边际产品价值 *VMP*，因而垄断厂商支付给要素的价格比完全竞争条件下所支付的要少，$W_0 < W_1$，W_1 为要素的边际产品价值。

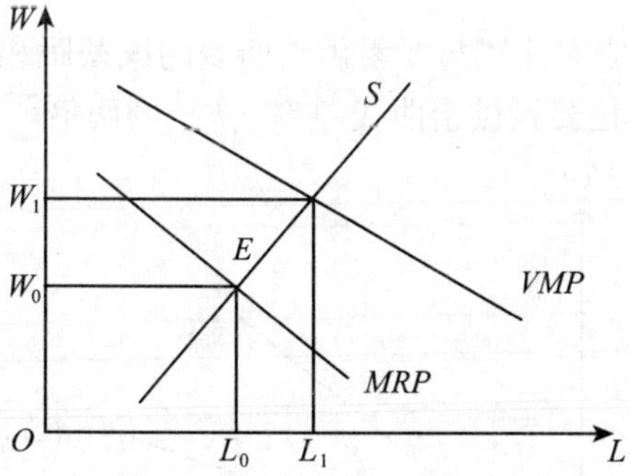

图 9.13　不完全竞争条件下要素价格的决定

英国经济学家琼·罗宾逊认为，只要厂商对所用生产要素的支付少于其边际产品价值，就意味着对生产要素所有者的剥削。图 9.13 中，OW_0 为按要素边际收益产量实际支付的价格，OW_1 为按要素的边际产品价值应支付的价格，W_0W_1 即为垄断厂商对要素所有者的剥削收入。这里的剥削完全是因为产品市场的卖方垄断引起的。因此，如果存在垄断，相对不具备垄断地位的要素所有者就只能获得低于其边际产品价值的收入。这时，不管其是劳动者还是资本所有者，都会处于被剥削的地位。

2. 生产要素市场是不完全竞争条件下生产要素的需求与供给。如果生产要素市场是不完全竞争市场，则厂商可能面临的市场状况有三种，即完全垄断、垄断竞争和寡头。当要素市场不是完全竞争时，厂商所面临的要素价格不再是一个常数。假设生产要素市场是完全垄断的，在此前提下讨论生产要素的供给，并结合厂商对生产要素的需求讨论要素均衡价格的决定。

（1）生产要素不完全竞争条件下的要素供给。在生产要素市场是完全垄断的条件下，生产要素的购买者所面临的要素供给曲线是向右上方倾斜的，表示只要垄断的买者提高生产要素的价格，就可以得到较多的生产要素供给。要素价格 W 与要素供给量 L 之间的关系可以表示为：

$$W = f(L) \tag{9.21}$$

要素的价格与要素的供给量是同方向变化的，因此 $f'(L)>0$。由于要素的价格随要素供给量的变化而变化，因而要素投入的边际成本（Marginal Cost of Input，MCI）也会随着变化。要素投入的边际成本是指增加一单位要素使用所增加的成本。

由厂商的成本函数 $C=W \cdot L+F$（F 为固定成本）可以导出投入的边际成本为：

$$MCI = \frac{dC}{dL} = f'(L) \cdot L + f(L) = \frac{dW}{dL} \cdot L + W \tag{9.22}$$

由于 $dW/dL>0$，因而 $MCI>W$。这说明，从图形上看，要素投入的边际成本曲线 MCI 位于要素供给曲线 $W=f(L)$ 之上。

如果假定要素供给函数为线性的，即

$$W = f(L) = a + bL \quad (a,b \text{ 均为常数，且 } b > 0)$$

则 $MCI = \frac{dW}{dL} \cdot L + W = bL + a + bL = a + 2bL$

可见，要素投入的边际成本曲线与要素供给曲线的纵截距相等，均为 a，但要素投入的边际成本曲线的斜率（$2b$）是要素供给曲线斜率（b）的两倍。如图 9.14 所示。

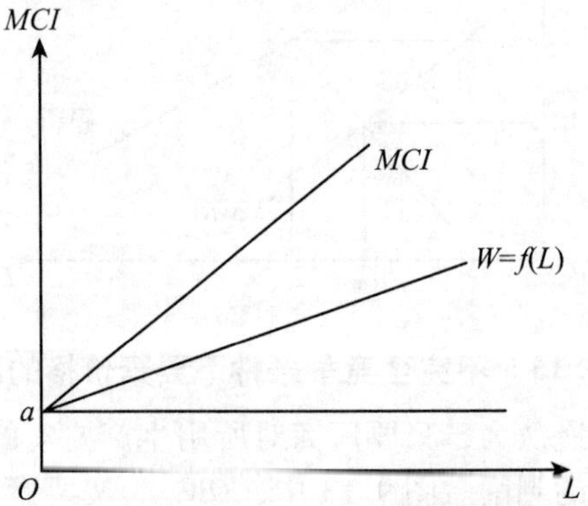

图9.14　要素投入的边际成本曲线和要素供给曲线

（2）不完全竞争条件下生产要素的均衡价格及均衡数量的决定。首先讨论单要素投入的情况。假设厂商既是产品的垄断卖者，又是生产要素的垄断买者。如前所述，作为产品市场上的垄断卖者，厂商对生产要素的需求曲线等于要素的边际收益产量曲线 *MRP*；作为生产要素市场上的垄断买者，其要素投入的边际成本曲线 *MCI* 位于要素供给曲线的上端。垄断厂商利润最大化的条件为要素投入的边际成本等于要素投入所产生的边际收益产量①，即

$$MCI = MRP \tag{9.23}$$

因此，*MCI* 曲线与 *MRP* 曲线的交点决定了垄断条件下生产要素市场的均衡。如图 9. 15 所示。

图 9. 15 中，*MCI* 与 *MRP* 的交点 *E* 为市场均衡点，与交点 *E* 相对应，要素供给曲线上有一点 *B*，与 *B* 点相对应的要素价格 W_0 为要素的均衡价格，与 *B* 点相对应的要素数量 L_0 为均衡数量。

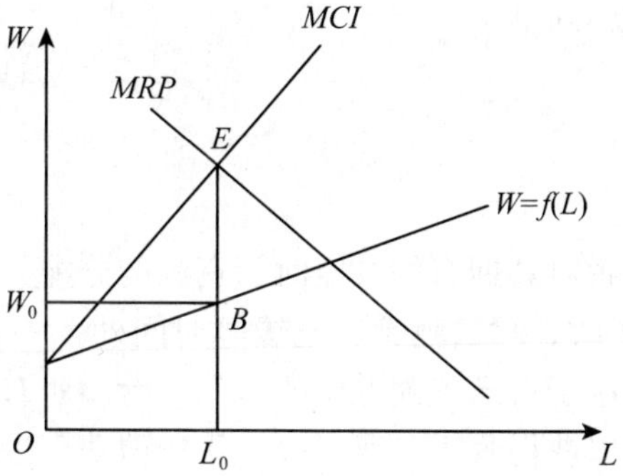

图 9. 15　垄断条件下要素市场的均衡

其次，讨论多要素投入的情况。仍然假设厂商既是产品的垄断卖者，又是生产要素的垄断买者。在多要素投入的情况下，假设要素之间可以相互替代，则要素间的相互替代不仅会影响要素的边际收益产量，而且会影响要素投入的边际成本。垄断者必须在比较各种不同要素的相对边际收益与相对边际成本的基础上，决定均衡的要素投入量，从而决定要素的均衡价格。

为了分析的方便，假设垄断厂商只使用两种生产要素：资本 *K* 和劳动 *L*，垄断者的产品需求函数为 $P = h\ (Q)$；生产函数为 $Q = f\ (K,\ L)$；劳动的供给函数为 $W = g\ (L)$；资本的供给函数为 $r = \phi\ (K)$，*r* 为资本的价格。根据这些条件可以得到垄断者的利润函数：

$$\pi = P \cdot Q - W \cdot L - r \cdot K = h(Q) \cdot Q - g(L) \cdot L - \phi(K) \cdot K \tag{9.24}$$

求（9. 24）式利润的最大值，可以得到垄断者要素投入的均衡条件为：

$$\frac{MCI_L}{MCI_K} = \frac{MP_L}{MP_K} \tag{9.25}$$

垄断者根据这一均衡条件确定生产要素的价格与生产要素的投入量。

以上考察了生产要素市场的一般原理。从厂商作为要素的买主的角度，说明了生产要素

① 厂商的利润函数为 $\pi = TR - TC = P \cdot Q - (W \cdot L + F)$，求这一复合利润函数对要素的一阶导数，并令其等于 0，可以得到 $MCI = MRP$。

的需求理论，并且分析了整个要素市场的均衡状态。通过分析说明，在要素市场上，追求最大利润的厂商在购买任何要素时必须考虑以下几个方面：（1）边际产品价值 *VMP*；（2）边际收益产量 *MRP*；（3）要素投入的边际成本 *MCI*。这些原则适用于各类要素市场，由于不同要素的供给具有不同的特点，因而需要专门进行分析。

第二节　劳动市场与工资的决定

劳动作为一种生产要素，其价格就是工资。第一节关于生产要素价格决定的一般原理完全适用于劳动市场。也就是说，工资决定于劳动市场上劳动的供求状况。厂商对劳动的需求在第一节中已经进行了分析，而劳动供给则具有自己的特征。因此，在讨论劳动市场工资的决定时，有必要专门讨论劳动的供给。

一、劳动供给曲线

劳动供给涉及劳动所有者对其拥有的既定时间资源的分配。因为，劳动者一天的小时数是一定的，即每天只有 24 小时，除去睡觉、吃饭等时间外，一旦个人决定了为厂商提供的劳动时间，同时也就确定了用于自己支配的闲暇时间。劳动所有者选择闲暇可以为自己直接增加效用，而从事劳动则可以获得收入，通过收入用于消费可以间接增加效用。因此，劳动所有者实际上并不是在闲暇与劳动之间选择，而是在闲暇与劳动收入之间进行选择。更进一步地说，是在保留自用资源与收入之间进行选择。显然，前面讨论的模型完全适用于用来分析目前面临的问题。

劳动供给曲线的推导可以用图 9.16 来说明。图 9.16（a）中，H 表示闲暇，Y 表示收入。A 为劳动所有者的初始状态，即非劳动收入与时间资源总量的组合。如果劳动价格为 W_0，则预算线为 AK_0，相应的最优点为 E_0 点。此时，劳动所有者的最优闲暇量为 H_0，从而劳动供给量为（$L-H_0$），于是得到了劳动供给曲线上的一点 E_0'（W_0，$L-H_0$）。如果劳动价格由 W_0 分别上升到 W_1 和 W_2，则相应的预算线分别为 AK_1、AK_2。AK_1、AK_2 分别与 U_1、U_2 相切，相应的切点分别为 E_1 点和 E_2 点。与切点 E_1 相对应的最优闲暇量为 H_1，劳动供给量为（$L-H_1$）；与切点 E_2 相对应的最优闲暇量为 H_2，劳动供给量为（$L-H_2$）。分别得到劳动供给曲线上的另外两点 E_1'（W_1，$L-H_1$）、E_2'（W_2，$L-H_2$）。将图 9.16（a）中的 E_0、E_1、E_2 点连接起来就得到了劳动的价格扩展线 *PEP*；将图 9.16（b）中的 E_0'、E_1'、E_2' 点连接起来则得到了劳动的供给曲线。

图 9.16 所显示的劳动供给曲线具有明显的特征，即它是一条向后弯曲的曲线。当工资水平较低时，随着工资的上升，劳动所有者会减少闲暇，增加劳动供给以获得更多的收入，劳动供给曲线向右上方倾斜。由于劳动者的时间资源是一定的，因而当工资上升到一定程度后，如当工资上涨到 W_1 时，劳动供给量达到最大。此时，如果继续提高工资，劳动供给量不仅不会增加，反而会减少。于是，劳动供给曲线从 W_1 以后向后弯曲。

劳动供给曲线向后弯曲的原因，可以用替代效应和收入效应进行解释。

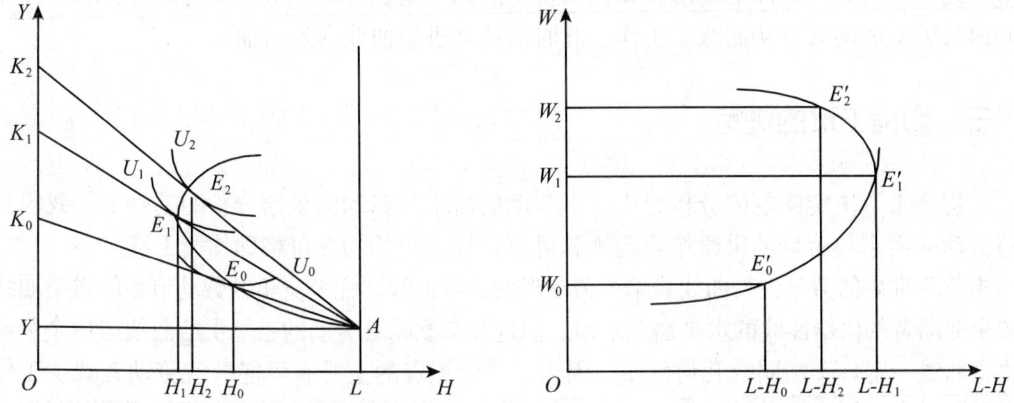

(a) 时间资源在闲暇与劳动供给时间的分配　　(b) 劳动的供给曲线

图 9.16　劳动供给曲线的推导

二、替代效应和收入效应

对于大多数商品，价格的上升会导致供给数量的增加；相反，价格的下降会使供给数量减少。此时，供给曲线向右上方倾斜。但历史证明，劳动力的供给趋势并非总是如此。当工资上升时，劳动供给有下降趋势；而当工资下降时，劳动供给有上升趋势。在美国，20 世纪的前 3/4 的时期里，实际工资提高了，而劳动者却要求并得到允许减少工作日与工作周数。而在最近的 20 年，实际工资下降了，家庭成员中每天出去赚钱的人数却增加了。

劳动的供给是劳动者对闲暇需求的对立面这一诠释，使我们对工资与劳动供给之间关系有了实质性的认识。一般的观点认为，工资提高对劳动者的休闲需求会产生两方面的效应：替代效应与收入效应。这一点提供了大量关于劳动市场的信息。

工资与休闲需求之间的关系可归结为：当工资增加时，休闲相对于消费者购买的其他商品就显得更贵。比如，如果你决定这个周末不加班，则作为增加休闲而支付的价格（机会成本），就是你所必须放弃的工资。于是我们可预期，工资的提高会使劳动者花更少的时间休闲（并且购买更多其他的商品）。因此，较高工资的替代效应会使大多数劳动者想要更多的工作。

提高商品的价格，相当于增加商品出售者的实际收入，并减少了商品购买者的实际收入。这种变化会影响个人需求商品的数量。价格变化对需求的间接效应，被称为价格变化的收入效应。相应的，较高的工资会使消费者更富有，从而可增加对大多数商品的需求，包括休闲。因此，较高工资的收入效应会使大多数劳动者想要更少的工作（即需要更多的休闲），而较低工资的收入效应会使他们想要更多的工作。

由此可以看出，对于工资上涨，有些劳动者会更多的工作，有些劳动者会更少的工作。因而对于市场总体来说，提高工资会导致更多或更少的劳动供给。对美国劳动市场的统计研究的结论是：对大多数劳动者，劳动供给对工资变化的反应并不是很强烈；对低工资的劳动者，替代效应似乎明显更有优势，因此，当工资上涨时，他们会更多的工作；对高工资的劳动者，收入效应几乎抵消了替代效应，因此，当工资上涨时，他们不会更多的工作。

因此，有可能出现以下情形，即当工资上涨到一定程度时，进一步的工资上涨，将导致人们购买更多的闲暇，从而减少工作。此时的劳动供给曲线向后弯曲。

三、均衡工资的决定

对均衡工资决定问题的分析建立在对劳动的需求与劳动的供给分析的基础上。我们只需要将劳动的需求与劳动的供给结合起来就可以得到劳动的均衡价格即均衡工资。

本节所推导的劳动供给曲线是单个劳动者的供给曲线，完全竞争的劳动市场的供给曲线可由单个劳动者的供给曲线的水平加总求得。但这并不意味着劳动的市场供给曲线与单个劳动者的供给曲线一定具有相同的几何性质。因为，尽管工资的上升有可能导致劳动者减少工作时间，但同时也有可能吸引新的劳动者加入劳工队伍。此外，从整个社会来看，很高的工资带来的收入效应超过替代效应，从而使劳动供给反方向变动的情况很少出现，因为低收入阶层在社会总人口中占有较大比例，他们的替代效应一般不大可能超过收入效应。因此，总的市场劳动供给一般还是随着工资的上升而增加，从而市场劳动供给曲线仍然是向右上方倾斜的。

将劳动的市场需求曲线与劳动的市场供给曲线结合起来，就可以决定均衡工资水平。如图 9.17 所示。

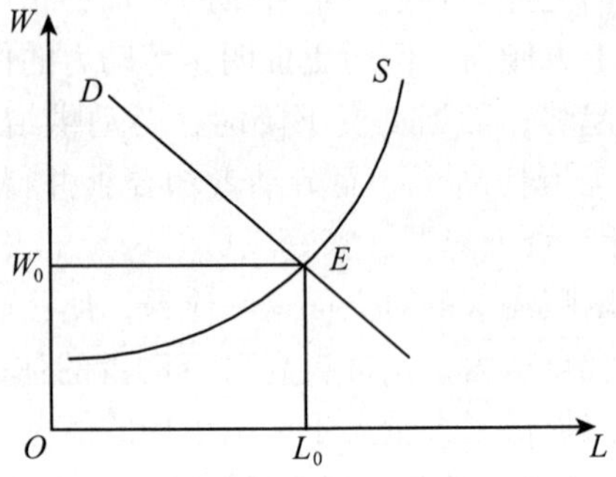

图 9.17　均衡工资的决定

图 9.17 中，劳动需求曲线 D 与劳动供给曲线 S 的交点 E 是劳动市场的均衡点，该点决定了均衡工资水平为 W_0，均衡劳动数量为 L_0。可见，均衡工资由劳动市场的供求决定，并随这两条曲线位置的变化而变化。

第三节　土地市场与地租的决定

经济学中的土地是指一切自然资源。通常假设它的数量是固定不变的，不会随着土地价格的变化而变化。当然，如果土地价格足够高的话，人们可以沿海岸造陆地、变沙漠为良田；另一方面，如果人们对土地的保护不够重视，如采用一种会破坏土壤肥力的方式耕种，也有可能减少土地的有效供应量。为了分析的简便，这里不考虑土地数量的变化，明确假定土地的自然供给是固定不变的，并在该假定下考察土地的供给。

一、土地的供给

土地的自然供给是固定不变的，但这并不意味着土地的市场供给也是固定不变的。为了研究土地的市场价格，仍然从分析单个土地所有者的供给行为开始。

假定土地所有者是一个理性的消费者，因而他在土地供给的选择上所面临的问题是：如何将他所拥有的有限的土地在保留自用与供给市场之间进行分配，以使自己的效用最大化。与劳动的供给一样，供给土地本身并不能直接带来效用。土地所有者供给土地的目的是为了获得土地收入，而土地收入可以用于各种商品的消费，从而增加效用。因此，土地所有者实际上是在土地供给可能带来的收入与保留自用土地之间进行选择，以最大化自己的效用。土地所有者在土地用途选择上所面临的效用函数可以写为：

$$U = U(Y, q)$$

式中，Y，q 分别为土地的收入和保留自用的土地数量。

与劳动供给中的闲暇的作用一样，土地所有者保留自用的土地当然也可以为其所有者带来效用，但与劳动供给不同的是，土地的保留自用通常只占土地总量的一个很小部分，可以忽略不计，因而土地所有者的效用函数可以简化为：

$$U = U(Y) \tag{9.26}$$

也就是说，效用只取决于土地收入而与土地所有者保留自用的土地数量无关。在这种情况下，土地所有者为了使其效用最大化，就必须使土地收入达到最大，而为了使土地收入最大，又必须尽可能多地供给土地。由于土地所有者所拥有的土地数量是既定的，假设为 Q_0，因而在完全竞争条件下，无论土地价格（用 R 表示）为多少，土地所有者将向市场供给他所拥有的全部土地，即土地的供给曲线是垂直的（见图 9.18）。

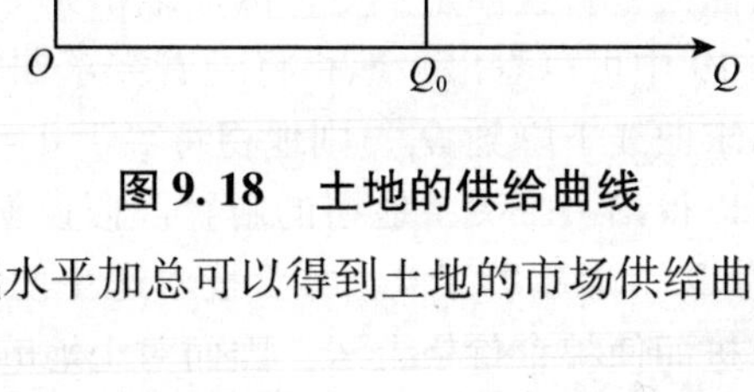

图 9.18　土地的供给曲线

将单个的土地供给曲线水平加总可以得到土地的市场供给曲线，因而土地的市场供给曲线也是垂直的。

值得注意的是，在上面的分析之所以得出土地供给曲线垂直的结论，并不完全因为土地的自然供给量是固定的，自然供给量固定只是土地供给曲线垂直的必要条件而非充分条件，而是因为假定土地只有一种用途即生产性用途，而没有自用用途。实际上，这一结论不仅适用于土地，也适用于其他资源。由此可以得出一个一般性结论：如果一种资源的自然供给量是固定不变的，而且只有一种用途，那么，该资源对该种用途的供给曲线就是垂直的。或者说，如果一种资源在某种用途上的机会成本等于零，则它对该种用途的供给曲线垂直：即使该资源的价格下降，它也不会转移到其他用途，即它的供给不会减少。

显然，假定土地除了生产性用途外没有自用用途并不完全符合实际，因为土地对土地所有者确实有某些消费性用途，尽管这些用途相对于其拥有的全部土地资源来说数量也许很小。如果将土地的自用价值也考虑进来，那么土地的供给曲线就可能不再是垂直的，而是略向右上方倾斜。当然真正意义的供给曲线是指为市场目的而提供的供给，一般不包括保留自用的部分。因而下面在分析土地的供给时，只考虑垂直的土地供给曲线。

二、地租的决定

将土地的市场需求与土地的市场供给结合起来就可以得到使用土地的均衡价格即地租。可用图 9.19 来进行说明。

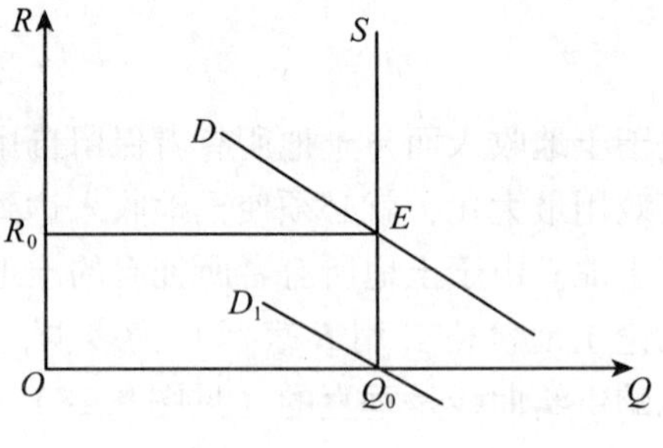

图 9.19　使用土地的均衡价格

图 9.19 中，土地需求曲线 D 与土地供给曲线 S 的交点 E 是土地市场的均衡点，该点决定了使用土地的均衡价格水平为 R_0，均衡土地使用数量为 Q_0。可见，使用土地的均衡价格由土地市场的供求决定。

当土地供给曲线垂直时，它与土地需求曲线的交点所决定的土地均衡价格常常被称为地租。此时，由于土地的供给曲线垂直且固定不变，因而地租完全由土地的需求决定，而与土地的供给曲线无关。从图 9.19 中可以看出，地租将随着需求曲线的上升而上升，随着需求曲线的下降而下降。如果需求曲线下降到 D_1，则地租将等于 0。

根据地租决定理论，可以得出一个关于地租的解释。假设初始的土地供给量固定不变，为 Q_0，对土地的需求曲线为 D_1，地租等于 0。由于技术进步使土地的边际生产力提高，或者由于人口增加使粮食需求进而使粮食价格上涨，因而对土地的需求增加，土地需求曲线向右边移动。随着土地需求曲线的向右移动，产生了地租。因此，地租产生的根本原因是土地的稀少，供给不能增加；如果给定了不变的土地供给，则地租产生的直接原因就是土地需求曲线的向右边移动。而土地需求曲线的向右移动又是因为技术进步或土地产品如粮食价格的上升。如果进一步假定技术不变，则地租就是由于土地产品如粮食价格的上升而产生的，而且会随着土地产品价格的上涨而不断增加。

三、租金、准租金和经济租金

在地租概念的基础上，可以引申出租金、准租金和经济租金等概念。

1. 租金。除了土地这一要素的供给是固定不变的以外，还有一些要素的供给也可以是固定不变的，如某些人的天赋才能。对于该类要素，价格的提高不会增加其市场供给量，价格的降低也不会减少其市场供给量。经济学家通常将这种供给数量固定不变的一般资源的价格称为租金（Rent）。也就是说，地租是指所考虑的资源特指土地时的资源的价格，而租金则是指供给固定不变的一般资源的价格。

2. 准租金。地租和租金指供给固定不变的要素的价格。显然，这里的固定不变既包括短期固定不变，也包括长期固定不变。在现实生活中，有些生产要素尽管在长期中是可变的，但在短期中却是固定不变的。例如，厂商使用的厂房等固定生产要素在短期内就是固定供给的，在短期内既不能将它从现有的用途上退出来转移到收益较高的用途上，也不能增加其供给。当然，长期中它是可以改变其用途的。这类要素的价格为准租金（Quasi－rent）。所谓准租金是指对供给量暂时固定的生产要素的支付，既固定生产要素的收益。

准租金可以用厂商的短期成本曲线来进行分析（见图9.20）。

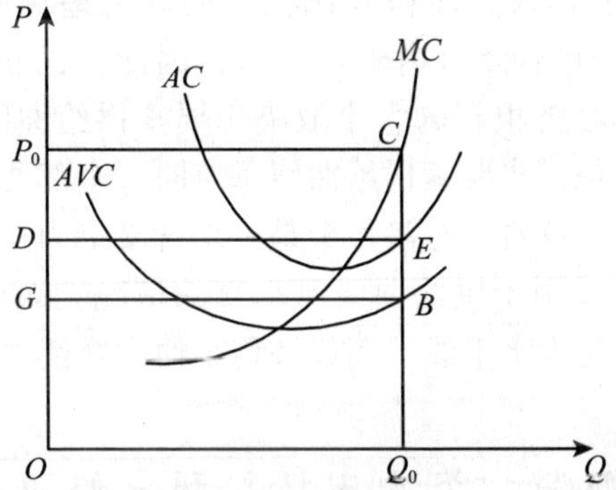

图9.20　准租金

图9.20中，MC、AC、AVC分别表示厂商的边际成本、平均成本、平均可变成本。假定产品价格为P_0，则在该价格下厂商生产的产量为Q_0，获得的总收益为面积OP_0CQ_0。这时，厂商的可变总成本为面积$OGBQ_0$，它表示厂商对生产Q_0所需要的可变生产要素量而必须作出的支付。面积GP_0CB则是固定要素获得的收入，它等于总收益减可变总成本。这就是准租金。

短期中，厂商的平均成本与可变成本之间的差额就是平均固定成本，图9.20中的面积$GDEB$就是固定总成本。显然，准租金并不就是经济利润。如果从准租金GP_0CB中减去固定总成本$GDEB$，则可以得到经济利润DP_0CE。可见，准租金等于固定总成本与经济利润之和。当经济利润大于0时，准租金大于固定总成本；当经济利润等于0时，准租金便等于固定总成本。由于经济利润并非总是正数，它有时可能小于0，因而准租金也可能小于固定总成本。

3. 经济租金。如前所述，租金的减少并不会减少固定供给要素的供给数量。或者说，要素收入的减少并不会减少该要素的供给量。许多要素的收入尽管从总体上看不同于租金，但有一部分类似于租金，即从要素总收入中减去该部分并不会影响要素的供给。通常将要素的这一部分收入称为经济租金（Economic Rent）。可见，经济租金作为要素收入的一部分，并不是吸引该要素用于当前使用所必需的，因此，经济租金可以理解为要素的当前收入超出其机会成本的部分。也就是说，经济租金等于要素收入减去机会成本。

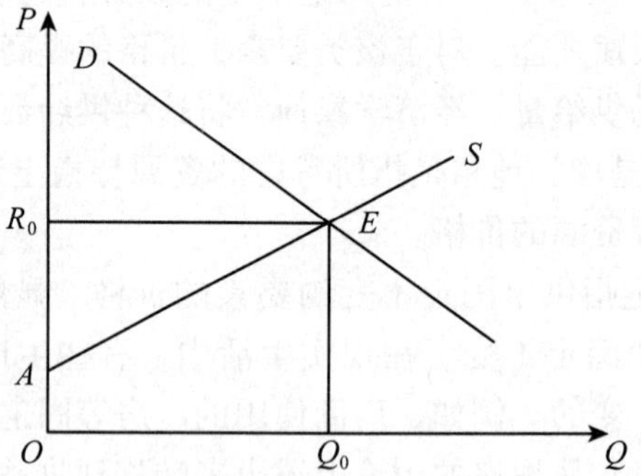

图 9.21　经济租金

可以用生产者剩余来解释经济租金。图 9.21 中，D、S 分别表示要素的需求曲线和供给曲线，要素的全部收入为面积 OR_0EQ_0。按照要素供给曲线，要素所有者为提供 Q_0 的要素所愿意接受的最低要素收入为面积 $OAEQ_0$。两者的差额即阴影部分 AR_0E 是要素的“差额”收益，即使去掉，也不会影响要素供给，因此，面积 AR_0E 为经济租金的数量。

假定需求是既定的，则经济租金的大小取决于要素供给曲线的形状。供给曲线越是陡峭，经济租金就越大。尤其是，当要素供给曲线垂直时，全部要素收入都变为经济租金，它恰好等于租金或地租。从这一点看，经济租金是一个含义更为宽泛的概念，它不仅适用于要素供给曲线垂直的情况，也适用于供给曲线不垂直的情况。而租金只是经济租金的一个特例。当然，如果要素供给曲线为水平线，则经济租金便完全消失。

第四节　资本市场与利率的决定①

资本不同于劳动、土地等生产要素，它具有以下特点：第一，资本的数量是可以改变的，它可以通过人们的经济活动生产出来；第二，它之所以被生产出来，是为了获得更多的商品和劳务；第三，它是作为投入要素，通过用于生产过程来得到更多的商品和劳务的。正因为资本

① 严格来说，资本市场不同于生产要素市场。资本市场是与商品市场、生产要素市场相并列的市场。资本市场所探讨是资金的定价问题，即利率的决定问题。由于资本定价问题是生产要素定价理论的一个重要部分，因而资本市场与生产要素市场又是紧密相连的。但生产要素定价理论是从静态的角度探讨资本的定价，即假设资本投入生产过程后像劳动一样立即取得收入，而事实上，资本投入生产过程后可能要在多年以后才能取得收入。这样，在分析带有时间因素的资本与投资市场时，根据静态条件下边际生产力的要素定价理论有其局限性。本节只从生产要素定价的角度讨论资本的定价问题。

具有这些特点，因而资本既不同于劳动和土地等生产要素，也不同于普通的消费商品，还不同于单纯的储蓄。资本可以定义为：由经济制度本身生产出来并被用作投入要素以便进一步生产更多商品和劳务的物品。本节将根据这一资本的定义来讨论资本的供给及其定价问题。

一、资本的供给

由于资本的数量是可以变化的，即它可以通过人们的经济活动生产出来。单个的个人完全可以在不影响任何其他人资本拥有量的前提下来增加自己的资本资源。例如，消费者可以进行储蓄，即将其收入的一部分保留不用于当前的消费，以增加其拥有的资本数量。消费者可以用其储蓄的收入去购买资本的所有权如股票、债券等，当储蓄者购买股票或债券时，其他人则得到一笔所需要的资金用于生产性投资如建造厂房、购置机器等。总之，单个人的资本数量由于储蓄而增加，由于负储蓄而减少。

正因为资本的数量是可以改变的，因而必须首先确定最优的资本拥有量，然后在此基础上讨论既定最优资本量的供给问题。既定最优资本拥有量的供给问题与劳动、土地等要素的供给一样，也涉及要素供给和保留自用之间的最优分配问题。而最优资本拥有量的确定问题就是确定最优储蓄量的问题。

资本所有者进行储蓄以增加资本拥有量，其目的是为了在将来获得更多的收入，从而有可能在将来进行更多的消费。因此，既定收入在消费和储蓄之间的分配问题实际上就是收入在现在消费和未来消费之间的选择问题。

收入在现在消费和未来消费之间的选择问题涉及消费者的跨时期选择。为了分析的简便，假设只有一种商品，只有今年和明年，消费者可以将其商品借入和借出。在此假定前提下，我们采用消费者行为模型来分析消费者在今年和明年之间的消费选择，也就是所谓消费者的长期消费决策。

就像消费者在两种商品之间有一个偏好一样，他在今年消费和明年消费之间也有一个偏好，这一偏好可以用图 9. 22 中的无差异曲线 U_1、U_2、U_3 来表示。无差异曲线 U_1、U_2、U_3 在这里表示的是给消费者带来同等满足的今年消费的商品量与明年消费的商品量的各种组合，它也向右下方倾斜，并且凸向原点，离原点越远的无差异曲线所代表的效用水平越高。无差异曲线向右下方倾斜表明：为了保证总效用水平不变，消费者减少今年消费的商品量就必须增加明年消费的商品量，反之亦然。无差异曲线凸向原点是因为今年消费对明年消费的“边际替代率”递减。

图 9. 22 中，横轴 C^0 表示今天的消费，纵轴 C^1 表示明年的消费。AB 为预算线，表示消费者能够达到的现在与未来消费的各种组合。假设消费者的初始状态为预算线上的 D 点，此时，今年的消费量为 C_0^0，明年的消费量为 C_0^1。处于 D 点的消费者可以借出一部分他今年将要消费的商品，也可以借入一部分别人今年要消费的商品。如果他所面临的市场利率为 r，则他减少一单位商品今年的消费就可以增加 $1+r$ 个单位商品明年的消费。也就是说，预算线的斜率必定为 $-(1+r)$。显然，预算线一定通过消费者的初始状态 D 点，沿着预算线向右下方移动意味着借入，向右上方移动意味着借出（即储蓄）；而且，预算线的斜率完全由市场利率 r 确定，随着 r 的增加而变得陡峭。如果消费者将在明年消费的商品提前到今年

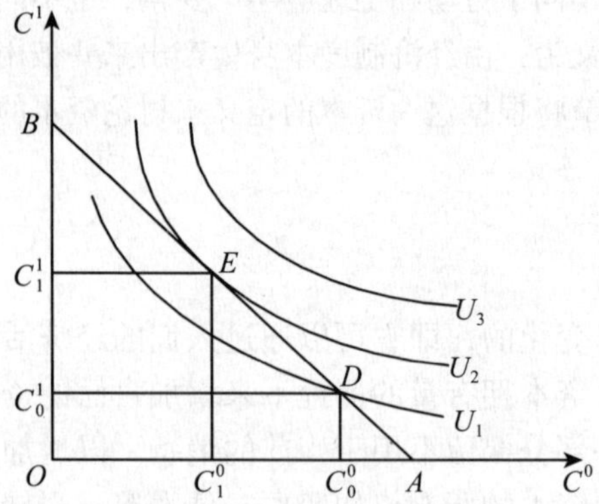

图 9.22　长期消费决策

消费，则他今年可能有的最大消费量为：

$$OA = C_0^0 + \frac{C_0^1}{1 + r}$$

将消费者今年消费与明年消费的无差异曲线与预算线结合起来，可以得到消费者在今年消费与明年消费中的最优选择为无差异曲线与预算线的切点 E 点。此时，今年消费为 C_1^0，明年消费为 C_1^1。将消费者的初始状态 D 点与均衡状态 E 点进行比较，可以看出，处于 D 点的消费者尽管今年拥有的商品量为 C_0^0，但却只打算消费 C_1^0，而将 $C_0^0 - C_1^0$ 部分储蓄起来，并按利率 r 借出，从而使明年的消费量由 C_0^1 增加到 C_1^1。

由上面的分析可知，只要给定一个市场利率，就可以得出消费者今年的最优消费量及最优的储蓄量或贷出量。假定消费者的收入水平不变，利率上升，则预算线会绕着初始点 D 按顺时针方向旋转至新的位置，从而将与另一条无差异曲线相切，得到另一个均衡点及最优消费量和储蓄量。随着利率的不断变动，就可以得到一系列均衡点以及不同的最优消费量和储蓄量组合。将这些均衡点连接起来可以得到一条储蓄或贷款供给曲线。如图 9.23 所示。图 9.23 中，横轴 S 表示储蓄或贷款。

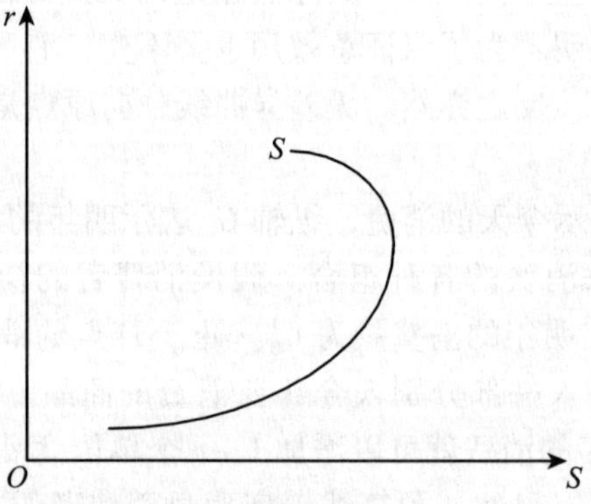

图 9.23　贷款供给曲线

改变利率相当于改变今年消费与明年消费的相对价格。具体地说，提高利率相当于提高今年的消费价格，降低明年的消费价格。利率的变动所引起的消费数量的变动也可以分为两部分：替代效应和收入效应。当利率上升时，替代效应趋向于减少今年的消费、增加明年的消费，即替代效应趋向于鼓励储蓄；与此同时，收入效应则趋向于增加今年的消费、减少明年的消费，即收入效应趋向于减少储蓄。利率下降时的效应恰好相反。这样，利率变动的总效应是不确定的。一般来说，随着利率的上升，人们的储蓄会被诱使增加，从而曲线向右上方倾斜。但与劳动供给曲线相类似，当利率处于很高的水平时，贷款供给曲线也可能出现向后弯曲的现象。

二、均衡利率的决定

利率是一种价格，即使用别人的资本而必须支付的价格。因此，将资本的市场需求与资本的市场供给结合起来就可以得到使用资本的均衡价格即利率。

第一节已经分析过，厂商对要素的需求曲线是向右下方倾斜的，厂商对资本的需求也不例外。在前面贷款供给曲线的分析中，略去了作为资本供给者的企业等经济主体，这一简化对资本的供给性质并无实质性的影响，因而可以使用前面消费者贷款供给曲线来表示资本的供给。用图 9.24 来分析均衡利率的决定。

图 9.24 中，D 为资本的需求曲线，S 为资本的供给曲线，D 和 S 的交点 E_0 为资本市场的均衡点，该点决定的利率 r_0 为均衡利率水平，资本数量 Q_0 为均衡资本使用量。如果资本的供求由于经济条件的变化而发生移动，则均衡利率和均衡资本数量都将发生变化。一般来说，在经济衰退时期，厂商的预期利润下降，厂商将减少对资本的需求，资本的需求曲线将向左边移动，在贷款资本供给不变的条件下，将会降低市场均衡利率。如果厂商对资本的需求不变，政府增加货币供给量，则会使贷款资本供给曲线向右移动，从而降低市场均衡利率。

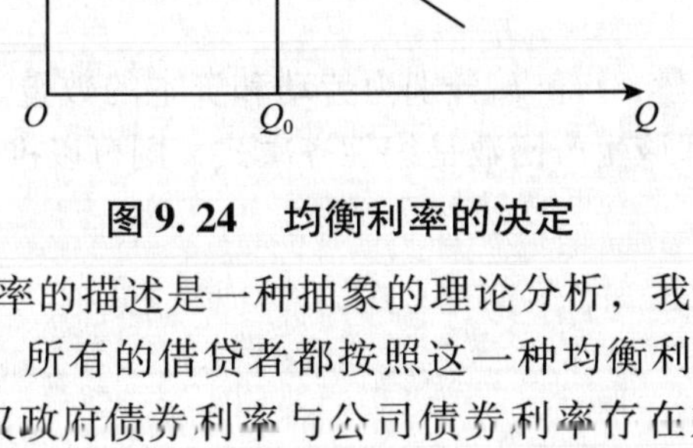

图 9.24　均衡利率的决定

图 9.24 中关于均衡利率的描述是一种抽象的理论分析，我们不能由此认为经济中只存在一种均衡的市场利率，所有的借贷者都按照这一种均衡利率进行借贷。事实上，市场利率是多种多样的。不仅政府债券利率与公司债券利率存在差别，即使政府债券也因

期限不同而存在利率的差别。至于公司债券，其利率的差别更大。导致这种差异的原因主要是期限和风险。一般而言，在其他条件完全相同时，期限越长，利率越高；风险越大，利率越高。

第五节 欧拉定理

根据前面的分析可知，要素的价格由它的市场供给与市场需求共同决定。在完全竞争条件下，要素价格对于单个厂商而言是外生给定的，厂商的要素使用原则为：要素的边际产品价值等于要素价格。也就是说，要素所有者按照要素的市场价格取得报酬。那么，根据这一原则，全部要素取得的实际报酬是否恰好等于社会总产品？这一问题由欧拉定理得到了说明。

一、欧拉定理

欧拉定理是指产品分配净尽定理。它说明了：在完全竞争条件下，如果规模报酬不变，按要素的边际产品进行分配，恰好能分配完社会总产品，既不多，也不少。反之，则会出现社会总产品按要素的边际产品分配之后，有剩余或者不够分配的情况。

假设市场是完全竞争的，社会只生产一种产品，其价格为1；生产该产品仅使用两种劳动 L 和资本 K 两种要素，对这两个要素中的每一个要素所支付的报酬数量分别等于它的边际产品价值 $L \cdot MP_L$、$K \cdot MP_K$，如果规模报酬不变，那么劳动 L 和资本 K 的收入合计等于总产品吗？换句话说，假设整个社会的总产品为 Q，那么（9.27）式是否存在？

$$Q = L \cdot MP_L + K \cdot MP_K \tag{9.27}$$

如果（9.27）式成立，则意味着社会的全部产品按边际生产力分配，正好足够分配给两种生产要素。这一结论就是产品分配净尽定理。由于该定理的证明应用到数学上的欧拉定理，因而又被称为欧拉定理。

可以用只使用两种生产要素的生产函数来说明欧拉定理。如果只使用劳动 L 和资本 K，那么生产函数为：

$$Q = f(L,K) \tag{9.28}$$

（9.28）式中，Q 为产量，L 和 K 分别为劳动和资本的数量。如果进一步假定该函数符合规模报酬不变的条件，即该生产函数是线性齐次式，则可以推导出如下结果：

$$Q = L \cdot \frac{\partial Q}{\partial L} + K \cdot \frac{\partial Q}{\partial K} \tag{9.29}$$

这一结果就是欧拉定理。(9.29) 式①中，$\partial Q/\partial L$ 表示劳动的边际产品即 MP_L，$\partial Q/\partial K$ 表示资本的边际产品即 MP_K。因此，欧拉定理说明了在所给定的条件下，全部产品正好足够分配给劳动要素 L 和资本要素 K。

二、规模报酬变动条件下的产品分配

产品分配净尽定理（欧拉定理）只有在规模报酬不变（生产函数为线性齐次式）的条件下才成立。如果规模报酬递增，则产品不够分配给各个生产要素。如果规模报酬递减，则产品分配给各个生产要素后还有剩余②。

也就是说，在规模报酬递增的情况下，有

$$Q < L \cdot (\partial Q/\partial L) + K \cdot (\partial Q/\partial K)$$

而在规模报酬递减的情况下，则有

$$Q > L \cdot (\partial Q/\partial L) + K \cdot (\partial Q/\partial K)$$

如果全部产品不够分配或者分配之后还有剩余，为了使各生产要素都能得到各自的边际产品作为报酬，社会必须有某种机构调剂余缺，即补足不够的部分，取走剩余的部分。

---

① 欧拉定理的数学推导如下。设生产函数为 $Q=f(L, K)$，由于该函数为线性齐次式，因而如果对函数中的每一自变量均乘以 $1/L$，则有：$Q/L=f(L/L, K/K)=f(1, k)=\Phi(k)$　　$(k=K/L)$

式中，k 为资本—劳动比率或人均资本，Q/L 为人均产量，它是人均资本 k 的函数。

现在用新的函数 $\Phi(k)$ 及其 $\Phi'(k)$ 导数来表示劳动及资本的边际产品：

$$\frac{\partial Q}{\partial L}=\frac{\partial[L\cdot\Phi(k)]}{\partial L}=\Phi(k)+L\cdot\frac{\mathrm{d}\Phi(k)}{\mathrm{d}(k)}\cdot\frac{\mathrm{d}k}{\mathrm{d}l}=\Phi(k)+L\cdot\Phi'(k)\cdot\frac{\mathrm{d}k}{\mathrm{d}l}$$

$$=\Phi(k)+L\cdot\Phi'(k)\cdot(-\frac{K}{L^2})=\Phi(k)+L\cdot\Phi'(k)$$

$$\frac{\partial Q}{\partial K}=\frac{\partial[L\cdot\Phi(k)]}{\partial K}=L\cdot\frac{\partial\Phi(k)}{\partial K}=L\cdot\frac{\mathrm{d}\Phi(k)}{\mathrm{d}K}\cdot\frac{\partial k}{\partial K}=L\cdot\Phi'(k)\cdot\frac{1}{L}=\Phi'(k)$$

借助于上面的两个表达式，容易证明欧拉定理：

$$L\cdot\frac{\partial Q}{\partial L}+L\cdot\frac{\partial Q}{\partial K}=L\cdot[\Phi(k)+k\cdot\Phi'(k)]+K\cdot\Phi'(k)$$
$$=L\cdot\Phi(k)-K\cdot\Phi'(k)+K\cdot\Phi'(k)$$
$$=L\cdot\Phi(k)=Q$$

② 设生产函数 $Q=f(L, K)$ 为 γ 齐次，则有 $Q=L^{\gamma}\Phi(k)$，因而有

$$\partial Q/\partial K=L^{\gamma-1}\cdot\Phi'(k)$$

$$\partial Q/\partial L=\gamma\cdot L^{\gamma-1}\cdot\Phi(k)-L^{\gamma-1}\cdot k\cdot\Phi'(k)$$

于是：

$$L\cdot(\partial Q/\partial L)+K\cdot(\partial Q/\partial K)=\gamma\cdot L^{\gamma}\Phi(k)=\gamma\cdot Q$$

显然，当报酬递增 $(\gamma>1)$ 时，有 $L\cdot(\partial Q/\partial L)+K\cdot(\partial Q/\partial K)>Q$

当报酬递减 $(\gamma<1)$ 时，有 $L\cdot(\partial Q/\partial L)+K\cdot(\partial Q/\partial K)<Q$

第六节　洛伦兹曲线与基尼系数

本章前面几节探讨的是生产要素的价格决定问题，生产要素价格决定理论是分配理论的一个重要部分，但并不构成分配论的全部内容。除了生产要素价格决定之外，分配论还包括收入分配的不平等程度等。

在判断一个社会收入（或财产）分配的平均程度时，洛伦兹曲线是最常用的工具，基尼系数是最常用的指标。

一、洛伦兹曲线

洛伦兹曲线（Lorenz Curve）是美国统计学家洛伦兹（M. Q. Lorenz）提出的分析社会收入分配平均程度的一种方法。

洛伦兹首先将一国总人口按收入由低到高排列，然后考虑收入最低的任意百分比所得到的收入百分比，最后将这样得到的人口累计百分比和收入累计百分比的对应关系描绘在图形上，就得到了洛伦兹曲线（见图 9. 25）。

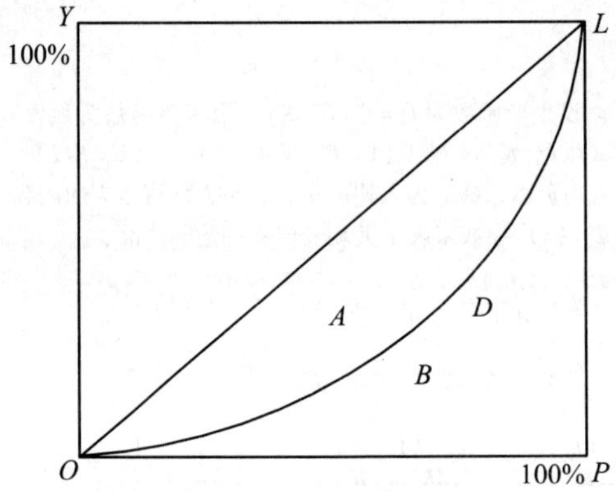

图 9. 25　洛伦兹曲线

图 9. 25 中，横轴 *OP* 表示人口（按收入由低到高分组）累计百分比，纵轴 *OY* 表示收入（或财产）的累计百分比（从收入最少的人开始计算），*ODL* 为洛伦兹曲线。连接原点 *O* 与对角 *L* 的 45°直线 *OL* 为绝对平均线。在这条线上，任何一点的横坐标和纵坐标都相等。这意味着从社会上最穷的人开始计算，总人口中最穷的 5% 人口拥有全社会总收入（或总财产）的 5%，总人口中最穷的 10% 人口拥有全社会总收入（或总财产）的 10%，等等。总之，社会中最穷的人口所拥有的收入（或财产）在全社会总收入（或总财产）中所占的比例，与这些人口在总人口中所占的比例是相同的。这意味着社会的收入（或财产）分配是绝对平均的。*OPL* 为绝对不平均线。*OP* 线上的任何一点的纵坐标都等于 0，这意味着除了 *PL* 线代表的最后一个人以外，其他人的收入（或财产）都是 0，社会所有的收入（或财产）

都归最富有的那一个人所拥有。

由于洛伦兹曲线位于绝对平均线 *OL* 与绝对不平均线 *OPL* 之间，显然，洛伦兹曲线的弯曲程度就具有重要的意义。洛伦兹曲线的弯曲程度越大，即 *ODL* 离绝对不平均线 *OPL* 越近，收入分配程度越是不平等；相反，洛伦兹曲线的弯曲程度越小，即 *ODL* 离绝对平均线 *OL* 越近，收入分配程度就越是平等。特别是，如果收入分配绝对不平均，则洛伦兹曲线 *ODL* 与绝对不平均线 *OPL* 重合；如果收入分配绝对平均，则洛伦兹曲线 *ODL* 与绝对平均线 *OL* 重合。

一般来说，一个国家的收入分配既不是绝对不平均，也不是绝对平均，而是介于两者之间。相应的，洛伦兹曲线既不是绝对不平均线 *OPL*，也不是绝对平均线 *OL*，而是像 *ODL* 那样向横轴凸出，但凸出的程度有所不同。

二、基尼系数

基尼系数（Gini Coefficient）是指衡量一个国家贫富差距的指标。它是由意大利经济学家基尼（C. Gini）根据洛伦兹曲线作出的衡量收入分配平等程度的指标。

根据洛伦兹曲线可知，收入分配越不平均，洛伦兹曲线就越是向横轴凸出，从而洛伦兹曲线与绝对平均线 *OL* 之间的面积就越大。因此，可以将洛伦兹曲线与绝对平均线 *OL* 之间的部分 *A* 叫做“不平均面积”。当收入分配绝对不平均时，洛伦兹曲线（变为绝对不平均线 *OPL*）与绝对平均线 *OL* 之间的部分即 $A+B$，就是“绝对不平均面积”。其中，*B* 为实际收入（或财产）分配曲线与绝对不平均曲线之间的面积。不平均面积与绝对不平均面积之比，称为基尼系数。如果用 *G* 表示基尼系数，则有

$$G = \frac{A}{A+B} \tag{9.30}$$

显然，如果 $A=0$，则 $G=0$，收入（或财产）分配绝对平均；如果 $B=0$，则 $G=1$，收入（或财产）分配绝对不平均。实际的基尼系数一般位于 0 与 1 之间。基尼系数越小，收入（或财产）分配越平均；基尼系数越大，收入（或财产）分配越不平均。

利用洛伦兹曲线和基尼系数可以分析收入（或财产）分配的平均程度，但其前提条件是要明确多大的收入（或财产）分配差距是合理的。

案例 1　中国职业足球运动员高收入现状的经济学分析

目前，中国职业足球运动员的收入大致由三部分组成：基本工资、奖金和个人额外收入。在这三部分中，工资和奖金由俱乐部支付，个人的额外收入主要是指一些足球运动员出席各种促销或者形象代言的收益。多数俱乐部会将足球运动员分为 2～4 个档次，足球运动员按照各自的档次对号入座。几乎所有俱乐部都有一些年薪制足球运动员，他们大都是各个球队的中坚力量，自然是队中待遇最高的。有了中超以后，俱乐部之间的竞争更加激烈，准备在中超上一搏的俱乐部，普遍给主力运动员涨了工资。此外，队中其他一些主力足球运动

员因俱乐部不同，收入相差也较大。

同国外职业足球相比，中国职业足球运动员的竞赛成绩差，但工资收入占本国人均收入的比例呈畸形状态（见表1）。

从表1可见，世界各国足球运动员的收入都要远远高于本国的人均收入，在这点上各国是无差别的。英超足球运动员的平均年薪为40万英镑，而英国的人均年收入为1.5万英镑，英超足球运动员的收入是英国人均收入的28倍；在德国，甲级足球俱乐部足球运动员的平均年收入是一般工薪阶层的14倍；韩国是17倍。反差最大的是中国，中国足球运动员比韩国足球运动员平均收入差距并不大，但中国的人均收入还不到900美元，这样算起来，中国足球运动员的收入竟比韩国足球运动员高了10倍有余，是本国的人均收入的130倍。另一方面，中国足球水平是最低的，不仅落后于足球发达的欧美国家，而且，大大低于亚洲的韩国和日本。到目前为止，中国在足球水平不高、足球产业很不发达的情况下，足球运动员的收入与国内人均收入的比例已经到了严重失衡的地步。

表1　　各国顶级联赛主力足球运动员年收入情况对照一览

	国内人均年收入（万美元）	国际足联2003年11月排名	足球运动员平均年收入（万美元）	国内与人均收入比（倍）
韩　国	1	22	17	17
英　国	2.6	8	75	28
法　国	2.7	2	30	11
西班牙	1.8	3	42	23
日　本	3.8	28	37	9
美　国	2.2	12	8	3
德　国	3	9	42	14

资料来源：孙可："中国运动员收入太离谱，竟是人均收入的120倍"，北京娱乐信报，2003年12月9日。

分析：

1. 中国足球运动员的高收入属于经济租金。租金是对一种供给相对固定的生产要素的支付。如果对一种生产要素的支付，超过了为使该要素投入使用所需要的最低限度费用，其超过部分就称为经济租金。只有当投入要素的价格超过保留价格时，才支付经济租金。由于这一回报超出了使用该投入要素所需的费用，有时候人们称经济租金是不应得的。如果这一租金的部分或全部以税收形式被征走，不会导致资源配置的改变。以图1为例，从理论上来解释足球运动员的经济租金是怎样确定的。

假定参加中超的足球运动员的数目是固定的，还假定如果薪水少于30万元人民币，足球运动员将另找工作。这些足球运动员的供给曲线在价格为30万元人民币时是呈水平的，然后成为垂直的。其中的30万元人民币是从事职业足球的机会成本，也可看成是足球运动员的保留价格。任何超过这一水平的回报，就是经济租金。从图1可知，需求和供给曲线的交点发生在100万元人民币上，说明足球运动员的经济租金是70万元。

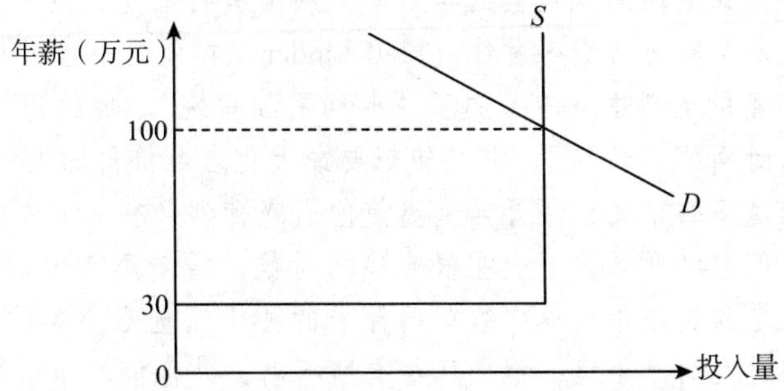

图 1　职业足球运动员的经济租金

2. 中国足球市场供不应求的状况是足球运动员获取高额经济租金的原因之一。在市场经济条件下，足球运动员价格的高低取决于市场上的供需均衡状况：当供不应求时，足球运动员价格上升；当供过于求时，足球运动员价格下降。

如图 2，假设足球市场最初的需求曲线为 D_0，供给曲线为 S_0，均衡价格为 P_0。现在由于需求量扩大，而供给方面由于在短时间内足球运动员的供给数量增长有限，供给曲线相对不变。需求曲线由 D_0 移到 D_1，这一移动对足球运动员均衡价格的影响是显而易见的。当需求曲线移到 D_1 时，在该价格水平上就会出现（OQ_1—OQ_0）的短缺，即在该价格上需求量超过供给量（OQ_1—OQ_0），经过市场的反应和反复调整后，价格将会稳定在 OP_1 上。鉴于中国足球市场供不应求的现状，足球运动员的经济租金相对较高。

资料来源：刘建刚、连桂红：《中国科技论坛》2005 年第 1 期。

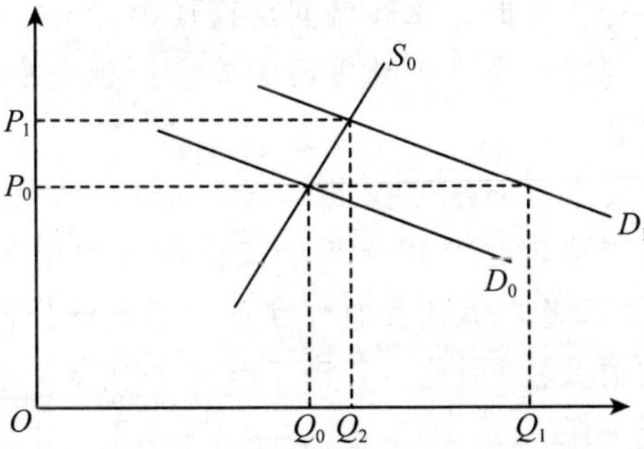

图 2　足球市场需求与供给所决定的均衡价格

案例 2　收入效应：时间比金钱更宝贵吗?

由于压力的苦恼，越来越多的人说他们认为时间变得比金钱更加珍贵，而且他们正试图将生活节奏放慢下来……美国人说他们已经十分疲惫。但疲惫正显示出其矛盾性。尽管他们比前一代或前两代人赚更多的钱，有更多的休闲时间，在娱乐上有更多的花费，并更热衷于节省时间与有效率的技术，但他们却格外有压力。这个矛盾的潜在原因是多种多样的。许多美国人，尤其是已婚妇女，现在比过去花费了更多的时间在工作上——尽管他们削减了在家中的工作量。全球经济竞争加剧而形成的焦虑，已经将许多人推向边缘，更不用说与工作有关的传真、邮件或便携式电话闯入人们的生活——从厨房到家庭小型货车的各个角落。

除此之外……经济学家史蒂文·林德（Steff Linder）在他的一本叫做《休闲被掠夺的阶级》的书中认为，丰富的生活本身就造成了“时间更加短缺”。他的论据是：生产力提高了人们花费在工作上的时间的“价值”，并且使想要最大化自身价值的人们工作得更多。

然而，如今越来越多的市民已经开始远离使他们感受到只有很少或根本没有自己支配的时间的生活秩序。他们已经开始，至少在很冷静的时候，重新思考他们的私人空间与需求。在一次由美国新闻杂志和波泽尔世界广告公司开展的关于新生活质量的深入的问卷调查中，一半的美国人说，在过去的五年里，他们已经有所行动，使他们的生活简单化——明显的行动如搬入社区，过着更平静的生活，缩短他们的工作时间，减少他们的约束或期待及减少提升与进步。

分析：

上述案例实际上是要回答以下问题：为何工资上涨会减少劳动供给，而工资降低反而增加劳动供给呢？根据前面的分析，工资上涨会同时产生替代效应和收入效应。如果仅有替代效应的作用，则工资上涨就真的会促使人们工作更长的时间，因为闲暇的高价格使得闲暇变得不那么具有吸引力了。这一推理忽略了收入效应。

更高的工资使工人可用更少的劳动时间来维持家用。因此，工人能够购买更多的闲暇，而不会降低生活水平。为维持家庭的生活水平不变，他必须寻求更长时间的工作，其配偶也许不得不把孩子送到保育所，自己去工作。

这样，工资上涨的强收入效应，可以解释劳动供给反应的方向“错误”：实际工资上涨时，工作时间减少；而当工资下降时，工作时间反而增加。

工资提高对劳动者的休闲需求会产生两方面的效应：替代效应与收入效应。这一结论提供了大量有关劳动市场的信息。

工资与休闲需求之间的关系可归结为：当工资增加时，休闲相对于消费者购买的其他商品就显得更贵。比如，如果你决定这个周末不加班，则作为增加休闲而支付的价格（机会成本），就是你所必须放弃的工资。于是我们可预期，工资的提高会使劳动者花更少的时间休闲（并且购买更多其他的商品）。因此，较高工资的替代效应会使大多数劳动者想要更多的工作。

提高商品的价格，相当于增加商品出售者的实际收入，并减少了商品购买者的实际收入。这种变化会影响个人需求商品的数量。价格变化对需求的间接效应，被称为价格变化的收入效应。相应的，较高的工资会使消费者更富有，从而可增加对大多数商品的需求，包括休闲。因此，较高工资的收入效应会使大多数劳动者想要更少的工作（即需要更多的休闲），而较低工资的收入效应会使他们想要更多的工作。

由此可以看出，对于工资上涨，有些劳动者会更多的工作，有些劳动者会更少的工作。因而对于市场总体来说，提高工资会导致更多或更少的劳动供给。对美国劳动市场的统计研究的结论是：对大多数劳动者，劳动供给对工资变化的反应并不是很强烈；对低工资的劳动者，替代效应似乎明显更有优势，因此，当工资上涨时，他们会更多的工作；对高工资的劳动者，收入效应几乎抵消了替代效应，因此，当工资上涨时，他们不会更多的工作。

因此，有可能出现以下情形，即当工资上涨到一定程度时，进一步的工资上涨，将导致人们购买更多的闲暇，从而减少工作。

资料来源：威廉·J·鲍莫尔、艾伦·S·布林德：《经济学原理与政策》，北京大学出版社2006年版。

[关键概念]

引致需求　边际产品价值　边际收益产品　租金　准租金　经济租金　欧拉定理　基尼系数　洛伦兹曲线

[复习题]

1. 试述完全竞争厂商使用要素的原则。
2. 为什么劳动供给曲线可能是向后弯曲的?
3. 如何从厂商的要素需求曲线推导出市场的要素需求曲线。
4. 试述消费者的要素供给原则。

[补充阅读材料]

1. 黄亚钧、郁义鸿：《微观经济学》，高等教育出版社2000年版。
2. 平新乔：《微观经济学十八讲》，北京大学出版社2001年版。
3. 曼斯菲尔德：《微观经济学》（第七版），诺顿公司1991年版。
4. 威廉·J·鲍莫尔、艾伦·S·布林德：《经济学原理与政策》，北京大学出版社2006年版。
5. K. F. 齐默尔曼：《经济学前沿问题》，中国发展出版社2004年版。

第十章

一般均衡理论与福利经济学

【学习目的和要求】

通过本章的学习，要求掌握局部均衡和一般均衡的区别和联系，了解简单的一般均衡模型的基本公式，理解帕累托最优状态及其实现条件，通过效用可能性边界导出社会福利函数的基本形状及其含义。

【内容提要】

1. 局部均衡考察单个市场均衡价格和均衡数量的决定，而一般均衡研究所有市场均衡价格和均衡数量的决定。一般均衡模型包括三类方程：消费者对商品和厂商对要素的需求均衡、厂商对商品和消费者对要素的供给方程、商品市场和要素市场的均衡方程。

2. 当完全竞争的经济实现了价格和产量的一般均衡时，所有的帕累托改进都不存在，此时的资源配置便达到帕累托最优状态。实现帕累托最优状态的条件是：交换的最优条件、生产的最优条件以及生产与交换的最优条件。

3. 社会福利状况可通过社会福利函数（或社会无差异曲线）来表示，将效用可能性边界与社会无差异曲线相结合，可得到社会福利最大化的均衡点。

4. 阿罗不可能定理表明，由于社会偏好次序可能相互矛盾，不具有传递性，因此，根据个人偏好不能得出合理的社会偏好次序，从而也就不存在合理的社会福利函数。

在前面章节中，我们所采用的都是局部均衡分析方法。即假定单个主体之间、市场之间是相互独立、互不影响的，在此前提下，讨论单个市场上某一种商品或某一种生产要素价格的决定。这种研究所得出的结论是：某一市场的需求和供给曲线共同决定了该市场的均衡价格和均衡数量。这种分析方法可以使人们对市场有一个简单的认识，但却脱离了现实世界。实际上，单个主体、单个市场之间是相互联系、相互影响的。因此，本章将采用一般均衡分析，即在承认各经济主体决策行为相互影响的前提下，分析所有商品与生产要素价格之间是如何相互影响、并最终同时达到均衡的。

第一节　一般均衡理论

一、局部均衡与一般均衡

局部均衡（Partial Equilibrium）分析方法是指将单个市场孤立起来，只考察某个市场均衡价格和均衡数量决定的研究方法，即假定该市场的变动不影响其他市场，其他市场也不影响该市场。这种研究方法的局限是它忽略了市场之间的相互影响，而正是这种影响使得单个市场联结为一个整体，构成市场经济。

为了更好地理解整个经济体系中各个不同市场的相互作用过程，需要借助于一般均衡分析方法。一般均衡（General Equilibrium）分析方法要求将所有市场放在一起，同时研究所有市场均衡价格与均衡产量决定的方法。

为了简化起见，考察一个简化的市场经济。在该经济中，只有四个市场，即两个要素市场——石油市场及其替代要素煤市场，两个产品市场——以石油为投入品的汽油市场及其互补品汽车市场。

假设所有市场最初都处于均衡状态，D 和 S 分别表示初始状态的需求曲线和供给曲线，各市场的均衡价格和均衡数量均由 P_0、Q_0 表示（当然，不同市场的 P_0、Q_0 表示的是不同的产品或要素，其数值大小也不一定相同），如图 10.1 所示。

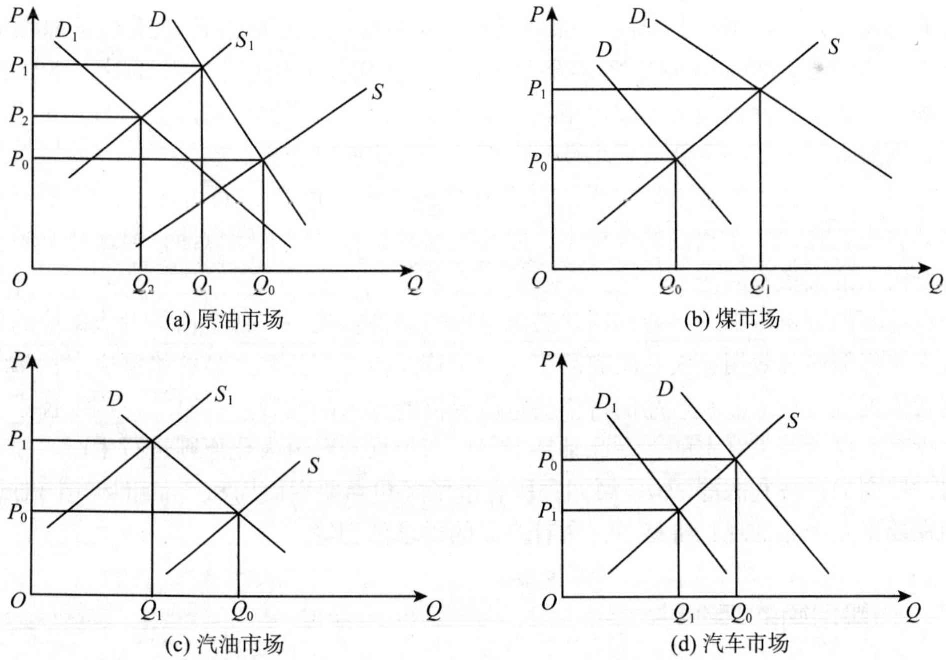

图 10.1　石油及其相关市场的均衡

在图 10.1（a）中，假定原油的供给由于某种非价格因素的影响而减少，其供给曲线由 S 向左边移动到 S_1。如果采用局部均衡分析方法，即不考虑各个市场之间的相互影响，那么供给曲线的左移将使原油价格上升到 P_1，原油产量下降到 Q_1，P_1 和 Q_1 分别为新的均衡价格和均衡数量。如果采用一般均衡分析方法，即考虑到各个市场之间的相互影响，那么，原油供给曲线移动到 S_1 后，将会引起其他市场的调整，其他市场的调整又会反过来引起原油市场价格和数量的调整，这样，原油市场就不一定在 P_1 和 Q_1 的水平上实现均衡。

根据一般均衡分析方法，原油供给曲线移动到 S_1 使原油价格上升到 P_1 后，由于原油是汽油的投入要素，首先会引起汽油的成本增加，从而使汽油的供给减少，汽油的供给曲线向左移动，在图 10.1（c）中由 S 移动到 S_1。如果对汽油的需求保持不变，则汽油供给曲线向左移动到 S_1 后与原来的需求曲线 D 会形成新的交点，从而决定了新的均衡价格为 P_1，新的均衡数量为 Q_1。显然，新的均衡价格 P_1 高于原来的价格 P_0，新的均衡数量 Q_1 则低于原来的数量 Q_0。

由于汽油和汽车是互补品，因而汽油价格的上涨会使汽车的数量减少。也就是说，汽车的需求曲线会由于汽油价格的上升而向左边移动，在图 10.1（d）中由 D 移动到 D_1。结果是使汽车的均衡价格下降到 P_1，均衡数量减少到 Q_1。

另外，由于煤是原油的替代品，因而当原油的价格上升后，对煤的需求会增加，煤的需求曲线会向右边移动，在图 10.1（b）中由 D 移动到 D_1。结果是使煤的均衡价格上升到 P_1，均衡数量增加到 Q_1。

综合来看，原油供给减少引起原油价格上升后，对其他市场会产生一系列连锁反应：汽油和煤的价格上升、汽车的价格下降。所有这些变化又会反馈到原油市场，从而使原油市场再一次进行调整。可以预期，这四个市场最终会达到一个新的均衡，这一新的均衡由新的供求曲线的交点决定。如图 8.1a 所示，最终的结果是原油的需求曲线移动到 D_1，原油的价格上升到 P_2，均衡数量减少到 Q_2，而不是原来的 P_1 和 Q_1。原油市场价格的这一变化又会对其他市场产生影响，使其他市场的价格发生变化并反过来对原油市场产生影响。如此不断循环，一直到所有的市场都重新实现均衡——新的一般均衡时为止。

在这里，我们假设原油市场中原油需求曲线向左移动到 D_1，而实际上，它完全有可能向右移动。也就是说，在我们的分析中，曲线的移动具有一定的随意性，但这并不影响到例子本身所揭示的市场本质。

根据前面的分析可知，一般均衡状态满足如下条件：第一，每个消费者依据他的偏好和预算线来选择能使其效用最大化的商品组合，预算线由投入品和产品的价格决定；第二，每个消费者依据现行投入品和产品的价格决定所提供的投入品的数量；第三，假设技术、产品需求、投入品供给等是既定的，在此条件下，厂商根据利润最大化原则进行生产，而且从长期来看，厂商的经济利润等于 0；第四，所有市场（包括要素市场和产品市场）同时达到均衡，即在要素及产品的现行价格下，所有商品的供求都相等。

二、一般均衡的存在性

根据一般均衡分析方法，任何一种商品的供求实际上不仅取决于该商品本身价格的高低，而且还取决于其他商品价格的高低。因此，每一种商品的供求都可以看成是所有价格的函数。现在的问题是：是否存在一组均衡价格，在该价格体系上，所有商品的供求均相等？这就是所谓一般均衡的存在性问题。

法国经济学家瓦尔拉斯（L. Walras）在经济学说史上最先认识到一般均衡问题的重要性，第一个提出了一般均衡的数学模型并试图解决一般均衡的存在性问题，并对一般均衡的唯一性、稳定性及最优性等问题进行了探讨。阿罗（K. Arrow）、德布鲁（G. Debreu）等许多经济学家也证明了，在一组相当宽泛的条件下，可以实现市场均衡。尽管不同学者提供的一般均衡模型所要求的假定条件有一定的差别，但一般主要包括以下条件：

（1）所有市场都是完全竞争市场。也就是说，所有产品都是同质的；市场上存在大量的买者和卖者，单个经济主体对厂商的影响非常小，可以忽略不计；信息是完全的；不存在市场进出的障碍，经济主体可以自由进出市场；交易费用为0。

（2）每个消费者都是产品需求者和要素供给者，他们将其从要素供给中所获得的收入全部用于消费，并在一定的约束条件下追求效用最大化。

（3）每个厂商则是要素的需求者和产品的供给者，它们在生产函数的约束下追求利润最大化，且边际收益递减，即不存在规模收益递增，厂商的等产量线凸向原点。

（4）不考虑中间产品，只考虑最终产品的生产和交换。

一般均衡是存在的，但一般均衡存在是否意味着均衡一定是唯一的？由于只有相对价格才会影响消费者、厂商、资源所有者的决策，因此，如果所有市场在一组价格下是均衡的，那么，当所有的价格同比例上升或同比例下降时，市场仍然是均衡的。经济学家证明了，在一定条件下，存在唯一的一组相对价格可以实现一般均衡。

三、简单的一般均衡模型

一般均衡模型最先是由瓦尔拉斯建立起来的。它的一般均衡体系按照由简到繁的路线，首先假定资本积累、货币流通不变，不考虑生产因素，只考察交换的一般均衡，然后，逐一放松假设，分别讨论了生产的一般均衡、生产与交换的一般均衡，并将这一对实物经济的分析推广到对货币经济的分析。瓦尔拉斯的一般均衡模型提出来之后，在很长时间里被人们所接受。20 世纪 20 ~ 30 年代以后，这种情况才有所改变。许多经济学家运用集合论、拓扑学等数学方法证明，一般均衡体系只有在极其严格的假设条件下才可能存在均衡解。由于关于一般均衡存在性的现代证明涉及高深的、复杂的数学工具，详细的论述超出了本书的范围，因而本章只介绍简单的一般均衡模型。

1. 模型的基本假定。简单的一般均衡模型建立在一系列基本假设之上，这些基本假设主要有：

（1）经济由两个部门组成，即一个生产部门、一个消费部门。所有的生产均由生产部门即厂商完成，所有投入品均由消费者即居民户提供，没有中间产品。

（2）整个经济中有 H 个居民户，每个居民户都是商品的需求者和要素的供给者。它从要素供给中获得收入，其全部收入都来自要素供给。它在要素收入的约束下根据效用最大化原则将其全部收入用于购买各种商品，没有储蓄也没有负债；其偏好即效用函数为既定不变。

（3）整个经济中有 K 个厂商，每个厂商都是要素的需求者和商品的供给者。它在生产函数的约束下生产各种商品以使利润最大化；没有投资和中间产品，生产函数为既定不变。根据以上假设，一般均衡模型中包含三类方程：即消费者对商品及厂商对要素的需求方程，厂商对商品及消费者对要素的供给方程，商品市场和要素市场的均衡方程。这三类方程也就是消费者对商品的需求及对要素的供给方程，厂商对要素的需求及对商品的供给方程，商品市场和要素市场的均衡方程。

2. 消费者对商品的需求及要素的供给。假设用 Q_{ih}（$i=1, 2, \cdots, r$）表示单个居民户 h 对第 i 种产品的需求，则 h 对所有产品的需求量分别为 Q_{1h}，Q_{2h}，…，Q_{rh}；用 Q_{jh}（$j=r+1, r+2, \cdots, n$）表示单个居民户 h 对第 j 种要素的供给，则 h 对所有要素的供给量分别为 $Q_{(r+1)h}$，$Q_{(r+2)h}$，…，Q_{nh}。由于居民户的全部收入来自要素供给，而且产品市场和要素市场均为完全竞争市场，因而居民户 h 的全部收入等于 $P_{r+1}Q_{(r+1)h}+P_{r+2}Q_{(r+2)h}+\cdots+P_nQ_{nh}$（$P_{r+1}$，$P_{r+2}$，…，$P_n$ 分别为各种要素的价格）。居民户在各种商品上的支出为 $P_1Q_{1h}+P_2Q_{2h}+\cdots+P_rQ_{rh}$。据此可以得到居民户 h 的效用函数及其预算线为：

$$U_h = U_h(Q_{1h}, Q_{2h}, \cdots Q_{rh}; Q_{(r+1)h}, Q_{(r+2)h}, \cdots, Q_{nh}) \tag{10.1}$$

$$P_1Q_{1h} + P_2Q_{2h} + \cdots + P_rQ_{rh} = P_{r+1}Q_{(r+1)h} + P_{r+2}Q_{(r+2)h} + \cdots + P_nQ_{nh} \tag{10.2}$$

根据消费者行为理论，居民户 h 要在预算约束（10.2）的条件下，选择最优的商品消费量以使其效用函数（10.1）达到最大，满足效用最大化原则的最优消费量是价格的函数（参见第二章消费者行为理论）。因此，居民户 h 对每种产品的需求量取决于所有的产品和要素价格，即整个经济的价格体系。据此可以得到居民户 h 对各种产品的需求函数：

$$\begin{aligned} Q_{1h} &= Q_{1h}(P_1, P_2, \cdots, P_r; P_{r+1}, P_{r+2}, \cdots, P_n) \\ Q_{2h} &= Q_{2h}(P_1, P_2, \cdots, P_r; P_{r+1}, P_{r+2}, \cdots, P_n) \\ &\cdots \\ Q_{rh} &= Q_{rh}(P_1, P_2, \cdots, P_r; P_{r+1}, P_{r+2}, \cdots, P_n) \end{aligned} \tag{10.3}$$

同样，居民户对每种要素的供给量也取决于所有的产品价格和要素价格，即整个经济的价格体系。因而也可以得到居民户 h 对各种要素的供给函数：

$$\begin{aligned} Q_{(r+1)h} &= Q_{(r+1)h}(P_1, P_2, \cdots, P_r; P_{r+1}, P_{r+2}, \cdots, P_n) \\ Q_{(r+2)h} &= Q_{(r+2)h}(P_1, P_2, \cdots, P_r; P_{r+1}, P_{r+2}, \cdots, P_n) \\ &\cdots \\ Q_{nh} &= Q_{nh}(P_1, P_2, \cdots, P_r; P_{r+1}, P_{r+2}, \cdots, P_n) \end{aligned} \tag{10.4}$$

将市场上所有居民户即 H 个居民户对每种产品的需求进行加总，就得到了每种产品的市场需求。每种产品的市场需求也是整个经济的价格体系的函数，即：

$$\begin{aligned} Q_1^d &= Q_1^d(P_1, P_2, \cdots, P_r; P_{r+1}, P_{r+2}, \cdots, P_n) \\ Q_2^d &= Q_2^d(P_1, P_2, \cdots, P_r; P_{r+1}, P_{r+2}, \cdots, P_n) \\ &\cdots \\ Q_r^d &= Q_r^d(P_1, P_2, \cdots, P_r; P_{r+1}, P_{r+2}, \cdots, P_n) \end{aligned} \tag{10.5}$$

（10.5）式中，Q_i^d 为第 i 种产品的市场需求，$Q_i^d = \sum Q_{ih}$（$i = 1, 2, \cdots, r$）

同样，将市场上所有 H 个居民户对每种要素的供给进行加总，就得到了每种要素的市场供给。每种要素的市场供给也是整个经济的价格体系的函数，即：

$$Q_{r+1}^s = Q_{r+1}^s(P_1, P_2, \cdots, P_r; P_{r+1}, P_{r+2}, \cdots, P_n) \quad (10.6)$$
$$Q_{r+2}^s = Q_{r+2}^s(P_1, P_2, \cdots, P_r; P_{r+1}, P_{r+2}, \cdots, P_n)$$
$$\cdots$$
$$Q_n^s = Q_n^s(P_1, P_2, \cdots, P_r; P_{r+1}, P_{r+2}, \cdots, P_n)$$

（10.6）式中，Q_j^s 为第 j 种产品的市场供给，$Q_j^s = \sum Q_{jh}$（$j = r+1, r+2, \cdots, n$）

3. 厂商对要素的需求及商品的供给。假设用 Q_{ik}（$i = 1, 2, \cdots, r$）表示单个厂商 k 对第 i 种产品的供给，则 k 对所有产品的供给量分别为 Q_{ik}，Q_{2k}，$\cdots$，Q_{rk}；用 Q_{jk}（$j = r+1, r+2, \cdots, n$）表示单个厂商 k 对第 j 种要素的需求，则 k 对所有要素的需求量分别为 $Q_{(r+1)k}$，$Q_{(r+2)k}$，$\cdots$，Q_{nk}。厂商的收入来自产品供给即出售产品之后所得到的收益，由于产品市场和要素市场均为完全竞争市场，因而厂商 k 的全部收入等于 $P_1Q_{rk} + P_2Q_{2k} + \cdots + P_rQ_{rk}$。厂商 k 购买各种要素的支出为 $P_{r+1}Q_{(r+1)k} + P_{r+2}Q_{(r+2)k} + \cdots + P_nQ_{nk}$。据此可以得到厂商 k 的利润函数为：

$$\pi_k = P_1Q_{ik} + P_2Q_{2k} + \cdots + P_rQ_{rk} - (P_{r+1}Q_{(r+1)k} + P_{r+2}Q_{(r+2)k} + \cdots + P_nQ_{nk}) \quad (10.7)$$

（10.7）式中，π_k 为利润函数。

根据生产者行为理论，厂商生产的目的是为了使利润最大化。在（10.7）式中，厂商为了获得最大利润，必须不断扩大产出，或者减少投入。而投入与产出之间存在一定的依存关系，这种依存关系可以用生产函数来表示：

$$Q_{1k} = Q_{1k}(Q_{(r+1)k}, Q_{(r+2)k}, \cdots, Q_{nk}) \quad (10.8)$$
$$Q_{2k} = Q_{2k}(Q_{(r+1)k}, Q_{(r+2)k}, \cdots, Q_{nk})$$
$$\cdots$$
$$Q_{rk} = Q_{rk}(Q_{(r+1)k}, Q_{(r+2)k}, \cdots, Q_{nk})$$

这就是说，厂商实际上是在（10.8）式的约束下，使利润函数（10.7）式最大化。据此我们可以得到厂商 k 的产品的供给函数。厂商 k 对产品的供给量取决于所有产品和要素的价格即整个价格体系，即：

$$Q_{1k} = Q_{1k}(P_1, P_2, \cdots, P_n) \quad (10.9)$$
$$Q_{2k} = Q_{2k}(P_1, P_2, \cdots, P_n)$$
$$\cdots$$
$$Q_{rk} = Q_{rk}(P_1, P_2, \cdots, P_n)$$

同样，厂商 k 对每种要素的需求量也取决于所有产品和要素价格，即整个经济的价格体系。据此可以得到厂商 k 对各种要素的需求函数：

$$Q_{(r+1)k} = Q_{(r+1)k}(P_1, P_2, \cdots, P_r; P_{r+1}, P_{r+2}, \cdots, P_n) \quad (10.10)$$
$$Q_{(r+2)k} = Q_{(r+2)k}(P_1, P_2, \cdots, P_r; P_{r+1}, P_{r+2}, \cdots, P_n)$$

…

$$Q_{nk} = Q_{nk}(P_1, P_2, \cdots, P_r; P_{r+1}, P_{r+2}, \cdots, P_n)$$

将市场上所有厂商即 K 个居民户对每种产品的供给进行加总，就得到了每种产品的市场供给。每种产品的市场供给也是整个经济的价格体系的函数，即：

$$Q_1^s = Q_1^s(P_1, P_2, \cdots, P_r; P_{r+1}, P_{r+2}, \cdots, P_n) \quad (10.11)$$
$$Q_2^s = Q_2^s(P_1, P_2, \cdots, P_r; P_{r+1}, P_{r+2}, \cdots, P_n)$$
…
$$Q_r^s = Q_r^s(P_1, P_2, \cdots, P_r; P_{r+1}, P_{r+2}, \cdots, P_n)$$

（10.11）式中，Q_i^s 为第 i 种产品的市场供给，$Q_i^s = \sum Q_{ik}(i = 1,2,\cdots,r)$

同样，将市场上所有 K 个厂商对每种要素的需求进行加总，就得到了每种要素的市场需求。每种要素的市场需求也是整个经济的价格体系的函数，即：

$$Q_{r+1}^d = Q_{r+1}^d(P_1, P_2, \cdots, P_r; P_{r+1}, P_{r+2}, \cdots, P_n) \quad (10.12)$$
$$Q_{r+2}^d = Q_{r+2}^d(P_1, P_2, \cdots, P_r; P_{r+1}, P_{r+2}, \cdots, P_n)$$
…
$$Q_n^d = Q_n^d(P_1, P_2, \cdots, P_r; P_{r+1}, P_{r+2}, \cdots, P_n)$$

（10.12）式中，Q_j^d 为第 j 种要素的市场需求，$Q_j^d = \sum Q_{jk}(j = r+1, r+2, \cdots, n)$

4. 商品市场和要素市场的一般均衡。根据前面的分析可知，消费者和厂商分别是产品和要素的需求者，它们对产品及要素的需求构成市场的需求方面；同时，消费者和厂商又分别是要素和产品的供给者，它们对要素及产品的供给构成市场的供给方面。

已知所有 r 个产品市场的需求函数为（10.5）式，所有 $n-r$ 个要素市场的需求函数为（10.12）式。如果将产品和要素笼统地看成为商品，则整个经济就共有 n 种商品（r 种产品，$n-r$ 种要素），n 种商品价格。这 n 种商品的需求函数因而可以简单地表示为 n 种商品价格的函数，即：

$$Q_1^d = Q_1^d(P_1, P_2, \cdots, P_n) \quad (10.13)$$
$$Q_2^d = Q_2^d(P_1, P_2, \cdots, P_n)$$
…
$$Q_n^d = Q_n^d(P_1, P_2, \cdots, P_n)$$

或者表示为：

$$Q_i^d = Q_i^d(P_1, P_2, \cdots, P_n) \quad (i = 1,2,\cdots,n) \quad (10.14)$$

已知所有 r 个产品市场的供给函数为（10.11）式，所有 $n-r$ 个要素市场的供给函数为（10.6）式。同样也将产品和要素笼统地看成为商品，则整个经济体系的 n 种商品（r 种产品，$n-r$ 种要素）的需求函数可以简单地表示为 n 种商品价格的函数，即：

$$Q_1^s = Q_1^s(P_1, P_2, \cdots, P_n) \quad (10.15)$$
$$Q_2^s = Q_2^s(P_1, P_2, \cdots, P_n)$$

$$\cdots$$

$$Q_n^s = Q_n^s(P_1, P_2, \cdots, P_n)$$

或者表示为：

$$Q_i^s = Q_i^s(P_1, P_2, \cdots, P_n) \quad (i = 1, 2, \cdots, n) \tag{10.16}$$

要使整个经济体系处于一般均衡状态，就必须使所有 n 种商品市场都同时达到均衡，也就是使所有 n 种商品的市场需求和市场供给都相等，用公式表示为：

$$\begin{aligned} Q_1^d(P_1, P_2, \cdots, P_n) &= Q_1^s(P_1, P_2, \cdots, P_n) \\ Q_2^d(P_1, P_2, \cdots, P_n) &= Q_2^s(P_1, P_2, \cdots, P_n) \\ &\cdots \\ Q_n^d(P_1, P_2, \cdots, P_n) &= Q_n^s(P_1, P_2, \cdots, P_n) \end{aligned} \tag{10.17}$$

5. 瓦尔拉斯关于一般均衡存在性的证明。在（10.17）式中，一共有 n 个方程，同时也有 n 个变量，即 n 个价格 P_1，P_2，…，P_n 需要决定。瓦尔拉斯证明了，存在一组价格，使这 n 个方程存在一组有意义的均衡解。

瓦尔拉斯认为，由于在这 n 种价格中，有一种如第一种商品可以被作为一般等价物，可以令 $P_1=1$，因而其他 $n-1$ 种价格就是它们各自与作为一般等价物的第一种商品交换的比率。这样，均衡条件中的未知变量就只有 $n-1$ 种价格。

如果用 P_1，P_2，…，P_n 分别去乘（10.17）中的第1式、第2式、…、第 n 式，则有：

$$P_i \cdot U_i^d = P_i \cdot Q_i^s \quad (i = 1, 2, \cdots, n)$$

然后将这 n 个等式进行加总，可以得到一个恒等式：

$$\sum P_i \cdot Q_i^d = \sum P_i \cdot Q_i^s \tag{10.18}$$

因为（10.18）式的两边都代表同一个社会交易量。该恒等式被称为瓦尔拉斯定律。由瓦尔拉斯定律可知，一般均衡条件（10.17）式中的 n 个联立方程并不都是相互独立的，其中有一个方程如第一个方程可以从其余的 $n-1$ 个方程中推导出来。因而，瓦尔拉斯定律可以写为如下形式：

$$P_1 \cdot Q_1^d + \sum P_i \cdot Q_i^d = P_1 \cdot Q_1^s + \sum P_i \cdot Q_i^s$$

如果在一般均衡条件中，所有从2到 n 的其余 $n-1$ 个等式均成立，则上式可以简化为：

$$P_1 \cdot Q_1^d = P_1 \cdot Q_1^s$$

即：$Q_1^d = Q_1^s$

这就是说，第一个方程成立。

可见，在一般均衡条件中，需要决定的未知数是 $n-1$ 个（即 $n-1$ 种价格），独立方程也是 $n-1$ 个。瓦尔拉斯认为，这 $n-1$ 个独立方程可以唯一地决定 $n-1$ 个未知数（即 $n-1$ 种价格）。由此可以得出结论：存在一组使所有市场的供给与市场的需求都恰好相等的价格，即整个经济体系的一般均衡是存在的。

第二节　一般均衡与效率

一般均衡模型强调各个经济领域之间和各个市场之间存在着相互依存关系，并提供了完全竞争经济的概貌。完全竞争是好是坏？一般均衡是否具有效率？要回答这些问题，必须研究什么是经济效益，判断经济效益的标准是什么，实现经济效益必须具备哪些条件等问题。

一、经济效益的判断标准

评价各种不同的资源配置以及对各种不同资源配置状态进行比较需要一种标准，西方经济学家提出了若干标准，每一种标准都存在一定的缺陷。其中为微观经济学所采用的一个非常著名的标准，是帕累托最优状态标准，简称帕累托标准（Pareto Criterion）。

利用帕累托最优状态标准，可以对资源配置状态的任意变化进行“好”与“坏”的判断：如果既定的资源配置状态的任意改变使得社会中至少有一个人的状况变好，同时又没有使任何其他人的状况变坏，则认为这种资源配置状态的变化是“好”的；否则就是“坏”的。以帕累托标准衡量为“好”的状态改变被称为帕累托改进。

就一个经济体系而言，帕累托最优状态的含义是：当一个完全竞争的经济实现了价格与产量的一般均衡时，所有的帕累托改进均不存在，即在某种既定的资源配置状态，没有一个经济实体（如居民户、厂商）能使自己的状况变好而不使其他某个经济实体的状况变坏。反之，如果对于某种既定的资源配置状态，还存在帕累托改进，即在该状态下，某种改变可以使至少一个人的状况变好而不会使任何其他人的状况变坏，则这种状态就不是帕累托最优状态。

帕累托最优状态又被称为经济上有效率（Economically Efficient）。满足帕累托最优状态就是有经济效益的；否则，就是缺乏经济效益的。

达到帕累托最优状态需要一些条件，这些条件包括交换的最优条件、生产的最优条件、生产与交换的最优条件等。

二、交换的帕累托最优条件

交换的帕累托最优条件与交换的一般均衡条件联系在一起。交换的一般均衡（General equilibrium of Exchange）是指当社会生产状况既定、收入分配状况既定（生产要素的禀赋既定）条件下，通过要素所有者之间的交换使得交易者达到效用最大化的均衡状况。

为了分析达到交换的一般均衡必须具备的条件，先考察既定数量的两种产品在两个消费者之间的交易。假定两个消费者分别为 A 和 B，进行交易的两种产品分别为 X 和 Y，相应的，其既定的数量分别为 X_0 和 Y_0，A、B 两人都追求效用最大化。可以用一种被称之为埃奇渥斯盒状图（Edgweworth box Diagram）的分析工具来描述这两种产品 X、Y 在 A、B 两个消费者之间的交易。19 世纪末期，英国经济学家埃奇渥斯（F. Y. Edgeworth）使用无差异曲线等分析工具，描述了两个交易者之间的交易，建立了该盒状图，该盒状图因而得名。见图 10.2。

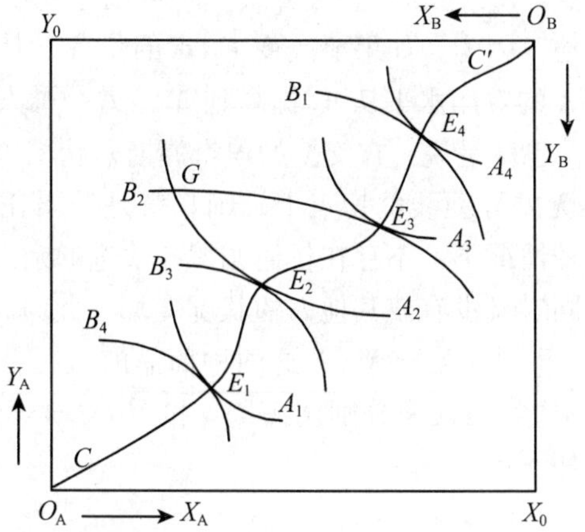

图 10.2　交换的帕累托最优

图 10.2 是将 A、B 两人的无差异曲线图合并到一起而得到的结果。图中，盒子的水平长度表示整个经济中 X 的既定数量 X_0，盒子的垂直高度表示经济中另一种产品 Y 的既定数量 Y_0。O_A 为消费者 A 的原点，即 A 的无差异曲线的原点，O_B 为消费者 B 的原点即 B 的无差异曲线的原点。从 O_A 水平向右测量消费者 A 对 X 的消费量 X_A，从 O_A 垂直向上测量消费者 A 对 Y 的消费量 Y_A；而从 O_B 水平向左测量消费者 B 对 X 的消费量 X_B，从 O_B 垂直向下测量消费者 B 对 Y 的消费量 Y_B。显然，对于盒子中的任意一点，如 G，G 点所对应的消费者 A 的消费量为（X_A，Y_A）的组合，消费者 B 的消费量为（X_B，Y_B），而且，有

$$
\begin{aligned}
X_A + X_B &= X_0 \\
Y_A + Y_B &= Y_0
\end{aligned}
\tag{10.19}
$$

对于 A、B 两人来说，两者都是离原点越远，其无差异曲线所代表的效用水平越高。因此有 $A_1 < A_2 < \cdots < A_n$；$B_1 < B_2 < \cdots < B_n$。

假设 A、B 两人对于两种产品 X、Y 的最初分配状况在图 10.2 中的 G 点，由于假定效用函数是连续的，因而 G 点必然处于消费者 A 的某条无差异曲线上，同时也处于消费者 B 的某条无差异曲线上，设同时处于无差异曲线 A_2 和 B_2 上即 A_2 和 B_2 的交点上。容易看出，G 点不是一个均衡点，也不是帕累托最优状态。因为，在 G 点通过交换使 A、B 双方获利的机会还存在，双方通过交换至少可以使得至少一方的效用水平提高而不会同时降低另一方的效用水平。例如，从 G 点变动到 E_3 点，则消费者 A 的效用水平从无差异曲线 A_2 提高到 A_3，而消费者 B 的效用水平并没有变化，仍然处于无差异曲线 B_2 上。因此，G 点仍然存在帕累托改进的可能。当然，可以从 G 点变动到 E_2 点，则消费者 A 的效用水平不变，仍然处于无差异曲线 A_2 上，但消费者 B 的效用水平却提高了，从无差异曲线 B_2 提高到 B_3。还可以让 G 变动到 E_2 与 E_3 之间的某一点，这样，消费者 A 和 B 的效用水平都会提高。可见，在交换的埃奇渥斯盒状图中，如果一种资源分配状态处于消费者 A 和 B 的两条无差异曲线的交点上，

则它就不可能是帕累托最优状态，因为在此情况下，总存在帕累托改进的余地。

如果 A、B 两人对于两种产品 X、Y 的最初分配状况处于消费者 A、B 两条无差异曲线的切点，如图 10.2 中的 E_2 点，E_2 点是一个均衡点，而且也达到了帕累托最优状态，此时不存在任何帕累托改进的余地。因为，如果要改变 E_2 点的位置，其结果是：如果一个人的效用水平提高了，如消费者 A 的效用水平从 A_2 提高到 A_3，另一个人的效用水平就会下降，如消费者 B 从 B_3 降低到 B_2。也就是说，在交换的埃奇渥斯盒状图中，如果一种资源分配状态处于消费者 A 和 B 的两条无差异曲线的切点上，则它就是帕累托最优状态，并称之为交换的帕累托最优状态。在这种情况下，不存在任何帕累托改进的余地，即任何改变都不能既使至少一个人的状况变好而同时又没有使其他人的状况变坏。此时，消费者 A、B 两人的无差异曲线的斜率相等，即 A、B 两人关于 X、Y 这两种商品的边际替代率相等。假设对于消费者 A、B 来说，X 代替 Y 的边际替代率分别用 MRS_{XY}^{A} 和 MRS_{XY}^{B} 来表示，则交换的帕累托最优状态条件可以用公式表示如下：

$$MRS_{XY}^{A} = MRS_{XY}^{B} \tag{10.20}$$

在交换的埃奇渥斯盒状图中，消费者 A 和 B 的无差异曲线的切点有多个，将所有这些切点连接起来，得到了一条曲线 CC'。这条曲线被称为契约曲线（Contract Curve）或效率曲线。它表示两种产品在两个消费者之间的所有最优分配状态的集合。契约曲线上的配置通常称为帕累托有效配置。

帕累托有效配置并不是一个很强的概念，如果不知道消费者的偏好，那么就无法对任意两个有效配置点进行比较，也就是说，帕累托有效配置只是说明了我们应该进行所有有利的交易，但并没有说明哪些交易最好。例如，当沿着 CC' 线从 E_1 点移动到 E_2 点时，消费者 A 通过牺牲消费者 B 而使自己的境况得到了改善；同样地，如果从 E_2 点移动到 E_1 点时，则是消费者 B 牺牲消费者 A 而使自己的境况得到了改善。根据帕累托最优标准，E_1 和 E_2 点都达到帕累托最优状态，但我们不能说 E_1 点比 E_2 点代表更好的分配，也不能说 E_2 点比 E_1 点代表更好的分配，只能说对于那些不在 CC' 曲线上的点，总存在比它更好的点，而这些点位于曲线 CC' 上。

当然，如果社会具有明显的关于社会福利分配的偏好，例如，当社会处于 E_2 点时，社会宁愿以牺牲消费者 B 的利益而使消费者 A 的状况得到改善，那么社会将会沿着 CC' 曲线由 E_2 点移动到 E_3 点而不会是 E_1 点。这是根据社会的分配偏好在帕累托最优状态集合中选择出来的一种最优状态。

三、生产的帕累托最优条件

交换的帕累托最优条件探讨了两种既定数量的产品在两个消费者之间的分配状况。生产的帕累托最优条件则要研究两种既定数量的要素在两个生产者之间的分配情况。

假定两种两个生产者分别为 C 和 D，进行交易的两种要素分别为 L 和 K，相应地，其既定的数量分别为 L_0 和 K_0，C、D 两人都追求利润最大化。像交换的帕累托最优一样，也可以用埃奇渥斯盒状图来描述这两种要素 L、K 在 C、D 之间的分配。见图 10.3。

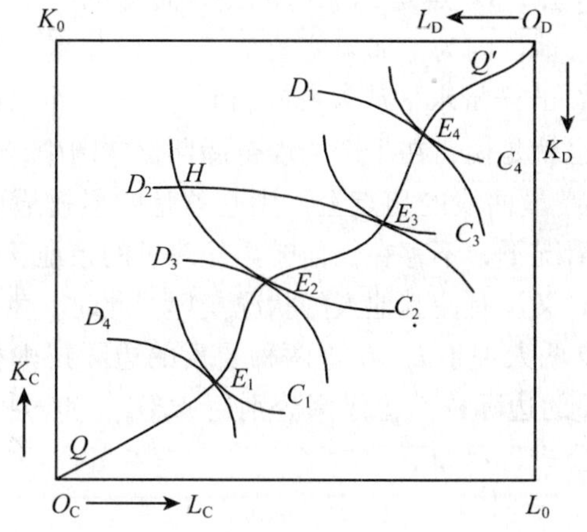

图 10.3　生产的帕累托最优

图 10.3 是将生产者 C 的等产量曲线与生产者 D 的等产量曲线合并而得到的。图中，盒子的水平长度表示整个经济中 L 的既定数量 L_0，盒子的垂直高度表示经济中 K 的既定数量 K_0。O_C 为生产者 C 的原点，即 C 的等产量曲线的原点，O_D 为生产者 D 的原点即 D 的等产量曲线的原点。从 O_C 水平向右测量生产者 C 对 L 的生产消费量 L_A，从 O_C 垂直向上测量生产者 C 对 K 的生产消费量 K_A；而从 O_D 水平向左测量生产者 D 对 L 的生产消费量 L_B，从 O_D 垂直向下测量生产者 D 对 K 的生产消费量 K_B。显然，对于盒子中的任意一点，如 H 点所对应的生产者 C 的生产消费量为（L_C，K_C）的组合，消费者 D 的消费量为（L_D，K_D），而且有

$$L_C + L_D = L_0 \tag{10.21}$$
$$K_C + K_D = K_0$$

对于 C、D 两人来说，两者都是离原点越远，其无差异曲线所代表的效用水平越高。因此有 $C_1 < C_2 < \cdots < C_n$；$D_1 < D_2 < \cdots < D_n$。

假设 C、D 两人对于两种要素 L、K 的最初分配状况在图 10.3 中的 H 点，H 同时处于等产量曲线 C_2 和 D_2 上即 C_2 和 D_2 的交点上。容易看出，H 点不是一个均衡点，也不是帕累托最优状态。因为，改变 H 点的位置可以使 C、D 双方至少一方提高等产量水平而不会同时降低另一方的等产量水平。例如，从 H 点变动到 E_3 点，则生产者 C 的产量水平从等产量曲线 C_2 提高到 C_3，而生产者 B 的产量水平并没有变化，仍然处于等产量曲线 D_2 上。因此，H 点仍然存在帕累托改进的可能。当然，也可以从 H 点变动到 E_2 点，则生产者 C 的产量水平不变，仍然处于等产量曲线 C_2 上，但生产者 D 的产量水平却提高了，从等产量曲线 D_2 提高到 D_3。还可以让 H 变动到 E_2 与 E_3 之间的某一点，这样，生产者 C 和 D 的产量水平都会提高。可见，在生产的埃奇渥斯盒状图中，如果一种资源分配状态处于生产者 C 和 D 的两条等产量曲线的交点上，则它就不可能是帕累托最优状态，因为在此情况下，总存在帕累托改进的余地。

如果 C、D 两人对丁两种要素 L、K 的最初分配状况处于生产者 C、D 两条等产量曲线

的切点，如图 10.2 中的 E_2 点，E_2 点是一个均衡点，而且也达到了帕累托最优状态，此时不存在任何帕累托改进的余地。因为，如果要改变 E_2 点的位置，其结果是：如果一个人的产量水平提高了如生产者 C 的产量水平从 C_2 提高到 C_3，另一个人的产量水平就会下降如生产者 D 从 D_3 降低到 D_2。也就是说，在生产的埃奇渥斯盒状图中，如果一种资源分配状态处于生产者 C 和 D 的两条等产量曲线的切点上，则它就是帕累托最优状态，并称之为生产的帕累托最优状态。在这种情况下，不存在任何帕累托改进的余地，即任何改变都不能既使至少一个人的状况变好而同时又没有使其他人的状况变坏。此时，生产者 C、D 两人的等产量曲线的斜率相等，即 C、D 两人关于 L、K 这两种要素的边际技术替代率相等。假设对于生产者 C、D 来说，L 代替 K 的边际技术替代率分别用 $MRTS_{LK}^{C}$ 和 $MRTS_{LK}^{D}$ 来表示，则生产的帕累托最优状态条件可以用公式表示如下：

$$MRTS_{LK}^{C} = MRTS_{LK}^{D} \tag{10.22}$$

在生产的埃奇渥斯盒状图中，生产者 C 和 D 的等产量曲线的切点有多个，将所有这些切点连接起来，得到了一条曲线 QQ'。这条曲线被称为生产的契约曲线（Contract Curve）或效率曲线。它表示两种要素在两个生产者之间的所有最优分配状态的集合。契约曲线上的配置通常称为帕累托有效配置。

与交换的帕累托有效配置一样，如果不知道生产者的偏好，也就无法对任意两个有效配置点进行比较。例如，当沿着 QQ' 线从 E_1 点移动到 E_2 点时，生产者 C 通过牺牲生产者 D 而使自己的境况得到了改善；同样地，如果从 E_2 点移动到 E_1 点时，则是生产者 D 牺牲生产者 C 而使自己的境况得到了改善。根据帕累托最优标准，E_1 和 E_2 点都达到帕累托最优状态，但我们不能说 E_1 点比 E_2 点代表更好的分配，也不能说 E_2 点比 E_1 点代表更好的分配，只能说对于那些不在 QQ' 曲线上的点，总存在比它更好的点，而这些点位于曲线 CC' 上。

四、生产与交换的帕累托最优条件

前面讨论了交换的帕累托最优和生产的帕累托最优条件。交换的帕累托最优说明交换是有效率的，但并不能保证生产一定就是帕累托最优；同样，生产的帕累托最优也只是说明了生产是有效率，并不能保证交换能同时达到帕累托最优。因而需要将交换的帕累托最优与生产的帕累托最优综合起来分析生产与交换的帕累托最优。当然，生产与交换的帕累托最优并不是将交换的帕累托最优与生产的帕累托最优简单地并列，而是对它们进行综合研究。

为了将交换和生产结合在一起进行研究，需要将前面分别研究交换和生产时所进行的假设进行综合，因此，假定整个经济中只有两个消费者 A 和 B，两个生产者 C 和 D，生产者 C 和 D 利用两种要素 L 和 K 生产两种产品 X 和 Y，供消费者 A 和 B 消费。为了分析的简便，假设 C 生产 X，D 生产 Y，同时假设消费者的效用函数即无差异曲线群给定不变，生产者的函数即等产量曲线群也给定不变。那么，两种产品各生产多少对于整个社会来说才是最有效率的？

1. 生产可能性曲线。

（1）生产可能性曲线的推导。我们从社会既定的资源出发，假定社会资源已达到了最优配置。根据前面对生产的帕累托最优条件的分析，可以知道生产的埃奇渥斯盒状图中的那条生产的契约曲线 QQ'，代表了所有生产的帕累托最优状态的集合。也就是说，生产的契约曲线 QQ'上的每一点均表示两种要素投入在两个生产者之间的分配是最优的，即表示最优投入。同时，还可以知道，生产的契约曲线 QQ'上的每一点也表示了一定要素投入量在最优配置时所能生产的一组最优产出。因此，可以从生产的契约曲线推导出生产可能性曲线（Production Possibilities Curve）。

我们已经知道，图 10.3 中，生产的契约曲线 QQ'上的 E_1 点是两条等产量曲线 C_1 和 D_1 的交点，如果设等产量曲线 C_1 表示的产量为 X_1，等产量曲线 D_1 表示的产量为 Y_1，则 E_1 点所对应的一组最优产出为（X_1，Y_1）。同样，生产的契约曲线 QQ'上的 E_2 点所对应的一组最优产出为（X_2，Y_2）。生产的契约曲线 QQ'上有无数这样的均衡点，因而有无数这样的最优产出组合，将这些均衡点所表示的最优产出组合用一条曲线连接起来，就得到了生产可能性曲线，它是最优产出量集合的几何表示。生产可能性曲线上的任何一点都表示在给定一种产品（如 X）产量的前提下，另一种产品（如 Y）所能够达到的最高产量。见图 10.4。

在现有技术水平下，要达到生产可能性曲线之外的一点是不可能的，但却可能达到生产可能性曲线之内的点。但在这些点上，生产要素投入的配置是无效率的。也就是说，只要生产是有效率的，产出组合就必然位于生产可能性曲线上。

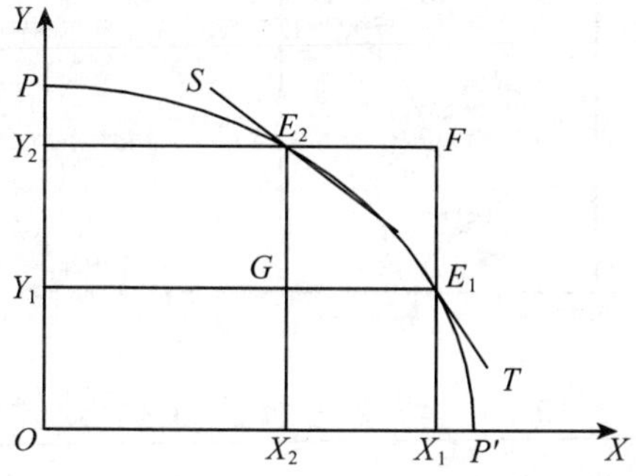

图 10.4 生产可能性曲线

图 10.4 中，横轴表示最优产出量 X 的数量，纵轴表示最优产出量 Y 的数量。图 10.4 中的 E_1 和 E_2 点分别对应于图 10.3 中的 E_1 和 E_2 点，图 10.4 中 E_1 和 E_2 点的最优产出量分别为（X_1，Y_1）、（X_2，Y_2）。将图 10.3 中生产的契约曲线上的所有这些均衡点通过这种方法转换到图 10.4 中，就得到了 PP'曲线，即生产可能性曲线。

（2）生产可能性曲线的特点。由图 10.4 可知，生产可能性曲线有两个特点：第一，它向右下方倾斜；第二，它向右上方凸出。

生产可能性曲线之所以向右下方倾斜，是因为：当沿着该曲线运动时，要增加一种产出的数量就必须减少另一种产出的数量，也就是说，在最优产出中，两种最优产出的变化方向是相反的。这说明，两种最优产出之间存在一种“转换”关系，即可以通过减少某种产出的数量来增加另一种产出的数量。因此，生产可能性曲线又被称为产品转换曲线（Product Transformation Curve）。生产可能性曲线的斜率通常被称为产品的边际转换率（Marginal Rate of Tranoformation，MRT）或产品转换率（Rate of Product Transformation，RPT），它表示增加

1 单位某种产品所必须放弃的另一种产品的数量。设产出 X 的变动量为 ΔX，产出 Y 的变动量为 ΔY，则 X 商品对 Y 商品的边际转换率可以表示为：

$$MRT = \lim_{\Delta x \to 0} \left| \frac{\Delta Y}{\Delta X} \right| = \left| \frac{dY}{dX} \right|$$

生产可能性曲线之所以凸向右上方，是因为边际转换率的绝对值递增。例如，在图 10.4 中，当 X 的数量为 X_2 时，相应的边际转换率等于生产可能性曲线 PP' 上 E_2 点的切线 S 的斜率的绝对值，而当 X 的数量增加到 X_1 时，相应的边际转换率等于生产可能性曲线 PP' 上 E_1 点的切线 T 的斜率的绝对值。显然，T 的斜率的绝对值要大于 S 的斜率的绝对值。因此，随着 X 产品数量的增加，X 转换为 Y 的边际转换率也在增加。

2. 生产和交换的帕累托最优条件。由上可知，生产可能性曲线上的每一点都是资源配置的最优点，但是在每一点，X 和 Y 两种产品的相对产量都不同，也就是说，生产可能性曲线上的每一点都决定了一个交换的埃奇渥斯盒状图。见图 10.5。

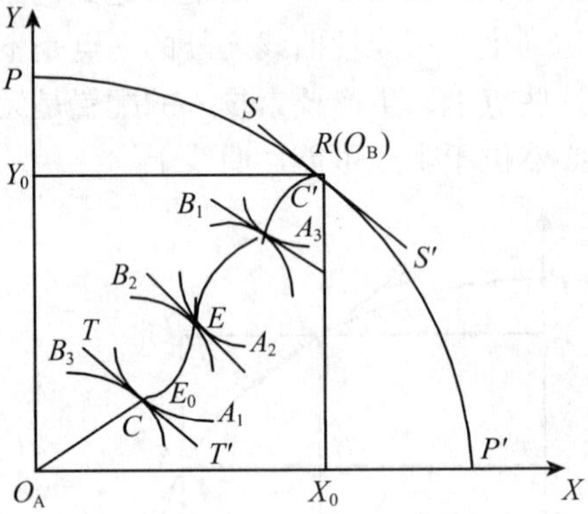

图 10.5　生产和交换的帕累托最优

在图 10.5 中的生产可能性曲线上任选一点，如 R 点。由生产可能性曲线的性质可知，B 点又是生产契约曲线 QQ' 上的一点，因而满足生产的帕累托最优条件。与 B 点相对应，X 的产出水平为 X_0，Y 的产出水平为 Y_0。用 O_A 作为表示消费者 A 的无差异曲线的坐标原点，O_B 作为表示消费者 B 的无差异曲线的坐标原点，消费者 B 的无差异曲线的原点实际上就是我们所选择的生产可能性曲线上的 R 点。过 R 点有一条切线 SS'，该切线的斜率等于生产可能性曲线在 R 点的边际转换率。如果在交换的一般均衡中能够找到一个均衡点，使该点的边际替代率等于 R 点的边际转换率，那么便达到了生产和交换的一般均衡，即生产和交换的帕累托最优。

根据对交换的帕累托最优条件的分析，埃奇渥斯盒状图中的交换契约曲线为 CC'，CC' 上任意一点均为交换的帕累托最优。因此，给定生产契约曲线上一点，就是给定了一个生产的帕累托最优状态，现在有一条交换的契约曲线 CC'，就有无数个交换的帕累托最优状态与之对应。在这无数个交换的帕累托最优状态中，任意一点如图 10.5 中的 E 点都表示交换在单独来看时已处于帕累托最优状态，但这一点却不一定是与生产联合起来的帕累托最优状态。因为，该点的边际替代率并不一定等于 R 点的边际转换率。

如果边际转换率与边际替代率不相等，可以证明这时并没有达到生产和交换的帕累托最优状态。假设产品在 R 点的边际转换率为 2，而在 E 点的边际替代率为 1，即边际转换率大于边际替代率。边际转换率等于 2 意味着生产者通过减少 1 单位 X 的生产可以增加 2 单位的 Y；边际替代率等于 1 则意味着消费者愿意通过减少 1 单位 X 的消费来增加 1 单位 Y 的消费。这时，如果生产者少生产 1 单位 X，从而少给消费者 1 单位 X，可以多生产 2 单位的 Y。从多生产的 2 单位 Y 中拿出 1 单位 Y 给消费者，可以使消费者的效用水平不变，但社会却多出了 1 单位的 Y，这多余的 1 单位 Y 代表社会福利的净增加。这说明，如果产品的边际转换率大于边际替代率，社会仍然存在帕累托改进的余地，社会没有达到生产和交换的一般均衡。反之，如果产品的边际转换率小于边际替代率，也同样存在帕累托改进的余地，社会仍没有达到生产和交换的一般均衡。如果产品的边际转换率等于边际替代率，则不再存在帕累托改进的余地，社会达到生产和交换的一般均衡。因此，要达到生产和交换的帕累托最优状态，必须使产品的边际转换率等于产品的边际替代率。由此可以得到生产和交换的帕累托最优条件：

$$MRS_{XY} = MRT_{XY} \tag{10.23}$$

图 10.5 中，交换契约曲线上的 E_0 点的边际替代率等于生产可能性曲线上 R 点的边际转换率，因为过 E_0 点的无差异曲线的切线 TT' 与过点 B 的生产可能性曲线的切线 SS' 恰好平行。因此，E_0 点满足生产和交换的帕累托最优条件。

3. 实现帕累托最优状态的经济机制。在给定产品转换函数、消费者效用函数以及假定消费者追求效用最大化的条件下，整个经济可以达到生产和交换的帕累托最优状态。那么这一状态是如何实现的呢？

前面已经论述了，完全竞争经济在一定的假定条件下可以实现一般均衡，那么，完全竞争经济的一般均衡状态是否实现了帕累托最优呢？西方经济学家认为，任何竞争均衡都是帕累托最优状态，同时，任意帕累托最优状态也都可以由一组竞争价格来实现。

根据生产要素定价理论可知，在完全竞争条件下，生产者要使利润最大化，必须使任意两种要素的边际技术替代率等于这两种要素的价格比率，即对于生产者 C 来说有：

$$MRTS_{LK}^{C} = P_L/P_K \tag{10.24}$$

同样，对于生产者 D 来说有：

$$MRTS_{LK}^{D} = P_L/P_K \tag{10.25}$$

由（10.24）式和（10.25）式，可以得到

$$MRTS_{LK}^{C} = MRTS_{LK}^{D} \tag{10.26}$$

显然，（10.26）式就是生产的帕累托最优条件（10.22）式。这说明，在完全竞争条件下，要素的均衡价格实现了生产的帕累托最优状态。

根据消费者行为理论可知，任意一个消费者在完全竞争条件下要使效用最大化，必须使任意两种商品的边际替代率等于这两种商品的价格比率，即对于消费者 A 来说有：

$$MRS_{XY}^{A} = P_X/P_Y \tag{10.27}$$

同样，对于消费者 B 来说有：

$$MRS_{XY}^{B} = P_X/P_Y \tag{10.28}$$

由（10.27）式和（10.28）式，可以得到

$$MRS_{XY}^{A} = MRS_{XY}^{B} \tag{10.29}$$

显然，(10.29) 式就是交换的帕累托最优条件（10.20）式。这说明，在完全竞争条件下，产品的均衡价格实现了交换的帕累托最优状态。

根据边际转换率的定义可知，产品 X 对产品 Y 的边际转换率是：

$$MRT_{XY} = |\Delta X/\Delta Y|$$

它表示增加 ΔX 就必须减少 ΔY，或者增加 ΔY 就必须减少 ΔX。这样，就可以将 ΔY 看成是 X 的边际成本（机会成本）；将 ΔX 看成 Y 的边际成本（机会成本）。因此，产品 X 对产品 Y 的边际转换率就可以定义为两种产品的边际成本的比率，即有：

$$MRT_{XY} = |\Delta X/\Delta Y| = |MC_X/MC_Y| \tag{10.30}$$

根据生产者行为理论，在完全竞争条件下，生产者利润最大化的条件是产品的价格等于其边际成本，即：

$$P_X = MC_X \quad PY = MC_Y$$

则有：

$$MC_X/MC_Y = P_X/P_Y \tag{10.31}$$

将（10.31）式代入（10.30）式可得到：

$$MRT_{XY} = P_X/P_Y \tag{10.32}$$

将（10.32）式与消费者效用最大化条件即 $MRS_{XY} = P_X/P_Y$ 相结合，有：

$$MRT_{XY} = P_X/P_Y = MRS_{XY} \tag{10.33}$$

（10.33）式就是生产和交换的帕累托最优条件。

以上分析表明，当完全竞争市场达到长期均衡时，帕累托最优状态的三个条件自动得到满足，这一结论就是福利经济学第一定理。该定理的重要含义在于它表述了竞争性市场的特定结构具有实现帕累托有效配置的特征。该定理的逆定理亦成立，即福利经济学第二定理：每一种帕累托最优的资源配置方式都可通过在消费者之间恰当地分配后的完全竞争的一般均衡来达到。福利经济学第二定理的意义在于它指出了分配与效率问题可以分开来考虑。任何帕累托有效配置都能得到市场机制的支持。市场机制在分配上是中性的，不管商品或财富的公平分配标准如何，都可利用竞争市场来获得这种机制。价格在这种市场体制中起着两种作用。一是配置作用，即通过价格的高低表明商品的相对稀缺性；二是分配作用，即通过价格的高低确定不同的交易者购买各种商品的数量，以使其获得最大效用。福利经济学第二定理认为这两种作用可以区别开来，然后再利用价格表明商品的相对稀缺性。

第三节　福利经济学

福利经济学是在一定的社会价值判断标准条件下，研究整个经济的资源配置与个人福利的关系，特别是市场经济体系的资源配置与社会福利的关系，以及与此有关的各种政策问题。也就是说，福利经济学要研究如何增进社会福利。社会福利的增进体现在消费者效用水平的提高上。如果按照一定的标准，社会每一个成员的效用水平都提高了，则可以说社会福利增进了。

一、效用可能性边界

正如由生产的契约曲线可以导出生产可能性曲线一样，由交换的契约曲线则可以导出消费者的效用可能性曲线或称效用可能性边界（Utility - Possibility Frontier），如图 10.6 所示。

根据交换的帕累托最优条件可以知道交换的埃奇渥斯盒状图中的那条交换的契约曲线 CC'，代表了所有交换的帕累托最优状态的集合。也就是说，交换的契约曲线 CC' 上的每一点均表示两种产品在两个消费者之间的分配是最优的，即表示最优效用水平。

我们已经知道，图 10.2 中，交换的契约曲线 CC' 上的 E_1 点是两条无差异曲线 A_1 和 B_1 的交点，如果设无差异曲线 A_1 表示的效用为 U_A^1，无差异曲线 B_1 表示的效用为 U_B^1，则 E_1 点所对应的一组最优效用水平为（U_A^1，U_B^1）。同样，交换的契约曲线 CC' 上的 E_2 点所对应的一组最优效用水平为（U_A^2，U_B^2）。交换的契约曲线 CC' 上有无数个这样的均衡点，因而有无数这样的最优效用组合，将这些均衡点所表示的最优效用水平组合用一条曲线连接起来，就得到了效用可能性曲线，它是最优效用水平集合的几何表示。效用可能性曲线上的任何一点都表示在给定一个消费者（如 A）效用的前提下，另一个消费者（如 B）所能够达到的最大效用（见图 10.6）。

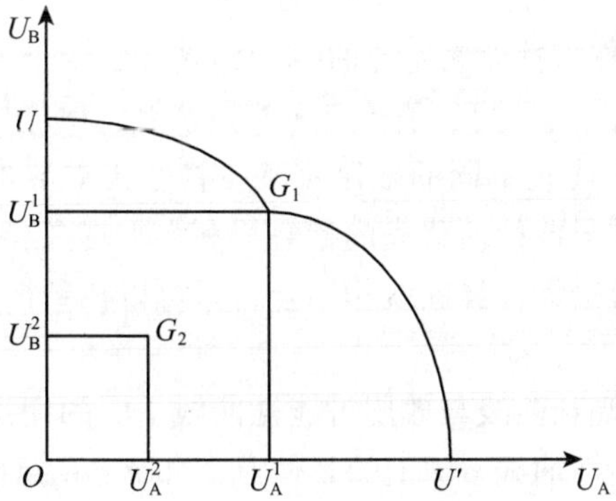

图 10.6　效用可能性边界

图 10.6 中，横轴表示消费者 A 的效用水平，纵轴表示消费者 B 的效用水平。图 10.6 中的 G_1 和 G_2 点分别对应于图 10.2 中的 E_1 和 E_2 点，图 10.6 中 G_1 和 G_2 点的最优效用水平分别为（U_A^1，U_B^1）、（U_A^2，U_B^2）。将图 10.2 中交换的契约曲线上的所有这些均衡点通过这种方

法转换到图 10.6 中，就得到了 UU'曲线，即效用可能性边界。

从图 10.6 中可以看出，效用可能性边界 UU'向右下方倾斜。由于效用水平的高低是用序数而不是用基数来衡量的，只需要用大的数字表示较大的效用，而不管这一具体数字到底是多少，因而表示效用水平的数字都是随意的。这就意味着图 10.6 中的效用可能性边界 UU'的位置和凹凸性也是随意的。

图 10.6 中的效用可能性边界 UU'是在社会的产出水平为 X_0、Y_0 时，社会成员可能达到的最高的效用水平。如果 X 或 Y 的产出水平没有提高，则社会成员的效用水平就不可能超出这一效用可能性边界。当然，如果改变资源的配置状况，从而使 X 与 Y 的相对产出水平发生了改变，则会改变效用可能性边界的形状。福利经济学研究的目的就是要在效用可能性边界范围内找到一点或一些点，使社会成员的效用水平即社会福利水平达到最大。根据帕累托最优条件，社会福利只有在效用可能性边界上才有可能达到，但该条件并没有说明在效用可能性边界上的哪一点达到。

二、社会福利函数

要知道效用可能性边界范围内的某一点所代表的社会福利的大小，必须构建社会福利函数。社会福利函数是各个消费者个人效用函数的增函数。在一个两人社会中，社会福利函数 W 可以写为：

$$W = W(U_A, U_B) \tag{10.34}$$

从生产与交换的帕累托最优条件出发，一旦给出了（10.34）式的具体形式，就可以找出社会福利最大化的均衡解。若令 $W = W_1$，则社会福利函数为

$$W_1 = W(U_A, U_B) \tag{10.35}$$

（10.35）式说明了当社会福利水平为 W_1 时，W_1 与 U_A、U_B 之间的关系。据此可以得到一条社会福利曲线 W_1，又称为社会无差异曲线。如果分别令 $W = W_2$，$W = W_3$，则可以得到相应的社会无差异曲线 W_2、W_3。同一条社会无差异曲线上的不同的点代表着不同的效用组合，不同的社会无差异曲线代表不同的效用水平。社会无差异曲线向右下方倾斜并凸向原点，离原点越远的社会无差异曲线所代表的社会福利水平越高。

将效用可能性边界与社会无差异曲线相结合，就可以找到社会福利最大化的均衡点。见图 10.7。

由图 10.7 可知，社会福利曲线与效用可能性曲线 UU'的切点即 E 点，便是社会福利最大化的均衡点。而效用可能性曲线 UU'上的其他点，如 F、G 点所代表的社会福利水平低于 E 点所代表的社会福利水平，即 $W_1 < W_2$，都不是社会福利最大化的点。E 点也是满足帕累托最优状态的点。因为，E 点相应于图 10.5 中的 E_0 点，它同时满足交换的帕累托最优条件、生产的帕累托最优条件、生产和交换的帕累托最优条件。

根据对完全竞争市场的分析，可以得出这样的结论：所有的社会福利最大化都是竞争均衡的，所有的竞争均衡都是某种社会福利函数的福利最大化。

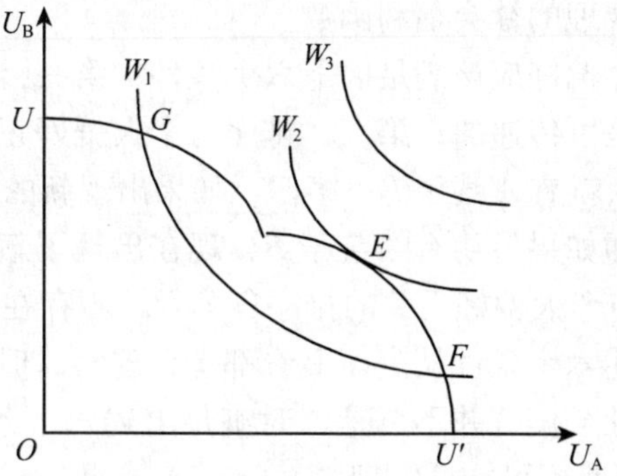

图 10.7　最大社会福利

三、社会福利与个人偏好

社会福利最大化是以社会福利函数的存在为前提条件的。而社会福利函数是建立在个人偏好基础之上的，即在已知社会所有成员的个人偏好的条件下，通过一定的程序，将各种各样的个人偏好归结为单一的社会偏好。阿罗（K. Arrow）证明了，在能被一般人接受的条件下，这是不可能做到的。

之所以能对个人偏好进行排序，并据此推导出无差异曲线，是因为假设个人偏好具有完备性、传递性等特点。而建立在个人偏好基础上的社会偏好函数却不具备这些特点。如对传递性来说，只要所选择的商品组合超过三组以上，我们就无法在对个人偏好加总的基础上建立一个具有传递性的社会偏好。

假设一个社会中有 1、2、3 三个人，在 A、B、C 三种状态进行选择。假定每一个人在各种社会状态上的偏好都是严格的，即没有人在任意两个状态之间感到无差异。每一个人都具有偏好的传递性，即如果他偏好 A 甚于 B，偏好 B 又甚于 C，那么他一定偏好 A 甚于 C。这一偏好次序可以记为 $(A, B, C)_i$，$i=1, 2, 3$，表示第 i 个人的偏好 A 甚于 B，偏好 B 又甚于 C。这一偏好次序包含三个成对的偏好次序，即：$(A, B)_i$、$(A, C)_i$、$(B, C)_i$。因此，一个特定的社会偏好次序可以表示为 $[A, B, C]$，它意味着社会偏好 A 甚于 B，偏好 B 又甚于 C，即包含三个成对的社会偏好次序：$[A, B]$、$[A, C]$、$[B, C]$。

现在假设这一社会中单个人的偏好次序分别为 $(A, B, C)_1$、$(A, B, C)_2$、$(A, B, C)_3$，个人按照这些偏好对每一可能的社会状态进行投票；社会偏好次序的决定服从大多数规则。

根据上述假定的单个人的偏好次序，对 A、B 两种社会状态进行投票的结果为：$(A, B)_1$、$(B, A)_2$、$(A, B)_3$。按照大多数规则，社会的偏好次序应该为 $[A, B]$。

按同样的方法，分别对 B、C 以及 A、C 进行选择。对 B、C 两种社会状态投票的结果有：$(B, C)_1$、$(B, C)_2$、$(C, B)_3$，因而社会的偏好次序为 $[B, C]$。对 A、C 两种社会状态投票的结果有：$(A, C)_1$、$(C, A)_2$、$(C, A)_3$，因而社会的偏好次序为 $[C, A]$。

整个社会投票的结果为：社会偏好 A 甚于 B，偏好 B 甚于 C，偏好 C 甚于 A。显然，这一社会偏好次序是相互矛盾的，它不具备传递性。这说明，根据个人偏好不能得出合理的社会偏好次序，因而不存在合理的社会福利函数。

阿罗认为，合理的社会偏好应该满足以下六个条件：第一，所有的社会状态一定可以排序；第二，社会排序一定是可传递的；第三，排序与个人偏好正相关，即如果上述案例中1和2都认为A甚于B，那么就有A甚于B；第四，如果出现新的可行社会状态，不应该影响到最初的社会状态排序，即如果最初有A甚于B，现在出现了新的可行社会状态D，A甚于B仍然成立；第五，没有与个人偏好无关的排序；第六，不存在独裁。

阿罗证明了，尽管上述六个条件从表面上看都是合理的，但并不存在同时满足以上六个条件的一般社会关系，即社会偏好并不总是同时满足上述六个条件。这就是阿罗定理（Arrow Theorem），也被称为阿罗不可能性定理（Arrow Impossibility Theorem）。它说明，只要超出三种以上选择，就不存在一种可靠的机制将具有完备性与传递性的个人偏好转换为符合要求的社会偏好。由此可知，所谓社会福利最大化，也就不可能使社会每一个成员的效用都能达到最大化。

四、几种有代表性的社会福利函数

不同的经济学家对社会福利函数有不同的理解，因而社会福利函数的具体形式有多种，每一种都代表一种公平观。

假设社会共有n个消费者，有m种商品X_1，X_2，…，X_m在n个消费者之间进行分配，n种商品的分配满足下列条件：

$$\sum x_j^i = X_j$$

其中，x_j^i表示第i个消费者所获得的第j种商品。消费者的效用函数是其所消费的商品的函数，即

$$U^i = U^i(x_1^i, x_2^i, \cdots, x_n^i) = U^i(x)$$

在这些条件的基础上，可以有多种形式的社会福利函数。

1. 平均主义者的社会福利函数。平均主义者认为，只有将所有的社会产品在社会成员之间进行平均分配，才最有利于全社会的利益。但是，由于消费者并不具有相同的偏好，这种平均分配并不是帕累托最优状态。从这种平均的分配开始进行交换，可以达到帕累托最优配置。同时，由于无法保证交换带来的社会福利增加能够在消费者之间平均分配，甚至无法断定是否进行平均分配，因此，交换的结果未必是公平的。平均主义者的社会福利函数如下：

$$W(U^1, U^2, \cdots, U^n) = W[U^1(X), U^2(X), \cdots, U^n(X)] \tag{10.36}$$

（10.36）式中，X是每一个人获得的商品集合，$X=(X_1/n,\ X_2/n,\ \cdots,\ X_n/n)$，$n$为社会成员的数量。

2. 功利主义者的社会福利函数。功利主义（Utilitarian）社会福利函数最初由功利主义哲学家边沁（J. Bentham）提出。功利主义者认为，社会福利函数是个人效用函数的加总，据此他们建立的社会福利函数为：

$$W(U^1,U^2,\cdots,U^n) = \sum a_i U^i \tag{10.37}$$

（10.36）式中，a_i 表示每一个社会成员的效用在整个社会福利中的权重。如果每一个社会成员的权重相等，即 $a_i=1$，则社会福利是社会每个成员效用的简单加总。按照这一函数，追求社会福利的最大化即追求每一个消费者效用的总和的最大化。因此，与这一社会福利函数相应的公平观是使所有社会成员的总效用最大化。显然，如果社会每一个成员的偏好都是相同的，则功利主义社会福利函数等同于平均主义社会福利函数。

3. 罗尔斯社会福利函数。罗尔斯社会福利函数是根据罗尔斯（J. Rawls）的名字命名的。罗尔斯认为，社会福利最大化的标准应该是使境况最糟的社会成员的效用最大化，同时使所有人在机会平等的条件下都有事情可做。罗尔斯社会福利标准又被称为最大最小（maxmin）标准。其社会福利函数的形式为：

$$W(U^1,U^2,\cdots,U^n) = \max\min W(U^1,U^2,\cdots,U^n) \tag{10.38}$$

罗尔斯社会福利函数要求对收入进行再分配：将资源从富人转移到穷人，直到穷人不再贫穷，收入分配平等为止。但罗尔斯的看法并不必然是平均主义，因为，对生产力较高的人给予更多的奖励能够使他们更努力地工作，创造更多的商品和服务，其中的一部分可以通过再分配使穷人的境况变得更好。

借助图 10.8，可以对这三种有代表性的社会福利函数进行比较。

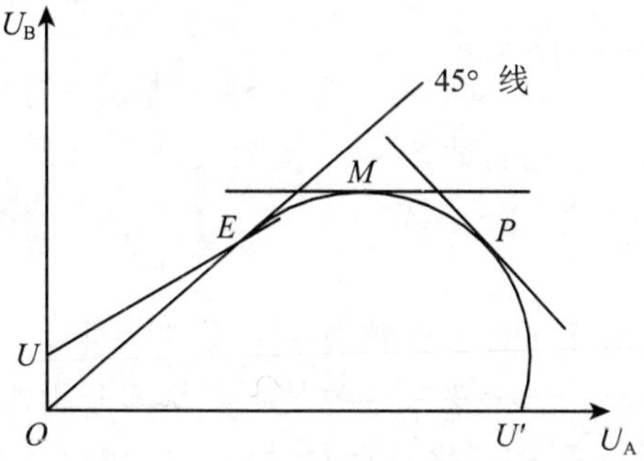

图 10.8　社会福利函数的比较

图 10.8 中，横轴表示社会成员 A 的效用水平，纵轴表示社会成员 B 的效用水平。UU' 是社会可以达到的效用可能性曲线。在从原点出发的 45°线上，社会成员 A、B 两人的效用水平相等。根据平均主义的社会福利函数，图中的 E 点是社会福利的最优点，因为 E 点位于 45°线上，在 E 点，社会成员 A、B 两人的效用水平相等。按照功利主义社会福利函数，图中的 P 点是社会福利的最优点，因为 P 点的效用可能性曲线的斜率等于 -1，此时，如果要增加社会成员 A、B 中任意一方的效用就必须减少另一方的效用。按照罗尔斯的社会福利函数，M 点是社会福利的最优点，因为在 E 点的右边，效用可能性曲线位于 45°线的下方，说明社会成员 A 的境况比社会成员 B 好，而 M 是境况较差的社会成员 B 的效用最大化点，因而符合罗尔斯标准。

案例 1 经济学家的赌博

经济学家都爱认死理儿。争论中双方各自坚持自己的观点，针尖对麦芒，各不相让，谁也无法说服谁，于是就打赌，正确者赢，错误者输。

这次打赌的两位美国经济学家，一位是马里兰州立大学的朱利安·西蒙（Julian Simon），另一位是斯坦福大学的保罗·埃尔里奇（Pawl Ehrltch）。在关于人类前途问题上，埃尔里奇是悲观派，认为由于人口爆炸、食物短缺、不可再生性资源的消耗、环境污染等原因，人类前途不妙。西蒙是乐观派，认为人类社会的技术进步和价格机制会解决人类发展中出现的各种问题，人类前途光明。他们两人的这些观点代表了学术界对人类未来两种根本对立的观点。这个争论事关人类的未来，也格外受世人关注。

他们谁也说服不了谁，于是决定赌一把。他们争论涉及的问题太多，赌什么呢？他们决定赌不可再生性资源是否会消耗殆尽的问题。不可再生性资源（如石油、煤及各种矿石等）在地球上的储藏量是有限的，越用越少，总有一天会消耗完。悲观派埃尔里奇的观点是，这种资源一旦被消费耗完，人类的末日就快到了。这种不可再生性资源的消耗与危机，表现为其价格大幅度上升。乐观派西蒙的观点是，这种资源不会枯竭，价格不但不会大幅度上升，还会下降。他们两人选定了5种金属：铬、铜、镍、锡、钨。各自以假想的方式买入1 000美元的等量金属，每种金属各200美元。以1980年9月29日的各种金属价格为准，假如到1990年9月29日，这5种金属的价格在剔除通货膨胀的因素后果然上升了，西蒙就要把总差价支付给埃尔里奇。

这场赌博需要的时间真长。到1990年，这5种金属无一例外地跌了价，埃尔里奇输了，教授还是守信的，埃尔里奇把自己输的57 607美元交给了西蒙。

分析：

本案例中两位经济学家对不可再生资源所持的观点实际上取决于他们所用的分析方法，埃尔里奇用的是局部均衡分析法，西蒙采用的是一般均衡分析法，而且是动态的。局部均衡分析法通常假定某一产品（或要素）的需求和供给只取决于其自身的价格，不考虑其他市场的影响，因而这种方法隔绝了各类市场之间的联系。一般均衡分析法通常认为各种市场之间存在着不可分割的联系，一种产品（或要素）的价格变动会影响其他产品（或要素）的价格变动；反过来，它们又影响该产品（或要素）的价格。因此，本案例中这两位经济学家赌博的最终输赢实际上是这两种分析法之间的输赢，是这两种分析方法中哪一种更接近于现实经济生活的问题。

资料来源：梁小民："经济学家的赌博"，载《万象》2003年第1期。

案例 2 空中的帕累托改善

美国各航空公司为了使其收益最大化，希望它们的飞机尽可能满员。由于它们知道，总有一定比例的订了票的人到时候不会如期乘坐飞机，这就使航空公司有了"超额订票"的激励。它们依据对实际可能乘坐飞机人数的合理预期，实际出售的票数大于座位数。

但有时候每位订座的旅客都到了，因而必须决定取消哪位旅客的乘坐资格。为了解决这一问题，可以有多种选择。第一种是20世纪60年代，航空公司简单地采取谁最后到就取消谁的座位的办法，让他们换乘后面的航班。第二种是由政府出面禁止航空公司超额订票。第三种是作为对任何愿意等待的人的补偿，航空公司提供一些未来航班的免费机票或其他奖励。

分析：

如果既定的资源配置状态的任意改变使得社会中至少有一个人的状况变好，同时又没有使其他人的状况变坏，则这种资源配置状被称为帕累托改进。以上三种措施中，哪一种会带来帕累托改进呢?

对于第一种措施，被取消座位的旅客只好自认倒霉。从旅客的角度来看，订了这一航班机票的旅客没有获得效用最大化。因而这种政策是一种不明智的政策，也不是一种帕累托最优状态。

第二种措施是由政府出面禁止航空公司超额订票。但是这又可能使一些飞机在有很多空座位的情况下飞行，而还有许多人本来是愿意购买这些座位的。显然，这一政策可能会使航空公司遭受损失，不能实现生产的帕累托最优；同时，对于旅客来说，由于不能购买到那些在允许超额订票时本来可以买到的机票而无法旅行，也遭受了损失。因此，这一政策也不是一种帕累托最优状态。

在第三种措施中，对于那些接受未来航班的免费机票或其他奖励的旅客而言，其状况显然得到了改善；航空公司也获得了收益，因为它们可以继续超额订票，从而使航班尽可能满员。事实上，由于得到免费机票的人所占的座位本来也可能是空的，因而航空公司提供免费机票的机会成本几乎等于0。因此，这一措施既是对取消座位做法的帕累托改进，也是对禁止超额订票规则的帕累托改进。它所涉及的每个人的境况至少都没有恶化，而其中许多人的境况得到了改善。

资料来源：斯蒂格利茨：《经济学（上册）》（第二版），梁小民、黄险峰译，中国人民大学出版社2000年版，第294页。

[关键概念]

局部均衡　一般均衡　帕累托标准　交易的帕累托最优条件　生产的帕累托最优条件　生产可能性曲线　契约曲线　社会福利函数　经济效益　边际转换率

[复习题]

1. 试述生产与交换的一般均衡。
2. 为什么完全竞争的市场机制符合帕累托最优状态?
3. 试述社会福利函数的基本内容。
4. 简述经济学中常见的几种公平观。
5. 生产可能性曲线具有哪些特点?

[补充阅读材料]

1. 平新乔:《微观经济学十八讲》，北京大学出版社 2001 年版。

2. H·范里安:《微观经济学：现代观点》，上海三联书店、上海人民出版社 1991 年版。

3. 亨德森、匡特:《中级微观经济理论：数学方法》，北京大学出版社 1988 年版。

4. 夸克·沙鲍斯尼克:《一般均衡论和福利经济学引论》，麦克劳—希尔公司 1968 年版。

5. Samuelson, Paul A., Foundations of Economic Analysis, Cambridge, Mass. 1948.

6. Robert, D. J., The Lindahl Solution for Economics with Public Goods, Journal of Public Economics, 1974, 3: pp. 23 - 42.

第十一章

信息经济学

【学习目的和要求】

本章的学习目的和要求是掌握不完全信息条件下商品市场的特征——逆向选择行为及其解决的途径，理解保险市场上的道德风险和逆向选择以及劳动市场上的教育信号传递，了解在非对称信息条件下激励机制设计的基本原则。

【内容提要】

1. 在旧车市场上，买者和卖者之间的不对称信息导致次品市场和逆向选择，而逆向选择会产生市场配置的低效率。在此情形下，可通过卖者向消费者传递产品质量信息或建立一个良好的声誉机制等方式来解决商品市场上的逆向选择问题。

2. 在保险市场上，由于保险公司和投保者之间存在信息不对称，导致了投保者的败德行为。另外，在开展保险业务前，保险公司通过一定范围的调查而得到一个社会平均的损失率，并以此为基础制订并收取相应的保费，由此产生了逆向选择。在劳动市场上，可通过信号发送和信息甄别机制来有效地避免逆向选择所造成的市场失灵问题。

3. 委托代理问题本质上也是一个不对称信息问题，即代理人相对委托人具有一定的信息优势。为解决委托代理问题，激励机制的设计必须考虑两个基本约束：一是参与约束或个人理性约束；二是给定委托人不知道代理人的真实类型的情况下，代理人在所设计的机制下必须有积极性选择委托人希望他选择的行动。

信息是一种十分有价值的资源，经济社会中每一个能获得更多信息的参与者可在市场竞争中获得有利的地位。信息经济学就是研究与不对称信息有关的经济行为及其相应的机制设计问题的理论，它建立在一系列严格的假定基础之上，从非对称信息的角度来研究市场交易、合约安排和资源的配置。信息经济学已成为当前微观经济学研究的重要领域之一。阿克洛夫(G. A. Akerlof)、斯彭斯（A. M. Spence）和斯蒂格利茨（J. E. Stiglitz）因为建立了信息经济学的基本分析框架及其在劳动市场、保险市场和信贷市场上的应用而获得2001年的诺贝尔经济学奖。而赫尔威兹（L. Hurwicz）、马斯金（E. S. Maskin）和迈尔森（R. B. Myerson）由于在机制设计理论上的杰出贡献而获得2007年的诺贝尔经济学奖。信息经济学的发展，使人们对问题的分析深入到最基本的层次。经济学中的一切问题都可以从信息不对称和信息不完全中找到本源。

第一节　不完全信息

完全竞争市场的一个基本假定就是市场参与者具有完全的信息。人们对经济活动的各种信息，特别是各种价格及其运动趋势，有充分的了解，能够准确、及时地做出判断。例如，消费者不仅知道自己的偏好，还了解市场上所有的可能选择，知悉商品的价格、地点、质量的好坏。同样，完全竞争模型中企业的信息也是完全的，企业完全掌握自己的生产成本等信息，知道最适合自己的生产技术。也就是说，市场产品与服务的提供者不仅知道各种投入的价格、产出，而且还熟悉产品的市场需求或消费者的偏好，还知晓产品现在和未来的可能价格。

然而，完全信息只是一种理想化的假设。在现实世界中，生产者无法准确地预测市场上各种产品需求和要素供给变动状况，消费者也无法了解所有产品市场上待售产品的质量和价格状况；在劳动力市场上，雇员并不知道所有空缺岗位的信息，而雇主也无法了解每一位雇员的真实才能。因此，决策者所面临的信息都是不完全的。决策者的信息不完全一方面是受主观和客观技术条件的制约，二者不会知悉以上所有的信息，另一方面是由于获取信息本身也是有成本的，超过了一定的限度以后，获取信息本身就变成一种非理性行为，因为获取过量信息的成本受各种因素的影响，其成本有时会大于收益。

在实际生活中，信息的不完全又往往表现为参与人之间的信息不对称。例如，产品的生产者或卖方通常比消费者掌握有关产品质量的更多信息；与企业的外部人员相比，企业的经营管理人员对企业的真实状况（如成本和利润、投资机会等）有更多的信息，而企业的雇员通常比企业的所有者更了解自己的能力是否胜任企业的职位。信息作为一种特殊的商品或资源是稀缺和不充分的，也是有价值的。市场参与者不仅利用包括价格在内的各种方式获取信息，也利用各种方式向其他的参与者传递信息。不对称信息会导致市场失灵等情况出现，信息的不完全性和相关的信息成本，直接影响市场参与各方的选择和市场机制运行的最后结果，影响到市场的均衡状态和市场效率。

一、不完全信息下的商品市场

信息经济学是从 20 世纪 60 年代发展起来的，可以说是对新古典主义市场均衡理论的一个进一步修正和完善。早期的不完全信息的研究起步于产品质量的信息不对称即二手车市场所产生的问题，但是该研究本身却远超出了产品质量问题本身，具有重要的方法论导向的理论与实际意义，其结论和方法不仅可以广泛应用于保险市场，还可以应用于金融信贷和劳动力市场等不对称信息领域。下面以二手车市场为例分析不对称信息条件下的价格决定和市场机制。

商品能够给消费者带来一定程度的满足，但是，不同质量的商品给消费者带来的满足程度或效用是不同的。因此，消费者一般关心商品的质量，消费者愿意为质量好的商品付出相对比较高的价格。但是，一般情况下，买卖双方对商品质量信息的掌握是不同的，卖者一般知道更多的质量信息，而买者所获得的信息相对于卖者来说要少一些，这就是双方的信息不对称。为了简化分析，我们假定市场上的旧车分为两类：好车与坏车（有毛病但不太明显）。由于卖主已经使用过一段时间，所以对汽车的质量有比较充分的信息，但买方对旧车质量的信息一般比较少，这就是典型的信息不对称问题。

首先，市场上好车与坏车并存，好车的所有者可能由于偏好的改变、搬家以及工作的变动等原因有时也想卖掉自己的好车，我们假定无论新车还是旧车，由于买者不知道自己想买的车的质量的好坏，因此好车和坏车可以按照相同的价格出售。其次，由于好车与坏车的价格一致，市场上就会出现这样的情况：一方面好车的原有所有者由于不能得到合适的价格而不愿意卖掉自己的好车；另一方面，人们在购买了好车之后会留下来继续使用，而在买了坏车之后会马上卖掉。所以就会出现劣质车充斥市场，劣质车的比例大幅增加的现象，人们购买到好车的可能性更低，这一事实会使得市场的价格进一步降低，由此带来好车的所有者愿意卖车的意愿进一步降低，最终市场上全是有问题的坏车。就像劣币驱逐良币一样，在价格比较低的情况下，人们把车子拿到市场上去卖就证明它是一辆坏车。在这种情况下，市场本身的自我调节机制发挥作用，买者预期自己将要买的车的“坏”质量，于是只会支付坏车的价格。这就是所谓的次品市场与逆向选择。

逆向选择会产生市场配置的低效率，因为导致好车的所有者由于价格低而不愿意或根本没有卖出自己的好车，而那些愿意支付相对高价格购买好车的买者也没有买到自己合意的车子。这就是由于信息的不对称所导致的无效率，因为如果买者知道自己买的肯定是好车，他就会支付比较高的价格，而卖者也会以比较合理的价格卖掉自己的好车。

一般说来，好质量旧车的卖主可能试图说服买主，让后者相信自己的旧车确实是好车，但在不完全信息的情况下，买主凭什么相信卖主呢？市场的参与各方是如何解决这一问题的呢？这时卖主可能会采取一些不同的行动或与买主签订合约以证明自己的旧车质量，具体的方式有很多，但是都遵循一个基本的原则：事实胜于雄辩，也就是通过各种措施或办法让卖主分担部分或全部低质量的成本。

在旧车市场上买卖双方之间会通过分期付款或抵押担保和维修支持等方式解决相互之间的信息不对称问题，其实，与旧车市场一样，包括新车市场在内的许多商品市场上都存在相同或类似的方式解决买卖双方之间的信息不对称问题。因为在其他的商品或服务的交换活动中，不对称信息同样存在，因而双方同样需要通过适当的方式进行沟通，具体的信息传递方式多种多样，但都必须遵循一个普遍的原则：卖主承担部分或全部低质量的成本。

通常比较流行的方式有：产品包换、包退、卖主或生产厂家提供保修时间不等的服务。例如，家电、汽车行业许多公司提供不同的保修服务承诺，该承诺是有价值的，如果厂家承诺的提供保修期比较长，一方面反映了厂家对其产品质量的信心，同时减少了消费者如有质量问题可能产生的维修成本；另一方面是企业向消费者传递自己产品质量的信息，从而在一定程度上解决双方的信息不对称问题。

除了以上解决信息不对称的方式之外，还有一种重要的方式就是建立一个良好的声誉（或品牌）。在价格相同的情况下，同类商品中劣质商品可能驱逐高质量的商品，但高质量商品的厂家有内在的动力和激励让买主相信自己产品的高质量，此时厂家良好的声誉对于买主十分重要。

此外，广告在厂家与消费者之间的信息沟通方面能够发挥重要作用，一方面，广告可直接传递价格等信息；另一方面，广告支出是一种沉淀成本，因而其不可“回收性”本身就向买主表明自己产品的质量，如果自己的产品出现质量等问题，原来的广告支出（类似于一种抵押）就真正不可收回，因而广告支出在一定程度上表明对企业试图与客户保持长期的合作关系，并通过建立一个良好的声誉向消费者显示自己产品的有关信息。

而对于那些一次性或临时性的买主，厂家可以通过自己产品或服务的标准化向买主表明自己产品的质量。例如，对于许多人来说，位于自己住所附近的快餐店（肯德基或麦当劳）可能没有太大的吸引力，但旅行时情况会不一样，由于其标准化的服务至少可以减少人们对其产品与服务质量的担忧。同样，酒店业的星级标准也同样起着向消费者传递有关酒店服务质量信息的作用。

二、道德风险与逆向选择

与上面分析的旧车市场一样，信息不对称还存在于其他领域，比如在保险市场、劳动力市场和信贷市场。保险市场是另外一个会出现逆向选择的颇具代表性的例子，下面我们先分析保险业的信息不对称问题，然后分析企业雇主和雇员之间的信息传递与教育之间的关系。

1. 保险市场。在前面的章节中，我们分析了保险市场上风险规避的投保人通过向保险公司支付一定的保费，投保人转移了全部的风险，而保险公司也得到了正常的利润。其实，这只是一种理想的状况。因为人们在购买了全额保险之后，人们的行为就会有些改变，甚至变得不合情理。例如，买了火灾保险的人极不愿意再花费很多的时间与精力维护灭火设备或注意防火安全，买了财产盗窃险的人再也不会像以前那样精心看护自己的财产，而买医疗保险的人有时会让医生多开一些不必要的药。所有这些都被称为道德风险（Moral Hazard）。道德风险是属于道德范畴内的事情，还无法通过强制性措施来解决，或者说是通过法律途径解决的费用太高。人们在购买了火灾保险以后不再注意防火安全，毕竟与纵火犯罪有明显的区别。

其实，道德风险也是人的一种理性选择行为。因为在完全保险的条件下，人们采取措施防火或防盗需要花费一定的时间和精力，有时还需要购买一定的防护性设备，因而要付出一定的成本，但是以上行为结果的受益人是保险公司，因为在完全保险的情况下，保险公司会承担火灾或盗窃引起的损失。也就是说在以上参与方之间，成本与收益的分配是不对称的，所以就有了道德风险的产生。那么，道德风险会给保险公司带来什么影响呢？道德风险又如何改变社会总福利呢？

道德风险是当事人在一定条件下的理性选择行为，但是，道德风险无论是对另外的交易方，还是对社会的总体福利都有负面效应，下面以财产防盗保险为例进行具体说明。

首先，道德风险改变了损失发生的概率。因为投保人采取一定的防盗措施与没有采取一定的防盗措施相比，后者财产被盗的概率相对提高。在没有投保之前，财产的所有者一般会采取不同的措施保护自己的财产免受偷盗，因而小偷偷盗的成本增加，财产被盗的概率处于一个“正常”水平。但当财产的主人投保以后，再也不会像以前那样谨慎从事了，因而财产被盗的概率也就相应提高，而在完全保险的情况下损失由保险公司承担，所以，当事人的道德风险给另外的交易方带来了福利损失。

其次，在以上购买的交易中，保险公司与投保人之间的信息是不对称的，保险公司只是对财产被盗的社会平均水平有一定的信息和判断，但对具体个人的有关信息（个人习惯与财产损失）只能作出一个粗略估计，而无法观察投保人的具体行动。在损失发生以后，保险公司只是知道遭受损失的信息，但损失纯粹是由于意外情况造成，还是投保人行为不当（不采取投保的防护措施）造成，保险公司不可能获取这方面的信息，或者说获取该信息的成本太高。所以道德风险有时也被称为隐藏行动（Hidden Action），又因为保险公司无法获知确切的信息，或者说是获知确切信息的成本太高，所以也被称为隐藏信息（Hidden Information）。

特别值得说明的是，保险公司为隐藏信息付出了沉重代价。一方面，保险公司需要为获取投保人的更多信息而产生成本；另一方面，由于投保人的道德风险本身提高了损失发生的概率，因而必须支付更多的赔偿。在保护财产免受损失时，投保人和保险公司的成本是不同的。一般说来，投保人一方面掌握有更多的关于自己财产保护状况的私人信息；另一方面，投保人在保护自己财产免受损失时也更加方便，与保险公司的保护相比其花费的成本也更低。所以，从社会的角度看，投保人采取适当的措施保护自己的财产就显得更加经济和合理。

逆向选择（Adverse Selection）是保险公司所面临的又一大问题，它与道德风险有密切的联系。在开展保险业务之前，保险公司通过一定范围的调查得到一个社会平均水平的发案率或财产损失率，并以此为基础制订并收取相应的保费。而不同的社区或投保人财产损失的概率是不同的，保险公司的这种模式不能区别不同风险的投保人，最后可能出现的结果是财产损失风险高的人真正需要降低风险就愿意去投保，而风险低的那一部分群体不愿意投保。所以当统一的费率使得保险公司面临投保人的逆向选择问题时，保险公司的赔付也相应增加。

逆向选择不仅在财产盗窃险种中存在，在保险公司开展的其他如火灾险、健康保险等险种中同样存在。显然，道德风险会加重逆向选择。因为财产的所有者在投保以后会放松对财产的保护，财产的失窃率一般会因此而有一定的上升，从而加重保险公司的负担。但是，道德风险与逆向选择发生作用的途径和方式不同，道德风险是由于人的行为而提高了损失发生的概率，而逆向选择是由于投保人的偏向性而使保险公司的赔付率超过预计水平。

2. 劳动力市场与教育的信息传递作用。

（1）劳动力市场上的信号发送。我们前面分析了信息不对称可能产生的问题，并指出相关主体解决问题的多种方式，其中之一是信号传递，即有信息优势的一方向另外一方传递有关信息，以解决信息的不对称问题。最早对信号发送理论进行研究的学者是斯宾塞（Spence，1973），他分析了劳动力市场上的信号发送问题。

劳动力市场是一个典型的不对称信息市场，设想企业准备雇用新的员工，雇员比企业掌握有更多的劳动力质量的信息（比如工作能力、态度和责任心等）。一般说来，企业通常只有在雇用员工一段时间以后才能真正了解劳动力的质量，在此之前企业对新员工的生产力知道甚少。通常企业不会只是简单地雇用新员工并将随后发现的不称职的员工解雇，因为这样做的成本比较高，企业或多或少需要对新员工进行培训，并且可能需要的时间比较长。所以，如果企业在雇用员工之前就已经了解雇员工作能力的信息，企业的状况就会得到改善。

企业关注员工有关工作能力或生产力等劳动力质量方面的信息，那么一个很自然的问题就是雇员是否会传递以上信息？雇员或求职者在面试时穿上一套整洁得体的服装自然会向企业传递一些信息，但是该信息是一种弱信号（Weak Signal），它不足以区别雇员劳动力质量的高低，因为低生产力的雇员也可以使用类似或相同的方式和成本“装扮”成高质量的雇员。雇员传递的信号必须是强信号，即劳动力质量不同的雇员传递该信号的成本有比较大的区别，其差别足以区别劳动力质量的高低，也就是说，理性雇员会根据自己的质量高低向企业传递不同的信号，企业根据相应的不同信号区别雇员质量的高低。

教育是劳动力市场上的强信号之一，它可以反映雇员劳动力质量等多方面的信息。雇员接受教育可以提高劳动生产率，受教育年数、学分的多少、知识水平的高低、学校的声誉等可以直接或间接地提供劳动力质量的信息。无论雇员所掌握的知识对以后的工作是否有益，其接受的教育水平可以作为雇员劳动生产力高低的信号，因为与弱工作能力的雇员相比，高质量的雇员更容易获得比较高的教育水平，后者一般接受能力更强，更具创造性或工作更努力。所以，高质量的员工愿意通过自己接受的教育水平以显示自己的劳动生产力水平，从而在企业里获得比较高的报酬。因此，受教育水平是劳动力质量的一个信号，它显示了劳动者的生产技能，企业也愿意将教育水平作为员工生产力水平的参考指标，因而工资率取决于受雇者的受教育水平（人们往往忽视的一个问题是工人的受教育程度往往取决于企业或雇主开出的工资水平）。

为了简化分析，假设仅存在低生产力（第一组）和高生产力（第二组）两种类型的工人，两类工人在工人总数中所占的比重分别为 b 和 $1-b$。设 e_1 和 e_2 分别代表两类工人所接受的教育水平，c_1e_1 和 c_2e_2 分别代表他们达到不同教育水平所需要的成本。首先我们假定两类工人的边际产出率是固定的常数（这一假定使我们把教育完全看成一种质量信号），它们分别为 a_1 和 a_2，产出量可以表述为劳动量的函数：

$$y = a_1 l_1 + a_2 l_2$$

那么工人如何选择自己的受教育程度呢？显然他将比较接受教育的成本和收益，然后选择最佳的受教育水平。因此，从工人的角度看，其受教育水平是工资率和受教育成本的函数，$e=e(c, w)$。因为一般企业比较难以观察到工人的实际工作能力，所以将受教育水平作为确定工资率的主要依据，这也是可以观察到的工人质量的信号，因此我们有 $w=w(e)$。我们还假定他们都被竞争性企业所雇用，从而工资率等于劳动的边际生产力。以下我们分析工资水平或工资率的差别对受教育水平的影响。

首先，如果工资率没有差别，即对两类工人支付相同的工资，等于全部工人平均的劳动边际生产力，则两类工人都不会去接受教育。因为无论是否接受教育都获得一样的工资，说明收入与受教育水平无关，而多接受教育只会带来更多的成本，导致最终的收益下降，所以无人接受教育。

下面我们考虑另外一种工资水平有差别的情况。假定 a_1 大于 a_2，两类工人的边际生产力不同，企业希望对两类工人实行差别工资，$w_1=a_1$；$w_2=a_2$。由于无法直接观察到工人的实际工作能力，因而通过可观察到的信号即受教育水平为不同类型的工人确定工资率。但问题还没有完全解决，因为可能会出现两种不同的均衡。如果两类工人接受教育的成本相同，那么所有的工人都会为了获取更高的工资而选择多受教育，结果是 $e_1=e_2$，因而无法区别工人工作能力的高低，差别工资也就无法实现。

其次，还可能出现的一种情况是接受教育的成本有差别，c_1 大于 c_2，但是企业选定的教育水平或工资差别不合理，使得实际工作能力低的工人有足够的动力，即将自己“伪装”成高质量工人的收益大于成本，那么，前者会选择与后者一样的受教育水平，两类工人接受教育的水平也会相同，差别工资也没有办法执行。以上两种情形在博弈论中称之为混同均衡，即不同类型的劳动力选择相同的受教育水平的一种均衡状态。

2. 信号甄别（Screening）。以上分析表明，企业需要根据不同质量的工人接受教育成本的差异，同时考虑工人的边际生产率，确定一个合适的受教育标准将两类不同的工人区分开来。这可以归结为选择受教育水平标准 e^*，使得：

$$w(e) = a_1,\text{若}\ 0 \leqslant e \leqslant e^* \tag{11.1}$$

$$w(e) = a_2,\text{若},0 \leqslant e \leqslant e^* \tag{11.2}$$

e^* 是受教育成本高的低工作能力的工人不愿意选择的受教育水平，而是第二类工人为了获取更高的工资所愿意达到的教育水平。也就是说，e^* 的选择或确定要将两类不同的工人区别开来，即 e^* 满足：

$$\frac{a_2 - a_1}{c_1}\pi e^* \pi \frac{a_2 - a_1}{c_2} \tag{11.3}$$

不等式（11.3）的左边可以改写为：

$$c_1 e^* \phi a_2 - a_1$$

这个不等式右边是至少获得 e^* 水平的教育时可以获得的工资增量，而左边是获得该水平的教育所必须支付的成本，第一类工人因为受教育的成本比较高，获得 e^* 水平的教育是非理性的，因此他不会接受教育，$e_1=0$；并且愿意接受工资 $w(e_1=0)=a_1$。

不等式（11.3）的右边可以改写为：

$$c_2 e^* \pi a_2 - a_1$$

由于第二类工人接受教育的成本比较低，接受 e^* 水平的教育是合算的，因而 $e_2 = e^*$，并相应获得 $w(e_2=e^*)=a_2$ 的工资。

这样，只要选择适当的教育水平作为工资标准的参照物，两类工人就会自我选择不同的教育水平，企业也就可以将两类不同工作能力的工人区分开来。这就实现了分离均衡：两类工人选择了不同的教育水平。

以上的模型中，信号本身是一种资源的浪费。因为实际的产出并没有因为不同的个体发出不同的信号而有所改变，即在有信号显示和没有信号显示的情况下产出是一样的。但是在有信号显示时，一部分人为了显示自己的类型必须付出一定的成本，该成本对总产出没有贡献，这部分费用只是使总收入在不同类型的个体之间的分配比例发生改变。从个人的角度看，该成本的支出是值得的；但从社会的观点看，该成本的支出是一种浪费。当然，我们的分析有 定的假定前提，即接受教育本身与一个人的劳动生产力没有相关关系。事实上，受教育水平越高，人们的工作能力或创造性一般会相应提高，劳动生产力也会相应提高。我们的目的是要揭示出那些纯粹为了信号显示的目的而对实际总产出没有贡献的花费是对资源的一种典型浪费，这些活动没有相应的实际经济效果。

信号发送和信息甄别的现象在现实生活中比比皆是。在劳动力市场上，文凭、工作经历、获奖情况都是有利于劳动者自身的信号。而失业经历则是不利的信号，所以失业的时间越长，失业者就越不容易找到工作。在经理市场上，一个职业经理的履历就是一种信号，他过去为哪家公司工作，经营业绩如何都直接影响到他被重新聘用时的收入。当然，与一般学校的毕业生相比，名校的毕业生还是值得信任的，因为他能够从名校毕业本身就是一种能力的证明。……这些都是我们常见的信号发送机制。本节分析劳动力市场的信号传递问题，我们可以运用同样的思路分析厂商提供的产品保修期，以及相应的商品包装与广告投入等有趣问题。

信息甄别的机制也非常常见。不同的劳动报酬机制就是一个例子，一家工厂同时实行计件工资制和计时工资制，其结果是，生产率高于平均生产率的工人都会选择计件工资制，而生产率较低的工人则倾向于选择计时工资制。汽车保险市场的例子也很能说明信息甄别的作用。由于保险公司知道车主中有的人驾驶技术较好，有的驾驶技术较差，根据他们的平均出事概率确定费率定会导致技术好的车主退出保险市场。于是保险公司便同时实行两种保险方案，一种是费率较高的全额保险，另一种是费率较低的部分保险。显然，驾驶技术较差的车主会选择前者，而选择后者的则是车技较高的车主。

需要指出的是，从理论上来说，有些时候，信号发送和信息甄别机制的引入并不一定优于没有这些机制的情况。比如说，当市场上的劳动力仅有极少一部分属于低效率者时，如果没有信号发送机制，企业按照劳动力的平均效率支付报酬，高质量的劳动者的收入也不低，但是，在存在信号发送机制的情况下，高效率劳动者为了避免被当作低效率者也不得不接受一定程度的教育。

通过这一节的分析可以看出，大多数情况下信号发送和信息甄别机制的引入能够有效地避免由于逆向选择问题造成的市场失灵现象。但是，值得特别指出的是，市场上的信息是否真实在这一过程中就显得特别重要。

第二节 激励机制设计

激励在经济学中占有十分重要的位置，因为它决定了资源配置的效率。但是，在经典的经济学理论和主流的一般均衡分析框架中，都没有激励理论的地位，这主要归结于古典主义与新古典主义分析框架中同质的经济人行为假定及完全竞争与完全信息的理想假设。当现代主流经济学的发展进入到主体行为与组织等领域时，关于市场行为的以上不符合现实的理想假定首先被打破，于是就有了信息经济学的诞生。自 20 世纪 70 年代以来，信息经济学的理论体系得到了快速发展，并逐渐统一在委托—代理框架下，与此同时，信息经济学与激励机制设计理论的相互吸收与渗透也促进了微观经济学的发展。

无论是信息经济学还是激励机制设计理论，他们所要解决的根本问题就是不对称信息下的激励问题。不对称信息会造成资源配置的低效率，通过适当的激励机制设计，“妥善”处理各参与方之间的信息传递和相应的利益分配，以减少或避免效率损失是机制设计的最终目的，也是激励机制设计中的核心难题。

一、委托代理问题

委托和代理的概念来源于法律规定，如果一方自愿委托另外一方从事某种行为并签订合同，委托代理关系就随之产生。当被委托人（以下称为代理人）为另外一个人（授权人，以下称为委托人）工作，最终的结果既取决于代理人的努力水平，另外还受各种外在客观因素的影响，且以上两种因素对委托人来说没有办法完全区分。一般说来，能够通过自己的行为影响其他人的福利的一方是委托人，而通过他人的行为实现自己的目标的一方是委托人。委托代理问题本质上也是一个不对称信息问题，代理人是有一定的信息优势的一方，委托人是不具有信息优势的一方，但是，在委托代理的范围内，委托人要承担代理人行为的后果。在委托代理关系中，委托人一般不能直接观察到代理人的行为，而且代理人的行为不能由其行为的结果被推断出来。信息经济学中的委托代理问题强调代理人的行为结果不仅与其行为有关，而且也与委托双方一般不能控制的而委托人只知道具有某种可能性的一些因素或变量有关。

在委托代理关系中，一般情况下委托人与代理人之间的利益不是完全一致的，我们没有理由认为两者具有完全相同的目标。可以说，只要一个人的福利与另外一个人的努力程度或行为有关就会存在委托代理问题。委托代理问题产生的原因是多方面的，以保险为例，保险双方之间的交易存在暂时性，另外，代理人试图从委托人那里“榨取”更多的剩余，因为委托人并不知道自己工作的难度和自己的努力程度，代理人可能利用这一点向委托人传递对自己更有利的信息（“夸大”自己的业绩）从而得到更多的收入。由此可见，从另外一个角度看，委托代理问题产生的直接原因是信息不对称以及“信用危机”，它与道德风险密切相关，所以委托代理问题在信息经济学中也被称为道德风险。

事实上，委托代理问题在现实生活中很普遍。例如，厂商的利润与作为代理人的经理人的努力工作程度有直接关系，但也与外在的宏观经济环境有关；另外，一般内部员工与雇主的利益不完全一致，如果雇主能够没有成本地控制和度量员工的劳动生产率，雇主就可以确保员工最大限度地为企业工作。事实上，企业的员工与雇主之间的信息是不对称的，雇主也不能够完全控制员工的行为和贡献程度；房东一般希望房客能够细心维护房屋，但日常维护房屋的成本与收益在房东与房客之间的分配是不对称的；农场主雇佣农民为他耕种土地，虽然气候等自然条件对产量有重要影响，但农民付出劳动的数量与质量对土地的产量起着决定性作用。如果某一年的收成不好，农场主一般很难判断是由于农民偷懒造成的还是由于客观因素造成的。由于劳动对于多数人来说是一种负效用，农民也不是完全在为自己劳动，所以，只要农场主无法完全肯定产量低是由于偷懒造成的，农民就会有偷懒的动机。

通常情况下，委托人一般只能了解代理人的初步信息，也就是说，委托人的信息是不完全的。由于委托代理关系中代理人偷懒等道德风险的存在，委托人的福利会受到损害。所以委托人必须面对代理人的道德风险。另外，在没有道德风险的情况下，委托人的收益由于受到代理人以外的一些客观因素的影响而面临一定的不确定性，例如，在农民付出相同数量和质量的劳动的情况下，由于气候等自然条件的不同，最终的土地产量会有比较大的差别。所以，委托人与代理人之间不仅面临着道德风险的问题，还存在着风险的分配问题。

具体来说，风险的配置取决于委托人与代理人对待风险的态度，一般可以分为三种情况：

1. 代理人是风险规避者，委托人是风险中立或风险爱好者。此时的解决办法应该是代理人得到固定的收入，委托人承担收益波动的风险。在地主与农民之间的关系中，就是农民向地主缴纳全部的所得，而地主向农民支付固定的劳动报酬之后，自由支配剩余的部分产出。

2. 委托人是风险规避者，而代理人是风险中立或风险偏好者。在这种情况下，相应的解决办法是委托人获取固定的报酬或收入，而代理人承担风险。在地主与农民的土地合约中，解决委托代理问题和风险分配的方法是农民向委托人上缴固定地租，农民享有剩余的土地产出。

3. 委托代理双方都是风险规避者。此时委托代理双方都需要承担一定的风险，而风险厌恶程度相对比较小的一方承担比较大的风险。具体到农业中的实施方式就是地主与农民之间的分成合约。

以上是参与方在不同的风险偏好情况下解决委托代理问题的典型方法。这些解决委托代理问题的方法有什么特点、遵循什么原则呢？或者说，我们如何从一般性的角度解决委托代理问题？对于委托人来说，如何通过适当的机制设计让代理人就像为他或她自己一样努力工作？这就是激励机制设计理论所探讨的基本问题。

二、激励机制设计原则

激励机制设计是一种特殊的不完全信息博弈问题，它的核心思想是设计一组契约或博弈规则，试图使得委托人的预期利益最大，并将代理人的努力结果与他所能获得的报酬相联系，从而激励代理人为了自己的利益而努力工作或采取委托人希望代理人采取的行动，而代理人自身的利益也最大化。

实践中不对称信息是一个普遍现象，当生产者选择出售商品的方式时，他事实上是在选择或设计一种博弈的规则，最典型的如拍卖，雇主对雇员的职位安排，保险公司的收费和赔付政策，垄断企业定价和管制，政府税收政策的制定，公共产品的供给等，以上这些例子中，有一个委托人和一个或多个代理人。通常情况下，代理人的有关信息只有代理人自己知道，因而代理人的信息在各参与方之间的分配是不对称的。而委托人希望得到代理人的真实信息，但代理人有时不愿意报告或揭示自己的真实信息。比如，雇主一般不知道雇员的真实能力；企业的所有者一般也不可能得到企业管理者的努力水平，在垄断企业的定价中，垄断企业并不知道消费者愿意出的最高价格，在征税过程中政府不知道纳税人的能力。在以上这些关系中，委托人当然可以直接要求代理人报告自己的信息或采取对自己有利的行动，但代理人通常不会按照委托人的意愿行动，因为它可能会给代理人带来额外的成本，例如，努力工作一般比偷懒能够带来更多的负效用，雇员的实际能力不能胜任相应的工作岗位时，如果如实报告自己的真实信息对雇员也不利。所以，除非委托人能够提供给代理人足够的激励，否则代理人在很多情况下一般不愿意报告自己的真实信息。因为委托人提供激励也是有成本的，所以委托人在向代理人提供激励让后者采取对自己更有利的行动时也面临着成本与收益的平衡（Trade - off）问题。

在委托代理问题中，相关参与方之间的不对称信息，降低了资源配置的效率，激励机制设计理论的关键问题是设计一组机制以减少或避免效率的损失，并实现相应参与方的利益最大化。

下面我们以雇主与雇员之间的委托代理问题为例具体说明激励机制设计的基本原则。假设最终的产量受雇员的工作勤奋程度和其他外在环境因素的双重影响，但雇员努力工作会使最终产出为高产出的概率提高。那么，雇主如何让雇员或代理人努力工作？或者说，怎样在委托人与代理人之间配置风险、设计报酬方案？通常情况下，不管最终产出是多少都支付给雇员固定的报酬是不行的，因为雇员可能会没有动力勤奋工作。适当的激励（约束）机制必须解决代理人的监督问题，或者提供足够的激励让代理人的报酬在一定程度上与代理人的努力水平相关，问题在于这种相关性如何确定？

下面我们用具体的模型进行说明。设代理人的努力水平为 x，最终的产出为 Y，Y 受 x 的影响，两者之间正相关，其函数形式为 $y=f(x, z)$，y 并不由 x 唯一决定，z 为其他客观因素。S 为委托人付给代理人的报酬，为了鼓励代理人积极工作，报酬 S 必须与最终产出 Y 相关。

$$S = S(Y) = S[f(X)] \tag{11.4}$$

对于委托人来说，目标是自己收益的最大化，而代理人同样是理性的经济人，同样追求自己利益的最大化。那么，委托人如何设计自己的激励机制呢？

概括起来，委托人设计一组机制时必须考虑两个基本约束：参与约束和激励相容约束。

1. 参与约束。代理人努力工作需要付出比较多的时间和精力，因而是有成本的，并且成本与努力水平正相关，随着努力水平的提高其边际成本是递增的。设成本与努力水平之间的关系为 $c=f(x)$。对于代理人来说，从与委托人“合作”中得到的收益必须大于或等于他放弃与委托人的交易而在其他地方工作所能够得到的最大收益，即代理人为委托人工作的机会成本，我们将其折算为保留收益（效用）$\overline{U}$。即：

$$S[f(X)] - C(X) \geqslant \overline{U} \tag{11.5}$$

如果一个理性的代理人有兴趣接受委托人的“委托”和相应的报酬方案，参与到博弈过程中去的话，代理人在委托人设计的方案或机制设计中所得到的期望效用必须大于或等于代理人不接受该委托时的最大期望效用。这就是机制设计中必须考虑或坚持的第一个约束：参与约束（Participation constraint）或个人理性约束（Individual rationality constraint）。

参与约束是指委托人设计的机制不是强制性的，因而本质上是一种契约，必须基于交易参与方的合意。参与方或代理人不参与委托人的交易或博弈时能够得到的最大期望效用是代理人的保留效用（或机会成本），代理人博弈中从交易当中得到的效用不能低于他或她的保留效用，因为当代理人参与委托人的交易时就失去了另外的其他机会。

2. 激励相容约束。机制设计必须考虑的第二个约束是，给定委托人不知道代理人的真实信息（或类型）的情况下，代理人在所设计的机制下必须有积极性选择委托人希望他选择的行动。一般情况下，代理人与委托人进行交易的过程中有多种行动可供选择，而不同的行动给代理人带来的效用是不同的，委托人与代理人的利益通常是不一致的，对委托人最有利的行动并不一定对代理人最有利，有时对委托人最有利的行动甚至给代理人带来的效用最低。所以，要想让代理人采取委托人希望代理人选择的行动，委托人在机制设计时必须考虑给予代理人一定程度的补偿，使得代理人有积极性采取对委托人有利的行动（如努力工作等），让代理人自愿地揭示自己的真实信息（如雇员如实报告自己的能力等），从而使得委托人能够有效地分别代理人的不同类型。其中委托人给予代理人的利益补偿被认为是代理人的租金。只有当代理人选择委托人所希望的行动得到的期望效用不小于他选择其他行动时得到的期望效用时，代理人才有积极性选择委托人所希望得到的行动，委托人才能够实现自己的目标。这个约束就是激励相容约束（Incentive - Compatibility Constraint）。

我们假定代理人只有两个行动可以选择：偷懒（X_1）和努力工作（X^*），而代理人努力工作时能够给委托人带来更大的效用或产出，那么激励机制的设计必须满足：

$$S[f(X^*)] - C(X^*) \geqslant S[f(X_1)] - C(X_1) \tag{11.6}$$

当代理人有多个行动方案可以选择即 X 有多个值时，激励相容约束对于一切行动选择都成立，即

$$S[f(X^*)] - C(X^*) \geqslant S[f(X)] - C(X) \tag{11.7}$$

满足参与约束的机制称为可行机制（Feasible Mechansim），满足激励相容约束的机制是可实施机制（Implementable）。如果一个机制满足参与约束和激励相容约束，我们说这个机制是可行的可实施机制。委托人的问题就是选择一个可行的可实施机制 S（Y）以最大化自己的期望效用或收益，而委托人的收益为：

$$Y - S(Y) = Y(X,Z) - S[f(X)] \tag{11.8}$$

所以委托人的问题是在以上参与约束和激励相容约束下最大化自己的收益。值得说明的是，可行的可实施机制可能有多个，所以，现实中有许多不同方案处理相同的委托代理问题。

信息经济学是微观经济理论中发展最快的前沿专题之一，它从信息不对称的角度关注信息的非对称性导致的市场失灵等问题，解决信息不对称的思路之一是通过各种途径生产信息、搜寻信息、传递信息，减少不确定性。另外，还可以通过适当的激励机制设计解决不对称信息问题，限于篇幅，本章简要介绍了关于激励机制设计的思想和原理，有兴趣的读者可以进一步阅读相关的文献。

案例 1　樱桃是柠檬吗？

樱桃是柠檬吗？这听起来似乎有点鹿马不分的诡异，但事实上这是经济学发展过程中的一段（小）典故，而且是相当有趣的一段……

1970年，经济学家阿卡洛夫发表一篇论文，讨论旧车市场的特征。因为卖旧车的车主已经使用过车子一段时间，所以很清楚车子的性能，但买车子的人多半不能判断车子的好坏。所以，卖主和买主之间存在着一种信息上的不对称。而且，性能好的车子通常没有人舍得卖，所以被送到二手车市场的多半有问题，即是一些尝之令人龇牙咧嘴的“柠檬”。

既然买卖双方所拥有的信息不同，而出现在旧车市场的又多半是柠檬。所以，即使有人想买车、有人想卖车，最后却可能谈不成买卖。市场里没有交易发生。

旧车市场的例子很深刻地反映出信息对市场交易的关键性影响。这对当时被经济学者奉为圭臬的观念“市场里有人想买、有人想卖，就会有交易发生”，可以说是直接的冲击和挑战。因此，阿卡洛夫这篇开创性的论文也就成为经济学文献中重要的经典之一。

美国西北角的华盛顿州盛产樱桃，产品销售全美各州。樱桃有大有小，大的漂亮可口，价格比较高。因此，樱桃可以依大小拣选后按规格和相应等级出售。当然，樱桃可以拣也可以不拣，拣过的樱桃就按大小“分级出售”；没有拣过的就“混合出售”。但是，拣樱桃要耗用人力和物力，而且生手和熟手筛选的功力大不相同。所以，樱桃商自己会决定要不要费事拣樱桃。经过一段时间的摸索，产地的樱桃商人变成两类：第一类完全不拣樱桃，樱桃全部“混合出售”；第二类商人一方面拣樱桃，一方面也会任某几批樱桃混合不拣。

分析：

上述案例说明，柠檬市场的特性除了理论探讨上的兴味之外，是不是对我们日常生活也有所启示呢？分好等级的樱桃固然可以依等级在价格上有高低之分，可是那些“混合”的呢？既然卖樱桃的人知道这些樱桃的品质如何，而买樱桃的人可能是身在数千里之外的纽约、波士顿，所以买卖之间也存在信息上的不对称。这些樱桃会不会就像阿卡洛夫所说的“柠檬”一样，因为都是“混合”不分，所以被一视同仁，而只有“一种”价格呢？

考虑第二类商人所卖的“混合”型樱桃。既然这些商人可以拣，而不拣，很可能就是因为他们看到这几批樱桃成色不佳，不值得拣。所以，同是“混合”型樱桃，第二类商人卖的“平均品质”很可能比第一类商人卖的“平均品质”差。如果该推论成立，则同是“混合出售”的樱桃，第二类商人卖的价格应该会比第一类商人卖的价格低。

两位美国经济学者对1983年1 000多次交易资料加以分析，发现同是“混合出售”的樱桃，第二类商人的价格确实比第一类商人的低。也就是说，在信息不对等的情形下，只要根据这些“混合出售”的樱桃是来自于第一类或第二类商人的这个“信号”，市场已经发展出一种机能来分辨樱桃的品质。因此，两位学者得出结论：“樱桃不是柠檬”。

对经济学者而言，“樱桃不是柠檬”的结论再一次地证明，市场机制可以经由供需交会时各擅所长、各取所需而区分出价格高低的威力。对一般消费者而言，这段典故的启示是，只要市场发挥作用，就可以从价格上来粗略地判断商品品质的好坏。而且，更深层次的意义是，每一个人事实上都可以试着成为一个(小)市场，培养自己的判断力，然后再斟酌取舍、自求多福。想一想，为什么你总是会去固定的水果摊、杂货店、医院、餐馆呢？是不是你也找到了一些“信号”，也培养出了一些判断力？……

资料来源：熊秉元：《灯塔的故事》，社会科学文献出版社2002年版。在编辑过程中做了适当删改。

案例2 皇帝为什么要杀功臣

"狡兔尽，走狗烹；飞鸟尽，良弓藏；敌国破，谋臣亡"，在中华帝国几千年的历史上，周而复始地上演着这出闹剧（如宋朝的"杯酒释兵权"、明朝的"胡党蓝党冤案"等）。在国家建立之后，皇帝为什么要杀功臣呢？经济学的发展使人们可用经济理性的分析方法来分析一些历史现象。对于功臣与皇帝间的关系，运用信息经济学的理论可以得到一个比较合理的解释。

分析：

借用经济理论，我们可将皇帝与功臣间的关系看做一种委托代理关系。皇帝作为帝国的所有者，控制着帝国的产权，但他不可能直接治理国家，必须委托一个或数个代理人来帮助他管理国家。在这样一个委托代理关系下，皇帝给功臣们高官厚禄，对他们的要求是勤奋工作，为皇帝效命，不过皇帝最关心的还是要求功臣们不得造反。

为确保江山永固，皇帝们必须清楚功臣们是否造反。解决功臣们是否造反问题的关键在于识别到底谁会造反，但这是一个信息不对称的格局：大臣们自己知道自己造不造反，皇帝却不知道谁是奸臣，谁是忠臣。从信息经济学角度来看，这个问题就转化成，应该发出一个什么样的信号才能把忠臣和奸臣分离开来。

回顾历史，我们可以看到在不能辨别忠奸时，皇帝们选择的分离条件不是谁会造反、谁不会造反，而是谁有能力造反、谁没有能力造反。对于皇帝来说，只要把有能力造反的杀掉，剩下的人即使有造反之心，也无造反之力了。而哪些人有能力，哪些人没有能力呢？这个区别的信号应该是什么呢？皇帝们的统一看法是无形资产越多的人越有造反能力。

功臣们的资产除了官位、兵权这些有形资产外，更重要的还是他的威望、才干、人际关系和势力集团这些无形资产。功臣们即使交出了官位、兵权，但这些无形资产却无法一起上交。可口可乐的总裁宣称，即使可口可乐的所有工厂被毁，可口可乐凭借其无形资产也能迅速东山再起。同样，韩信、李世民等人的无形资产足够让皇帝寝食难安。

在信息不对称的情况下，当皇帝选择是否有造反能力这个客观条件作为分离条件，并且把无形资产这种与人肉体不可分离的多寡当作区分信号时，功臣必然要遭到迫害。要想破除这个定律，只有在现代民主制度下，一方面通过各种制度限制私人势力的发展；另一方面通过领导人的选举，使将军们可以合法竞选最高领导人，也就是造反合法化。在选举制度下，通过参选这一信号，也可以将有野心和没野心的将军们分离出来。可见，在现实生活中，信息的不对称会给理性人的行为带来很大的影响。

资料来源：http：//www. chinavalue. net/Article/Archive/2005/11/8/13377. html.

[关键概念]

不完全信息　逆向选择　道德风险　信号发送　激励相容约束　参与约束

[复习题]

1. 为什么旧货市场上物品的价格会低于相应的新商品的市场价格？哪些因素影响旧货

市场的价格？

2. 保险市场投保人的败德行为改变了损失发生的概率，对保险公司的福利有重要的影响。如何理解这一判断或命题？它包含有哪些基本假定或条件？

3. 文凭代表了一个人受教育的程度和相应的知识水平。如果只要花钱就可以购买到所需要的文凭，则低生产率与高生产率的个人获取文凭的成本没有系统性差异。此时，文凭作为生产率高低信号的作用会发生何种改变？在劳动力市场的产生的短期效应和长期效应如何？其对教育本身的影响如何？

4. 试说明信号传递和信号甄别对信号的要求，并用具体的案例讨论分析市场出现不真实信息时的可能后果。

5. 信号发送和信息甄别的现象在现实生活中比较常见，在劳动力市场上，文凭、工作经历、获奖情况都是有利于求职者的信号。其中，个人简历在目前高校毕业生的求职过程中扮演着十分重要的作用。根据有关报道，国内高校学生求职时，求职的花费也不断上升；除了添置必要的服装之外，不少学生将自己的简历印制得十分精美，有的学生在简历中还附上自己的玉照。试讨论这些现象产生的原因以及影响（包括企业）。

6. 试分析广告的作用。

［补充阅读材料］

1. 平狄克、鲁宾费尔德：《微观经济学》（第五版），清华大学出版社 2001 年版。

2. 平新乔：《微观经济学十八讲》，北京大学出版社 2001 年版。

3. 张维迎：《博弈论与信息经济学》，上海三联书店、上海人民出版社 1996 年版。

4. 谢康、乌家培：《阿克洛夫、斯彭斯和斯蒂格利茨论文精选》，商务印书馆 2002 年版。

5. Gibons，Robert，1992，A Primer in Game Theory，Chapter2，Harvester Wheatsheaf Publisher.

6. Akerlof，George A.，1970，The Market For ‘Lemons’：Quality Uncertainty and the Market Mechanism，Quarterly Journal of Economics，Aug. 1970，488 – 500.

7. Spence，A. M.，1973，Job Market Signaling，Quarterly Journal of Economics 87：355 – 74.

第十二章

外部性与公共产品

【学习目的和要求】

本章的学习目的和要求是掌握外部性造成市场失灵的原因、政府干预的方式以及科斯定理中通过私人交易使外部效应内部化的过程，理解如何由公共物品的基本特征推导出其最优数量的决定机制，熟悉为解决公共物品的搭便车问题而设计的方案，如一致同意规则、需求显示法等。

【内容提要】

1. 由于私人收益与社会收益、私人成本与社会成本之间的差异，导致了经济主体行为的外部性。在存在外部效应时，企业的行为并不能导致有效率的资源配置，此时存在市场失灵。政府可通过征税和补贴、使企业合并以及确定产权的方式以改进资源的配置方式。

2. 科斯定理的含义是，在完全竞争条件下，如果交易费用为零，则无论初始产权如何分配，都可导致资源的最优配置。科斯定理的直接推论表明，如果存在正的交易成本，则不同的初始产权界定会对资源配置产生不同的影响。

3. 由于公共物品具有消费上的非排他性和非竞争性，导致私人不能提供最优数量的公共物品。为解决公共物品的搭便车问题，政府应该通过适当的决策规则和方法（如一致同意规则、多数票规则等）提供公共物品。

完全竞争可以导致资源最优配置的结论，是以经济活动中不存在外部性为前提的。由于外部性的存在与公共产品的特殊属性，帕累托最优状态通常不能实现。上一章我们讨论了由于不对称信息而产生的资源配置低效率问题以及相应的市场解决办法，本章旨在分析外部性的机理与解决思路，并简要讨论公共产品的供求问题以及相应的决策规则。公共物品的生产以及公共经济的效率问题一直是西方经济学的研究热点，也是长期争论不休的一个问题，对公共物品如何定价、如何生产、生产多少、为谁生产、公共选择的决策机制和规则以及相应的缺陷等问题给予了充分的关注，它们不仅构成了公共经济学的主要内容，也成了公共选择理论的重要课题。

第一节　外部性与交易费用

人与人之间或经济主体之间的行为会相互影响，因为各个参与方都在特定的约束条件下追求自己的利益最大化，追求利益最大化本身也构成了经济行为的约束条件或经济环境。而完全竞争市场均衡理论的一个基本假定是，单个消费者或生产者的行为对社会上其他人的福利没有影响；单个经济主体的行为的私人成本和私人收益分别等于其社会成本和社会收益；生产者的成本及其销售收益都归卖者，而买者得到该产品的全部收益并支付相应的全部成本。但是，在实际生活中，以上假定是不成立的，市场中存在未被市场交易包括的额外成本和收益，这就是所谓的外部性，又被称作“溢出效应”。所谓外部性是指一个经济主体的行为对另外一个经济主体的福利产生了影响，但这种影响并没有通过货币或市场交易反映出来。

一、外部经济与外部不经济

根据经济活动主体的不同，我们可以把外部性分为生产的外部性和消费的外部性。我们也可以把外部性分为积极的和消极的或正的和负的两类，具体取决于个人是否无偿地享有额外的收益，或是承受了他人行为导致的额外成本。如果一个个体（生产者或消费者）的一项社会经济活动会给社会上其他成员带来好处，这就是该个体行为的外部性。如果该个体不能由此得到补偿，也就是说，这个人从其活动中得到的私人收益小于社会收益，这种性质的外部性被称为“外部经济”。

无论是生产者还是消费者都可能产生外部经济。例如，企业开展研究与开发活动，除了自己获得正常的利润回报以外，对社会的进步也有一定的贡献；企业对所雇用的工人进行培训，而如果这些工人转移到其他单位去工作，该企业不能从其他单位得到补偿或向其索要培训费用。养蜂场的蜜蜂帮助果园的果树传播花粉从而提高了果农的产量；个人搞好自己的环境卫生，或者花费一定的时间和精力提高自己的受教育水平，都会得到适当的回报。而整个社会也会从个人的以上活动中受益。另外，沿街居民放置于阳台上的鲜花也能够让过往的行人赏心悦目，显然，个人从事以上这些活动的私人利益小于社会利益。这就是外部经济或正的外部性。

除了上述的外部经济之外，还存在外部不经济。例如，企业因排放有害气体、污染周围水质而使附近其他的社会成员遭受了损失；在交通高峰时间驾车外出，会使道路变得更加拥挤；吸烟者的行为也危害了被动吸烟者的身体健康；等等，这就是生产者和消费者的行为所带来的外部不经济。

上述外部性在现实生活中比较普遍。由于市场交易不包括个体行为的全部成本和收益，通常情况下，正外部性的产品会出现市场供给不足，而有些经济活动产生的负外部性会供给过量，这是导致市场失灵的一个重要原因之一，它为政府的介入提供了一种可能，我们应该通过适当的措施鼓励正的外部性的生产，抑制负的外部性的产生。

二、外部性与非帕累托配置

下面我们以一个具体的例子说明外部性是如何引起资源配置偏离帕累托最优的。假定在河的上游有一个钢铁厂，而河下游有一家渔业公司从河中捕鱼；钢铁厂雇用劳动力生产钢铁，还产生相应的废物并排入河中，其生产函数为：

$$S = f(l_s) \tag{12.1}$$

其中 S 为钢铁产量，l_s 代表生产钢铁所用的劳动量。

假设钢铁公司在生产钢铁的过程中，产生 $h(s)$ 单位的废料。渔业公司生产鱼的数量 C 一方面取决于劳动的投入量 l_c，另外还取决于河上游钢铁厂排放的废料的多少，废料越少，鱼产量越多，反之则越少。渔业公司的生产函数为：

$$C = g(l_c, h) \tag{12.2}$$

其中 l_c 和 h 为鱼产量和渔民的劳动量。我们分别用 p 和 q 代表钢铁和鱼的价格，用 w 代表劳动工资率。根据利润最大化原则，钢铁厂所使用的劳动量满足下列条件：

$$p\frac{\mathrm{d}f(l_s)}{\mathrm{d}l} = w \tag{12.3}$$

(11.3)式左边为劳动的边际收益率，右边为劳动的边际成本即工资率。

同样，渔业公司也按照边际利润最大化原则进行生产，劳动量满足下列条件：

$$\frac{\partial g(l_c, h(s^*))}{\partial l_c} = w \tag{12.4}$$

其中 S^* 为钢铁厂的最优产量。

上述过程中，钢铁厂的产量越多，对渔业损害也越大；但是钢铁厂完全“忽视”了这种负的外部效应，仅从自己的私人成本和私人收益出发选择最优的劳动量和相应的钢铁产量，这种最优产量与从整个社会角度考虑的社会最优产量是不同的。为了分析这种差别，我们现在假设钢铁厂与渔业公司为同一个所有者的两个企业，因而是外部效应内部化，则该企业利润最大化的问题可以表述为：

$$\max pf(l_s) + qg(l_c, h(f(l_s))) - wl_s - wl_c \tag{12.5}$$

利润最大化的条件为：

$$p\frac{\mathrm{d}f(l_s^*)}{\mathrm{d}l_s} + q\frac{\partial g(l_c^*, h^*)}{\partial h} \cdot \frac{\partial h(s^*)}{\partial s} \cdot \frac{\partial f(l_s)}{\partial l_s} = w \tag{12.6}$$

$$q\frac{\partial g(l_c^*, h^*)}{\partial l_c} = w \tag{12.7}$$

可见，这一组利润最大化的条件显然不同于前面给出的两个企业独立经营时的最大化条件，即资源的配置不相同。

等式（12.6）可改写为：

$$\left[p+q\frac{\partial g\left(l_c^*,h^*\right)}{\partial h}\cdot\frac{\partial h\left(s^*\right)}{\partial s}\right]\cdot\frac{\mathrm{d}f\left(l_s^*\right)}{\mathrm{d}l_s}=w \tag{12.8}$$

上式中第二项为负数，因为污染 h 越严重，鱼的产量越低，因此 $\frac{\partial g\left(l_c,h\right)}{\partial h}\pi 0$。这意味着括号中两项的代数和小于钢铁的价格 p，这样要使等式成立，左边乘积的另一项 $\frac{\mathrm{d}f\left(l_s\right)}{\mathrm{d}l_s}$ 就必须比等式（12.3）中的 $\frac{\mathrm{d}f\left(l_s\right)}{\mathrm{d}l_s}$ 要大；在劳动的边际生产力递减的情况下，这就意味着单一企业（或“社会最优配置”）中用于生产钢铁的劳动量要小于私人最优配置中用于生产钢铁的劳动量；也就是说，如果钢铁厂没有将外部效应纳入其生产总成本的范围内，则钢铁的生产就“太多了”，超过了社会的最优总产量。

通过以上分析，说明在存在外部效应的情况下，企业的行为并不能够导致有效率的资源配置，存在市场失灵。

三、效率改进方法

既然市场机制本身不能自动实现帕累托最优，就需要采取某种方法对市场机制的运行过程进行干预。一般认为，可以通过多种方式改善资源的配置。

1. 征税和补贴。它是解决外部性问题的思路的传统方法之一，是由庇古提出来的。按照庇古的观点，上面分析的钢铁企业在它的生产活动中面对的是错误的价格，而政府可以通过税收和补贴来矫正价格，即通过适当的税收和补贴，使得个人行为的成本和收益分别等于社会成本和收益。具体说来，对造成负外部性的个体征税（庇古税），其数额等于或接近该个体给社会其他成员造成的损失，而对生产正外部性的个体给予适当的补贴，使其私人收益等于或接近于社会收益。无论是正的或负的外部性，通过以上措施可以使得个人的成本与收益等于相应的社会成本和收益，从而实现社会资源的最优配置。

下面我们还是以钢铁厂和渔业公司的例子进行说明。

钢铁厂在决定自己的产出时，投入超过社会最优的劳动量生产“过多的”钢铁，实际上是由于钢铁厂面对的是“错误”的钢铁价格，他所考虑的是私人价格（或私人成本和私人收益），而社会价格等于私人价格减去外部成本，即社会价格应该等于：

$$p+q\frac{\partial g\left[l_c^*,h\left(s^*\right)\right]}{\partial s}\pi 0 \tag{12.9}$$

不等式（12.9）左边第二项为负值（钢产量越高，污染越多，鱼的产量越少），因而等式左边代数和小于右边。因此，要获得资源的最优配置，就要使钢铁厂面对的实际价格等于社会价格而不是私人价格。具体方法是对钢铁企业征税（从量税），税率等于等式第二项 $q\frac{\partial g\left[l_c^*,h\left(s^*\right)\right]}{\partial s}$，使得个人成本等于社会成本。

在传统的理论分析中，外部性总是构成政府干预的一条重要理由。实际上，以上方案在实施操作过程中会遇到的问题之一是需要对各个企业的情况有比较充分的信息以计算符合最优配置的税率，而一般情况下比较难以了解各企业的信息。

2. 可出售的排污许可证。除了对污染企业征税外，还有另一种财政激励方法也可以诱导污染者减少其对环境的破坏，即要求污染购买授权排放指定数量的污染物的排放许可证。这些许可证由政府当局固定其有限的数量，并能按供求决定的价格出售。

在这种制度下，环保局决定每单位时间（如每年）多大的总排放量是可以容许的，然后发行一批许可证，授权与之相等的总污染量。许可证卖给那些出价最高的竞争者，其价格由供求决定。如果可供出售的许可证数量不多，而又有大量企业需要购买许可证来完成生产活动，则许可证的价格就会上升；反之，许可证的价格会下降。

排污许可证的作用机制与征收排污税基本相同——使企业继续像以前一样实施污染的成本上升。但发放排污许可证有一些优于征收排污税的特点。例如，它降低了将要排放的污染的不确定性。如果征税，环保局无法事先知道这一数量，因为它限决于污染者对给定税率的反应程度。而在实行排污许可证的情况下，环保局可事先确定一个排放的最高标准，然后按这一限额发行许可证，授权排放。

3. 企业合并和内在化。一个企业（或个体）对另外一个企业有外部性，如果是正的外部性，则第一个企业的产量会低于社会的最优产量，如果是负的外部性，其产量会高于社会的最优产量。如果两个企业合并，合并后的企业会认识到原来在两个企业之间存在的正的或负的外部性，从而将外部性内在化。这样，原来的外部性就会消失，私人的社会成本就会等于社会成本，私人收益也会等于社会收益，于是资源就实现了最优配置。这就是所谓一体化或内部化的解决办法。这一点可以从上述的例子中得到证明。

用合并的方法来解决外部性问题也有一定的局限性，因为合并后的企业规模必须足够大，另外，双方可能会在谈判分配合作剩余等方面不能达成一致意见而使得合并不能够实现。

4. 确定产权和交易产权。通常情况下，外部性导致资源配置的低效率，是由于财产权不明确。产权就是对某种资源的排他性使用权，在产权明确并且其实施得到充分保障的情况下，外部性产生的机会就会减少，或者生产正的或负的外部性的主体会得到相应的补偿或处罚。

例如，工厂产生大量的噪声影响了附近居民的生活质量。在产权明确的情况下，无论是工厂享有产生噪声的权利还是居民享有宁静的生活环境的权利，外部性问题会得到妥善解决。如果工厂有权利产生噪声，则附近居民可以通过搬家或同工厂协商并支付一定的费用向工厂购买舒适生活环境。同样，如果权利被确定给附近居民一方，则工厂会减少噪声，或者工厂搬迁，或者向居民支付一定的费用作为对居民的补偿。总之，在财产权明确的情况下，外部性得到解决，私人成本或收益与社会成本或社会收益之间不再存在差别。

四、外部性、产权与科斯定理

上面的分析中解决外部性的办法之一是征税，即如果甲的活动对乙造成了伤害，则应该对甲征税。而科斯在其著名论文《社会成本问题》（1960）中对此提出了颇具创新性的不同观点。他认为，人们原来所接受的解决外部性问题的这一征税（庇古税）方案是错误的。其原因有两个方面：第一，这种方案忽视了外在性问题的相互性，当甲对乙造成外在伤害时，如果只考虑限制甲，那么也会给甲造成伤害，因为这限制了甲的活动自由或损害了甲的利益；第二，这种方案没有从社会的整体角度考虑问题，因为对甲进行限制所造成的损失可能会大于不对甲进行限制的情况下甲对乙造成的损害。考虑外在性问题的正确方法应该是使得当事人所遭受的损失尽可能小，而不是私人成本和社会成本的比较，或者说，解决外部性问题的实质是允许甲损害乙，还是允许乙损害甲？关键在于避免更严重的损害。

科斯提出了解决外部性问题的新思路，即明确界定产权和交易产权，它可以视为更为一般化的科斯定理的特例。实际上，科斯（R. Coase）定理是人们对科斯思想的一种归纳，科斯本人从未定义过所谓的科斯定理。对于科斯定理的含义，经济学界存在着争议①。

科斯指出，只要最初的产权是明确的，私人之间的交易活动是无成本的，则私人之间达成的契约同样可以解决外部效应所引起的问题。也就是说，只要产权是明确的，并且其交易费用为零，则无论在开始时将财产权赋予谁，市场交易的最终结果都是有效率的。

交易费用是获得准确的市场信息所需要付出的费用，以及谈判和签订履行契约的费用。威廉姆森把交易费用分为两部分：一是事先的交易费用，即为签订契约、规定交易双方的权利、责任等所花费的费用；二是签订契约后，为解决契约本身所存在的问题、从改变条款到退出契约所花费的费用。事后的交易费用包括：（1）当交易偏离了所要求的准则而引起的不适应成本；（2）倘若为了纠正事后的偏离准则而作出了双边的努力，由此引起的争论不休的成本；（3）伴随建立和运作管理机构而来的成本，管理机构也负责解决交易纠纷；（4）安全保证生效的抵押成本。最后，交易费用概念扩展到包括度量、界定和保证产权（即提供交易条件）的费用，发现交易对象和交易价格的费用，讨价还价的费用，订立交易合约的费用，执行交易的费用，监督违约行为并对之制裁的费用，维护交易秩序的费用，等等。

我们还是以工厂与其附近的居民为例，假定工厂有任意产生噪声的权利，则附近居民必须承担损失（噪声及其污染）。但是，在这种情况下，如果居民向工厂支付一定的费用使对方减少噪声，即向工厂购买安静的生活环境，可能会对双方有利。显然，居民支付给工厂的最高偿付金就是安静环境能够给居民带来的边际效用增量；另一方面，工厂愿意接受居民的要求即减少噪声的条件是居民的支付额必须不小于减少噪声污染给工厂带来的损失。一般说来，根据生产函数边际递减的性质，污染量越大，减少一分贝噪声时附近居民获得的边际收益越高；而工厂的产量越大，减少一分贝噪声给工厂带来的边际损失越小。随着工厂产量和

① 一篇论文能在学界引起长久而有益的争论，一方面说明，科斯所讨论的问题是十分深刻的；另一方面，科斯毕竟不是数理经济学家，他用文字讨论问题，毕竟不如用数学讨论问题那么清晰，因此在概念与逻辑上难免留下含混之处。

噪声污染的逐步减少，附近居民的边际效用增量递减而工厂的边际利润损失递增，最终总会存在一点，使得一方所愿意支付的最高赔偿金等于另一方所需要的最低赔偿金。这时，在污染市场上，就达到了均衡。而这一条件与帕累托最优配置的条件一致，在上述交易过程中，没有任何一方受到了损失，相反双方都得到了好处，增加了收入或效用。

下面我们按照与以上界定产权方式相反的思路界定产权，即附近居民拥有安静生活环境不受噪声污染的产权。如果使居民的权利得到实现和生活环境不受污染，工厂就不能产生噪声（停产或技术改造、安装静音设备）。如果以上方法不可行或不经济，而工厂的产品又是市场急需，利润很高，那么工厂就会像附近居民购买生产噪声的权利那样，通过支付一定的费用向居民购买这一权利以补偿居民生活环境受到污染的损失。同样，工厂愿意支付的最高金额等于自己增加生产所带来的边际利润增量，而居民愿意接受的最低赔偿额等于他们因受噪声污染而造成的边际效用损失额。很明显，在这里，虽然产权的初始分配不同了，不是附近的居民支付一定的费用给工厂，而是工厂支付一定的费用给居民，但是最终的结果却是相同的，二者情况满足同样的边际条件，并且同样实现了帕累托最优配置。

以上分析证明了以下两点：第一，只要产权明确，私人交易能够克服外部效应，实现资源的帕累托配置。法定权利的最初分配从效率角度上看是无关紧要的，只要这些权利能自由交换。由法律所规定的法定权利分配不当，会在市场上通过自由交换得到校正。第二，在外部性问题上，如何分配产权只决定收入分配，而不影响资源的配置结果，这就是产权分配的配置中性。以上是后人总结概括的科斯定理包含的主要内容，它也可以表述为：在完全竞争条件下，如果不存在交易费用和收入效应，则无论初始的产权如何分配，产生外部性的个体和受外部性影响的个体之间的自愿交易，将导致同样的资源配置和产出组合。

科斯突破了传统的研究外部性问题的方法和思路，对传统的庇古（Pigou）法则进行了修正。按照庇古的观点，造成某种损害的一方应受指责，或被要求赔偿损失，诸如对污染者征收与污染的社会成本相等的税款。所以，庇古方法的实质是通过社会成本内在化来促进经济效益。

但是，科斯定理所阐明的私人交易可以使外部效应内部化的道理，有一个很强的假设，即以不存在交易成本为前提。所谓交易成本，狭义上是指完成一项交易所需花费的时间和精力。广义上的交易成本指的是协商谈判和履行协议所需的各种资源的费用，包括制定谈判策略所需信息的成本、谈判所花的时间以及防止谈判各方欺骗行为的成本。以交易成本为零得出的解决外部性问题的方案也被称作科斯第一定理。

在现实生活中，交易成本大于零，于是又得出了科斯第二定理：即考虑到交易成本，合法的初始权利界定对经济的运行效率产生影响。在以上的噪声污染案例中，假定初始的产权被分配给工厂，那么附近居民可以通过支付一定的费用向工厂购买安静的生活环境。但实际操作过程中，在具体的谈判人选、费用的分摊等问题上，居民的意见可能不一致，即由于存在集体行动的难题而使得该交易可能不会实现，外部性问题也就不能以适当的方式解决。不同交易中其交易成本一般不同，并且交易成本会影响资源的配置，高交易成本会妨碍市场的运行，甚至制约交易的发生与完成。

在这里还需要科斯定理做一点说明，实际上，运用科斯第一定理解决外部性问题在实际中存在诸多问题，并不一定真正有效：第一，资产的财产权是否总是能够明确地加以界定？界定的成本是否一定小于相应的收益？空气等资源在历史上被大家共同使用，很难以将其财产权具体分配给谁。第二，已经明确界定的产权是否总是能够转让成功？其实，信息的不完全、谈判人数太多、交易成本的存在等都有可能使交易无法完成。第三，明确的财产权的转让是否总能够实现资源的最优配置？最后，产权的分配会影响收入分配，而收入的分配又与公平、效率问题有关，因而产权的初始界定是否合法、恰当，界定是否完全或清晰，最终会有不同的效率结果。而这正是科斯第二定理所要表达的基本思想：不同的产权制度和法律会导致不同的资源配置效率，而产权制度是决定经济效益的内生变量。

第二节 公共物品

前者讨论生产过程或消费过程中的外部效应，不过在那里，生产的产品或消费对象还是私人产品。如果一种物品本身就具有外部性，那它就不是私人物品，而是公共物品。

一、公共产品的定义

在前面的讨论中，我们一直假定一种商品的消费是排他的，并且具有竞争性，即支付一定的费用才能消费该商品，而其他人就不能消费该商品。这就是典型的私人物品（Private goods）。私人物品的数量随着消费数量的增加而不断减少。在经济生活中还存在许多不满足竞争性和排他性的商品，通常将不具备消费的竞争性的商品称之为公共物品（Public goods）。

为澄清公共物品与私人物品的界限，需要引进两个概念：

（1）非排他性。如果一种产品被提供之后，没有一个家庭和个人可被排除在消费该物品之外，或者说要排除他人消费该物品需要付出非常高的代价。

（2）非竞争性。即消费上的非竞争性，它是指一种产品一旦被提供，其他人消费该产品的额外资源成本为零。或者说，消费者 A 对某一产品 X 的消费不会减少消费者 B 对 X 的消费。

满足非排他性和非竞争性的物品就是纯公共物品。纯公共产品必须以“不拥挤”为前提，一旦拥挤，增加一个消费者就会影响其他人的消费，从而影响公共物品的性质。同时，非排他性具有这样的含义：即使某种公共产品对某个社会成员是不必要的，但他别无选择，只能消费这类服务。例如，一旦政府决定增加军费支出，以建造导弹系统，你就是持反对意见，也只能接受这种消费。

但在现实生活中，“拥挤程度”是由量变积累成质变的，因此，非竞争性程度也会发生相应的变化。这样，我们面临的大多是非纯粹的公共物品。例如，一个大型图书馆，读者较少时可对任何人开放，此时它是公共物品；随着读者数量的增加，就会出现拥挤问题，于是要设置种种限制，如让教授优先、进门要查证等。

需要指出的是，并非所有的公共物品都应由公共部门提供。比如，公共卫生可以由私人企业或家庭实行“门前三包”的方式完成，这是因为职责与效益便于与具体的当事人挂钩。

但在大多数情况下，政府承担了公共物品提供者的角色。

二、公共物品与私人物品的最优数量

我们首先讨论一下公共物品的个人需求。对于个人来说，对公共物品的需求量取决于该物品给他带来的满足程度以及公共物品生产给他带来的成本。每增加一笔公共物品开支，都会给个体带来效用的增加，这类似于边际收益。但是，每增加一笔公共开支，个体又要承担一笔支出或税收，这是个体面临的边际成本。个人对公共物品的最优需求量是由边际收益等于边际成本这个条件决定的。同样，我们可以从另一个角度看待公共物品的需求。个人除了消费公共物品以外，还消费私人物品，而个人的收入水平是一定的，所以他会合理地把收入分摊在公共物品和私人物品的消费上。为了保证获得最大的效用水平，每一元的公共物品给消费者带来的边际效用必须等于每一元的私人物品给他带来的边际效用。

归结起来，个人对公共物品的需求取决于他的偏好、收入水平和税收结构。收入越高或者税收越低，个人对公共物品的需求越大。

以下我们简单分析私人物品的供应。假定市场上只有 A 和 B 两个消费者，他们对商品的需求曲线分别为 D_{a} 和 D_{b}，商品的市场供给曲线为 S，如图 12.1（a）所示。由于消费者需求的物品为私人物品，故将消费者 A 和 B 的需求曲线 D_{a} 和 D_{b} 水平加总得到该商品的市场总需求曲线 D。市场需求曲线 D 与供给曲线 S 的交点决定了该私人物品的最优数量。因为在这个产量水平上，每个消费者的边际利益等于该商品的边际成本。供给曲线代表了每个产量水平上该商品的边际成本，需求曲线代表了每个产量水平上的边际收益。所以当供给量为 Q_0 时，边际成本为 Q_0H，而在价格为 P_0 时，消费者 A 和 B 的需求量分别为 C 和 F；再根据需求曲线 D_a 和 D_b，相应的边际利益为 CE 和 FG。从图 12.1（a）可以看出，$CE = FG = Q_0H$，即每个消费者的边际利益等于边际成本。

而公共物品的供给情况与私人物品不同，见图 12.1（b）。我们仍然假定市场上只有两个消费者 A 和 B，他们对某一公共物品的需求曲线分别为 D_a 和 D_b，公共物品的市场供给曲线为 S。当该商品为公共物品时，市场总的需求曲线与该商品为私人物品时明显不同。在私人物品市场，我们只要将不同消费者的私人需求曲线水平加总就可以得到该商品的市场总需求曲线，但公共物品市场的总需求曲线不是个人需求曲线的水平加总，而是它们的垂直加总，因为公共物品在消费上具有非竞争性的特点。由于消费的非竞争性，每个消费者消费的都是同一个商品总量，也就是说，每个消费者的消费总量都相等，都等于市场供给总量。另外，对这个消费总量所支付的全部价格却是每个消费者支付的价格的总和。例如，设公共物品的数量为 R，消费者的消费量于是都等于 R，当消费量是 R 时，消费者 A 和 B 所愿意支付的价格就是 $L + N = T$。

我们可以通过公共物品的市场供求曲线得到公共产品的均衡数量，这就是市场供求曲线的交点所决定的数量 R。实际上这也代表了该公共物品的最优数量。因为当公共物品的数量为 R 时，从供给曲线可知，该公共物品的边际成本为 R，而根据消费者的需求曲线，消费者 A 和 B 的边际收益分别为 L 和 N，从而社会总的边际收益为（$L + N$）。于是社会的边际成本等于边际收益，公共物品的数量达到最优。

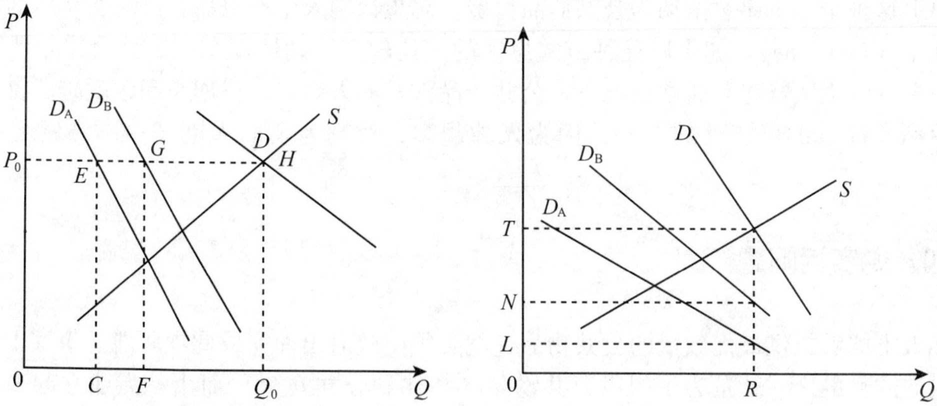

(a)私人物品　　(b)公共物品

图 12.1　私人物品和公共物品的最优数量

可见，公共物品与私人物品的最优数量的决定不同，私人物品的最优标准是每个消费者的边际利益等于边际成本，而公共物品的最优数量是由每个消费者的边际利益之和等于边际成本决定，其更根本原因是由于物品的消费是否是非竞争性的区别。

三、搭便车问题

以上讨论了公共物品最优数量的决定，即社会公共物品所需要的数量。然而，市场机制通常不会提供以上数量的公共物品。公共物品不具有排他性，那么该公共物品出现以后，每个人都可以从中受益，这又给市场机制带来了新的问题。即使某种公共物品能够给人们带来的利益大于其生产成本，但人们有时也不会生产。公共物品的潜在提供者会发现，一旦自己提供了某特定的公共物品，就不会有其他人愿意成为该公共物品的买者，并为其付费，因为每个人并不需要支付费用就可以从中受益，因而在一般情况下，我们无法知道公共物品的需求或消费者对公共物品的需求曲线，更为重要的是，即使消费者了解自己对公共物品的偏好程度或需求，他们也不会如实地显示出来。因为公共物品的消费是非竞争性的，每个人都有动机低报或隐瞒自己对公共物品的偏好，从而达到不支付或少支付价格而消费“同样数量”公共物品的目的。

比如，一个村庄需要改善交通条件，需要投入 10 万元，该村庄有 100 户居民。假设改善道路平均给每户家庭带来的利益为 2 000 元，那么道路改善给整个村庄带来的收益为 20 万元。如果每户家庭出资 1 000 元来进行道路建设，大家的状况都会得到改善。但是，会有部分村民这样思考：如果有人出钱改善了道路，即使我不支出任何成本或支付比较小的成本，也照样可以享受未来的收益。另外，由于道路筑好以后，每个家庭得到的好处实际上是不一样的，每个家庭的财富状况也不相同，每个家庭对待改善交通的要求与愿望也会因此不同。所以，村民都有低报或隐瞒自己对道路的偏好的可能，我们没有办法得到单个村民的需求信息，因而也就无法确定市场的总体的需求曲线，相应的道路的修建或帕累托最优就可能不会实现。

以上这种个人不愿意主动为公共商品付费，总想让别人生产以后自己免费享用的问题就是搭便车（Free ride）。如果以这种方式思考的人比较多，则搭便车问题就会比较严重，那么道路根本就无法修建。通常情况下，公共产品涉及的人越多，搭便车问题就越严重，公共产品由私人提供的可能性就越小，因为人数越多，谈判涉及的人就越多，协调起来就越困难。

四、说实话问题

私人不能够提供最优数量的公共物品，就必须由政府出面完成此项职能。事实上，政府最初成立的目的之一就是为了提供公共物品（法律和公共安全）而由私人建立起来的。政府的职能具体体现为以下两个方面：尽可能正确估价社会对公共物品的需求；按照社会福利最大化的原则确定税收比率，并用税收收入购入公共物品，为公众服务。

政府履行以上职能的前提是以社会福利最大化为目标，另外，政府还知道个别消费者的效用函数或对公共物品的需求。公共选择理论中关于政府的目标有不同的观点，我们在此讨论对公共物品的需求问题。一般来说，政府不知道个人对公共物品的需求信息。在市场经济中，政府不知道个人对私人物品的需求信息没有多大的关系，因为市场机制本身就是个人偏好的显示机制：每个人根据市场价格调整自己的消费数量和消费结构，就可以解决私人物品的生产和供给问题。但是，个人不能调整公共物品的消费数量（例如，个人一般不可能调整国防、道路等的供给数量），因此不可能存在一种像市场机制那样的偏好显示机制。

如何了解个人对公共物品的偏好？最简单的办法是去问每个人，愿意为公共物品付出多少价格？如果每个人都能够如实回答，当然这一方法没有问题。但是，按照个人效用最大化的逻辑，人们更容易有不说实话的动机，因为若以个人知道税收将根据自己报告的数额征收，而不会改变某公共产品的供给数量，那么，他就会尽量少报，以做到少花钱而享用同样数量的公共产品；而一个人如果知道无论自己报告多少，税收是给定的，那么他就会多报，因为这样可以提高公共产品的消费量，而自己不必多花钱。

个人不说实话是为了自己的最大利益，而这种理性行为的最终结果便是公共产品的实际消费量小于最优数量。当人们少报自己的金额，社会就会无法提供足够数量的公共物品；而多报自己从公共物品消费中的效用，就不能实现资源的最优配置。也就是说，在公共物品的问题上，个人理性导致了整个社会的非理性行为。

公共产品的需求与决策（投票）规则密切相关。为了解决公共产品的搭便车问题，经济学家试图揭示人们的真实偏好而设计了多种方案，如：一致同意规则、需求显示法等。当然，人们还借鉴政治决策过程中的多数票规则、加权投票规则、否决投票规则等来决定公共产品的供给问题。下面简要介绍以上的决策规则与方法。

五、几种决策规则与方法

1. 一致同意规则。经济学家林达尔（E. Lindahl）设计出了一致同意规则的具体操作方法。所谓一致同意规则，是指一项集体行动方案，只有在所有参与者都同意或者至少没有任何一个参与者反对的前提下，才能最后通过实施，也就是说每一个参与者都对将要达成的集体决策享有否决权。只有参与各方达成完全一致的意见，才能决定采取什么样的行动。在决策过程中有一个投票主持人，他负责收集每一轮投票的信息，按照既定的规则处理这些信息，修改相应的议案，把新的议案提交下一轮投票，直到所有人都赞成。在公共产品供给的决策中，主持人不断修改并叫出每一位当事人对公共产品应该分摊的税收份额，这一税收份额称为税价。针对每一个税价结构，当事人根据自己的收入和偏好得出对公共产品的需求量，并真实地报告主持人，这一信息只有主持人知道，其他当事人不了解这一信息。这时，每个人对公共产品需求很可能不一致，而公共产品的特性决定了每个人的消费量是一致的，所以为了全体参与人一致同意，主持人必须修改每个人的税价，当事人再根据修改后的税价，报出自己对公共产品的需求。这个调整过程一直持续下去，最终必然会出现一个税价结构，所有人报出的对公共产品的需求是一致的，这个税价结构就得以通过，并满足一致同意规则。我们称这一结果为“林达尔均衡”。

一致同意规则有如下几个特点：（1）由一致同意规则得出的集体行动方案是帕累托最优的，因而在经济学上是有效率的。当然，这样的结果不是唯一的。（2）在一致同意规则下，每个参与者都拥有否决权，因而任何成员都不能把自己的意志强加于别人，也不能把自己的利益凌驾于其他人的利益之上。所以，在一致同意规则下，参与人的权利是绝对平等的，每个参与人都有积极性说出自己的真实意愿，“说谎”是不能得到任何好处的，因为别人可能因为你的不诚实而一直否决议案。（3）一致同意规则可以有效避免“免费搭车”行为的发生。如果某个集体行动议案能够使部分成员不付任何代价地从中获益，这项决议就会因为损害其他人的利益而被这些人否决。（4）一致同意原则需要反复讨论、修改和表决议案，要进行不断地讨价还价，需要花很大的交易成本才能实现。但当事人数目众多时，达成一个议案需要进行马拉松式的谈判。这一点是一致同意规则最大的缺点。

公共选择学派的代表人物都十分推崇一致同意原则，因为这样可以最小化政府的投机行为，从而最能够保证个人的自由和权利。但是，由于一致同意原则实施的成本高得难以置信，所以只具有理论上的意义。

2. 需求显示法。我们用一个简单的例子来说明需求显示法的含义以及实施过程。

假设有甲、乙、丙三个人，要在 A、B、C 三个公共物品的方案中选择一个作为最终的集体行动方案。表 12.1 给出了三个方案的实施给三个人带来收益的货币衡量值。

表 12.1　　需求显示法

方案 居民	A	B	C	税收
甲	30	10	5	20
乙	10	40	20	0
丙	25	5	10	15
社会价值	65	55	35	35

我们首先加总各个方案的价值，每个方案的合计值称为其社会价值。在这个例子中，A、B、C 三个方案的社会价值分别为65、55、35。A 方案的社会价值最大，我们认为它对社会是最优的，因而集体的行动方案应该是 A。但是，实施方案 A 显然对乙是不公平的，因为如果实施其他方案他能够获得更多的利益。所以需要对有些成员征税，来筹集生产公共物品的一部分经费。

我们以甲为例来进行说明对成员征税额的计算方法。首先计算出只有乙和丙参与时 A、B、C 三个方案的社会价值，看哪个方案的社会价值最大，它就是没有甲参与时社会最佳的行动方案，我们看到这时是 B 方案当选，其社会价值是45。然后加入甲对三个方案的评价，看哪个方案社会价值最大，也就是最终的社会最优行动方案。如果甲加入以后，最优方案没有变化，甲就不需要缴税；如果甲加入以后，最优方案有了变化，那么两个方案的社会价值的差额就是甲应该缴纳的税收额。在我们的例子中，由于甲的加入，A 变为最优方案，其社会价值为65，甲需要缴纳的税收就是 $65-45=20$。同理，乙不用缴税，丙需要的缴税额为15，三个人的总税额是35。如果这个行动提供的公共物品的成本小于35，就不用再进一步分担费用，税收减成本的差额，以一次总付的方式，返还给三个选民；如果公共物品的成本超过35，还需要三个人进一步分摊成本。

需求显示法的优点在于它可以激励每个参与者说出对公共物品需求的真实信息，从而可以使投票者得到的公共物品的数量与质量最大限度地接近投票者的偏好结构。其缺点是实施起来比较复杂，当参与人人数过多时，交易成本尤其大。

3. 多数票规则。在多数票规则下，一个方案能否通过取决于能否获得超过某一比例的参与者的支持，这一比例可以是2/3，也可以是1/2，在后一种情况又称为简单多数。所以，最终通过的议案只是反映多数派的利益，而忽略甚至损害少数人的利益。多数票规则选出的每一项方案都具有内在的强制性，因为决策是根据多数派成员的意志做出的，但要求所有成员服从。

多数票规则的最大优点在于节省决策的交易成本。我们已经论述过一致投票规则的最大缺点是交易成本太大，而多数票规则可以减少这一成本。但是多数票比例不同，决策的成本是不同的。一般说来，多数票比例越高，其决策成本越大。因而在现实过程中，一般采用简单多数规则，因为这样的预期决策成本是最低的。但是，多数投票规则下同样存在搭便车问题以及由此引起的利益集团操纵，这是多数票规则带来的最大问题。

4. 加权投票规则。加权投票规则的特点是按照利益差别，把投票参与者按重要性分类，根据分类来分配票数，然后对候选方案进行投票，得到最多票数而不是最多人数支持的议案将获得通过。加权投票规则在现实中有着比较普遍的应用，它只是多数票规则的一个变体，通常具有和多数票规则一样的优点和弊端。

5. 否决投票规则。否决投票规则首先让每个成员提出自己认为可供选择的一整套建议或者行动方案，汇总后每个成员再从汇总的方案中否决掉自己不喜欢的那些方案，最后剩下的没有被任何人否决的议案，就是集体选择的结果。否决投票规则的优点是每个人都有机会表达自己的偏好情况，同时由于每个成员都有否决其他人提案的权利，因而每个成员为了自己的议案不被别人否决，就会在酝酿议案的时候尽量考虑他人的利益。同一致同意规则一样，这种投票规则下达成的最后结果是帕累托最优的。否决投票规则的缺点在于它的可实施性。如果所有的参与成员不具有某些共同的特征，就无法达成最终协议。

以上这些决策规则或实施方案的最终目的在于试图提供一种经济激励，“诱使”人们说真话，但是，我们可以从以上的分析中得出结论：“诱使”人们说真话是有“代价”的。

现实生活中，有许多公共物品是由政府提供的，政府负责提供公共物品，能否实现资源的最有效配置？政府应该以何种方式提供公共物品？政府是否真正知晓公民对公共物品的需求？政府的决策是否真正代表了社会公众的利益？是否以社会福利的最大化为目标？以上诸多问题都有待于进一步的研究。如何完善市场经济条件下提供公共物品的方式和提高供给公共物品的效率，这已成为政府的一个重要任务。

案例1 排污许可证及其交易

运用排污许可证交易的方式来部分代替直接的行政管理，已经在不少国家获得认可和实施。例如，美国立法机构于1990年通过了清洁空气法案（The Clean Air of 1990），授权美国环境保护署（The Environment Protection Agency）为每个发电厂确定硫黄排放量许可证，排污企业有权相互进行排污许可证买卖交易。比如说，如果某个发电厂硫黄排放量已经处于规定许可的限制水平以内，它可以把多余的排污许可证卖给其他企业。根据排污许可证价格的高低，尚未达到排污限制标准的企业可以依据节省成本原则，选择买进排污许可证还是安装污染控制设备。1992年5月，田纳西谷地管理局（The Tennessee Valley Authority）宣布购买了一宗很大数量的排污许可证，卖方是威斯康星动力照明公司，该公司排污量未达到被许可的最高水平从而拥有多余的排污许可证。美国芝加哥交易所还建立了排污许可证交易市场，以利于这一交易的方便进行和降低交易成本。

排污许可证交易在我国也得到了重视，1990～1994年，国家环保总局污控公司在全国16个重点城市进行了“大气污染物排放许可制度”的试点。

2001年11月，江苏省南通市的两个企业进行了一次污染权交易，卖方为南通天生港发电有限公司，买方是一家年产值数10亿元的大型化工合资企业。卖方以50万元的价格有偿转让1 800吨二氧化硫的排污权，供买方在今后6年内使用。2003年1月中旬，位于江苏省太仓市的太仓巷环保发电公司以340万元的价格向南京市下关发电厂购买了为期两年的二氧化硫排污权，单价为每公斤1元，购买的排污权为3 400吨二氧化硫。

分析：

控制污染的一种可行方法是引入可出售的许可制度。企业可向政府购买（或由政府授予）许可证，允许它们排放一定量的污染物。政府所发放的许可证，其数量以达到在命令和控制方法下的污染水平为限。但政府允许企业出售它们的许可证。因此，如果一家企业将其污染水平减少一半，就可以将一部分许可证卖给其他想要扩大产量的（排放的污染物因此增加）的企业。

可出售的排污许可证的激励作用类似于征收排污税的作用。排污许可证市场促进了潜在的最佳反污染手段的开发，而不仅仅把污染水平刚好控制在政府设定的某个限度内。如果政府希望不断减少污染量，则可以根据每年减少的目标来设计许可证的发放。

另外，发放排污许可证相对征收排污税的优点在于它降低了将要排放的污染的不确定性。如果征收排污税，有关部门无法事先确知这一数量，因为它取决于污染者对给定税率的反应程度，而在实行排污许可制度下，环保当局可事先决定一个排放的最高限额，然后按这一排放限额发行许可证，授权排污。

资料来源：http//www. jpkc. ecnu. edu. cn/0618/jast/ppt/13. ppt95K2006 - 5 - 23.

案例 2 楼道安装防盗门事件

某朋友住在市区的单位宿舍楼，经常抱怨有不明人物敲门，或推销商品，或谎称有东西送给他，不但不安全因素相当高，而且影响了他正常的生活规律。从此，他对未预约的敲门声高度警觉。邻里关系也因此而受到影响。于是有人提议，在楼道里统一安装对讲防盗门，以有效地解决骗子和推销人员的干扰。有热心人士对各家各户进行了调查，征求意见，并要求每户填写愿意支付的数额，准备集资安装防盗门。结果发现各户愿意支付的钱款不足购买最便宜的防盗门。后来，这位热心人士又提出另一种方案，按照安装防盗门的预算，各户平摊费用，在让各住户确认的时候，发现有几户表示不愿意安装防盗门，并历数不安装防盗门的种种好处。结果，朋友所住的宿舍最终没能装上防盗门。

分析：

一个楼道安装的防盗门可以被看做是该楼道的公共物品，因为它一旦安装，该楼道的居民都可使用它，即消费没有排他性。在这种情况下，谁来提供公共物品？谁来支付其成本？怎样才能使公共物品的产出量满足资源配置的最优条件？

公共物品具有消费上的非竞争性和非排他性，因而不能由私人来生产和提供。在本案例中，如果单个住户仅从自己的成本和收益的角度考虑，他就不会安装防盗门。但是，如果将所有住户的收益都考虑在内，则安装防盗门是合意的。我们可以想象，在这种情况下，住户们可能自愿联合起来安装防盗门。但是，如果某个住户想，即使他不参与，防盗门仍然会安装起来，因而他拒绝出钱出力。这就是公共物品的免费搭车问题。因为很难将任何住户排除在使用防盗门这种物品之外，从而使得在该物品中获益的人有避免付费的激励。如果持这种想法的人达到一定规模时，防盗门就安装不起来。

政府在解决公共物品生产的问题方面有着重要的优势。因为政府具有强制公民为公共物品付费的权力，如征税等。

资料来源：金雪军主编：《西方经济学案例》，浙江大学出版社 2004 年版。

[关键概念]

外部经济　外部不经济　公共物品　私人成本　社会成本　产权　科斯定理　搭便车

[复 习 题]

1. 外部性是如何影响资源的配置的?

2. 如何认识科斯定理及其适用性? 通过明确产权解决外部性问题有什么优点和局限性?

3. 高等教育是一种准公共物品，试结合我国实际讨论高等教育收费的相关问题。

4. 公共物品的存在如何为政府的干预提供了一个例证? 公共物品只能够由政府提供吗? 它与市场失灵之间的关系如何?

[补充阅读材料]

1. 曼昆:《经济学原理》(上册)，梁小民译，机械工业出版社 2003 年版。

2. 坎贝尔 · R · 布克南、斯坦利 · L · 布鲁伊:《经济学——原理问题与政策》，李绍荣译，中国财政经济出版社 2004 年版。

3. 汪翔、钱南:《公共选择理论导论》，上海人民出版社 1993 年版。

4. 安东尼 · 阿特金森、斯蒂格里茨:《公共经济学》，蔡江南译，上海三联书店 1992 年版。

5. R. Coase，1960. The Problem of Social Cost，Journal of Law and Economics，3：1 - 44.

索　引

一、重要术语英汉对照

A

A Horizontal Long-Run Supply Curve	水平的长期供给曲线
A Negatively Sloped Long-Run Supply Curve	向右下方倾斜的曲线
A Positively Sloped Long-Run Supply Curve	自左下方向右上方倾斜的曲线
Accounting Cost	会计成本
Accounting Profits	会计利润
Adverse Selection	逆向选择
Income Effect	收入效应
Antitrust Act	反垄断法
Arc Elasticity	弧弹性
Average Fixed Cost	平均固定成本
Average Product (AP)	平均产量
Average Revenue	平均收益
Average Variable Cost,	平均变动成本

B

Backward Induction	逆向归纳法
Bain Index	贝恩指数
Barometric Firm	晴雨表型厂商
Basic Competitive Model	基本竞争模型
Battle Of The Sexes	性别战博弈
Bayesian-Nash Equilibrium	贝叶斯—纳什均衡
Boxed Pigs	智猪博弈
Budget Line	预算线

C

Cartel	卡特尔

Ceiling Price 限制价格
Cheap Talk 廉价磋商
Coase Theorem 科斯定理
Cobb-Douglas Function 柯布—道格拉斯函数
Collusion 相互勾结
Command Economy 命令经济
Commitment 承诺
Complements 互补品
Completely Competitive Market 纯粹竞争的市场
Condition For Pareto Efficiency In Exchange 交换的帕累托最优条件
Condition For Pareto Efficiency In Production 生产的帕累托最优条件
Constant Returns To Scale 规模收益不变
Constant Cost 固定成本
Constant Returns To Scale 规模报酬不变
Constant-Cost Industry 成本不变行业
Constant-Sum Game 常和博弈
Consumer Optimum 消费者最优选择
Consumer Surplus 消费者剩余
Consumer's Equilibrium 消费者均衡
Consumer's Preference 消费者偏好
Contract Curve 契约曲线
Cooperative Games 合作博弈
Cost 成本
Cost Function 成本函数
Cournot Equilibrium 古诺均衡点
Credible Threat 可信的威胁
Cross Price Elasticity Of Demand / Supply 需求/供给交叉弹性

D

Deadweight Loss 社会福利净损失
Decreasing Cost Industry 成本递减行业
Decreasing Returns To Scale 规模报酬递减
Decreasing-Cost Industry 成本递减行业
Demand 需求
Demand / Supply Curve 需求/供给曲线
Derived Demand 引致需求
Differentiated Oligopoly 差别寡头垄断
Diminishing Law Of Marginal Return 边际报酬递减规律

Diminishing Returns To Scale	规模报酬递减
Diseconomics Of Scope	范围不经济
Dominant Firm Model	主导厂商型
Dominant Strategies	占优策略
Dominated Strategies	劣策略
Duopoly	双头垄断
Dynamic Game	动态博弈

E

Economic Efficiency	经济效率
Economic Loss	经济损失
Economic Model	经济模型
Economic Profit	经济利润
Economic Rent	经济租金
Economics Of Scope	范围经济
Economies Of Scale	规模经济
Elasticity	弹性
Enough Information	信息充分
Equilibrium Price / Quantity	均衡价格 / 产量
Euler Theorem	欧拉定理
Expansion Path	扩展线
Expectant Demand Curve	预期需求曲线
Expectation Utility	预期效用
Explicit Cost	显性成本
External Diseconomies	外部不经济
External Economies	外部经济
Externality	外部性

F

First-Degree Price Discrimination	一级价格歧视
First-Mover Advantage	先动优势
Fixed Cost	固定成本
Focal Point	聚点均衡
Franchise	特许专营权
Free Entry	自由进入
Free Entry And Exit	自由进出
Free-Rider	搭便车

G

Game Theory 博弈论
Games Of Complete But Imperfect Information 完全但不完美信息博弈
Games Of Complete Information 完全信息博弈
Games Of Incomplete Information 不完全信息博弈
General Equilibrium 一般均衡
General Equilibrium Theory 一般均衡理论
Giffen Goods 吉芬商品
Gini Coefficient 基尼系数
Government 政府

H

Herfindahl Index 赫芬达尔指数
Hypothesis 假设

I

Imperfect Information 不完全信息
Impersonality 非人格化
Implicit Cost 隐性成本
Import Quotas 进口配额
Incentive Mechanism 激励机制
Incentive-Compatibility Constraint 激励相容约束
Income Elasticity Of Demand / Supply 需求/供给收入弹性
Increasing Returns To Scale 规模报酬递增
Increasing-Cost Industry 成木递增行业
Incremental Cost 增量成本
Indifference Curve 无差异曲线
Inferior Goods 低档品
Information 信息
Instantaneous Cost Function 瞬时成本函数
Internal Diseconomies 内部不经济
Internal Economies 内部经济
Intertamporal Choice 跨时期选择
Invisible Hand 看不见的手
Isocline 等斜线
Iso-Cost Line 等成本线
Isoquant Curve 等产量线
Iterated Dominance Equilibrium 重复剔除的占优策略均衡

L

Law Of Supply And Demand	供求定律
Learning By Doing	干中学
Learning Curve	学习曲线
Lerner Index	勒纳指数
Long-Run Average Cost	长期平均成本
Long-Run Cost	长期成本
Long-Run Cost Function	长期成本函数
Long-Run Equilibrium	长期均衡
Long-Run Marginal Cost	长期边际成本
Long-Run Supply Curve	长期供给曲线
Long-Run Total Cost	长期总成本
Lorenz Curve	洛伦兹曲线
Luxury Goods	奢侈品

M

Macroeconomics	宏观经济学
Margin	边际利润
Marginal Cost	边际成本
Marginal Product，MP	边际产量
Marginal Rate Of Substitution（MRS）	边际替代率
Marginal Rate Of Technical Substitution（MRTS）	边际技术替代率
Marginal Rate Of Transformation	边际转换率
Marginal Revenue	边际收益
Marginal Utility	边际效用
Market	市场
Market Failure	市场失灵
Market Mechanism	市场机制
Material Controls	原材料控制
Microeconomics	微观经济学
Minimum Price	最低限价
Mixed Economy	混合经济
Mixed Strategies	混合策略
Monopolictic Competition Market	垄断竞争市场
Monopolistic Competition	垄断竞争
Monopoly Power	垄断力度
Moral Hazard	道德风险

N

Nash Equilibrium 纳什均衡
Natural Monopoly 自然垄断
Negative Tax 负税
Nonconstant-Sum Game 变和博弈
Non-Cooperative Games 非合作博弈
Normal Goods 正常品
Normal Profit 正常利润
Normative Analysis 规范分析
Numerous Firms 厂商众多

O

Objective Demand Curve 客观需求曲线
Oligopoly 寡头垄断
Oligopoly Monoploy Market 寡头垄断市场
Opportunity Cost 机会成本
Optimum Factor Combination 择最优的生产要素组合

P

Pareto Criterion 帕累托标准
Partial Equilibrium 局部均衡
Participation Constraint 参与约束
Patents 技术专利权
Payoff 支付
Perfect Bayesian Equilibrium 精练贝叶斯均衡
Perfect Competition 完全竞争
Perfect Competition Market 完全竞争市场
Perfect Monmploy Market 完全垄断市场
Personal Cost 私人成本
Player 参与人
Point Elasticity 点弹性
Pooling Equilibrium 混合均衡
Positive Analysis 实证分析
Preference 偏好
Price Ceiling / Floor 价格上/下限
Price Controls 价格管制

Price Discrimination 价格歧视
Price Elasticity Of Demand / Supply 需求/供给价格弹性
Price Maker Or Setter 价格的决定者
Price Regulation 价格调节
Price Regulation 价格管制
Price Rigidity 价格刚性
Price Seeker 价格的寻求者
Price Taker 价格的接受者
Price-Consumption Curve 价格—消费曲线
Prisoner's Dilemma 囚徒困境
Private Cost 私人成本
Producer's Surplus 生产者剩余
Product Differentiation 产品的差异性
Product Diversity 产品的多样性
Product Function 生产函数
Product Group 产品集团
Product Homogeneity 产品同质
Production Possibility Curve 生产可能性曲线
Production Quotas 生产配额
Profit Maximum 利润最大化
Profits Function 利润函数
Property Rights 产权
Public Goods 公共物品
Pure Monopoly 完全垄断
Pure Oligopoly 纯粹寡头垄断

Q

Quasi-Rent 准租金

R

Rate-Of-Return Regulation 回报率管制
Rate-Of-Return Regulation 利润率调节
Rationality 理性
Reaction Curve 反应曲线
Reaction Function 反应函数
Relative Scarcity 相对稀缺性
Relevant Demand Curve 比例需求曲线
Rent 租金

Rent Seeking 寻租活动
Repeated Games 重复博弈
Representative Firms 典型厂商或代表性厂商
Return To Scale 规模报酬
Revealed Preference 显示偏好
Revenue Of Marginal Product 边际产品收益
Ridge Line 脊线

S

Second-Degree Price Discrimination 二级价格歧视
Separating Equilibrium 分离均衡
Sequential Games 序贯博弈
Short-Run Average Cost 短期平均成本
Short-Run Cost 短期成本
Short-Run Cost Function 短期成本函数
Short-Run Equilibrium 短期均衡
Short-Run Marginal Cost 短期边际成本
Short-Run Total Cost 短期总成本
Shut-Down Point 停业点
Signalling 信号发送
Social Cost 社会成本
Social Welfare Function 社会福利函数
Socially Unproductive Activities 非生产性活动
Stackelberg Model 斯塔克尔伯格模型
Stage Game 阶段博弈
Static Game 静态博弈
Strategic Move 战略移动
Strategy 策略
Strictly Dominated Strategies 严格劣策略
Subgame Perfect Nash Equilibrium 子博弈精练纳什均衡
Subjective Demand Curve 主观需求曲线
Subsidy 补贴
Substitutes 替代品
Substitution Effect 替代效应
Sunk Costs 沉淀成本
Supply 供给
Support Price 支持价格

T

Tariffs	关税
The Competitive Firm's Short-Run Supply Curve	完全竞争厂商的短期供给曲线
The Cournot Model	古诺模型
The Harsanyi Tranformation	豪尔绍尼转换
The Kinked Demand Curve	弯折的需求曲线
The Law Of Diminishing Marginal Utility	边际效用递减规律
The Price Leadership	价格领导制
The Rule Of Thumb For Pricing	经验定价法则
The Sweezy Model	斯威齐模型
Third-Degree Price Discrimination	三级价格歧视
Time Preference	时间偏好
Tit-For -Tat Strategies	针锋相对策略
Total Cost	总成本
Total Cost Curve	总成本曲线
Total Fixed Cost	总固定成本
Total Product，TP	总产量
Total Revenue	总收益
Total Utility	总效用
Total Variable Cost	总变动成本
Transaction Cost	交易成本
Transfer Payment	转移支付

U

Uncertainty	不确定性
Unit Elasticity	单位弹性
Utility	效用

V

Value Of Marginal Product	边际产品价值
Variable Cost	可变成本

W

Welfare Effects	福利效应

Z

Zero Economic Profit	经济利润为零
Zero-Sum Game	零和博弈

二、重要人名英汉对照

A. Young	阿温·杨格
Abba. Lerner	阿巴·勒纳
Alfred Marshall	艾尔弗雷德·马歇尔
Antoine. Augustin. Cournot	安东尼·奥古斯丁·古诺
Armen. Alchian	阿蒙·阿尔钦
Arthur C. Pigou	阿瑟·C. 庇古
Bengt. Holmtrom	本特·赫尔姆斯托罗姆
C. Gini	基尼
Carl E. Walsh	卡尔·E·沃尔什
Cobb-Douglas	柯布—道格拉斯
Daniel L. Rubinfeld	鲁宾费尔德
Douglas C . North	道格拉斯·C. 诺思
E. Lindahl	林达尔
Edward Hastings Chamberlin	爱德华·哈斯汀·张伯伦
Eric Maskin	艾利克·马斯金
George J. Stigler	施蒂格勒
Gerard Debreu	格拉德·德布鲁
Grorge. A. Akerlof	乔治·A. 阿克洛夫
H. Stackerlberg	斯塔克尔伯格
Harold Demstz	哈罗德·德姆塞茨
J . Robinson	琼·罗宾逊
J . Von Neumann	冯·诺依曼
J. S. Bain	乔·S. 贝恩
J. B. Clark	约翰·B. 克拉克
James. M. Buchanan	詹姆斯·M. 布坎南
Jeremy Bentham	边沁
Joan Robinson	琼·罗宾逊
John B. Rawls	约翰·B. 罗尔斯
John C . Harsanyi	约翰·海萨尼
John C. Harsanyi	约翰·查里斯·豪尔绍尼
John Maynard Keynes	约翰·梅纳德·凯恩斯
John Nash	约翰·纳什
John R. Hicks	约翰·希克斯
John Stuart Mill	约翰·斯图亚特·穆勒
Joseph. E. Stiglitz	约瑟夫·E·斯蒂格利茨
K. Arrow	肯尼斯·阿罗

Leon Walras	里昂·瓦尔拉斯
Leonhard Euler	莱昂哈德·欧拉
M. Edgeworth	埃奇渥斯
M. Q. Lorenz	洛伦兹
Malcolm S. Greenwood	马尔科姆·S. 格林伍德
Mankiw, N. Gregory	曼昆
Michael Spence	迈克尔·斯宾塞
Milton Friedman	米尔顿·弗里德曼
Oskar Morgenstern	奥斯卡·摩根斯坦
Paul A. Samuelson	保罗·萨缪尔森
Paul M. Sweezy	保罗·斯威齐
Piero Srafa	皮罗·斯拉法
Reinhard Selten	莱因哈德·泽尔腾
Robert J. Aumann	罗伯特·奥曼
Robert S. Pindyck	平狄克
Ronald H. Coase	罗纳德·科斯
Thomas Bayes	托马斯·贝叶斯
Thomas C. Schelling	托马斯·谢林
Vilfredo Pareto	维尔夫雷多·帕累托
William D. Nordhaus	威廉·诺德豪斯
Y. Barzel	约拉姆·巴泽尔